KB202392

한국근대사상사 탐구

국립중앙도서관 출판시도서목록(CIP)

한국근대사상사 탐구/
양은용 지음.
-- 서울 : 논형, 2012
        p. ;   cm

ISBN 978-89-6357-130-0 94150 : \23000

한국 사상사[韓國思想史]

151-KDC5
181.11-DDC21   CIP2012003235

한국근대사상사 탐구

양은용 지음

노형

저자 소개

양은용 梁銀容

원광대학교를 졸업하고 일본 불교대학에서 문학박사 학위를 받았다. 현재 원광대학교 한국문화학과 교수로, 한국종교사상사를 전공하며, 수필가로 활동하고 있다.

저서에 『한국학여명기의 인물과 학문』(편)·『소태산대종사의 금강산 법문』(저) 외, 논문에 「고려불교의 연구」·「도선국사 비보사탑설의 연구」·「팔관회의 한국적 전개」·「한국도교의 근대적 변모」 외 다수가 있다.

전자우편: ilsan@wku.ac.kr

한국근대사상사 탐구

지은이 양은용

초판 1쇄 발행 2012년 7월 30일
초판 2쇄 발행 2019년 8월 5일

펴낸이 소재두
펴낸곳 논형

등록번호 제2003-000019호
등록일자 2003년 3월 5일
주 소 서울시 영등포구 양산로 19길 15 원일빌딩 204호
전 화 02-887-3561
팩 스 02-887-6690

ISBN 978-89-6357-130-0 94150
값 23,000원

이 책을

은사 여산 류병덕如山 柳炳德 박사님의 영전靈前에 바칩니다.

한국 근대사회는 흔히 격변기로 일컬어진다. 서세동점西勢東漸하는 제국
주의 사조帝國主義 思潮 아래 전통 사회체제가 붕괴되고, 생민이 도탄에 빠진
가운데 각종 전쟁을 경험하고, 마침내 이국에 국권을 침탈당하는 결과를 가
져왔다. 서구사상이 밀려오고 타자인식他者認識과 함께 민족자존의식을 실
감하게 되는 이 기간에 학교교육제도 등이 도입되었으니 가치관에 일대 혼란
이 일어난 것은 당연한 일이다.

이런 상황 속에 전개된 근대사상은 크게 세 가지 형태로 나타난다. 하나는
전통사상의 근대적 변모로, 전통사상의 주류를 형성해온 유불도 사상儒佛道
思想의 혁신이다. 둘은 서구사상의 전래와 토착화로, 특히 그리스도교의 유
행을 들 수 있다. 그리고 셋은 새로운 문화운동으로, 변화된 사회상황 아래
전통 가르침의 역할쇠퇴를 전제로 하여 새로운 구세이념을 펴나간 신종교
즉 민중종교民衆宗敎사상이다.

이렇게 근대사상을 우선 종교를 중심으로 찾는 것은 종교의 본령이 구세제
인救世濟人에 있기 때문이다. 수운 최제우水雲 崔濟愚(1824~1864)의 동학東學
창도를 근대의 중요한 기준의 하나로 삼는 것이나, 실제로 근대사상의 구체
적인 면모를 살펴보면 대개 종교와 관련되는 이유도 여기에 있다.

본서는 이러한 시대상황 아래 전개된 인물의 저술에 관한 내용을 담았다.
고려시대의 종교사상사를 전공해온 필자는 그간 주로 불교와 도교, 그리고
원불교에 대한 연구를 해왔다. 사상사의 연구를 심화시키기 위해서는 서지
학적 연구나, 연구사적 해명이 선행되어야 한다는 판단으로, 이 방면의 연구
결과가 상당수를 차지하게 되었다. 특히 은사인 여산 류병덕如山 柳炳德(1930
~2007) 박사의 유작들을 정리하면서 소장자료의 학계 공유가 가능하도록

할 책임을 느꼈던 터라, 그 중에 포함된 자료를 해명한 경우도 있다. 물론 이들 논고는 근대사상의 본질을 파악하는 방향에서 집필한 것은 아니다. 한결같이 근대인물의 저술이거나, 후인들이 이전 인물의 생애나 사상을 다룬 저술의 구성 등에 대한 것들이다. 따라서 이들 인물이나 저술은 대체로 학계에 처음 제공되는 내용이며, 근대사조의 변화를 다룬 별도의 논고는 차후에 묶어낼 기회를 갖고자 한다.

수록 내용을 저술의 저자 중심으로 보면, 오주 이규경五洲 李圭景(1788~?), 농려 강헌규農廬 姜憲圭(1797~1860), 범해 각안梵海 覺岸(1820~1896), 경농 권중현經農 權重顯(1854~1934), 수헌 양치유睡軒 梁致裕(1854~1929), 광화 김치인光華 金致寅(1855~1895), 간정 이능화侃亭 李能和(1868~1943), 퇴경 권상로退耕 權相老(1879~1965), 청음 이상호靑陰 李祥昊(1888~1967), 소태산 박중빈少太山 朴重彬(1891~1943), 현공 윤주일玄空 尹柱逸(1895~1969), 수산 정인표秀山 鄭寅杓(1897~1955), 이영호李英浩(1929?~1959?), 정산 송규鼎山 宋奎(1900~1962) 등이며, 이는 목차 순이다. 다만 이들 인물이 근대사상의 세 가지 분야를 망라하지 못한 아쉬움이 있다. 그간에 발표했던 연구성과 중에서 골라냈기 때문인데, 텍스트로 본 근대사상으로 보고, 수록 내용을 통해 근대사조의 구조나 변화양상의 일단을 읽을 수 있다면 다행이겠다.

끝으로 편집에 성의를 다해준 제자 원광대학교 정역원의 책임연구원 김태훈金泰訓 박사의 노고에 감사드린다. 아울러 출판을 기꺼이 맡아주신 논형출판사 소재두蘇在斗 사장님께 깊은 사의謝意를 표해마지 않는다.

2012. 7. 길일
모현서재에서 양은용 근지

■ 차 례

오주 이규경 『오주연문장전산고』의 도교관

1. 서언

근대 한국에 있어서 도교학 연구의 기점은 흔히 간정 이능화侃亭 李能和 (1868~1943)에 두어진다. 그의 많은 한국학 관련 저술 가운데에 『조선도교사 朝鮮道敎史』[1]가 유작으로 전하고 있기 때문이다. 근대적 학문체계를 어떻게 볼 것인가에는 관점에 차이가 있겠지만, 어떻든 간정이 집술輯述한 이 책은 종래의 사료를 종합적으로 수집·정리하여 일련의 정연한 체계를 형성하고 있다. 현대문이 아니라 한문으로 엮어졌음에도 불구하고, 이러한 체계화가 한 시대의 획을 그은 것으로 평가되는 것으로 사료된다.

그렇다면 간정의 도교관 내지 한국도교사에 대한 인식은 어디에 바탕하고 있는가? 주지하는 바와 같이 간정은 생애 중에 『조선불교통사朝鮮佛敎通史』 3권(1918, 신문관)을 비롯하여 『조선해어화사朝鮮解語花史』(1927, 한남서림)·『조선 기독교급외교사朝鮮基督敎及外交史』(1928, 조선기독교창문사)·『조선종교사朝鮮宗 敎史』(1937, 프린트본)·『조선사회사朝鮮社會史』(유고, 佚失) 등 엄청난 종교사상과 문화관계 등의 역사서를 편술해냈다. 그를 일러 한국학 개화기를 연 인물로 평가하는 이유가 여기에 있다. 따라서 그가 전통사상과 문화에 대해 깊은 관심과 함께 자료를 수집하고 체계화하는 데는 일단의 방법론을 지니고

---

1) 유행본은 李能和 輯述, 『韓國道敎史』(원고영인판, 동국대, 1959), 이후 李鍾殷 역, 『朝鮮道 敎史』(보성문화사, 1977)가 있다.

도교에서 신격화시킨 노자
(王世貞, 『中國的神仙』, 湖南省: 岳麓書社, 2003)

있었던 것으로 보인다.

한국 전통사상과 문화에서 도교가 차지하는 위치를 생각할 때, 간정이 관심을 가진 것은 당연한 귀결인데, 문제는 그에게 영향을 준 인물이 누구일까 하는 점이다. 결론부터 말하자면 아마도 오주 이규경五洲 李圭景(1788~?, 본관은 全州, 자는 伯揆, 호는 오주 혹은 嘯雲居士)의 영향이 가장 컸을 것으로 추정된다. 후술할 바와 같이 『조선도교사』에 오주의 저술인 『오주연문장전산고五洲衍文長箋散稿』(이하 『장전산고』로 약칭함)에서 인용된 부분이 나타나고 있을 뿐만 아니라, 한국도교사의 맥락을 파악하는 데 일단의 시사를 받은 것으로 보이기 때문이다.

한국 근대에 있어서는 급격한 사회변동과 함께 전통사상 각 분야의 사조에 일대 변혁을 가져온다. 도교사상도 예외는 아니라서 근대적 변모가 나타난다. 조선시대의 수련도교修練道敎에서 근대에 이르면서 선서善書신앙을 중심한 민간도교民間道敎가 유행하는 것이 그 흐름이다. 따라서 근대사회에 있어서 도교는 수련도교적 요소와 민간도교적 요소를 아울러 간직하는 특징을 보인다.[2] 전자는 농려 강헌규農廬 姜憲奎(1797~1860)의 『주역참동계연설周易參同契演說』 편술이나 신종교新宗敎 교단에서 수련지침서로 활용된 『정심요결正心要訣』 계통전적의 유행 등에서 볼 수 있다. 그리고 후자는 어하재 최성환於荷齋 崔瑆煥(1813~1891)의 『태상감응편도설언해太上感應篇圖說諺解』의 발간(1852)과 경농 권중현經農 權重顯(1854~1934)의 『공과신격功過新格』 편술 등이 대표적인 예가 될 것이다.

이에 비하면 오주의 『장전산고』에 있어서 도교관련 부분은 전통사항의 정리라는 측면에서 위의 두 가지 흐름과는 다른 특징을 보인다. 각종 자료를 동원하여 특정사항에 대해 변증辨證하고 있기 때문에 필자의 이해나 관점이 여실히 드러나게 된다. 그리고 그 자료가 간정으로 계승된다는 점에서 한국도교에 있어서 전근대와 근대를 잇는 특징을 찾아볼 수 있다.

따라서 본고에서는 이러한 의미에서 오주의 『장전산고』를 통해 도교관 내지 한국도교사에 대한 관점을 살펴보기로 한다. 이는 새로운 학문체계 속에서 도교를 보는 기저는 물론, 전통도교사상의 흐름을 파악하는 데도 도움이 될 것으로 본다.

2. 오주의 학문과 『오주연문장전산고』

오주 이규경의 학문성격은 가업을 통해 파악하는 것이 적실하리라 본다. 그의 가계는 아정 이덕무雅亭 李德懋(1741~1793) → 광규光葵 → 규경으로 이어지며, 그것이 곧 그의 학맥이기도 하다. 조부인 덕무는 주지하는 바와 같이 실학파의 대학자로 정조가 규장각을 열고 명사를 검서관으로 등용하였을 때 박제가朴齊家(1750~1815)·유득공柳得恭(1749~?)·서이수徐理修(1749~1802)와 더불어 이른바 사검서四檢書로 불린 인물이다. 박학다재한 덕무는 일찍이

---

2) 졸고, 「한국도교의 근대적 변모」(『한국종교사연구』 5, 한국종교사학회, 1997, 348쪽 이하) 참조.

『오주연문장전산고』
(서울대학교 규장각본)

심염조(沈念祖)(1733~1783)의 사행을 따라 연경에 가서 새로운 지식을 두루 섭렵함
으로써 명성을 높였고, 다양한 저술을 남겼다. 조부의 아우 공무(功懋)와 부친
광규 역시 검서관을 지내면서 집안에 수많은 장서를 갖추고 있었다.

대를 이어 규장각에서 근무했으므로 오주는 일생동안 출사(出仕)하지 않고
학문에만 열중하였지만, 당시 팽배했던 실학사조 아래서 이러한 가풍으로
인해 방대한 고증작업을 할 수 있었던 것으로 보인다. 그러나 오주의 행장을
구체적으로 살펴볼 수 있는 문서는 전하지 않는다. 그의 몰년이 분명하지
않은 것도 그러한 연유이다. 그의 주저인 『장전산고』의 조직과 자료적 성격
으로 미루어, 그의 활동과 학문업적이 상당했을 터이지만, 오늘날 그가 남긴
주저를 통해서 생애를 추론해보는 것은 안타까운 일이 아닐 수 없다. 당시를
전후한 제가서(諸家書)의 기록을 수습하여 생애를 규명하는 작업이 학계의 과
제라는 말이다. 그가 남긴 저술은 『장전산고』를 비롯하여 농정의 대책을
제시한 『백운필(白雲筆)』, 동서고금의 사물을 변증한 『오주서종박물고변(五洲
書種博物攷辨)』 등이 전한다.

『장전산고』는 우리나라를 비롯하여 중국 및 외방의 고금 역사 · 문물에 대
한 고증으로 일종의 백과사전이라 할 수 있다. 전 60권 60책의 필사본으로 전해
온 이 책은 규장각 소장본으로 영인본과 근래에 이르러 분류별 번역본이 부분적
으로 출간되어 유행한다.[3] 오주는 『장전산고』에 1,400여 항목이라는 방대한

변증설辨證說을 싣고 있다. 김상기金庠基(1901~1977) 박사의 해제에서는,

〈1〉 본서는 본국과 중국 및 기타 여러 외방의 고금사물古今事物 특히 천문 역법 수리數理 시령時令 종족 역사 지리 경제 문학 문자 음운音韻 금석 고기古器 전적 서학西學 서교西教 도교 불교 서화書畫 의약 음양오행 숫수 상서祥瑞 재이災異 제도 습속 예제禮制 복식 유희 주차舟車 교량 야금冶金 도앵陶甖 병학兵學 무기 가구 양전量田 양조釀造 종축種畜 외래문물 초목 어충 조수鳥獸 광속鑛屬 기타 전고典故 등등에 대소와 아속雅俗의 별이 없이 의의疑義가 있는 것이나 고증의 필요가 있는 것이면 보이는 대로 심득心得해지는 대로 해박한 학식으로써 붓에 맡겨 고정변증考訂辨證을 한 것으로서 그의 항목은 일천사백여요, 육십책에 달하는 방대한 저술이다.[4]

라고 했다.

전통종교의 문화 및 사상에 관해서는 유・불・도 삼교儒佛道 三教를 비롯하여 고유신앙과 각종 속신에 이르기까지 넓고 깊게 취급하고 있다. 위의 「해제」에서 서교를 다루고 있다고 한 것처럼 그리스도교에 대해서도 항목을 설정하여 상세하게 변증한다.

그의 도교관이 종교관의 하나인 점에 착안해볼 때, 이들 종교관련 여러 항목의 설정과 무관하다고는 할 수 없을 터인데, 우선 도교를 제외한 종교항목의 대표적인 것들을 추출해보면 다음과 같다.

〈2〉 고유・민속신앙류
　　　권16 「점명변증설占命辨證說」
　　　권18 「술수의약변증설術數醫藥辨證說」
　　　권24 「기우제용변증설祈雨祭龍辨證說」
　　　권24 「사호변증설祠虎辨證說」
　　　권26 「무격변증설巫覡辨證說」

3) 영인본은 古典刊行會 편, 『五洲衍文長箋散稿』2권(동국문화사, 1958)이고, 번역본은 민족문화추진회 편, 『국역분류 오주연문전산고』경사편(민문고, 1967) 등이다.
4) 전게 『五洲衍文長箋散稿』상, 「해제」.

『장전산고』는 방대한 구성이고, 그의 학문적 기반이 유학에 두어졌으므로 이밖에도 관련 항목이 수없이 많을 것은 의심할 여지가 없다. 그러나 어떻든 이렇게 간추린 항목을 통해서도 오주 자신의 관점이 나타난다.

첫째, 척사위정斥邪衛正의 관점에 서 있다는 점이다. 항목은 말할 나위 없이 오주 자신의 관심사에서 임의로 설정된 것들이다. 그런데 유학을 정正으로 보고 그밖의 신앙사상이나 학문을 사邪로 보는 그에 있어서는 척사로 귀결될 수밖에 없다는 말이다. 그 대표적인 사례의 하나가 그리스도교 이해인데, 그는 항목설정을 「척사교변증설」이라 붙이고,

〈3〉 그 교는 즉 사학邪學이다. 먼저 그 전말을 밝히겠다. 예수교耶蘇敎라는 것은 바로 속칭 천주사학天主邪學이다. 이 교가 중국에 들어온 것은 대서양 구라파 주에 있는 이탈리아意大理亞國의 야소회 선비 마태오리치利瑪竇(Mateo Ricci, 1552~1610)가 중국에 입국하면서부터다. 이마두가 중국에 온 것은 명나라 만력 9년(1581) 신사년이다.…생각컨대 지금 사당邪黨들이 행하는 바는 바로 백련교白蓮敎나 부수符水 · 끽채사마喫菜事魔 · 방술 · 교문 등의 시술을 뭉쳐 하나로 만들어 야소의 이름을 빌고 서양 사람들에게 붙여서 재색財色과 속임수를 이뤄보려는 욕심에서 나온 것이다.[5]

라는 자신의 견해를 밝히고 있다. 그리스도교를 중국 유학에서 대표적인 이단으로 간주해온 도교종지와 구별하지 않고 있음이 분명해진다. 이는 당시 척사위정사조 아래서 이루어진 학문적 성과라는 의미이며, 크게는 같은 관점이 도 · 불 2교 등에 그대로 대입되고 있다.

둘째, 종교문화에 있어서 특히 서지학적인 해명이 중심이라는 점이다. 이는 책명에 나타나는 「연문장전衍文長箋」에서 이미 「서지학적 주해」임을 밝히고 있는 사항이긴 하다. 그런데 유학을 학문의 바탕으로 하고 있는 오주는 유학의 본질과 전래 등 널리 알려진 사항에 대해서는 논급을 피하고, 다만 경전 등의 서지에 관해서 특히 관심을 보이고 있다. 불교의 교의사상에 대한

---

5) 「邪蘇敎者. 卽俗稱天主邪學也. 其入中國 自大西洋歐羅巴州意大理亞國邪蘇會士利瑪竇之入. 利之來 在於皇明神宗萬曆九年辛己(本朝宣祖十四年).…意者卽今邪黨之所爲. 乃白蓮符水喫菜事魔房術敎門等邪術. 湊作一術 托名耶蘇. 依附洋人. 濟其財色幻騙之慾也.」(『五洲衍文長箋散稿』 하, 701쪽 이하)

변증이 없는 것도 그러한 연유로 보인다. 대신 한국사회에 있어서 불교의 유포나 경전 등 관심이 큰 부분에 대해서는 해명이 매우 풍부하다. 설정 항목 자체가 서지적인 고증인 경우도 있지만, 내용에 들어가보면 경전에 관련이 되어 있고, 또는 전혀 관련 없는 내용을 고증하는 데도 인용서목을 분명히 함으로써 서지적인 관심이 얼마나 깊었는지를 짐작하게 한다.

도교에 관련해서도 같은 관점이 적용되었음은 물론이다. 그런데 불교보다는 도교에 훨씬 많은 항목을 할애하고 있다. 이는 도교가 불교에 비해 상대적으로 해명되지 않은 부분이 많음을 뜻하며, 그런 만큼 도교에 관련된 관점도 다양하게 피력되고 있다.

3. 『오주연문장전산고』의 도교관련 변증설

『장전산고』에는 과연 도교에 관련된 여러 항목이 설정되어 있다. 도교·신선·방술方術 등 직접적인 관련 사항 이외에도 도참圖讖·풍수·점복占卜·역학易學 등 민속과 도교의 접점을 이루는 유사항목이 많아 도교개념을 한정하기 어려운 점이 있다. 다소간에 도교와 관련을 가진 항목들이라서 시각視覺에 따라 취급범위도 달라질 수 있다는 말이다.

이들 가운데서 우선 대표적인 것들을 채록하면 다음과 같다.

〈4〉 도교류
　　권2 「벽곡변증설辟穀辨證說」○
　　권2 「기선변증설箕仙辨證說」
　　권7 「정기신변증설精氣神辨證說」○
　　권10 「장진인본말변증설張眞人本末辨證說」○
　　권11 「구천현녀변증설九天玄女辨證說」
　　권14 「황정현빈변증설黃庭玄牝辨證說」○
　　권14 「옥추경유대소이경변증설玉樞經有大小二經辨證說」○
　　권18 「양생송사진효변증설養生送死盡孝辨證說」

권19 「탁목경변증설啄木經辨證說」 ○
권20 「정심존일념안변증설正心存日念眼辨證說」 ○
권24 「인선오종변증설人仙五種辨證說」 ○
권24 「단사신리변증설丹砂神理辨證說」
권26 「점신광경변증설占神光經辨證說」 ○
권26 「구피도사철승낭자변증설狗皮道士銕繩娘子辨證說」 ○
권28 「유도석삼가론천중수변증설儒道釋三家論天重數辨證說」
권29 「삼교제론변증설三教諸論辨證說」
권30 「점화외기변증설點化外記辨證說」 ○
권31 「오악진형도제본변증설五嶽眞形圖諸本辨證說」
권34 「도경기자변증설道經奇字辨證說」
권35 「청학동변증설靑鶴洞辨證說」
권35 「진강벽노불변증설陳剛闢老佛辨證說」 ○
권37 「노자도덕경변증설老子道德經辨證說」 ○
권39 「도교선서도경변증설道教仙書道經辨證說」 ○
권42 「선악보응지속변증설善惡報應遲速辨證說」
권42 「동국도교본말변증설東國道教本末辨證說」 ○
권43 「영보진령위업도변증설靈寶眞靈位業圖辨證說」 ○
권44 「방중변증설房中辨證說」
권44 「장자독법변증설莊子讀法辨證說」
권45 「도포변증설道袍辨證說」
권49 「우복동변증설牛腹洞辨證說」
권54 「점화변증설點化辨證說」
권55 「여순양선생결변증설呂純陽先生訣辨證說」
권55 「반환변증설返還辨證說」
권56 「도가산문이명변증설道家算門異名辨證說」 ○

이상의 34항목을 성격별로 구별해보면 경전·수련이 각각 10여 항목씩이고, 도사仙人·선적仙跡 그리고 삼교관계 등이 다음을 이룬다. 민족문화추진회의 번역본인 『국역분류 오주연문장전산고』(제18집)에는 도·불 2교 및 그리스도교(서학)를 합본하였는데,6) 도교에 관련해서는 위의 항목 중에서

○표를 한 17건만을 수록하고 있다. 채록한 항목의 절반에 해당하는 숫자다. 도교 관련 항목이 불교의 그것에 비해 두 배를 차지하는 셈이다.

이 가운데 『장전산고』 권39의 「도교선서도경변증설道敎仙書道經辨證說, 道藏類 付道家雜用」은 머리 부분의 도교에 대한 총설總說에 이어 도경道經・선약설仙藥說・도관道觀・상설像說・부록재초符錄齋醮 그리고 도가잡용道家雜用으로 구성되어 있다. 「총설」에 『한서漢書』 예문지藝文志・『수서隋書』 경적지經籍志・『속박물지續博物志』 완효서阮孝緖・『칠록七錄』・왕의王禕 『청암총록靑巖叢錄』・『삼국사기』・『송사宋史』・『경국대전經國大典』・『해동전도록海東傳道錄』 등 수많은 전적이 인용되고 있는 것처럼, 한・중 고금의 서적을 망라하여 의지를 밝혀나가고 있다. 「도경」에는 각 시대에 유행한 도경道經의 권수와 명칭 등에 유의하면서 그 의의를 밝히고, 특히 『노자도덕경』・『장자남화경』・『열자』・『문자文子』・『경상자庚桑子』・『석각도경石刻道經』・『도가사첩道家史牒』・『도가화첩道家畵牒』 등을 별항으로 내세워 해설하고 있다. 「도가잡용」도 타발佗髮 등 관련 사항을 설정하여 해설해 나가는 방법을 취하고 있다. 이 항목이 도장道藏에 대한 변증이기는 하지만 그의 도교관이 비교적 구체적으로 드러나고 있다. 각종 전적에 유의하면서도 도교가 무엇이며, 그 역사가 어떻게 전개되었는가를 소상하게 알 수 있도록 배려하고 있기 때문이다.

아울러 그의 도교관에서 주목할 바는 한국도교의 전개에 관한 사항이다. 「동국도교본말변증설東國道敎本末辨證說」이 그것이다. 이는 삼국시대의 도교상황과 고구려말의 오두미교 수용, 고려시대 중기의 북송도교 수입과 복원궁 건립, 조선시대의 도교정책 등이 논해지고 있다. 자세하지는 않으나, 복원궁의 건립 등을 논하고 있는 것은 한국도교사 정리에 있어서 시사하는 바가 크다 하겠다.

이밖에 그의 도교관은 수련도교 내지 양생養生 관련의 이해가 비교적 풍성하게 나타나고 있다. 「반환변증설返還辨證說」・「방중변증설房中辨證說」・「정

---

6) 『고전국역총서 국역분류 오주연문장전산고』 제18권 중 도교는 經史篇二 道藏類一의 「道藏總說」, 「道藏雜說」, 經史篇三, 釋典類三의 「道釋雜說」로 분류되어 있다.

기신변증설精氣神辨證說」·「벽곡변증설辟穀辨證說」·「황정현빈변증설黃
庭玄牝辨證說」·「정심존일념안변증설正心存日念眼辨證說」·「인선오종변증
설人仙五種辨證說」 등이 그 예이다. 조선시대 도교의 특징이 수련도교였던 만
큼, 그에게도 이 방면은 주목되었을 것으로 보인다. 「청학동변증설靑鶴洞辨證
說」 등이 이와 무관하지 않은 것은 물론이다.

도교의 신(關聖帝君)으로 숭앙되는 관우
(『三國志』「關張馬黃趙傳」)

4. 오주의 도교관과 후래적 영향

오주의 도교관이 이단시각異端視覺임은 앞에서 언급했거니와 이는,

⟨5⟩ 성인聖人의 도가 이미 사라지자 양·묵楊墨과 노·불老佛이 제멋대로 날뛰어
천하 사람들을 모두 그들의 권내圈內로 끌어들여 돌이킬 줄을 몰랐다.
이에 맹자가 나와서 그들을 물리쳤으나 그 싹은 남아 있다가 얼마 후
양자楊子의 무리는 노자老子의 무리와 합하고, 묵자墨子의 무리는 불가佛家와
합하였다. 그러한 틈바구니에서 소위 유교吾道는 겨우 명맥만을 유지하였다.
세상에서 유교·도교·불교의 3교를 정족鼎足에 비유하는데, 이것은 망령된
생각이다.[7]

라는 관점에서 잘 드러난다. 그 자신의 입장은 어디까지나 척사교斥邪敎의
입장을 견지하고 있음을 뜻한다. 그러면 이단사교로 보는 이유는 무엇인가?
그의 관점을 빌리면,

〈6〉 아! 옛날이나 현재를 물론하고, 도포에 큰 띠 띤 무리들은, 쌀밥 먹고
    비단옷을 입어 팔다리 하나 움직이지 않고 생활하면서 오곡이 무엇인지도
    구분하지 못하니, 시대의 조류가 모두 이렇다. 그런데 그들이 수해나 한해나
    전쟁이나 흉년이 모두 뜻 밖에 생겨, 어진 사람, 어리석은 사람, 귀한
    사람, 천한 사람을 막론하고 모면하기 어려운 것이 있는 줄을 어떻게 조금이라
    도 알 것인가?8)

라고 본다. 실사구시實事求是를 주창하는 실학자로서의 모습이 여기서 분명해
진다.

그러나 도교에 관련된 많은 기술 가운데는 긍정적인 부분도 적지 않다.
유학의 경세관이 왕조정치에 있다고 하면, 그 경세관이 전개되는 가운데
유·불·도 삼교가 상호교섭이 불가피하고, 유학자와 관련된 사항이 나타나
게 된다. 특히 양생과 관련된 부분이 그러하다. 오주는,

〈7〉 그러나 한번 논하건대, 연양의 말에 대해서는 구양자歐陽子, 歐陽脩(1007~
    1072)가 일찍이 『황정경黃庭經』을 산정刪正하였으며, 주자朱子, 朱熹(1130~
    1200)도 일찍이 『참동계參同契』를 고쳐 주註 달았다. 이 두 분은 큰 유학자인데
    도 모두 그 학설을 나쁘다 하지 않았으니, 산림에 은거하여 홀로 수행하는
    선비가 이것을 써서 양생養生을 하여 천명天命을 온전히 하는 것은 진실로
    명교名敎에 죄를 짓는 것이 되지 않는다.9)

---

7) 「聖道旣熄. 楊墨老佛. 橫肆放縱. 驅天下之人. 盡入其圈. 而不知返焉. 孟子出而闢之.
然猶有其萌. 而已. 楊歸於老, 墨歸於佛, 所謂吾道, 不絶如縷, 世以儒道釋三敎, 比畢足焉妄也.」
(『五洲衍文長箋散稿』 하, 701쪽, 권53 「斥邪敎辨證說」)

8) 「嗚虖. 毋論古今. 褒衣博帶之從. 食夫稻. 衣夫錦. 四軆不動. 五穀不分者. 滔滔皆是也.
何嘗知有水旱兵荒之生於不意. 而賢愚貴賤之所難免者乎.」(『五洲衍文長箋散稿』 상, 28쪽,
권2 「벽곡변증설」)

9) 「然嘗論之. 鍊養之說. 歐陽子嘗刪正黃庭經. 朱子嘗改注參同契. 一公大儒. 皆不以其說爲
非. 山林獨善之士. 用以養生全年. 固未爲得罪於名敎也.」(『五洲衍文長箋散稿』 하, 192쪽,

고 본다. 도교관계의 변증설 가운데 양생이론이 많이 나타나는 것은 이러한 그의 관점과 무관하지 않을 것이다. 그에게는 정·기·신 삼보精氣神 三寶나 성명쌍수性命雙修 등의 이론이 구체적으로 다루어지기도 하는데, 양생의 궁극적인 목표인 성선成仙문제에 대해서도,

〈8〉 도가가 당초에는 선도仙道가 아니고 구류九流: 儒家流·道家流·陰陽家流·法家流·名家流·墨家流·縱橫家流·雜家流·農家流에 나열된 것이었는데, 후세에는 마침내 신선을 도교라 하여 점차 방기方技의 유로 들어가고 말았다. 그렇다면 이에 대한 변증이 없을 수 없다. 신선도 다섯 종류가 있으며 도사도 다섯 등급으로 나뉘어진다. …이것이 바로 선도의 다섯 가지 종류로서 천선·지선·신선·인선·귀선鬼仙이다. 이 다섯 가지 중에 천선과 지선은 절대로 배우기 어렵고 신선이나 인선에 다다르면 약간은 할 수 있다. 그러나 만일 범속하고 고루한 것을 떠어 넘고 벗어나지 않으면 결코 바랄 수 없으니, 『참동계』의 환반還返하는 비결을 자세히 읽으면 반드시 할 수 있다. 귀선으로 말하면 끝내 귀신의 기미에 들고 마니, 이것은 비록 각각 다섯 신선 가운데 나열되긴 하지만 어찌 할 만한 것이겠는가.[10]

라 하여 자신의 구체적인 견해를 밝히고 있다. 조선시대를 풍미한 양생비법이 유학자들 사이에도 널리 유행하고 있었으므로 그로서도 이를 거부하기는 어려웠을 것이다.

그러면 이러한 오주의 도교관은 후래에 어떻게 계승되는가? 그 영향은 아마도 『장전산고』를 직접적으로 인용하여 『조선도교사』를 저술한 간정 이능화에게서 찾는 것이 가장 타당할 것이다. 주지하는 바와 같이 『조선도교사』에는 한중일 삼국의 사서를 비롯하여 민가의 비전자료秘傳資料까지 다양하게 채록하고 있는데, 『장전산고』의 명목을 들어 인용된 부분이 적지 않다.

권39「도교선서도경변증설」)

10)「道家初非爲仙道. 而列於九流者也. 後世竟以神仙爲道敎. 而漸入於方技之流矣. 然則不可無辯. 仙有五種. 道士亦分五等. …此是仙道有五種. 而天地神人鬼也. 五種中. 天仙地仙切難學. 得至神仙人仙 則差可學也. 然若非超脫凡陋. 則必不可希. 詳讀參同還反之旨. 則必可爲也. 至於鬼仙. 則終入鬼趣. 則名雖列於五仙之中. 何可爲也.」(『五洲衍文長箋散稿』 하, 196쪽, 권39「도교선서도경변증설」)

이들을 간추려보면,

〈9〉 『조선도교사』의 『오주연문장전산고』 인용
    제5장의 「삼한시말변증설三韓始末辨證說」
    제6장의 「장진인본말변증설張眞人本末辨證說」
    제9장의 『해동전도록』 기록
    제21장의 『해동전도록』 기록
    제22장의 「명통사변증설明通寺辨證說」

등이다. 이 중에서 『해동전도록』은 한국도교의 단맥상승전丹脈相承傳으로 조선시대의 수련도교를 해명하는 데 있어서 필요불가결한 전적인데, 이 기록을 통해 최근에 이르러 규장각에서 진본을 확보할 수 있게 되었다.[11] 어찌되었든 『장전산고』의 관점이 『조선도교사』로 이어지고 있음은 『조선도교사』 제29장 이하의 미집필 목차에는 「도교잡용道敎雜用」·「선유등급仙有等級」 등에서 분명하게 확인된다.[12] 오주의 관점을 간정이 상승하고 있다는 말인데, 내용기술 상에 있어서도 『장전산고』의 도교에 대한 총설 중에,

〈10〉 도가道家라고 말하는 것은 아마도 황제씨黃帝氏가 공동산崆峒山에서 도道를
    물었다는 것을 인하여 칭하게 되었나 보다.[13]

라는 기술이, 『조선도교사』에서,

〈11〉 모두 황제가 공동산에 가서 광성자에게 도를 물었다고 한다. … 곧 말하기를
    황제가 동쪽으로 청구에 와서 자부선생을 만나 삼황내문을 받아 갔다고

---

11) 李鍾殷 역주, 『海東傳道錄, 靑鶴集』(보성문화사, 1986) 참조. 유행본에 대해서는 金侖壽, 「『東國傳道秘記』와 『海東傳道錄』」(한국도교사상연구회 편, 『韓國道敎의 現代的 照明』, 아세아문화사, 1992, 179쪽 이하) 참조.
12) 「道敎雜用」과 「仙有等級」은 각각 『五洲衍文長箋散稿』의 「道敎仙書道經辨證說(道家雜用)」과 「人仙五種辨證說」 등의 내용에 대비된다.
13) 「道家爲言. 或因黃帝氏崆峒問道. 而稱者歟」(『五洲衍文長箋散稿』 권39, 도교선서도경변증설)

한다.[14]

라고 인용되고 있다. 이는 간정이 도교성립 연원의 해동설을 주장하는 골격을 이루고 있기 때문에 상징적 의미가 적지 않을 것으로 보인다.

이렇게 본다면 간정은 오주의 설을 충분히 참고했다는 결론에 이르게 된다. 『장전산고』는 여러 주제를 건 변증설을 전개함으로써 도교관련 문항이 각권으로 흩어져 있기는 하나, 이들을 종합하면 오주가 일단의 도교 이해의 틀을 지니고 있었음이 확인된다. 거기에 인용된 수많은 원전 이름이 『조선도교사』에 그대로 나타나고 있으므로, 간정의 도교 이해는 오주의 그것을 바탕으로 하고 있다는 말이 가능해진다.

사실 한문 필사본인 『장전산고』는 일반인의 열람이 불가능하기도 하고, 설혹 열람이 가능하다고 해도 이용하기 어려웠을 것이다. 그러나 이러한 제한이 간정에게는 오히려 다행이었다고 할 수 있다. 조선총독부의 『조선사朝鮮史』 편수위원이던 그는 규장각 출입이 자유스러웠고, 한문을 비롯한 언어에 박통하고 있어서 이용에 용이했으리라는 것이다. 따라서 풍부한 자료를 이용한 간정에게는 그만큼의 영향을 미쳤고, 그것이 『조선도교사』의 편수에 일조가 되었을 것이라는 말이다.

5. 결어

이상에서 오주 이규경의 『장전산고』에 산견되는 도교관련 변증항목을 일별하여 그 관점의 일단을 밝혀왔다. 오주가 살다간 사회상황이 실학이라는 변혁 사조였던 만큼 이를 적극적으로 수용한 그의 학문은 시야를 극대화시킴으로써 종전과는 다른 업적을 이루게 되었다. 전인미답의 일대 백과전서를 구성한 『장전산고』가 이를 웅변해주는 셈이다.

---

14) 「皆謂黃帝問道於崆峒之廣成子.…則謂黃帝東到靑丘. 受三皇內文於紫府先生.」(『조선도교사』 제4장)

따라서 이에는 학문적 바탕을 이루는 유학과 도·불 2교는 물론 고유·민속신앙과 그리스도교에 이르기까지 다양한 내용을 담고 있다. 척사위정의 사조 아래 그리스도교를 사교로 배척하던 관점이 불교나 도교에도 그대로 적용되고 있음도 확인하게 되었다.

그러나 도교에 대해서는 불교 이상의 관심이 기울어졌고, 많은 전적과 함께 여러 가지 사항이 체계적으로 서술되고 있다. 도교의 성립과 유포, 인물과 사상, 경전과 방술 등에 이르기까지 거의 전 분야가 전적에 의지하여 조직적으로 해명되며, 이것이 그의 도교관을 형성하는 것으로 보인다. 이단사교라는 기본적인 시각이 작용하면서도 양생 등에 관해서는 긍정적인 논지가 이어진다. 그러한 긍정적인 논지는 조선시대에 유행한 수련도교가 유학자들 사이에 수용된 바와도 무관하지 않을 것이며, 이 부분에 상당한 항목을 할애하고 있는 것도 그러한 관심에 연유된 것으로 풀이된다.

이러한 오주의 『장전산고』는 한문 필사본이라는 자료적 성격 때문에 널리 유행되지는 않았다. 그러나 간정 이능화는 이를 애독했고 『조선도교사』를 저술함으로써 자료의 보고로 활용되었을 것으로 추측된다. 저술 중에 나타나는 인용문이 이를 말해주며, 그의 풍부한 도교 이해가 간정을 통한 새로운 틀로 오늘의 우리에게 도교를 접하는 지남으로 자리하고 있는 것이다.

출전

「오주 이규경의 도교관」(이종은 편, 『한국도교문화의 초점』, 아세아문화사, 2000)

농려 강헌규의 『주역참동계연설』과 조선도교

1. 서언

한국도교사에 있어 조선도교는 실천적 성격을 강하게 띠고 있다는 점이 특징이다. 고려후기에 이르면서 실천수행적인 선종禪宗이 불교의 주류를 이루고, 유교가 인성수련적인 성격이 강한 성리학性理學으로 체계화된 것처럼, 도교도 고려시대의 의례중심인 과의도교科儀道教에서 조선시대에 접어들면서 수련도교修鍊道教로 이행된 16~17세기에 이르러 최성기最盛期를 맞이한다. 이를 선파仙派, 혹은 단학파丹學派라 이름한다.[1]

이들 단학파는 단학계보를 비롯하여 연단원리練丹原理에 관해 적지 않은 저술을 남기고 있다. 이들에 노장老莊 관계 주석서를 포함하면 그것이 당시 사조의 한 흐름을 이루고 있음을 알 수 있다. 그 대표적인 저술이 김시습金時習(1435~1493)의 『매월당문집梅月堂文集』 중 『잡저雜著』를 중심한 연단이론, 정렴(1506~1549)의 『용호결龍虎訣』, 곽재우郭再祐(1552~1617)의 『양심요결養心要訣』, 한무외韓無畏(1517~1610)의 『해동전도록海東傳道錄』, 청허 휴정淸虛休靜(1520~1604)의 『도가귀감道家龜鑑』, 권극중權克中(1560~1614)의 『참동계주해參同契註解』, 조여적趙汝籍(1588?~?)의 『청학집靑鶴集』, 홍만종洪萬宗(1643~1725)의 『해동이적海東異蹟』, 장유張維(1587~1638)의 『음부경주해陰符經註解』,

---

1) 李能和 집술, 이종은 역, 『朝鮮道教史』(보성문화사, 1977) 201쪽 이하 참조.

『주역참동계연설』
(서울대학교 규장각 소장)

박세당朴世堂(1629~1703)의 『도덕경주해道德經註解』, 이의백李宜白(정조년간)의 『오계집梧溪集』의 도맥기록, 무명씨의 『해동도록海東道錄』·『직지경直指經』·『중묘문衆妙門』 등이다.

그런데 종래 학계에 소개된 적이 없는 단학서로 『주역참동계연설周易參同契演說』(이하 『연설』이라 칭함)이 전하고 있어서 주목된다. 「태백산인 복양자太白山人復陽子」 찬의 이 책은 서울대학교 도서관 소장의 한적고서다.[2] 한지 단권 38cm×18cm의 필사본 139쪽으로, 각 쪽 11행, 각행 28자다.

본고에서는 이 『연설』의 체제와 내용의 일단을 구조적으로 분석코자 한다. 그렇게 함으로써 찬자인 태백산인 득양자의 실체를 밝히고 『연설』의 자료적 성격과 함께 한국도교사에 있어서의 위치에 대해 일별하려는 것이다.

2. 『연설』의 체제와 찬자문제

1) 『연설』의 체제

『연설』은 표제를 『주역참동계연설전周易參同契演說全』이라 하였다. 표제

---

2) 서울대학교 도서관 白想文庫, 古 299, 514~W63C.

에 의한다면 이는 후한말의 연단일사 위백양魏伯陽이 쓴『주역참동계周易參同契』3)의 주석 내지 강설이라는 의미를 나타낸다. 그러나 실제 내용을 보면 이들은 직접적인 관련이 없다.

다실 말하면『연설』은『주역참동계』라는 표제를 빌렸지만 그것에 대한 주석이나 강설이 아니라 독자적인 체계로 이루어진 연단서다. 다만 위백양이 그 책에서 연단비법을 다루었다는 점에서 볼 때 그 비법을 연설했다는 뜻이 된다. 또한『연설』은「전全」이라 하였으나 단일 서종書種이 아니다. 여러 종의 연단서를 한데 묶고 있으며 이들에는 각각의 찬자가 있으므로 표제명의 책은 그 부분에 해당하는 셈이다.

이러한『연설』의 체제를 밝히기 위하여 표목을 들어 쪽수와 함께 정리해보면 다음과 같다.

〈1〉 周易參同契演說 全
  ○序詩
  ○參同契演說(太白山人復陽子 撰)
    太上感應篇 · 1
    丹藥十八訣 · 5
    攝養 · 11
    呼吸靜工妙訣 · 19
    不煉金丹 · 20
    聚精 · 22
    養氣 · 26
    存神 · 30
    重陽先仙師功行說 · 32
    十二段錦 · 33
    內丹三要訣 · 35
    行住坐臥說 · 37
    最上一乘妙道 · 38
  ○海東傳道錄(得陽子韓無畏 撰)

---

3)『正統道藏』(新文豊出版, 民國66) 太玄部 34책 153쪽 이하 수록.

이상과 같이『연설』의 체계는 크게 4부와 부록으로 이루어져 있다. 4부는 복양자 찬의『참동계연설』, 한무외 찬의『해동전도록』, 곽재우 찬의『양심요결』, 그리고 종리권 찬의『영보필법靈寶畢法』[5)]이다. 말할 것도 없이 앞의 3종은 우리나라에서 찬술된 연단서며, 마지막의 1종은 중국 찬술서다.

중국 찬술서인『영보필법』의 찬자 종리권은 전진교全眞敎 5조의 한 사람이다. 5조란 동화제군 왕현보東華帝君 王玄甫, 정양제군 종리권正陽帝君 鍾離權, 순양진인 여동빈純陽眞人 呂洞賓(8세기말~9세기), 해섬자 유종성海蟾子 劉宗成, 중양자 왕지명重陽子 王知明(1159?~?)으로 이어지는 전진교의 개조를 말하는데, 전설에는 종리권을 한대 사람으로 칭하지만 유문遺文의 형식 등으로 볼 때 당말인 9세기 사람으로 보인다. 어떻든 전진교의 실질적인 개조인 왕중양이 자작시에서「종리권을 원조遠祖, 여동빈을 사부, 유종성을 숙조叔祖」[6)]로 부르고 있는 데서 그의 단맥丹脈에서의 위치가 드러나거니와, 이를 조선시대의 단학파와 관련지어 보면 흥미로운 사실이 발견된다.

주지하는 바와 같이 우리나라의 단맥을 전하는 한무외의『해동전도록』은,

〈2〉그 전도된 근원을 소급해보면, 종리권이 신라인 최승우·김가기·중 자혜에게 전수하였고, 승우는 최고운·이청에게, 이청은 명법에게, 명법은 자혜도요에게 전수하고, 자혜는 권청에게, 권청은 원설현에게, 원설현은 김시습에게 전수하였다. 시습은 전둔검법연마결을 홍유손에게 전수하고, 또 옥함기

---

4)『周易參同契演說 全』목차.
5)『正統道藏』, 太淸部 47책 934쪽 이하 수록.
6) 窪德忠 著,『中國の宗敎改革』(法藏館, 1967) 98쪽 참조.

내단법을 정희량에게 전수하고, 참동·용호비지를 윤군평에게 전수하였다. 군평은 곽치허에게 전수하고, 정희량은 중 대주에게 전수하고, 대주는 정렴과 박지화에게 전수하고, 홍유손은 밀양상부박씨와 묘관에게 전수하고, 묘관은 장도관에게 전수하였다. 곽치허는 한무외에게 전수하고, 권청은 남궁두에게 전수하고, 또 조운흘에게 전수하였다.[7]

하고 있다. 종리권에서 비롯된 단학계맥이 상승되어 조선중기의 한무외에까지 이어지고 있는 것이다. 물론 이 계보상에서 역사적인 사실은 김시습에 와서 비로소 뚜렷해지지만,[8] 조선시대의 단학파가 그 계맥을 전진교의 도맥에 대고 있음은 분명히 드러난다.[9]

그렇다면 이 『영보필법』은 『연설』 소수의 다른 연단서와 깊은 관련이 있을 것이라는 추측을 갖게 한다. 그리고 여기에서 우리는 한무외 찬의 『해동전도록』에 기록된 비전단서秘傳丹書에 주목하게 된다. 한무외는 우리나라 단학파에 비전되는 연단서가 전진교의 종리권에게서 연원한 것으로 보고 있기 때문이다. 그는 종리권이 최승우·김가기·자혜에게 『청화비문靑華秘文』·『영보필법』·『금고金誥』·『인두오악결人頭五嶽訣』·『내관옥보록內觀玉寶錄』·『천둔연마결』·『구결口訣』을 전하고, 또 최승우·자혜에게 『백양참동계伯陽參同契』·『황정경』·『용호결』·『청정심인경淸淨心印經』을 전하고, 최승우가 최치원·이청에게 『십육조구결十六條口訣』을 전하고, 현준玄俊은 『보습유인술步捨遊刃術』·『가야보인법伽倻步引法』·『양수시해量水尸解』·『송엽시해松葉尸解』를 짓고, 김시습이 홍유손에게 『천둔검법연마진결』과 정희량에게 『옥함기』·『내단법』과 윤군평에게 『참동(계)』·『용호

7) 「溯其傳道之源委. 則鍾離權授新羅人崔承祐金可記僧慈惠. 承祐授崔孤雲李淸. 淸授明法. 法復授慈惠道要. 慈惠授權淸. 淸授元侁賢. 賢授金時習. 時習授天遁劍法鍊魔訣於洪裕孫. 又以玉函記內丹之法授鄭希良. 參同龍虎秘旨授尹君平. 君平授郭致虛. 鄭希良授僧大珠. 大珠授鄭䃈朴枝華. 洪裕孫授密陽孀婦朴氏妙觀. 妙觀授張道觀. 郭致虛授韓無畏. 權淸授南宮斗. 又授趙云仡.」(이능화 술, 전게서, 21장)
8) 졸고, 「淸寒子金時習의 丹學修練과 도교사상」(강원대 인문과학연구소 편, 『梅月堂學術論叢』, 1988, 107-109쪽) 참조.
9) 金洛必, 「海東傳道錄에 나타난 도교사상」(원광대 종교문제연구소 편, 『韓國宗敎』9, 1985, 84쪽) 참조.

비지』를 전했다고 기록하고 있다. 또한 정렴은『단가요결』을 짓고, 이지함李
之菡(1517~1578)은『복기문답服氣問答』을 짓고, 곽재우는『복기조식진결服氣
調息眞訣』10)을 짓고, 권극중은『참동계주해』를 지었으며, 곽치허가 한무외에
게『심육조구결』을 전했다11)고 적고 있다.

『참동계』나『황정경』등이 수련도교를 표방하는 전진교에서 핵심적인
경전이었음은 다시 말할 나위없지만, 종리권이 여동빈에게 고된 시련을
시킨 끝에 천둔검법을 비롯한 연단비법을 전수시켰던 사실을 상기하면,12)
『천둔연마결』역시 전진교에서 중시하던 같은 흐름의 연단서로 인정된다.
그리고 종리권에서 비롯한『천둔연마결』이 홍유손에까지 전해진 것처럼,
역시 종리권에서 비롯한『구결』은 최승우에 이르러『구결십육조』로 표기되
어 한무외에까지 전해지고 있다. 이『구결십육조』가『해동전도록』에 부록된
『단서구결십육조』·『단가별지구결십육조』인 것은 의심할 여지가 없다.

이렇게 보면 전진교의 도맥과 관련된 이들 단서들이 김시습 이후 조선단학
이 최고조에 이른 한무외 당대에 남김없이 상전되고 있었음을 알 수 있다.
예컨대 도맥의 중흥조로 평가되는 김시습은『잡저』라는 이름으로 연단수련
서를 찬술하고 있으며,13) 정렴의『용호결』등이 현존하고 있는데, 이『연설』
에는 한무외의『해동전도록』을 비롯한『단서구결』, 곽재우의『양심요결』,
그리고 종리권의『영보필법』까지 수록하고 있다. 그리고 이러한 단서의
수록에 주목하면 복양자 찬의『참동계연설』부분 역시『태상감응편』을
비롯하여 도맥전수 과정에서 중시되어오던 연단서의 내용을 채록해온 것임
이 드러난다. 다시 말하면 복양자는『연설』을 편집하는 과정에서 자신이
직접 채록해온 것은『참동계연설』이라 붙이고 조선단학에서 상전되던 전적
을 목록과 찬자 이름을 넣어 부록했다는 것이다.

---

10) 이것이 오늘날 전해오는『養心要訣』로 확인된다(졸고,「망우당 곽재우의 양생사상」,
한종만 기념『한국사상사』, 원광대출판국, 1991) 참조.
11) 韓無畏 찬, 李鍾殷 역,『海東傳道錄』(보성문화사, 1986) 262쪽 이하 참조.
12) 窪德忠, 전게서 93쪽 참조.
13) 졸고,「조선 수련도교의 생명관-김시습의『잡저』를 중심으로-」(『도교문
화연구』12, 한국도교문화학회)에서는 이『잡저』의 구조적 성격을 중심으로, 김시습의
연단수련 체계를 밝혔다.

이는 『연설』에서 『참동계』를 인용하여 "삼지란 담을 중지라 하고, 입을 등지라 하며, 장을 옥지라 한다"[14]라 잡기하고 있는 것 등이 이에 대한 좋은 예라 할 수 있다. 따라서 『연설』의 체제는 『해동전도록』에 나타난 조선단학파의 계보와 그 가운데 나타난 비전단서의 흐름을 충실히 수용하고 있음을 말해준다.

2) 찬자 태백산인 복양자, 농려 강헌규

『연설』의 체제는 『해동전도록』 수록의 도맥과 관련되어 있음을 위에서 살폈다. 특히 『연설』 가운데 『해동전도록』을 수록하고 있으므로 찬자가 한무외를 중심한 연단일사계통과 관련이 있는 인물로 보인다. 따라서 『연설』에 수록된 『해동전도록』과 『단가구결십류조』 등을 세상에 전한 택당 이식澤堂李植(1584~1647)의 기록을 보면,

〈3〉 계미년(1643) 가을에 적성으로 사신을 갔다가 서쪽으로 돌아오는 길에 우연히 주부 김집으로 더불어 그곳의 훌륭한 경치를 이야기하게 되었다. 김의 말이 "적상산에는 옛적에 도사가 연단하던 흔적이 있다"하므로, 나는 "무슨 책이 있는 것을 보았는가" 하고 물은즉, 김집이 일찍이 이러이러한 책을 본 것으로 대답하는데, 곧 전도록(『해동전도록』)이며, 이는 내(이식)가 일찍이 어떤 산인에게서 굳이 구하여 얻은 것이다. 김집이 또다시 금단구결을 갖다 주었다.[15]

〈4〉 일찍이 (한무외가) 그 연월을 상고하여 진위를 징험하여서 그 사람에게 전해주고자 하였으나 병들어 동산에 누워서 정력이 미치지 못하는 까닭에 이를 태백산인에게 주어 궁벽한 곳에 깊이 간직하여서 전할 만한 사람을 기다리게 하였다. 명나라 망한 후 4년 정해(1647) 첫여름 택당.[16]

---

14) 「三池. 膽爲中池. 口爲等池. 腸爲玉池.」(『周易參同契演說』序)
15) 「癸未秋. 奉仕赤城西還. 偶與主簿金諿. 談後勝槪. 金言. 赤裳山古有道士煉丹之跡. 余仍問見何書. 金答以曾此書. 卽傳道錄也. 于一山人處. 余固求得之. 金復以金丹口訣來授.」(『周易參同契演說』123쪽)
16) 「嘗欲考求年月. 驗其眞妄. 傳之其人. 病臥東山. 精力未到. 取以贈太白山人. 使藏之假處.

이라 하였다. 그러므로 연단수련에 통효한 이식[17]이 이들 관련 연단전적들을 태백산인에게 전하고 있으므로, 17세기 당대에 태백산에서 수련하고 있던 태백산인 유형진太白山人柳亨進[18]을 찬자로 주목하게 되었다.

그런데 이진수李鎭洙·김윤수金侖壽 양씨의 연구에 의해 찬자인 태백산인 복양자가 농려 강헌규農廬 姜獻奎(1797~1860)임을 알 수 있게 되었다. 『해동전도록』의 기록을 중심으로 결론을 도출하려고 했던 자신의 무지를 반성함과 동시에, 두 분의 연구 덕분에 학계에 끼칠 누를 차단케 되어 감사하지 않을 수 없다.

이진수 씨는 우선 이『연설』에 인용된 의서醫書들을 살피고 있다. 예를 들어『동의보감』은 1613년 궁정의 내의원에서 처음 출간되고 1659 혹은 1719년 영영嶺營에서 개판되어 일반에 널리 알려지게 되었으므로 17세기에 이 책을 접하기 어려웠으리라고 보았다. 한편으로 이에 나타나는 도인導引 수련법의 십이단금十二段錦이란 용어가 일반화되는 것도 18세기 이후라는 것이다.[19] 이에는『연설』의 찬자를 구체적으로 거명하지는 않았으나, 구성 내용에 대한 해설과 함께 이들 두 가지 문제에 대한 자세한 고찰을 담고 있다.

김윤수 씨는『주역참동계연설』이라는 총서를『동단보감東丹寶鑑』이라 이름할 것을 제기하고, 수록된 시문 등에 나타나는 기사記事에 유의하여 관련 문헌을 분석하였다. 그리하여 총서의 편집 및 그 중의『참동계연설』를 찬술한 인물이 농려 강헌규며 편년이 1857년(조선 철종 8)이라는 사실과 함께 수록된 관련 서적에 대해 자세하게 해설하고 있다.[20] 물론 이에는

以俟可傳之人焉. 大明亡後四年丁亥. 孟夏日. 澤堂植」(같은 책, 124쪽)
17)『澤堂集』권9,「谿谷張公陰符經註解序」, 동 別集 권13,「問養生延壽」등에 의하면, 그는 연단수련에 밝았고, 연단일사들과 긴밀하게 교유했음이 드러난다.
18) 洪萬宗 찬,『海東異蹟』柳亨進傳에 의하면, 류형진은 호를 태백산인이라 하였는데, 정유재란(1597) 후 묘향산에 들어가 수련했으므로 당시 그곳에서 천화(1610)한 한무외와 만났을 것이며,『해동전도록』의 상승에 관련이 있었을 것이다.
19) 李鎭洙,「조선 養生思想 성립에 관한 고찰―기4『周易參同契演說』을 중심으로―」(한국 도교사상연구회편,『한국 도교사상의 이해』, 아세아문화사, 1990, 223쪽 이하) 참조.
20) 金侖壽,「『周易參同契演說』(『東丹寶鑑』)과 農廬姜獻奎」(같은 책, 274쪽 이하) 참조.

농려의 문집인 『농려집農廬集』에서 이와 관련된 자료를 대조하고, 그의 행장 및 총서의 편찬 정황을 밝히고 있다.

이에 인연하여 보면, 농려는 1797년(정조 정사)에 태백산하의 법전촌(현재의 경북 봉화군 법전면 법전리)에서 해은 강필효海隱 姜必孝의 아들로 태어났다. 본관은 진주, 자는 경인景仁인데 뒤에 경수景受로 고쳤고, 호는 농려와 함께 수소재守素齋 · 함일당涵一堂 · 유회당有懷堂, 도호를 태백산인 · 복양자 · 자허도인紫虛道人이라 하고, 장서각을 계산서실桂山書室이라 하였다.

그는 5세에 글을 배우고, 7세에 글을 지었으며 『소학』을 읽었다. 15세에 관례를 행하고 백씨와 함께 가학家學에 종사하였다. 주서朱書에 밝아 『주자대전朱子大全』, 시문에 밝아 만학동萬壑同 선생으로 불렸으며, 26세에 노와 강필로魯窩姜必魯(1782~1854)의 양자로 들어갔다. 48세인 1844년 도천道薦에 오르고, 63세인 1859년에 경학천經學薦에 올랐으나 끝내 등용되지 못하였다. 52세인 1848년에 생부의 상을 입고 유서遺書를 정리하였으며, 58세에 양부의 상을 입고 와병 중에도 예를 갖추었다. 그리고 64세 된 1860년 8월 5일 종명하였다. 그에게는 진 · 유濬 · 면 세 아들이 있고, 그의 문집은 3남인 면이 『농려집』 10권 5책으로 묶어 1895년(고종 32)에 판각발행하였다. 수고본으로 『농려만록農廬漫錄』 3책이 전하며, 이것이 『농려집』의 저본이 되었다.

농려가 금단수련金丹修練과 『참동계』에 조예를 갖게 된 것은 『해은유고海隱遺稿』를 가진 생부의 영향이며, 양부 역시 도가의 양생수련에 일가를 이룬 인물이다. 그의 문집인 『농려집』에는 이와 같은 사항이 다양하게 나타나 있는데, 김윤수 씨는 이러한 농려의 단학사상을 내단중시內丹重視 · 양생존중養生尊重 · 유선겸통儒仙兼通 · 유도일치儒道一致로 정리하면서 조선조의 성리학 일변도의 경직된 사상통제를 과감히 타파하고 자유로운 학문사상을 전개하였다고 보았다.[21] 『연설』은 이러한 농려가 40세 된 1857년에 편찬해 냈으니, 이른 시기부터 양생수련에 적공해왔음을 알 수 있다.

---

21) 같은 책, 282쪽 이하 참조.

3. 『연설』과 조선도교

1) 『연설』 수록의 단서丹書

『연설』에 수록된 연단서는 앞에서 밝힌 대로 부록을 제외하고 대별하여 5종이다. 그러나 이들 5종의 서적도 또한 그 가운데 각각 독립된 서적이나 비결 등을 포함하고 있어서 총서적 성격을 띤다. 특히 수록된 것들이 전재·축약·해석·기술 등으로 잡다한데다 분명한 표시가 없기 때문에 그들을 확실하게 구분해본다는 것은 매우 어려운 일이다. 다만, 다양하고 방대한 내용을 담고 있는 이 책에 어떤 형태로든 찬술의도가 들어 있을 것이며, 그에 따라 일정한 자료채록의 기준이 있을 것이므로, 조선도교사의 흐름에 유의하여 이를 추출해낸다면, 이 책이 지니는 사료적 가치가 잘 드러나리라 본다.

수록된 연단서를 대별하여, 그 구조를 분석해보면 다음과 같다.

(1) 『참동계연설參同契演說』

전집의 표제명이 된 이 책은 찬자명이 밝혀져 있지 않으나, 표제에 나타난 표기에서 볼 때 태백산인 복양자, 즉 농려 강헌규가 편집한 것이다. 농려가 전집을 편찬한 것이 1857년이므로 당시의 흐름을 간직하고 있다는 말이 된다.

■「태상감응편太上感應篇」

이것에는 민간도교의 성전으로 받들리는 이른바 권선서勸善書『태상감응편』이 수록되어 있다. 남송의 이창령李昌齡이 1164년경에 찬술한 동 편은 관제關帝신앙 등과 함께 임진왜란(1592) 당시 우리나라에 유행한 것으로 나타나는데,[22] 수요에 따라 간행이 이루어진다. 그 대표격이라 할 수 있는

---

22) 중국의 민간도교신앙으로 존숭되던 관제신앙은 임진왜란 때 파견된 明軍을 통해 우리나라에 전래·유포되었는데, 이후 시대가 흐름에 따라 민간에 확산유행하게 된다.

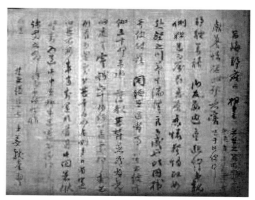

농려 강헌규의 간찰(33.3×25cm)

『태상감응편도설太上感應篇圖說』이 헌종 14년(1848), 그 언해본이 철종 3년(1852)에 어하재 최성환於昰齋 崔瑆煥(1813~1891)에 의해 목판본으로 간행되어 널리 유통된다. 『연설』 수록본을 언해본과 대비해보면,23) 후자에 없는 과목이 전자에 나타나고 있어서 주목된다.

이 『연설』에 수록된 『태상감응편』의 과목은 명의明義제일·감찰鑑察제이·적선積善제삼·선보善報제사·제악상諸惡上제오·제악하諸惡下제육·악보惡報제칠·지미旨微제팔·회과悔過제구·역행力行제십이다. 권선서의 취지가 "모든 악을 짓지 않고 뭇 선을 받들어 행함諸惡莫作衆善奉行"에 있다고 할 때, 이 취지를 간명하게 드러내는 이 책이야 말로 민간도교의 지남이 될 만하다. 그러나 연단묘리練丹妙理를 밝히는 『연설』에 이 책이 수록된 까닭은 무엇인가?

이 물음의 해답을 우리는 첫머리의 "『감응편』을 잘 받들어 가지지 못하면 수도를 이룰 수 없다"24)는 글귀에서 얻게 된다. 악도를 놓고 선도를 행하는

권선서의 유포도 이와 같을 것으로 보인다(전게 『조선도교사』 303쪽 이하 참조)

23) 崔瑆煥 편저·언해, 『太上感應篇圖說諺解』 5권 5책은 序·讀法纂要·본문(『태상감응편』)·언해·예화도설의 순인데, 표지에 「統天隆運肇極敦倫主上殿下 命印」이라 적고, 전권을 인·의·예·지·신 五常으로 분권하고 있어서 간행 배경에 전통 유가사회를 의식하고 있음이 나타난다.

24) 「不能奉持感應篇者修道無成」(『周易參同契演說』 1쪽)

것이 연단의 문에 드는 첫걸음이라는 원리다. 여기에 조선시대 수련도교의 윤리적 성격이 나타나며 수련도교와 후래 민간도교의 연결고리가 나타나는 것이다.

■「단약십팔결丹藥十八訣」

이러한 『태상감응편』을 전제로 하여 『참동계연설』은 「단약십팔결」을 싣고 있다. 이 결은 먼저 연단의 18비법차제秘法次第를 설한다.

〈5〉 제1 채약採藥 : 심신을 수습하고 신기를 저장함

　제2 결단結丹 : 기를 뭉치고 생각을 모아 부동함

　제3 팽단烹鍊 : 금액 연형과 옥부 보신

　제4 고제固濟 : 생각을 끊고 형을 잊는다

　제5 무화武火 : 정신을 분기하여 잡된 생각을 제거한다

　제6 교화交火 : 오로지 기를 부드럽게 하여 묵묵하게 빛을 머금는다

　제7 목욕沐浴 : 마음을 씻고 생각을 조촐하게 한다

　제8 단사丹砂 : 유무가 서로 들어가 은현 중에 상부한다

　제9 과관過關 : 과일이 가지 위에 생기고 아들이 포태안에 있다

　제10 분태分胎 : 닭이 알을 품고 자라가 형태를 이룬다

　제11 온양溫養 : 흰 것을 알고 검은 것을 지키면 신명이 스스로 돌아온다

　제12 방액防危 : 일념이 밖으로 달리면 화후가 잘못된다

　제13 공부工夫 : 저녁에 따고 아침에 거두며 때로 조리고 날로 단련한다

　제14 교구交媾 : 생각생각이 계속되어 모두 한 조각으로 된다

　제15 대환大還 : 경계를 대하여 무심하니 낮과 밤이 한결같다

　제16 성태聖胎 : 그 신을 붙잡고 그 기를 감춘다

　제17 구전九轉 : 화후가 충족되고 어린아이가 나타난다

　제18 환정換鼎 : 아들이 또 손자를 낳으니 천백억으로 화생한다

　제19 태극太極 : 형신이 묘하게 갖추어지니 도와 합하여 진이 된다.[25]

---

[25] 「第一採藥 收拾心身歛藏神氣. 第二結丹 氣凝聚念不動. 第三烹鍊 金液鍊形玉符保身. 第四固濟 絶念忘形. 第五武火 奮起精神除去雜念. 第六交火 專氣强柔含光默默. 第七沐浴 洗心滌慮. 第八丹砂 有無交入隱現相符. 第九過關 果生技上子在胞中. 第十分胎 鷄能抱卵脾 道成形. 第十一溫養 知白守黑神明自來. 第十二防危 一念外馳火候差失. 第十三工夫 暮採朝

그런데 실제로 연단차제는 19차제로 나타난다. 제1 채약에서 제18 환정까지가 연단의 단계고, 제19 태극은 단을 완성한 상태의 표현이라고도 할 수 있을 것이다. 흥미로운 것은 위에 열거한 표목은 외단外丹인데 비하여 설명이 내단법內丹法이라는 사실이다. 조선시대 단학자들은 외단에 심취한 경우도 단설丹說은 한결같이 내단에 그치고 있으므로, 이는 그러한 사조를 반영하는 것으로 보인다. 다시 말하면 내단과 외단을 동일시하며 외단학의 원리를 빌어 내단학의 차제를 설함으로써 우주와 인간을 근원적으로 동일하게 보고 있는 것이다.

19차제를 밝힌 다음 선적仙籍26)을 들어 내단원리를 밝히고 있다.

〈6〉 오장음양의 승강 이치
　　　운기 승강의 길
　　　운기 승강의 때
　　　내단 운기의 법
　　　회진 운기의 법
　　　안마 기운조절의 법27)

이 그것이다. 19가지 비법이 연단차제라면, 이들은 그 과정에 있어서 관건이 되는 원리다.

■「섭양攝養」
이 결에서는 연단을 이루는데 근간이 되는 양생법을 설하고 있다. 이른바 「총론」이라고 하여 전개하고 있는데, 다음과 같다.

收時烹日煉. 第十四交媾 念念相續同成一片. 第十五大還 對境無心晝夜如一. 第十六聖胎 執其神藏其氣. 第十七九轉 火候足嬰兒見. 第十八換鼎 子又生孫千百億化. 第十九太極 形神俱妙與道合眞.」(『周易參同契演說』 5쪽)

26) 인용 선적은『丹溪曰(正傳)』,『仙經』,『入門』,『邵子曰』,『養性』,『胎息論(醫鑑)』, 『延壽書』등이다.

27) 「論五臟陰陽降升之理. 運氣升降之路. 運氣升降之時. 內丹運氣之法. 回津運氣之法. 按摩調氣之法.」(『周易參同契演說』 6쪽)

〈7〉 동하절의 섭양
　　사시의 섭양
　　축일의 섭양
　　욕심을 놓아두면 수를 깎음
　　욕심을 내면 수를 줄임
　　욕심 즐기기를 삼감
　　생각을 삼감
　　기거를 삼감
　　출입을 삼감
　　의복음식을 삼감
　　마음으로써 병을 다스림[28]

　이에서는 사람의 수명을 180세로 본다. 삼재를 타고난 인간은 천원天元이 60세요, 지원地元이 60세요, 인원人元이 60세인데, 정기를 소모하지 않으면 천원의 수를 얻고, 기거를 한결같이 하면 지원의 수를 얻으며, 음식에 절도가 있으면 인원의 수를 얻는다는 것이다. 이들 삼원의 수를 얻게 되면 180세가 된다는 원리이다.[29] 말하자면 「총론」은 삼원을 얻는 비법을 구체적으로 밝힌 것이다. 인용서[30]에서 보면 체제나 내용에 있어서 「단양십팔결」과의 연관성이 나타난다.

　■「호흡정공묘결呼吸靜工妙訣」
　이 「묘결」이하는 각각 단편적인 연단비법이다. 이들이 내용상에서 일련의 연관성을 가지고 있음은 당연하다. 서책의 독립된 체제를 갖추기보다는 내용의 전달에 중점을 두고 있어서 단학인들이 즐겨 비전수지秘傳受持했을 것으로 보인다. 이에서는 조식調息의 원리를 밝히고 있다.

---

28)「冬夏攝養. 四時攝養. 逐日攝養. 縱慾伐壽. 强慾損壽. 愼嗜慾. 愼思想. 愼起居. 愼出入. 愼衣服飮食. 以心治病.」(『周易參同契演說』 11쪽)
29)「人之壽元. 天元六十. 地元六十. 人元六十. 共一百八十歲. 不知愼滅則日加損爲. 天元之壽. 精氣不耗者得之. 地元之壽. 起居有常者得之. 人元之壽. 飮食有度者得之.」(같은 책)
30) 인용 선적은 『近壽書』·『老君曰』·『素問』·『養性書』·『太白眞人書』·『醫鑑』 등이다.

■「불연금단不練金丹」

이 결에서는「태상옥축육자결太上玉軸六字訣」에 의한 호흡의 비결을 밝히고 있다. 이들을 오장육부 다스리는 법을 강조한다. 이른바 육자결은,

> (8) 가자는 심장의 기를 다스리고
>   호자는 비장의 기를 다스리고
>   시자는 폐장의 기를 다스리고
>   허자는 간장의 기를 다스리고
>   희자는 쓸개의 기를 다스리고
>   취자는 신장의 기를 다스린다.[31]

고 전한다. 이는『예기禮記』에서 인심을 궁·상·각·치·우宮商角徵羽 5음에 의지하여 다스리는 법[32]을 연상시킨다. 이능화李能和(1869~1943)는『조선도교사朝鮮道教史』에서 김항一夫金恒(1826~1898)이 전개한 영가무도교詠歌舞蹈教의 오음원리五音原理를 설명하면서,

> (9) 처음에 음·아·어·이·오의 다섯 개의 모음을 크게 소리 내어 부르는데 노래 곡조와 같이 완급과 고저를 절주節奏에 맞도록 한다. 그래서 자연스럽게 읊고 노래하고 춤추고 뛰기도 하면 마음이 평안하고 기운이 화하여 저절로 이치가 통달되어 삼교에 통철하게 된다. 더 부연하면 하도이수河洛理數 선천후천 음양오행 오음 오장 육율六律 육갑 및 역리易理 등의 논리를 부합시킨 요점은 다음과 같다. 궁토음宮土音은 소리가 비장에서 나온다. 탁중반저濁重半低, 갑사甲巳가 화하여 군君이 된다. 정음正音은 음吟이다. 상금음商金音은 소리가 폐에서 나온다. 청경반고淸輕半高, 을경乙庚이 화하여 신臣이 된다. 정음은 아哦이다. 각목음角木音은 소리가 간에서 나온다. 반탁반경고半濁半輕

---

31)「呵字治心氣. 呼字治脾氣. 呬字治肺氣. 噓字治肝氣. 嘻字治膽氣. 吹字治腎氣.」(『周易參同契演說』20쪽)

32)「凡音者, 生人心者也. 情動於中, 故形於聲, 聲成文, 謂之音. 是故治世之音, 安以樂, 其政和. 亂世之音, 怨以怒, 其政乖. 亡國之音, 哀以思, 其民困. 聲音之道與政通矣. 宮爲君, 商爲臣, 角爲民, 徵爲事, 羽爲物. 五者不亂則無怗懘之音矣. 宮亂則荒, 其君驕. 商亂則陂, 其官壞. 角亂則憂, 其民怨. 徵亂則哀, 其事勤. 羽亂則危, 其財匱.」(『禮記』樂記)

高, 정임丁壬이 화하여 민民이 된다. 정음은 어吘이다. 치화음徵火音은 소리가
심에서 나온다. 반청반고경半淸半高輕, 무계戊癸가 화하여 물物이 된다. 정음은
이呬이다. 우수음羽水音은 소리가 신장에서 나온다. 반탁저중단半濁低中短,
병신丙申이 화하여 사事가 된다. 정음은 오吘이다.[33]

라 하였는데, 이 「육자결」의 원리와 다르지 않은 것으로 보인다. 이에서는
하루를 음양 6시로 나누고 신체의 오장육부에 대비시켜 정좌호흡법靜坐呼吸法
을 밝히고 있다.

■「취정聚精」
이 결에서는 취정의 원리를 설하고 있다. 주지하는 바와 같이 종래의
연단묘법은 복기服氣·도인導引·방중房中의 세 가지로 요약되고, 취정법은
방중술에 의하는 것으로 알려지고 있다. 그러나 이에서는 이러한 전통적인
방중술의 방법을 부정하고 새로운 원리를 제시한다. 즉,

〈10〉 양신養身이란 흔히 방중探陰補陽을 말하나 구전불설久戰不泄이란 크게 잘못된
    말이다. 신腎은 정精의 부府라 하는데 무릇 남녀교접은 반드시 그 신이
    염려된다. 신을 움직인즉, 정혈精血이 따르고 출류된다. 비록 정을 불설하나
    정은 이미 궁宮(府)을 떠난 바이다.[34]

라 본다. 그리하여 취정의 묘결을 과욕寡慾·절로絶勞·식노息怒·계주戒酒·
신미愼味의 다섯 가지 도에서 찾는다. 조선단학파가 주로 세간을 떠나 심산유
곡에 은거하여 연형煉形에 진력했던 점을 감안하면 이러한 취정원리는 당시의
수행원리이며 윤리적 성격의 단면이라 할 수 있을 것이다.

■「양기養氣」
이 결에서는 사람이 태중에 들어서 얻지 못하면 생물이 될 수 없는

---

33) 李能和 輯述, 이종은 역, 『朝鮮道敎史』, 보성출판사, 1977, 236-237쪽.
34) 「養身者. 多言探陰補陽. 久戰不泄者. 此爲大謬. 腎爲靜之府. 凡男女交接. 必擾其腎.
腎動則精血隨之而出流. 雖不泄精. 精已離宮..」(『周易參同契演說』 24쪽)

기를 「선천조기先天祖氣」라 하고, 「후천지기後天之氣」를 호흡법이라 하여 태식의 원리를 밝힌다.

■「존신存神」

이 결에서는 취정聚精은 양기養氣에 있고, 양기는 존신에 있다고 보고 존신요결을 밝힌다. 신응神凝하면 취기聚氣하고 신산神散하면 기소氣消하므로 신과 기를 모자 관계라 하여 존신설을 『맹자』・『역』・『노자』의 말을 끌어 증명하고 있다. 이어 선문禪門의 지관止觀을 곧 존신요결이라 하여 계연수경지繫緣守境止・제심制心(止)・체진지體眞止를 말한다. 천태의 공・가・중 삼관空假中三觀뿐만 아니라 선문조사의 직지直指, 즉 돈오선법頓悟禪法까지 확대하여 이들에 의하여 태胎를 이룰 수 있다고 본다. 조선단학파의 연단비법은 유불도 삼교의 실천수행원리를 두루 사용하고 있음이 분명해진다.

■「중양선선사공행설重陽先仙師功行說」

이 설에서는 중국 전진교의 실질적인 교조 왕중양王重陽의 도를 배우는 사람에게 있어서 요긴한 진공진행설眞功眞行說을 밝히고 있다. 징심澄心・정의定意・포원抱元・수일守一・고기固氣・존신存神을 진공이라 하고, 수인修仁・온의蘊義・제빈濟貧・발고拔苦・선인후기先人後己・여물무사與物無私를 진행이라 하여, 이를 쌍전雙全하면 신선을 이룰 수 있다고 설한다. 다시 두頭・심心・양신지간兩腎之間을 신기神氣가 교결交結하는 삼요三要, 즉 현빈지문玄牝之門이라 한다. 현빈지문은 천지근天地根으로 삼화三火를 다스려야 한다. 정・기・신을 각각 민・신・군에 대비하여 이의 불을 삼화라고 부른다. 그리고 이를 공행원리功行原理로 밝혀,

〈11〉 정精은 민화民火요, 기氣는 신화臣火며, 신神은 군화君火며, 군화는 심화心火요 성화性火라.…성화가 부동不動한즉 신정神定이요, 신정한즉 기정氣定이요, 기정한즉 정정精定이라, 삼화三火가 이미 정한즉 하단전에서 서로 만나게 되니 이를 일러 삼화취정三火聚定이라 한다.35)

라 논하고 있다. 전진교 연단작법의 구체적인 수용사례를 여기서 볼 수 있다.

■「십이단금十二段錦」

이 결에서는 운기공부運氣工夫에 도움이 되는 도인導引 12단계를 말하고 있다. 도인의 12단계란 고치叩齒 · 연진嚥津 · 욕면浴面 · 오천鳴天 · 운고맹혈運高盲穴 · 탁천托天 · 개궁開弓 · 찰단전擦丹田 · 마내신혈摩內腎穴 · 찰용천혈擦涌泉穴 · 마화척혈摩火脊穴 · 주퇴酒腿를 말한다. 매일 아침 저녁으로 이를 행하면 기혈유행이 활발해지고 숙병宿病이 저절로 없어진다고 한다.

■「내단삼요절內丹三要節」

이 결에서는 내단의 비결로 현빈론玄牝論 · 약물론藥物論 · 화후론火候論을 간결하게 다루고 있다. 현빈론에서 진의眞義를, 약물론에서는 정 · 기 · 신삼보의 취일聚一을, 화후론에서는 부단한 수승화강水昇火降에 의한 단정상온丹鼎常溫을 요체로 본다.

■「행주좌와설行住坐臥說」

이 결에서는 동정간動靜間에 연형공행練形功行을 떠나지 않는 법을 말한다. 즉,

〈12〉 행行은 평평한 땅에 발로 걷는 것이요, 입立은 태허太虛에 응신하는 것이요, 좌坐는 일심一心으로 조식調息하는 것이요, 와臥는 유곡幽谷에 신을 잠재우는 것이다.[36]

라고 한다. 이들을 지나치게 하면 각각 근筋 · 골骨 · 육肉 · 기氣를 상하게

---

[35] 「精爲民火, 氣爲臣火, 神爲君火. 君火者. 心火也性火也…性火不動則神定. 神定則氣定. 氣定則精定. 三火旣定. 幷曾于下丹田. 謂三火聚定也.」(『周易參同契演說』 33쪽)

[36] 「行則指足於坦途. 立則凝神於太虛. 坐則調息於一心. 臥則枕神於幽谷.」(『周易參同契演說』 37쪽)

된다고 경고한다. 처음부터 끝까지 한결같이 이 뜻을 가지고 정진하면 공행을 성취할 수 있다는 것이다.

■「최상일승묘도最上一乘妙道」
이 결에는 「이청암구결李淸菴口訣」이라 밝혀져 있는데 다음과 같이 설한다.

〈13〉 최상일승의 무상지진묘도無上至眞妙道는 태허太虛로 정鼎을 삼고, 태극으로
　　호釽를 삼으며, 청정을 단기丹基로 하고, 무위로 단모丹母를 삼으며, 성명性命
　　으로 연홍鉛汞을 삼고, 정혜定慧로 수화水火를 삼으며, 무욕징념無慾澄念으로
　　수교水交를 삼고, 성정합일性情合一로 금목金木 아우름을 삼으며, 세심척려洗心
　　滌慮로 목욕沐浴을 삼고, 존성정의存誠定意로 고제固濟를 삼으며, 계정혜戒定慧
　　를 삼요로 하고, 중中을 현관으로 하며, 명심明心으로 응험應驗을 삼고, 견성見
　　性으로 응결凝結을 삼으며, 삼원혼일三元混一로 성태聖胎를 삼고, 성령타성일
　　편性令打成一片으로 단성丹成을 삼으며, 신외유신身外有身으로 탈태脫胎를 삼고,
　　타파허공打破虛空으로 마쳤다고 한다.[37]

이렇게 연단묘결의 원리를 총체적으로 파악하고 있어서 『참동계연설』의 결론으로 편집한 의도를 분명히 하고 있다.

따라서 13가지의 연단비결로 된 『참동계연설』에서 각 비결을 보편에서 특수로 단계지운 편집의도를 읽을 수 있게 된다. 이 단계를 조신調身・조식調息・조심調心으로 볼 수도 있겠지만, 어떻든지 단성丹成하여 타파허공을 무상묘도로 하는 일승론은, 후술할 바와 같이 삼교가 공존하는 상황 속에서 조선도교의 위상을 드러내는 판석논리라 할 수 있을 것이다.

(2) 『해동전도록海東傳道錄』

득양자 한무외得陽子 韓無畏(1517~1610)가 찬술한 『해동전도록』이 이에

---

37) 「最上一乘無上至眞妙道. 以太虛爲鼎. 太極爲釽. 淸淨爲丹基. 無爲爲丹母. 性命爲鉛汞.
　　定慧爲水火. 無慾澄念爲水交. 性情合一爲金木倂. 洗心滌慮爲沐浴. 存誠定意爲固濟. 戒定慧
　　爲三要. 中爲玄關. 明心爲應驗. 見性爲凝結. 三元混一爲聖胎. 性令打成一片爲丹成. 身外有
　　身爲脫胎. 打破虛空爲之當.」(『周易參同契演說』 38쪽)

수록된 점은 매우 흥미롭다. 『연설』이 우리나라 연단도맥의 계보인 이
동록同錄과 함께 유행했다는 사실은 이 책이 그 계보의 인물들과 깊은 관련이
있음을 말해주기 때문이다.

종래 동록은 오주 이규경五洲李圭景(1788~?) 찬 『오주연문장전산고五洲衍文
長箋散稿』의 수록내용[38]이 이능화의 『조선도교사』에 전재됨으로써 알려졌
고, 최근에 규장각에 소장된 단권본[39]이 공개되었다. 그런데 동록이 이밖에
도 조선시대에 유행했거나 찬술된 것으로 보이는 몇 종의 연단서 가운데
수록된 사실을 확인할 수 있다. 이들을 정리하면 다음의 〈표 1〉과 같다.

〈표 1〉 『해동전도록』의 유행본 대비

유행본 내용	규장 각본	연설	衆妙門	直指經	鶴山閑言	오주연문장 전산고
流通緣起	○	○				
「傳道錄」	○	○		○	○	○
「澤堂記」	○	○				
「鶴山記」	○	○				
「丹書口訣」	○	○				
「別旨口訣」	○	○	○			
「龍虎訣」	○					

규장각본의 편차에 따라 편의상 표목을 세워본 〈표 1〉에서 「유통 연기」는
한무외의 제자인 택당 이식에 의해 동록이 세상에 전하게 된 내용이며
말할 나위 없이 이식 이후의 기록이다. 『해동전도록』은 한무외가 1610년
선해仙解, 즉 임종에 앞서 찬술한 한국단학의 계보다. 「택당기」는 이식이
동록을 구하여 태백산인에게 전해준 경위기록으로 1647년 찬술이다. 이에는
택당 이식澤堂李植(1584~1647)의 문집인 『택당집澤堂集』 등을 들어 한무외의

---

38) 『五洲衍文長箋散稿』권 43, 「元曉義湘辨證說」 및 권39, 「道教仙書道經辨證說」.
39) 李楠永, 「『해동전도록』에 나타난 도교의 철학적 성격」(『한국종교』 8, 원광대 종교문제
연구소, 1982), 졸고, 「道教書, 韓無畏撰 『海東傳道錄』について」(『朝鮮學報』 105, 朝鮮學會,
1982), 金洛必, 「『해동전도록』에 나타난 도교사상」(『한국종교』 9, 1985) 등 참조. 이종은
역본은 규장각본을 저본으로 하였다.

생몰연대를 고증한 논설이 부록되어 있다.

「학산기」는 학산 신돈복鶴山辛敦復(1692~1779)이 기술한 한무외 및 동록 내용에 관한 고증이다. 「단서구결십육조丹書口訣十六條」 및 「단가별지구결십육조丹家別旨口訣十六條」는, 앞에서 밝힌 바와 같이, 한국 전래의 연단비결이다. 그리고 「용호결」은 북창 정렴이 찬술한 연단비결이다.

이렇게 보면 동록의 완정형태는 일견 규장각본처럼 보이는데, 그러면 이와 가장 가까운 형태를 갖추고 있는 『연설』본과는 어떤 관계인가? 『연설』본의 편차는 「유통연기」, 「전도록」, 「단서구결」, 「별지구결」로 구성되어 있다. 그리고 「택당기」와 「학산기」는 『영보필법靈寶畢法』의 말미에 수록되어 있다. 여기에서 두 본 가운데 어떤 것이 원전인가라는 문제가 제기되는데, 결론부터 말하면, 원전은 『연설』본으로 보아야 할 것 같다. 동록의 본문은 표목 그대로 「전도록」 부분이 될 것이며, 그밖의 것은 모두 부록인 셈이다. 이는 규장각본의 「전도록」 말미에 「이 아래 십육조구결이 있다此下有十六條口訣」고 하여 「전도록」 다음에 「단서구결」이 붙어 있음을 증명하고 있기 때문이다. 따라서 규장각본의 편집자가 『연설』본 가운데서 관계 부분을 적출하면서 한무외 내지 동록과 관련된 「택당기」 등을 현재 형태의 부분으로 삽입시켰음을 할 수 있게 된다. 거기에 「용호결」이 첨부됨으로써 단권본이 성립되었다는 말이다.

그런데 여기서 간과할 수 없는 것은 이러한 두 본을 비교함으로써 원전인 『연설』본이 원래 『양심요결』 및 『영보필법』과 함께 유행되었다는 사실이다. 바꾸어 말하면, 이는 동록이 기술한 내용의 신빙성이 매우 높음을 시사한다. 적어도 한무외 당시 조선단학파 사이에 전수된 연단비서는 동록의 기술한 사항에 대해 사실적인 해명의 단서를 주는 것이며, 그것이 〈표 1〉에 나타난 인용서다. 연단비법을 밝힌 이들 전적가운데 『중묘문衆妙門』은 「별지구결」을 "우리나라 전도 16결이다. 다른 본에는 금단구결이라 하였다(東國傳道十六訣. 他本作金丹口訣.)"[40]고 싣고 있어서 이 비결이 우리나라에 오래토록 전해온 사실을 잘 말해준다. 『직지경直指鏡』은 「전도록」을 「동국전도비지東國傳道秘

---

40) 『衆妙門』(국립중앙도서관 소장 고서본) 14쪽.

『주역참동계연설』에 수록된 『양심요결』의 저자
홍의장군 곽재우(1552~1617)

誌」[41]라 싣고 있다. 찬자명 미상의 이들은 수록 내용이나 체제형식으로
볼 때 다 같이 동록이 행한 다음인 17세기 전반 이후의 찬술로 보인다.[42]

『학산한언鶴山閒言』은 동록에 「학산기」가 실려 있는 신돈복의 저술이다.
이 가운데 동록이 전재되어 있음은 「학산기」가 그의 글이라는 점을 분명히
해준다. 그리고 이들을 통해 한무외가 밝힌 연단계보가 이후에도 그 사상면에
서나 연단작법면에서 끊이지 않고 전개되어왔다는 사실을 확인하게 된다.

(3) 『양심요결養心要訣』

이에는 「망우당비결忘憂堂秘訣」이라 적고 있다. 전술한 바와 같이 이는
망우당 곽재우忘憂堂 郭再祐의 찬술서이다. 『해동전도록』에는 곽재우가 『복기
조식진결服氣調息眞訣』을 찬술했다고 하였는데, 이 결의 내용과 대조해볼
때, 두 책은 다른 이름의 같은 책일 것이라 생각된다. 『해동전도록』이
그 찬술관계를 드러냈다고 하면, 이 『연설』을 통해 그의 연단비법에 관한

---

41) 『直指鏡』(국립중앙도서관 소장 고서본) 64쪽.
42) 『직지경』에 1610년 찬술된 『해동전도록』과 許筠(1569~1618) 저술의 『南宮斗傳』(62쪽
이하)이 실려 있고, 『중묘문』에 『해동전도록』과 같이 유포된 「구결」이 실려 있기 때문이다.

저술을 찾아낸 셈이다.

의병장 출신인 곽재우는 단학파로 일컬리고 있기는 하지만,[43] 현존하는 곽재우 문집 『망우당전서忘憂堂全書』에는 연단수련 관련 시문이 산견되는데도[44] 그의 도교관련 저술은 언급되어 있지 않다. 따라서 이 결은 그의 도교관계에 있어서 유일한 저술이 된다. 이 『양심요결』은 전후 14장으로 구성되어 있는데, 그 요지는 다음과 같다.

■「설비결說備結」

복기를 시작하는 초학자를 위한 유의사항이다. 소식小食하면서 오래오래 계속하여 배꼽 아래 삼단전三丹田이 가득 차 능고能固하면 비로소 몸에 기氣가 주행周行함을 깨닫게 된다고 한다. 이를 환정보뇌還精補腦로 해석할 수 있을 것이다. 하단전에 정精이 가득차면 중단전에 기氣가 실해지고, 기가 가득차면 상단전에 신神이 실해지며, 신이 가득차면 우주대기와 하나 되는 정·기·신 삼보의 원리다. 특히 여기서 주행이란 그 과정에서 일어나는 주천화후周天火候를 말하고 있는 것이다.

■「초학결법初學結法」

복기를 처음 시작하는 방법이다. 반드시 한가한 곳에 안신安身하여 정기定氣·징심澄心·세의細意를 오래 계속하도록 권한다. 행주좌와行住坐臥 기침동정起寢動靜 사이에 유념할 사항을 두어 공부가 순숙되도록 한다.

■「설앙복법說仰覆法」

앞으로 구부리고 뒤로 젖히는 선복후앙先覆後仰하는 도인법導引法을 두어

---

43) 한무외 찬의 『해동전도록』 단학계보 및 洪萬宗 찬의 『海東異蹟』(동국대 한국문학연구소 편, 『韓國文獻說話全集』 6, 1982) 등.

44) 곽망우당기념사업회 편, 『忘憂堂全集』(1986)에는 도교사상 내지 연단과 관련된 논설은 없으나, 시문 가운데는 망우당 자신이 『老子』 등을 읽고, 服氣·調息하는 수련내용을 전하고 있는 것이 散見된다. 따라서 그가 수련과정에서 찬술하여 보감으로 삼던 연단관련 저술은 유학자 망우당의 삶에 있어서 외도로 비춰지고, 그런 상황 속에서 후인들이 배제한 것으로 생각된다.

매일 아침의 복기법을 설하고, 소리내는 작성作聲 요령을 말한다. 이 작성이란 『예기』 악기樂記에서 궁·상·각·치·우宮商角徵羽 5음을 말한 바에 의지하여 오장五臟을 다스리는 도인을 행하는 방법과 같은 요령이다. 즉 일부 김항一夫 金恒의 수련법이 완성된 것은 이러한 흐름이 있어서 가능했다고 생각된다.[45]

■「복기잡법服氣雜法」

처음 복기를 할 때의 마음가짐과 과로를 피할 것 등 일상에서 유의할 점을 밝힌다.

■「화정火精)」

복기에서 나타나는 식용조절 및 용변 등을 밝힌다.

■「변장전수법辨腸轉數法」

복기에 있어서 장전腸轉을 말하여 성인상품聖人上品은 12전轉부터 그 아래의 구별이 있음을 밝힌다.

■「복기십사服氣十事」

복기에 십사가 있음을 밝힌다. 십사란 심위신기心爲神氣·간위금기肝爲禁氣·폐이교기肺爲敎氣·비위도기脾爲道氣·신위원기腎爲元氣·양기陽氣·음기陰氣·화기和氣·외복기外服氣·내복기內服氣이며, 이에 대한 운기법을 설한다.

■「복기문답服氣問答」

문답식으로 복기에 대한 제반 사항을 밝힌다. 아침 복기 후에 독서가

---

45) 李能和 輯述, 이종은 역, 『朝鮮道敎史』, 보성출판사, 1977, 236-237쪽에서는 一夫 金恒(1826~1898)이 제창한 南學, 즉 詠歌舞蹈敎를 大宗敎라고 소개하면서 그 수련작법의 영가무도가 『예기』의 오음원리를 응용한 것임을 분명히 하고 있다.

권태를 없앤다는 것이 그 한 예다. 『포박자抱朴子』 지리편중至理篇中에서는 만물이 기 있음을 논하고, 안으로는 신을 기르고(養神) 밖으로는 악을 누름으로써(抑惡) 기를 닦은 연후에 현실생활이 법다웁게 됨을 말한다.

■「석체편중釋滯篇中」
신선을 구하는 요법이 보정保精·행기行氣·복일대약服一大藥에 있음을 설한다.

■「환골단換骨丹」
영선靈仙·인삼·오미자 등의 선약제법仙藥製法을 밝힌다.

■「송엽수법松葉受法」
사철에 항상 취할 수 있는 송엽으로 벽곡하는 법을 밝힌다.

■「마자벽곡법麻子辟穀法」
벽곡작법, 즉 5곡을 피하고 생식하는 법을 구체적으로 다룬다.

■「역가曆家」
복기에 있어서 기준을 삼을 시간환산법을 밝힌다. 즉,

〈14〉 1각은 15분이고, 1일은 96각이며, 9식이 1각이다. 120분이 1시이며, 1시는 8각이다. 1125식이 1시이며, 1일은 100각이다. 1시는 8각 20분이며, 1각은 60분이다. 2식 반식의 반이 1분이고, 135식이 1각이다.[46]

라는 숨쉬는 시간기준이다. 다만 시간을 환산하면 1일을 96각이라 하고, 100각이라고도 하는 등 서로 모순되는 바가 있다. 그러나 이에 대한 별다른

---

[46] 「一刻爲十五分. 一日九十六刻. 九息爲一刻. 一百二十分爲一時. 一時爲八刻. 一千一百二十五息爲一時. 一日百刻. 一時八角二十分. 一刻六十分. 二息半息之半爲一分. 一百三十五息爲一刻.」(『周易參同契演說』 71쪽)

언급이 없으므로 구체적인 고찰을 요하는 바다. 아울러 이에는 「가령」이란 전제 아래 1일 3차에 의한 「음수불기법飲水不飢法」 등을 논하고 있다.

이 『양심요결』을 다시 종합해보면 전 14장 가운데 「복기문답」까지의 전반 7장은 곽재우 자신이 밝힌 복기조식의 원리이고, 나머지 후반 7장은 선선先仙들의 고적古迹 가운데서 작법원리를 촬요하고 있음이 드러난다. 또한 일관되게 복기조식의 실천비결이 전개된 점을 통해서, 앞에서 언급한 바와 같이, 『양심요결』과 『복기조식진결』이 같은 책이라는 결론에 이르게 된다.

(라) 『영보필법靈寶畢法』

중국 전진교의 정양진인 종리권正陽眞人 鍾離權이 찬술한 것으로 전해지는 이 저술의 유통과정은 한국 단학의 계보와 함께 전술하였으나, 주목되는 바는 그러한 비결이 실제로 조선단학파에 전승봉대되었다는 사실이다. 제목 아래 「소승안악연년법사문小乘案樂延年法四門」이라 부기한 이 책은 종리권의 「서」 외에 전후 12장으로 나누어 연단비법을 논한다.

「서」에서는 이 책의 찬술연기를 밝히고 있다. 즉,

〈15〉 종남산의 석벽 사이에서 『영보경』 30권을 얻었는데 상부인 금고서金誥書는
　　　 원시천존이 지은 바이고, 중부 옥서록玉書錄은 원황천존이 술한 바이며,
　　　 하부 진원의眞源義는 태상노군이 전한 바로서 합하여 수 천언이다.[47]

라 하여, 이를 풀이해나갔음을 밝히고 있다. 이 가운데 『영보경』이 조선초까지 도관의 재초齋醮에서 읽혔던 것으로 보면,[48] 고려시대의 과의도교科儀道教가 조선시대의 수련도교修練道教로 이행되는 과정의 연결고리를 간접적으로나마 파악할 수 있게 된다. 어떻든 종리권은 영보묘리야 말로 입성초범入聖超凡

---

47) 「因於終南山石壁間. 獲收靈經三十卷. 上部金誥書元始所著, 中部玉書錄元皇所述, 下部
　　 眞源義太上所傳. 共數千言.」(『周易參同契演說』 71쪽)
48) 『經國大典註解』後集 下, 禮典 참조. 고려시대에 설행되었던 靈寶道場이 조선시대에는
　　 靈寶醮로 바뀌고, 거기에 『영보경』이 읽히게 되는데(졸고, 「고려 도교사상의 연구」, 『논문집』
　　 19, 원광대, 1985, 67쪽 참조), 『영보경』에 바탕하여 연단서인 『영보필법』을 찬술하였으므로,
　　 그 사상적 추이가 드러난다.

할 비결이며, 이 삼승지법三乘之法을 일러 영보필법이라 주장하고 있다.

이하 각 장에서는 『옥서玉書』, 『진원眞源』 등의 고적古迹을 끌어 묘리를 밝히고 있다. 그 요체를 표목에 의해 정리해보면 다음과 같다.

〈16〉 匹配陰陽第一　陽胎陰息　眞胎息　配坎離
　　　聚散水火第二　太己含眞氣　天童天老　小煉形
　　　交媾龍虎第三　採補還丹　養胎仙　水火旣濟　眞夫婦見　氣交形不交
　　　燒煉丹藥第四　火候　小周天　周天火候　聚神養氣　聚氣養神　煉陽養神
　　　肘後飛金晶第五　還精補腦　起河車　交龍虎　抽鉛添汞　返老童還
　　　玉液還丹第六　沐浴胎仙　太還丹　七返丹
　　　玉液煉形第七　九轉丹　小還丹
　　　金液還丹第八　起火焚身　金花玉露　水九旣濟
　　　金液煉形第九　黃白法
　　　朝元煉氣第十　超內院　煉氣成神　紫金丹　煉陽神　頂聚三花
　　　內觀交換第十一　集陽神　摩天火　交換凡　眞空人間　天上草胥國
　　　起脫分形第十二　出入多形超凡入空　神仙脫質[49]

이렇게 보면 이 책은 전진교에서 중시해온 연단묘법이 조선단학파에 의해 수용된 구체적인 사례가 된다. 또한 그런 만큼 조선찬술의 연단서에 적지 않은 영향을 미쳤을 것으로 생각된다. 그러기에 개론적이고 입문적인 것으로부터 점차 심도를 더해간 『연설』의 편집에 있어서 최후단계에 두어 선교고적仙敎古迹을 대조하게 한 것이라 보인다. 『해동전도록』과 관련된 「택당기」와 「학산기」 등이 이에 부록되어 있는 뜻이 여기에서 확인된다.

이하에 부록된 「황정내경 제삼십육 목욕장黃庭內經 第三十六 沐浴章」 등은 연단작법에 필요한 부수적인 사항들이다. 그러나 이것은 『영보필법』에 한정되기보다는 『연설』 전체의 부록이라고 해야 할 것이며, 표제에서 보는 바와 같이, 중국 선적에서 발췌한 것들이다. 본문 가운데서 명목이나 방법만 거론된 단학수련의 구체적인 작법사례, 예컨대 「송주誦呪」가 여기에 "치병

---

49) 『周易參同契演說』 71쪽.

양재는 이하 장의 주문을 외운다(治病禳災者運誦以下章呪)" 등으로 나타나고 있다. 말하자면 이들 부록을 포함할 때 비로소『연설』은 연단작법의 사실적이고 구체적인 지침서가 될 수 있다는 말이다.

2) 조선시대 도교사에 있어서『연설』의 지위

『연설』의 구조적인 파악에 의하여 그 찬술상황과 연단총서로서의 성격을 밝힐 수 있었다. 이를 다시 사상사적 의의를 중심으로 종합해보면, 그 자료적 가치는 다음과 같은 몇 가지로 요약할 수 있으리라 본다.

첫째,『연설』은 무엇보다도 조선도교의 실체를 파악할 수 있는 귀중한 전적을 다수 제공하고 있다. 유·불 2교에 비해 도교는 자료의 영세성 때문에 중국 전래본이든 조선 찬술본이든 유행을 확인하는 것만으로도 자료적 가치를 인정해야 하는 상황이다. 그런데 조선 찬술서로서 태백산인 복양자, 즉 농려 강헌규의『참동계연설』과 망우당 곽재우의『양심요결』, 그리고 득양자 한무외의『해동전도록』원전을 확인하게 된 것이다. 더구나 이들과 함께 중국 전래서를 함께 묶어 총서로서의 유행을 말해주고 있으므로 자료적 가치가 더욱 커지는 것이다.

둘째, 이는 조선단학의 전성기 상황을 가장 잘 전해주고 있다. 첫째의 특징에 유의해볼 때, 조선도교의 실체를 직접적으로 전해주는 것이 이 자료이다. 이를 19세기 중반의 작품이라 볼 때 김시습으로부터 전성기를 맞이한 조선도교의 대요는 거의 여기에 집록되어 있다고 볼 수 있다.

셋째, 이러한 상황은 동시에 조선단학의 계보와 성격파악에『연설』이 결정적인 자료임을 말해준다. 조선단학파의 계보를 밝힌『해동전도록』의 기사는 상고上古 부분, 주체적으로 보면, 김시습 이전 계보의 설화적 성격 때문에 그 전체적인 내용에 대해서까지 사실적인 인식을 보류하는 경향을 낳을 염려가 있었다. 말하자면 그것은 단학파간의 비전秘傳 이상으로 보기 어려운 자료적 특성이 있었다는 것이다. 그러나『해동전도록』에 나타나는 단학파 상전相傳의 연단서가 기록과 똑같이 존재했음을『연설』이 전해주고 있다. 여기에 수록된 전적 이외의 것에까지 확대하여 대조 고증할 수 있는 실마리를 제공받게 된다는 말이다.

넷째, 조선단학파의 사상경향을 말해준다. 조선도교가 수련도교로서 내·외 단학을 겸하고 있는 것은 주지하는 바와 같지만,[50] 단학이론은 한결같이 내단학에 편중된 경향을 보인다. 이러한 사상적 계보는 중국 전진교의 도맥을 전승한 인맥과 전적에서 분명해진다. 그러나 부록에「장자양금단사백자결張紫陽金丹四百字訣」이 실려 있는 점을 간과해서는 안 된다. 장자양張紫陽 (1069경~?)은 전진교, 즉 북파의 인물이 아니라 금단도金丹道, 즉 남파의 인물이기 때문이다.[51]『연설』이전의 연단서에 장자양이 찬술한『오진편悟眞篇』등 금단도 계통서가 산견[52])되므로 이를 우연히 추가된 것으로 단주하기는 어렵다. 따라서 이는 조선단학사상의 흐름에 대해 다시 새로운 조명이 필요함을 말해주는 것이다.

다섯째, 한국도교의 역사적 전개에 있어서 단절 부분에 대한 해명의 실마리를 제공하고 있다는 점이다. 예컨대 조선중기의 수련도교에서 후기의 민간도교로 이행되면서 권선서勸善書가 널리 유행하는데, 전술한 바와 같이 19세기에 번역 판각된『태상감응편太上感應篇』이 이 가운데 수록되어 있는 것이다. 이러한 점은 고려의 과의도교에서 조선의 수련도교로 전개된 상황에 대해서도 마찬가지다. 바꾸어 말하면『연설』은 이러한 과제를 우리에게 제공하고 있으며, 그러기에 조선도교의 실체를 파악해낼 자료의 보고로 보이는 것이다.

4. 결어

최근의 한국도교 연구상황을 지평 마련의 단계로 볼 때, 관련 자료의

---

50) 그 좋은 예가 김시습이 저술한『잡저』이다(졸고, 전게「청한자 김시습의 단학수련과 도교사상」, 107쪽 이하 참조).
51) 蕭天石 著,『道海玄薇』(自由出版社, 民國 63) 619쪽 및 窪德忠 著,『道教史』(山川出版社, 1977) 327쪽 참조.
52)『衆妙門』40쪽,『直指鏡』5쪽 등을 참조.

정리는 무엇보다 중요한 작업이고, 그런 의미에서 이『연설』에 대한 자료적 가치를 인정할 수 있었다. 앞으로 다각적인 관점으로 이를 연구검토하면 그 가치는 더욱 높아질 것이다.

학계에 처음으로 소개하게 된 이『연설』, 즉『주역참동계연설』은 태백산 인 복양자의 찬술로 나타나 있다. 그가 농려 강헌규(1797~1860)라는 사실은 자료를 보는 관점을 새롭게 하는 성격을 지닌다.

아울러 개괄적으로 더듬어본 이『연설』을 통해 우리는 새로운 연구과제를 안게 된다. 먼저 종래 단학파의 전기傳記가 흔히 전기설화傳奇說話의 차원에 머물러 있었으나, 이에서 보는 것처럼 사상을 담은 전적으로 나타남에 따라 종합적인 검토를 요한다는 점이다. 곽재우『양심요결』등의 구조적 분석이 그 한 예가 될 것이다.

그리고 조선단학파가 중국의 맥락을 수용하면서도 독자적인 흐름을 형성 하고 있으므로, 과연 그것이 어떻게 전개 발전되었는가 구명해야 할 것이다. 이는 한국정신사韓國精神史의 주류를 이루는 유·불·도 삼교의 교섭사적 측면에서도 중시되는 사항이다.

이『연설』에는 삼교 중에서 도교, 도교 중에서 단학수련, 그 중에서도 환단還丹을 이루는 비법들이 여러 곳에서 판석적判釋的으로 드러나고 있다. 『연설』에 수록된 연단서의 개별적인 고찰과 함께 이러한 조선단학파의 사상체계를 금후의 새로운 연구과제로 삼고자 한다.

출전
「『주역참공계연설』과 조선도교」(『종교연구』4, 한국종교학회, 1988)

범해 각안의 차선사상

1. 서언

한국 역대의 차인茶人 가운데 고승이 많은 것은 한국에 있어서 차가
가진 문화사적 특성에 의한다. 수행인들에게 그것은 기호음료를 넘어서
추구하는 깨달음의 정신성으로, 혹은 본성과 마주하는 언어와 상징 등으로
존재해왔다. 물론 이는 불교 수행문화와의 상관성을 전제로 함으로써, 다음과
같은 특징을 지닌다.

첫째, 전통 수행집단의 손닿는 곳에 차가 존재해왔던 점이다. 이른 시기에
전래된 차나무는 남도지방을 중심으로 군락을 이루고 있는데, 지리산과
같이 대찰大刹과 수행승이 많은 곳에 야생 차밭이 조성되어 있어서 음차飮茶문
화의 전통을 계승할 수 있었다. 이는 차의 전래와 재배 등에 승려들이
관여했다는 정황을 말해주는 것이기도 하다.

둘째, 수행과정에 있어서 차는 진면목의 세계를 나타내는 상징으로 자리잡
아왔던 점이다. 예컨대 중국 선종의 위앙종潙仰宗 대성자인 위산 영우潙山
靈祐(771~853)와 앙산 혜적仰山 慧寂(803~887)의 대화를 보면,

〈1〉(위산)스님이 앙산스님과 대화중에 말했다. "그대의 소리만 들리고, 모습은
　　보이지 않는구나. 나와라, 보고 싶구나!" 앙산스님이 차나무茶樹를 흔들어
　　대답하니, 스님이 말하였다. "용用만 얻었고 체體는 얻지 못했구나."[1]

범해 각안 진영(대흥사)

라 나타난다. 수행집단의 일상에 침잠된 차밭의 존재를 전제해야 하겠지만, 어떻든 차가 직지인심直指人心하는 화두話頭를 이루고 있으며, 한국의 수행인들에 있어서도 이러한 흐름으로 지남指南이 되어왔다.

셋째, 그 가운데 선승들의 차에 관련한 시詩와 문文과 행行이 기록으로 축적되어온 점이다. 차에 관련한 작품이 승려에 한한 것은 아니지만, 승려에게 그것은 선의 정신차원을 나타내기 때문에 중요한 주제가 되어왔다. 이를 차선일미茶禪一味 혹은 차선사상茶禪思想 등으로 부를 수 있을 것이다.

이러한 차인으로 일가를 이루고 차선사상을 전개한 인물은 시대에 따라 다양하게 존재한다. 특히 차의 서민적 확대를 가져온 조선 후기에 있어서 그 대표적인 인물이 초의 의순草衣 意恂(1786~1866)이다. 그에게는 『동차송東茶頌』이나 『차신전茶神傳』 등의 저술이 있고, 많은 차시茶詩, 그리고 차와 관련된 유적 등이 다수 전하고 있다. 그 가운데 주목되는 것이 그가 교유하고 차생활을 함께 했던 주변의 차인들이다. 예컨대 차서茶書의 찬술연기가 있는 것처럼 차시 등의 작품 역시 차를 공유하는 가운데 이루어진 것이기 때문이다.

본고에서 다루고자 하는 범해 각안梵海 覺岸(1820~1896) 역시 초의 주변 차인의 한 사람이다. 그는 초의의 제자로, 초의 당대 대둔사의 대표적인 선승禪僧이요 학승學僧이었다. 그의 저서에는 『동사열전東師列傳』 6권이 있어서, 각훈覺訓의 『해동고승전海東高僧傳』(1215)과 일연一然의 『삼국유사三國遺事』

---

1) 「師與仰山語話次. 師云. 只聞汝聲. 不見子. 身出來要見. 仰山便把茶樹. 搖對. 師云 只得其用不得其體.」(『祖堂集』 권16, 潙山靈祐傳)

(1287경) 이후 유일한 고승전으로 받들린다. 그리고 『범해선사문집』 2권과 『범해선사시집』 2권 등이 있어, 영향력 있는 인물이었다.[2] 그러나 초의[3]와 그 주변인물에 대한 연구가 비교적 활발한 데 비해 각안에 대해서는 아직 종합적인 연구성과[4]를 논할 단계가 아니다.

따라서 본고에서는 범해라는 인물의 행장에 주목하면서 그가 전개한 차선사상의 일단을 살펴보기로 한다. 그는 어떤 인물이며, 수행과 학문은 어떻게 이루었는가, 그리고 차생활을 시작한 계기는 무엇이며, 어떤 작품을 남기고 있는가? 초의와는 어떤 관계이며, 초의차草衣茶에 대한 관점은 어떠하며, 차선사상은 어떻게 전개하고 있는가를 밝히고자 하는 것이다. 이렇게 접근하면 승려 차인 범해에 대한 이해와 함께 초의차의 후래적 영향에 대한 한 사례가 분명해질 것이다.

2. 생애와 저술

1) 범해의 행장

범해의 생애를 살펴볼 수 있는 자료에는 『동사열전』에 자술한 「자서전自序

---

2) 범해각안의 저술 가운데 『東師列傳』·『梵海禪師文集』·『梵海禪師詩集』이 『韓國佛教全書』 제10책에 수록되어 있고, 金侖世 역 『동사열전』(광제원, 1991), 『범해선사문집』·『범해선사시집』이 『초의시고 외』(『한글대장경』, 동국역경원, 1997)에 한글역으로 수록되어 유행한다.
3) 초의 의순에 관한 최근의 연구상황에 대해서는 金炳鶴(松默), 「朝鮮後期 禪論爭에 관한 연구」(원광대 박사논문, 2008) 및 宋海景, 「艸衣意恂의 『東茶頌』 연구」(원광대 박사논문, 2008) 참조.
4) 범해각안에 대한 연구성과로 주목되는 것은 吳京厚, 「朝鮮後期 僧傳과 寺志의 編纂 연구」(동국대 박사논문, 2002)로, 「Ⅵ. 『동사열전』의 불교사적 검토」(90쪽 이하)에는 그의 생애를 다루고 있고, 『동사열전』의 구성에 대한 구체적인 해명이 시도되고 있다. 김석태, 「梵海覺岸의 濟州旅行과 紀行詩」(『한국언어문학』 55, 한국언어문학회, 2005, 185쪽 이하)에서는 그의 제주 기행과 관련한 시가를 분석해명하고 있다. 전문연구서는 아니지만, 그를 차인으로 주목한 경우는 임혜봉, 『茶聖 초의선사와 대둔사의 다맥』(예문서원, 2001)인데, 이에는 대둔사에 있어서 초의를 중심한 차맥을 다루면서 범해에게도 주목하여, 132쪽 이하에는 차시 등 차 관련 자료 10편을 감상하고 있다.

傳」(1894)[5]과 문인 율암 찬의栗庵 贊儀가 찬술한 「범해선사행장梵海禪師行狀」
(1917)[6]이 있다. 다만 그의 저술인『범해선사문집梵海禪師文集』·『범해선사
시집梵海禪師詩集』 등에 실려 있는 작품 중에는 성립연대를 밝힌 것이 적지
않다. 따라서 그의 연보에 이들 사항을 연결시키면 생애와 사상을 살피는
데 도움이 된다. 이들 자료를 통해 범해의 행장을 정리해보면 다음과 같다.

1820년(경진, 순조 20, 1세) 6월 15일, 청해靑海 범진梵津 구계九階에서 출생하
　　다. 경주 최崔씨, 고운 최치원孤雲 崔致遠의 후예이며 조선시대
　　숭록대부 최수강崔壽崗의 6세손으로, 부친은 철徹, 모친은 성산
　　배裵씨다. 초명은 어안魚堰 혹은 초안超堰이며, 법명은 각안覺岸,
　　자는 환여幻如, 당호가 범해梵海다.『동사열전』에서는 두륜산인
　　구계九階라는 필명을 사용하였다.
1833년(계사, 순조 33, 14세) 두륜산 대둔사頭輪山 大芚寺 한산전寒山殿에서
　　호의 시오縞衣 始悟(1778~1868)에게 출가하다.
1835년(을미, 헌종 원, 16세) 호의 시오를 전법사로 하여 삭발, 하의 정지荷衣
　　正持(1779~1852)에게 십계를 받고, 초의 의순에게 구족계를 받았으
　　니, 당시 갈마사는 묵화 준훤默和 俊暄·화담 영원華潭 靈源(1776~
　　1849)이다. 이후 호의·하의·초의·문암 영유聞菴 永愈(?~?)·운
　　거雲居(?~?)·응화 유한應化 有閑(1813~1885)의 육대종사六大宗師에
　　게 참학하고, 요옹 이병원寥翁 李炳元(?~?)에게 유가경전을 배우고,
　　태호 성관太湖 性寬·자행 책활慈行 策活(1782~1862)에게 재의齋儀를
　　전수받다.
1843년(계묘, 헌종 9, 24세) 시 「화김운옹선생거해남和金雲翁先生居海南」을
　　찬하다.
1844년(갑진, 헌종 10, 25세) 방장산을 비롯한 호남·영남지역을 역방하여

5)『東師列傳』권4(『한국불교전서』 10, 1047쪽 이하)
6)『梵海禪師文集』권2(같은 책, 1097-1098쪽 이하) 전반적으로 범해 자술의 「자서전」에
바탕하고 있으며, 입적에 대한 부분 등이 첨가되었을 뿐이다.

하동 쌍계사「진감국사비眞鑑國師碑」등을 보고,「과수로왕릉過首露王陵」등 많은 시문을 남기다.

1846년(병오, 헌종 12, 27세) 호의 시오의 법인法印을 받아 수불개당竪拂開堂하고 진불암·상원암에서 보리법도량을 만들고 북암과 만일암을 선강설의 별궁으로 삼다. 완호 윤우玩虎倫佑(?~1826)의 비를 세우고, 시「입완호조사비立玩虎祖師碑」를 찬하다.

1847년(정미, 헌종 13, 28세) 시「두륜산월가頭輪山月歌」를 찬하다.

1849년(기유, 헌종 15, 30세) 시「태평화太平花」·「별동리사필연상인別桐裏寺弼演上人」을 찬하다.

1851년(신해, 철종 2, 32세) 시「청허집淸虛集」·「장흥보림사長興寶林寺」를 찬하다.

1852년(임자, 철종 3, 33세) 6월 11일, 설계사 하의 정지(1779생)가 입적하다. 7월, 남암南庵에 주석駐錫하며 이질로 생사를 헤매다가 사형 무위 안인無爲 安仁(1816~1886)과 사제 부인富仁의 도움으로 차茶로 병을 다스리다. 시「가계家鷄」를 찬하다.

1854년(갑인, 철종 5, 35세) 시「송진도김용은送珍島金龍殷」을 찬하다.

1855년(을묘, 철종 6, 36세) 시「증허만택거완도당인리贈許萬澤居莞島塘仁里」·「근차만일암초의사운謹次挽日庵草衣師韻」을 찬하다.

1857년(정사, 철종 8, 38세) 시「남미륵잡영 삼수南彌勒雜詠三首」를 찬하다.

1858년(무오, 철종 9, 39세) 1월 25일에 철선 혜즙鐵船 惠楫(1791생)의 입적에 따라 시「만철선화상挽鐵船和尙」을 찬하다.

1860년(경신, 철종 11, 41세) 시「감흥興感」을 찬하다.

1862년(임술, 철종 13, 43세) 시「화박우곡和朴愚谷」을 찬하다. 유학 스승 요옹의 명으로 『통감사기通鑑私記』 1권을 찬집하다.

1864년(갑자, 고종 원, 45세) 대둔사 진불암眞佛庵에서 설우 대운雪藕 大雲(1830~1868)에게 보살계를 베풀다.

1865년(을축, 고종 2, 46세) 3월에 진불암을 세우고「두륜산진불암 법당상량문頭輪山眞佛庵法堂上梁文」을 찬하다.

1866년(병인, 고종 3, 47년) 8월 20일, 비구계사 초의 의순(1786생)의 입적에 따라 시 「만초의선사挽草衣禪師」를 찬하다. 시 「표충사축表忠祠祝」을 찬하다.

1868년(무진, 고종 5, 49세) 9월 15일, 스승 호의 시오(1778생) 입적하다. 시 「숙금도宿金島」・「숙홍해점宿洪海店」을 찬하다.

1873년(계유, 고종 10, 54세) 금성 보헌錦城 普憲(1825~1893)과 제주지역을 역방하고, 이목사李牧使와 차를 나누고, 「입제주入濟州」・「제주대 정군도원리도중濟州大靜郡桃源里途中」 등 많은 시문을 남기다.

1875년(을해, 고종 12, 56세) 월여 범인月如 梵寅(1824~?)・금성과 충청 경기 및 금강산을 역방하고, 「금강산마하연金剛山摩訶衍」[7)]・「송광사임 경당松廣寺臨鏡堂」・「공신백파선생등북대共申白坡先生登北臺」 등의 시를 남기다.

1877년(정축, 고종 14, 58세) 문 「화공양기花供養記」를 찬하다.

1878년(무인, 고종 15, 59세) 시 「초의차草衣茶」・「보길도서암甫吉島書巖」을 찬하다.

1880년(경진, 고종 17, 61세) 진도 쌍계사雙溪寺에 들어가 대법당・시왕전・첨성각을 중수하고, 8월 19일 무위 안인・덕암 영준德庵 永俊・기정 奇正과 함께 완도 성도암에 들어가 노인성을 보고, 시 「노인성老人星」을 찬하다.

1881년(신사, 고종 18, 62세) 시 「처서한우處暑旱雨」를 찬하다.

1882년(임오, 고종 19, 63세) 시 「열선암사대각국사집閱仙巖寺大覺國師集」을 찬하다. 8월 22일, 무위 안인과 상좌 동산 나운東山 羅云과 함께 완도 해임령에 올라가 혜성을 보다.

1883년(계미, 고종 20, 64세) 11월 24일, 영산 경순影山 敬淳의 입적으로 「추만영산선백追挽影山禪伯」을 찬하다.

---

7) 『범해선사시집』 보유편(『한국불교전서』 10, 1123쪽)에 수록된 시의 주석에 「갑술」(1874) 에 찬한 것으로 적고 있으나, 「자서진」 등에 금강산 탐방이 「을해」(1875)이므로 이때 찬한 것으로 보인다.

1884년(갑신, 고종 21, 65세) 시 「제초의장로화 십팔나한도題草衣長老畵十八羅
    漢圖」를 찬하다.

1885년(을사, 고종 22, 65세) 4월 2일, 응화 유한(1813생)의 입적에 따라
    「만응화강주挽應化講主」를 찬하다.

1886년(병술, 고종 23, 66세) 1월 10일, 만일암에서 금명 보정錦溟寶鼎, 茶松子
    (1861~1930)에게 계를 베풀고, 『고문박의古文博義』・『사산비명四山碑
    銘』・『범망경梵網經』・『사분율四分律』을 강의하다. 8월 15일, 사형
    무위 안인(1816생)의 입적에 따라 시 「만무위형挽無爲兄」을 찬하다.
    시 「만일암挽日庵」・「제허소치괴석도題許小痴恠石圖」를 찬하다.

1887년(정해, 고종 24, 67세) 혼허 상능渾虛 尙能(1826~1894)・청연 월영清淵
    月影(?~?)과 월출산 상견성암에서 결사하여 6개월간 정진하다.

1888년(무자, 고종 25, 68세) 4월 25일, 금월 의관錦月 誼寬(1811생)의 입적에
    따라 시 「만금월화상挽錦月和尙」을 찬하다. 시 「재입보련각再入寶運
    閣」을 찬하다.

1894년(갑오, 고종 31, 75세), 두륜산 일로향실一爐香室에서 『동사열전』을
    편술하고, 「자서전」을 짓다.

1896년(병신, 건양 원, 77세) 12월 26일, 「임종게」를 남기고 입적하니,
    세수는 77세, 법랍은 64년이었다. 평생 강원에서 22년간 강한
    가운데 『화엄경華嚴經』 강론이 6회, 『범망경』 강설이 12회였다.
    은혜를 받은 자가 2인, 사미계를 받은 자가 성윤性允 등 23인,
    전교자敎傳者가 예순禮淳 등 3인, 선전자禪傳者가 81인이다. 만년의
    제자로는 동산 나운東山 羅云・성학 찬민聖學 贊敏・원응 계정圓應
    戒定(1856~1894)・취운 혜오翠雲 慧悟(1866~?)・금명 의준錦溟 儀
    準・율암 찬의栗庵 贊儀・서해 묘언犀海 妙彦 등이 있었다.

2) 생애와 법맥

이러한 범해의 생애를 크게 구분하면 전후 4기의 정리가 가능할 것이다.

첫째 성장기(1~14세), 둘째 청년기(14~33세), 셋째 장년기(33~54세), 넷째 만년기(54~77세)가 그것이다.

첫째, 성장기는 출가 이전으로, 출생한 1820년부터 14세인 1833년 출가까지이다. 그가 출생한 구계는 현재 완도군 완도읍 정도리다. 고승들에게 보이는 몽참夢讖이 그에게도 나타난다. 즉, "모친이 둑에서 흰 물고기를 보고서 낳았는데 좌우의 바깥 넓적다리에 희고 긴 무늬가 많이 있었다. 그로 인하여 어언이라 이름하였고, 또 초언이라고도 하였다. 천성이 생선을 먹지 않았다"8)고 하였는데, 이로 보면 모친은 불심佛心이 깊었던 것으로 보인다. 그가 완도라는 바닷가에 살면서 생선 등 비린 것을 피하기는 결코 쉽지 않았을 것이다. 어떻든 그의 어릴 적 이름이나 생선을 먹지 않은 생활상은 인과신앙因果信仰을 말하며, 이는 그의 출가로 연결되어 향리에서 가까운 곳을 축발지로 삼을 수 있었을 것이다.

그가 읊은 시 중에는 고향의 정경을 다룬 것도 있는데, 가풍에 대해서는 다음과 같이 회고하고 있다.

〈2〉 言言依禮無不敬　말씀마다 예로 공경하지 않음이 없고
　　事事行時思無邪　일마다 행함에는 삿됨이 없어야 한다고 하셨지
　　二道幷世共不負　유도 불도 모두 버리지 않아
　　分送一兒繼釋迦　한 아들 절에 보내 석가여래 이으셨네

　　年年一杖叩山扃　해마다 지팡이 짚고 산사에 찾아오면
　　寺寺胡僧爭送茶　절마다 스님들 다투어 차를 보내왔지
　　於今古道老不經　지금은 옛길을 늙어서 다니지 못하니
　　遊臺飮泉繞紫霞　노시던 대 마시던 샘 붉은 안개 엉겼구나.9)

---

8) 「母夢堰治見白魚而生. 左右外胯. 多有白長紋. 仍名曰魚堰. 又曰超堰. 性不食魚物.」(『東師列傳』 「自序傳」, 『한국불교전서』 10, 1047쪽) 이하 『동사열전』의 현대어역은 金閏世 역, 앞의 책에 의하며, 원의에 충실을 기하기 위해 수정한 곳이 있음.
9) 『梵海禪師詩集』 권 2, 得瓜興感(『韓國佛敎全書』 10, 1117쪽) 이하 『범해선사시집』·『범해선사문집』의 현대어역은 앞의 『한글대장경』본에 의하며, 원의에 충실을 기하기 위해 수정한 곳이 있음.

범해 각안의 부도(대흥사)

집안은 유학을 숭상하면서도 불심을 가지고 있었고 출가를 허락했던 모습이 엿보인다. 유·불 2교를 넘나들며 절에서 차를 마시는 모습은 아버님을 상정하는 것으로 생각되기 때문이다.

그는 만년에 자신의 성품을,

〈3〉 성품이 원래 유화적이고 행동이 태평하여 위급한 유사시에는 하나도 볼만한 점이 없다. 그러나 마음은 하늘을 거스르지 않아 고개를 들어 남에게 부끄러운 점이 없다. 부지런히 배우고 널리 물어 지식은 넓고 문장은 쉽다. 사람은 보지 않아도 들어 알고 벗은 기약하지 않아도 스스로 온다.[10]

고 술회하고 있다. 수도인으로 일생을 살아온 그의 생애를 돌아본 기록이기 때문에 이들 모습 중에는 출가 후 승가에서 익힌 부분도 있을 것이다. 그러나 본래 유화적인 성품이 일생을 일관하면서 박람강기博覽强記한 거장巨匠으로 성장시킨 모습은 분명하게 드러난다.

둘째, 청년기는 출가 초기로, 출가한 14세인 1833년부터 이질을 알아 죽음을 절감한 33세의 1853년까지다. 그가 출가지로 택한 대둔사大芚寺는

---

10) 「性本柔和. 行履安詳. 緩急有事. 一無可觀. 然心不逆天. 仰不愧人. 勸學博訪. 知廣文易. 人不見而聞知. 朋不期而自至.」(같은 책, 1049쪽)

출생지인 완도군과 이웃한 해남군 삼산면 구림리에 위치하며, 현재의 대한불교조계종 22교구본사인 두륜산 대흥사頭輪山大興寺다. 이 절은 조선시대에 불교승단을 재편한 청허 휴정淸虛 休靜, 西山大師(1520~1604)이 의발을 전하면서 사세寺勢가 특히 충실해지고 후기에 이르면서 교계를 대표할 만한 일대연총一大淵叢으로 성장하여 선교종원禪敎宗院으로 자부하게 되었다.[11] 범해는 이 절에서 호의 시오에게 출가하여 산내 암자인 한산전에 머문다. 그리고 2년 후인 16세 된 1835년에 호의를 전법사로 하여 축발한다. 하의 정지에게 십계를 받고, 초의 의순에게 구족계를 받았으니, 이른바 완호 윤우 문하 고승인 삼의三衣의 법을 이은 것이다.[12] 따라서 그의 선맥[13]은 청허 휴정의 법이 편양 언기鞭羊 彦機(1581~1644)~월담 설제月潭 雪霽(1632~1704)~환성 지안喚醒 志安(1664~1729)~호암 체정虎岩 體淨(1687~1748)~연담 유일蓮潭 有一(1720~1799)~백련 수연白蓮 禱演(1737~1807)~완호 윤우~호의 시오~범해 각안으로 전승된 것이다. 구족계를 받을 때 갈마사는 묵화 준휘·화담 영원이었다.

그의 시 가운데 출가에 대한 무게를 다룬 내용이 전한다.

〈4〉二七方知竺道尋　14세에 불도를 알고 찾았으니
　　於今四十老叢林　지금까지 40년을 절에서 늙었구나
　　罕行鄕里忘親戚　고향에 드물게 가니 친척도 잊었고
　　頻涉山川識淺深　산과 내를 자주 건너 깊고 낮음 알았다네.[14]

---

11) 草衣意恂 等撰, 『大芚寺志』 권 1(아세아문화사, 1983) 20쪽 참조.
12) 범해 각안이 읊은 시에는 三衣를 공경하는 내용이 여러 군데 나타나는데, 「三衣歌」에는 「봄에 내 할 일 생각하니/ 오로지 세 스님의 가르침에 의지했네/ 문하에서 얻은 것을 가지고/ 외람되이 덕을 찬하는 글을 지으리라(春風億自己爲. 專仗三衣善指揮. 試將門下所得見. 濫述世上嘆德辭.) …아! 나도 불도를 좋아하나 늦게 태어났는데/ 다행히도 세 선사를 만나 따랐네/ 나를 입히고 먹이신 지 19년 동안/ 계를 주고 참선시켜 진량의 재목 만드셨네(嗟余好佛生苦晚. 何生得遊三衣臺. 衣我食我十九年. 戒我禪我成津材.)」(『범해선사시집』 권2, 『한국불교전서』 10, 1116쪽)라 하여, 생애를 통해 그 얼을 간직하고 있다.
13) 獅巖采永 찬, 『西域中華海東佛祖源流』(1764 찬, 『한국불교전서』 10, 128쪽)의 「海東禪脈正傳圖」에는 호암 체정까지 수록되어 있다. 범해 각안 찬, 『동사열전』에는 월담 설제를 제하고는 모두 立傳되어 있다.
14) 『梵海禪師詩集』 권1, 次石屋和尙山居詩 十二首(『韓國佛敎全書』 10, 1101쪽)

축발 후, 범해는 호의·하의·초의·문암 영유·운거·응화 유한의 육대 종사에게 참학하고, 요옹 이병원에게 유가경전을 배우고, 태호 성관·자행 책활에게 재의를 전수받았다고 「자서전」에서 술하고 있다. 스스로 "부지런히 배우고 널리 물었다"고 했으니 호학정려好學精勵하고, 이후 오래도록 사제관계를 유지하고 있다.[15] 그의 시가 24세 된 1843년 「화김운옹선생 거해남和金雲翁先生居海南」부터 나타나는 것을 보면 청년시절부터 시작詩作을 시작했던 모양이다. 그러므로 25세 된 1844년 지리산(방장산)을 비롯한 호남·영남지역을 역방하며 「과수로왕릉過首露王陵」 등 많은 시문을 남기고 있다. 이때 하동 쌍계사의 「진감선사비眞鑑國師碑」 등에 관심을 보이고 있으므로 후일의 『동사열전東師列傳』 찬술 기반이 당시부터 마련되었던 것으로 생각된다. 각안은 27세 된 1846년 호의의 법인法印을 받아 수불개당竪拂開堂한다. 이후 진불암·상원암을 보리법도량 삼고 북암·만일암을 선禪 강설의 별궁으로 삼는다. 이 해에 이미 완호의 비를 세워 법통을 공고히 하고 있다. 30세 된 1849년에 동리사의 필연상인弼演上人을 찬하는 등 생애를 일관한 넓은 교유의 역량을 드러내며, 33세 된 1852년에는 삼의 중의 하의가 입적하여 스승들을 대신할 역량을 요청받게 된다. 그리고 이 해에 대둔사 남암에서 이질로 생사를 헤매고 있다.

셋째, 장년기는 출가 중기로, 33세인 1852년 차약茶藥으로 이질을 다스려 새 생명을 얻고부터 54세 된 1873년 스승 열반 후 제주도를 유행하면서 군생을 접화할 때까지다. 33세의 여름에 맞은 병석에서 그는 죽음을 예감하고 있었는데, 사형인 무위 안인과 사제 부인의 도움으로 차로 이질을 다스렸다. 이후 이들 법형제는 일생의 심교心交가 된다. 「무위전無爲傳」에 의하면 무위는 같은 완도 출신으로 "호남총섭표충수호湖南摠攝表忠守護의 승직을 역임하고, 성담 수의性潭 守意(1780~1847)와 인암 의한忍庵 意閑의 선석禪席을 물려받고 초의 의순의 다양한 기능에 통효하였다"[16]고 전하는데, 승군대장으로 표충사

---

15) 이들 중 묵화·호의·초의·문암은 시 「人物歌」(『범해선사시집』 2)에 나타나고, 화담·하의·응화·자행 등은 『동사열전』에 입전되어 있다.

16) 「摠攝湖南守護表忠. 奪性潭忍庵之禪席. 照草衣之工巧.」(『東師列傳』 권5, 『한국불교전서』 10, 1057쪽)

를 수호하는 한편, 선종장禪宗匠이요 초의가 달관한 차작법 등에도 일찍이 일가를 이루었음을 알 수 있다. 그가 처방하고 부인이 제공한 차약으로 새 생명을 얻은 범해는 그와 여행하고 책을 편찬하고 후일 무위가 입적했을 때는 만가挽歌를 지어 "70세 나이지나 무위로 화하니/ 머리 들고 하늘 보니 눈물만 흐르네"[17]라 슬퍼한다. 그 뒤 진영을 그리고 "적멸로 낙을 삼았으니/ 참된 법신일세"[18]라 찬하고 있다.

이 시기에 많은 시를 남긴다. 「삼가 만일암 초의스승의 운에 차운함(謹次挽 日庵草衣師韻)」과 같이 초의에게는 경모함이 특히 지극하다. 43세 된 1862년에 유학 스승인 요옹의 명으로 『통감사기通鑑私記』 1권을 찬집하고 있는데, 사제관계를 오래 지속함과 동시에 내전인 불전佛典은 물론 유가의 경사자집經 史子集에도 계속된 관심을 보이고 있는 점은 흥미를 끈다.

39세 된 1858년에는 그가 인물로 알았던 철선 혜즙(1791생)이 입적하고, 47세 된 1866년에는 비구계사 초의(1786생)가 입적하며, 49세 된 1868년에는 스승 호의(1778생)가 입적하는 등 주위에 모셨던 스승들과 영별永別하며, 이들을 위해 각각 만가를 찬하고 있다. 동시에 45세 된 1864년과 이듬해에 대둔사 진불암을 세우고 설우 대운에게 보살계를 베푼 바와 같이 많은 제자들을 거두고 있다.

넷째, 만년기인 출가 후기로, 54세 된 1873년 큰 스승으로 제주를 역방한 해부터 77세 된 1896년 입적에 이르는 기간이다. 그는 금성 보헌과 제주에 건너가 이목사를 예방하고 차를 나누며 「영주십경瀛州十景」을 비롯하여 많은 시문을 남기고 있다. 이르는 곳마다 군생群生의 접화接化가 이루어지며 그만큼 대중의 복전福田이 되고 있다. 그의 제주도행은 흠모해오던 초의가 유배중인 추사 김정희秋史 金正喜(1786~1856)의 적소를 찾아 반 년간을 머무르며 이원조 李源祚 목사를 찾았던 바를 연상케 한다.[19]

---

17) 「年過稀世無爲化. 矯首瞻空漏數行.」(『梵海禪師詩集』 권1, 挽無爲兄, 같은 책, 1109쪽)
18) 「寂滅爲樂. 眞個法身.」(『범해선사문집』 1, 無爲眞身贊, 같은 책, 1084쪽)
19) 초의가 제주도를 찾은 것은 추사의 제주 유배를 명한 1840년(헌종 6) 9월 이후에서 석방을 하교한 1848년(헌종 14) 사이로, 많은 시문을 남겨 金蘭之契를 엿보게 한다(김석태, 전게 논문, 190쪽 이하) 범해의 제주기행이 초의와 호의 두 스승이 입적한 다음이므로,

다섯 살 아래인 금성과는 친밀했던 모양으로 제주 역방 이후, 56세 된 1875년에는 월여 범인을 포함한 세 사람이 충청·경기·강원 등을 찾아 금강산에까지 족적을 남기고 있다. 각처의 절승을 탐방하고 선지식을 찾으며 많은 인물들을 만나서 법을 전한다.

59세 된 1878년에는 「초의차草衣茶」·「보길도서암甫吉島書巖」 등의 시를 찬하여 초의를 추모하고 고산 윤선도孤山尹善道(1587~1671)의 고적을 찾는다. 61세 된 1880년에는 진도 쌍계사에 들어가 대법당·시왕전·첨성각을 중수 하는 등의 불사를 이룬다. 이 시기에 만가를 찬하여 인생무상을 전한 경우가 많은데, 1883년에는 영산 경순, 1885년에는 응화 유한, 1886년에는 무위 안인, 1888년에는 금월 의관 등이 입적하고 있다. 그간에도 67세 된 1887년에 혼허 상능·청연 월영과 월출산 상견성암에 들어가 결사하여 6개월간 정진하 는 것을 보면 결제수행結制修行에 특히 공력을 들이고 있음을 알 수 있다.

그런데 66세인 1886년 1월 10일, 만일암에서 금명 보정에게 계를 베푼 데 대해서는 특히 주목할 필요가 있다. 금명의 문집[20]을 통해 당시에 범해가 『고문박의』·『사산비명』·『범망경』·『사분율』 등을 강하고 있기 때문이 다. 그의 저술에 『사산기』가 있는데, 이는 당시의 강의교재였다는 말이 된다.

그리고 75세 된 1894년에 주석처인 두륜산 일로향실에서 『동사열전』을 편술하고, 「자서전」을 짓는다. 물론 『동사열전』은 일시에 이루어진 일은 아니며, 내용상에 있어서도 제자들이 같이 참여하는 공동작업이었을 것으로 보인다. 고승전 작업을 최후의 불사로 마친 범해는 77세 된 1896년 12월 26일,

---

초의의 제주기행에 대한 사례를 자세히 알고 있었을 것이다. 실제로 초의는 "방장 봉래산에서 마음껏 노닐다가/ 석장 날려 영주에 이르렀네(方丈蓬萊恣遠遊 又飛錫杖到瀛州)"(『艸衣詩稿 』권하, 濟牧李公源祚索詩逐次望京樓韻, 『한국불교전서』 10, 856쪽)라 읊어 방장(지리산)· 봉래(금강산)·영주(한라산)의 탐승을 노래하고 있는데, 범해의 「自序傳」에서 거론한 遠遊 역시 갑진년(1844) 봄의 방장산, 계유년(1873) 여름의 한라산, 을해년(1875) 가을의 금강산이 라 회상하고 있어서(『범해선사문집』 권 2, 梵海禪師行狀, 『한국불교전서』 10, 1097-1098쪽), 草衣行錄이 指南이 되고 있다.
20) 「(금명보정) 行錄草」(錦溟寶鼎, 『錦溟集』, 『한국불교전서』 12, 771쪽). 금명 보정의 문집 『栢悅錄』에는 범해의 「茶藥說」(같은 책 528쪽)을 비롯하여 많은 시를 수록하여 지참하였음이 드러난다. 금명 보정에 대해서는 특히 茶詩와 관련하여 백기란, 「茶松子 茶詩 고찰」(『韓國茶學會誌』 8~3, 한국차학회, 2002, 13쪽 이하)을 참조.

다음과 같은 「임종게臨終偈」를 남기고 입적한다.

〈5〉妄認諸緣稀七年　헛된 한 생각이 빚은 77년 생애
　　窓蜂事業摠茫然　창밖의 벌처럼 떠든 것도 부질 없어라
　　忽登彼岸騰騰運　문득 저 언덕에 올라가면서
　　始覺浮漚海上圓　아, 바다 위에 뜬 물거품임을 알았네.[21]

　　제행무상諸行無常을 각득覺得한 삶을 담담하게 노래하고 있다. 세수가 77
세이며 법랍이 64년이다. 스스로 22년간의 강원생활에서 『화엄경』을 6회,
『범망경』을 12회 강설했다고 하였는데, 『법화경法華經』등을 강하고 있음이
여러 시문에 드러난다. 그의 은혜를 받은 사람이 2인, 사미계를 받은 사람이
23인, 교를 전수한 사람이 3인, 선을 전수한 사람이 81인에 이른다. 만년의
제자로는 원응 계정·취운 혜오·동산 나운·성학 찬민·금명 의준·율암
찬의·서해 묘언 등을 들고 있으니, 만년을 곁에서 지킨 인물들로 보인다.
　　『동사열전』에는 이들 외에 범해에게 비구계 및 보살계를 받거나, 제자라 표현
하고, 혹은 참방參訪하거나 강의를 받은 기록이 산견된다. 이들을 정리하면 범해
의 가르침을 입은 제자에는 호월 관례湖月 寬禮(?~?)·금허 세원錦虛 世元(1824~
1894)·수성 근헌壽星 勤憲(?~1885)·금파 응신金波 應信(1833~?)·원해 문주圓海
文周(1850~1888)·응암 학성應庵 學性(1830~1866)·상운 응혜祥雲 應惠(1827~?)·
설우 대운雪藕 大雲(1830~1868)·예암 광준禮庵 廣俊(1834~1894)·월화인학月華仁
學(?~?)·청봉세영清峯 世英(1855~?)·금명 보정錦溟 寶鼎(1861~1930) 등을 헤아
린다.[22] 범해가 가진 선과 교의 깊이가 이들 후대에로 전승되어 각각 일가를 이룬
것이라 하겠다.

---

21) 栗庵贊儀,「梵海禪師行狀」(『梵海禪師文集』2,『한국불교전서』10, 1096-1098쪽)
22) 이들의 입전은 『東師列傳』권5의 祥雲應惠(祥雲禪師傳)·湖月寬禮(湖月禪師傳)·錦虛
世元(錦虛禪伯傳), 권6의 壽星勤憲(壽星禪伯傳)·金波應信(金波禪伯傳)·圓海文周(圓海
講伯傳)·應庵學性(應庵禪師傳)·錦城普憲(錦城禪師傳)·雪藕大雲(雪藕大師傳)·禮庵
廣俊(禮庵禪師傳)·圓應戒定(圓應講伯傳)·翠雲慧悟(翠雲講伯傳)·月華仁學(月華禪師
傳)·清峯世英(清峯禪伯傳) 등이다. 입전에서 선택한 표현으로 보면 이들은 선사·선백·강
백·대사 등 여러 분야에 두각을 나타내고 있음이 드러난다.

또한 제자들은 범해를 대둔사 십삼대강사大芚寺十三大講師로 부른다. 이는 일찍이 초의 의순이 대둔사의 십이종사와 십이강사23)를 말한 바를 확대한 미칭美稱이다. 즉, 범해는 초의를 포함시켜 13대종사라 하고 초의 역시 범해를 인정하고 있는데,24) 후인들은 그러한 범해를 포함하여 13대강사라 부르고 있는 것이다. 13대강사란 만화 원오萬化 圓悟(1694~1758)·연해 광열燕海 廣悅(?~?)·영곡 영우靈谷 永愚(?~?)·나암 승제懶庵 勝濟(?~1830)·영파 성규影坡 聖奎(1728~1812)·운담 정일雲潭 鼎馹(1741~1804)·퇴암 태관退庵 泰瓘(?~?)·벽담 행인碧潭 幸仁(?~?)·금주 복혜錦州 福慧(1691~1770)·완호 윤우(1758~1826)·남암 시연朗岩 示演(1789~1866)·아암 혜장兒庵 惠藏 (1772~1811) 그리고 범해 각안을 가리킨다.25) 이들은 범해의 선대이며 12종사의 한 사람인 호암 체정虎巖 體淨(1687~1784)의 문도들로, 당시 번창했던 총림叢林의 정황이 드러난다.

당시 대둔사를 중심한 주변의 총림은 전에 없는 선풍을 일으키고 있었다. 그 성회盛會의 중심에 범해가 존재했으며 그것은 그와 함께 보제 계정普濟 戒定·연주蓮舟·응화應化·월화月華를 5대강사26)로 부르고, 대둔사의 연주 극현蓮舟 極玄(1827~1894?)과 범해, 미황사의 혼허 상능混虛 尙能(1826~1894)과 월화 인학月華 仁學(1826~1894), 송광사의 구연 법선九淵 法宣(?~?)과 원해 문주圓海 文周(?~?), 선암사의 경운 원기擎雲 元奇(1852~1936)와 함명 태선函溟 太先(1824~1894)을 팔고좌八高座27)로 부르고 있는 데서도 나타난다.

23) 草衣意恂 등 찬, 『大芚寺志』권1에 楓潭義諶(1592~1665)·醉如三愚(1662~1684)·月渚道安(1638~1715)·華嶽文信(1629~1707)·雪嶺秋鵬(1651~1706)·喚醒志安(1664~1729)·碧霞大愚(1676~1763)·雪峰懷淨(1678~1738)·霜月璽封(1687~1867)·虎巖體淨(1687~1848)·涵月海源(1691~1770)·蓮潭有一(1720~1799)를 十二宗師라 하면서 그 근거를 대둔사강회에 있어서 禮敬를 받는 분들로 소개하고 있다. 또한 같은 책에는 萬化圓悟 등 12대강사가 소개되어 있다.

24) 草衣意恂, 『一枝庵文集』권1, 「梵海會中學契序」(龍雲 편, 『艸衣禪師全集』, 아세아문화사, 1985, 259-260쪽)에서 積學多聞을 落花成實이라 찬탄하면서 범해의 作契를 隨喜勸勉하면서 戒案을 지어 주고 있다.

25) 『東師列傳』권3, 燕海講師傳(『韓國佛敎全書』10, 1027쪽) 참조.

26) 같은 책, 권 6, 圓應講伯傳(같은 책, 1070쪽) 참조.

27) 같은 책, 권 권 6, 九淵講伯傳(같은 책, 1069쪽)에서는 某라 하였으나, 같은 책, 淸峯講伯傳(같은 책, 1073쪽)에서 청봉의 참학 등을 살펴볼 때 함명태선으로 보는 것이 타당할 듯하다.

2) 교유와 저술

범해가 생애를 통하여 교유交遊한 모습은 그의 행장에서 대체로 드러난다. 선禪과 경經을 업으로 삼고, 불佛과 유儒를 넘나들며, 시詩와 차茶를 즐기고, 석昔과 금今을 통하며, 승僧과 속俗이 둘 아닌 삶이었다. 원근遠近이나 노소老少에 관계없이 필요하면 만났고 만나면 인정이 건너고 감화가 따르는 것이었다.

때로는 설경說經·설선說禪·설계說戒를 거듭하여 불조전승佛祖傳承의 진수를 드러내고, 때로는 결사結社하여 수행을 계속하여 진경眞境에 사무치고, 때로는 찬자撰著로 고금의 역사를 엮어내며, 때로는 운수납자雲水衲子가 되어 선지식을 찾아 호연지기浩然之氣를 맛보고 있다. 배고프면 술 한 잔 하고, 차 한 잔에 정신을 맑히며, 좋은 경치, 좋은 사람과 만나면 시 한 수를 남기고, 유적 유물을 보면 선인들의 자취를 밝혀낸다. 그러므로 있는 자리를 산 모습에서는 삼세三世와 시방十方을 한 자리에 응축시키는 역사가로서의 면모가 있고, 없는 자리를 산 모습에서는 천지간에 걸리고 막힐 것도 없고 가지고 버릴 것도 없는 무애도인의 모습이다. 불사佛事에 남다른 정성을 들이며 살았던 그는,

〈6〉 六十年來道未成　60년을 살아오며 도를 이루지 못해
　　 翩然改作募緣行　갑자기 마음 고쳐 모금을 다녔다네
　　 閒談達夜飯友幕　한가한 담소 끝에 밤 되면 소막에서 밥을 먹고
　　 引勸過時織履筬　시주를 권하다가 때 지나면 짚신을 삼았네.[28]

〈7〉 貧無卓錐　가난하여 송곳 세울 땅도 없으나
　　 氣壓須彌　기개는 수미산을 누를 만하네.
　　 懷常氣勝　마음속에는 항상 기운이 왕성하여
　　 或恐道微　혹 도가 쇠퇴할까 두려워하였네.[29]

---

28) 『梵海禪師詩集』권1, 募緣行(『한국불교전서』10, 1107쪽)
29) 같은 책, 自贊(같은 책, 1085쪽)

라 읊어, 웅혼을 품고서도 질박한 삶의 모습을 견지하고 있다.

범해는 이러한 삶을 영위하면서 많은 사람과 만나 배우고 가르치며 시와 차를 나누고 즐긴다. 승려의 삶이므로 스승이나 동료, 그리고 제자들과의 만남이 가장 빈번하지만 작품에 나타난 바를 통해 보면 다음의 몇 가지로 부류지어볼 수 있다.

첫째, 스승과 도반들과의 만남이다. 『동사열전』에는 한국 역대의 고승들에 대한 열전列傳을 정리하고 있으며, 그의 『시집』과 『문집』에는 원효元曉 (617~686) · 의상義湘(625~702) · 일행一行(?~727) · 조주 종심趙州 從諗(778~897) · 혜철慧徹(785~861) · 도선道詵(827~898) · 대각 의천大覺 義天(1055~1101) · 대혜 종고大慧 宗杲(1088~1163) · 보조 지눌普照 知訥(1158~1210) · 나옹 혜근懶翁 惠勤(1320~1376) · 청허 휴정 · 연담 유일 · 완호 윤우 · 백파 긍선白坡 亘璇(1767~1852) 등의 이름이 오르내린다.

당대의 스승과 도반에 대해서는 우선 「인물가人物歌」[30]가 잘 전하고 있다. 연시聯詩로 읊어 상징적인 언어로 이루어져 있는데, 70여 명의 이름이 나타난다. 은암 정호銀巖 正浩(?~1834) · 철우 표운鐵牛 表云(?~1846) · 설곡 윤훤雪谷 允暄(?~1837) · 수룡 색성 · 여암 선기恕庵 善機(1776~1812) · 호의 시오 · 초의 의순 · 철선 혜즙 · 성담 수의性潭 守意(1780~1847) · 문암 영유 · 은봉 두운隱峰 斗云(1799~?) · 응화 유한 등은 스승격이며, 무위 안인 · 금성 보헌(1825~1893) · 연주 극현 · 부인 · 예암 광준(1834~1894) · 금파 응신 등은 도반격인데, 이 속에는 예암과 같이 제자들도 섞여 있다. 또한 「비와 부도를 헤아림」[31]이라는 시에는 청허 휴정으로부터 철선 혜즙까지 51탑塔 13비碑를 찬탄하고 있다. 대둔사 비전碑殿 · 부도전浮圖殿에 세워진 유적을 통해 맥맥히 흘러온 정신산맥을 확인하고 있다.

그의 시와 문에는 교유했던 승려들이 홍운興雲 강백 · 준원俊圓 · 관관선사 · 부흔富昕 · 재연在演 · 법해 장로 · 찬의 상인 · 찬민 소사小師 등 다양한 이름으로, 셀 수 없을 정도로 거론된다. 제자들을 부를 때도 상인 · 소사 등으로

---

30) 『범해선사시집』 권2, 人物歌(같은 책, 1117-1118쪽)
31) 같은 책, 貫碑浮圖(같은 책, 1117쪽)

범해 각안의 스승 초의 의순

공경하게 응대하고 있다. 이들에게 만남을 기뻐하고 헤어짐을 안타까워하며, 입적한 경우에는 인물과 공적을 찬탄하고, 공부할 길을 일러주고 경전의 대지를 전하며, 보감을 삼을 계를 베풀고 있다. 흥미로운 것은 시문에 나타나는 인물이 『동사열전』에 입전되고 있는 점인데, 전술한 대로 초의 의순·무위 안인처럼 가까이 하던 스승과 도반도 있지만, 회광 유선晦光 有璿(1862~1933)과 같이 먼 곳의 인물도 있다. 회광은 입전한 1894년 당시 건봉사에 주석하고 있었는데,32) 출중한 인물로 교계에 드러났던 모양이다.

둘째, 산문 밖의 외부 인사들과의 교유다. 범해의 작품 속에는 공자(B.C.552~B.C.479)·노자(?~?)·맹자(B.C.372?~B.C.289?)·동파 소식東坡 蘇軾(1036~1011)·고산 윤선도·다산 정약용茶山 丁若鏞(1762~1836)·추사

---

32) 같은 책, 贈晦光長老(『한국불교전서』 10, 1115쪽)에서 「강산을 두루 다녀 진면목을 거두었고/ 유석을 두루 찾아 방원을 증명했네(行盡江山收面目 訪參儒釋證方圓)」라 찬탄하고 있다. 『동사열전』 권 6에는 말미를 장식하는 인물로 晦光講伯傳(같은 책, 1075쪽)이라 입전하여 휘하에 전국에서 운집하는 학인들을 가르치는 모습과 명성을 전하고 있다. 이런 명성 아래 회광은 1908년 전국승려대표 52명이 모여 圓宗을 결성했을 때 大宗正으로 추대된다. 다만 1910년 한일합방과 함께 한국불교가 비인가단체로 머물자, 회광은 일본에 건너가 日本 曹洞宗과 맹약을 체결하여 인가획득을 꾀하며, 이에 맞선 韓龍雲(1879~1944) 등의 臨濟宗운동을 불러일으키는 계기가 된다. 이 임제종의 管長이 『동사열전』 권6, 擊雲講伯傳(같은 책, 1068쪽)에 입전된 擊雲元奇(1852~1936)이다.

김정희 등 역대 현철명사賢哲名士들의 이름이 오르내린다. 「대둔사지약기」에
서는 51탑 16비를 노래하면서 「계곡 장유谿谷 張維(1587~1638)의 서산대사(청
허 휴정)비」 등으로 찬자를 밝히고, 침계루枕溪樓 현판의 시인으로 백호 임제白
湖 林悌(1549~1587)·석천 임억령石川 林億齡(?~1568)·옥봉 백광훈玉峯 白光
勳(1537~1582)·청음 김상헌淸陰 金尙憲(1570~1652)·이천 이홍주梨川 李弘胄
(1562~1638)·천연 이석보天然 李奭輔·고산 윤선도·송호 김진남松湖 白振南
(1564~1618)·낙서 윤덕희駱西 尹德熙(1685~?)·열수 정약용·문암 민철호
門巖 閔哲鎬(1829~?)·유산 정학연酉山丁學淵(1783~1859)·백파 신헌구白坡 申
獻求(1823~?)·청전 이학래靑田 李鶴來(1883~?) 등을 들고 있다.33)

범해의 문과 시에는 김도암金道巖·조신암趙信庵·김호은金湖隱·김금사
金錦史·정치은鄭痴隱·최매은崔梅隱·임취정林翠亭·강제호姜霽湖·채제
암蔡霽巖·강매오姜梅塢·안산림安山林·김호군金護軍·강용운姜龍雲·김
청음金淸陰·이동루李東樓·신백파申白坡·양백오梁栢塢·황반계黃礬溪·
김구암金構庵·백겸산白兼山·허소치許小痴·박로하朴蘆河·정대림丁大林
등의 거사명이 등장한다. 하나같이 본명이 아니라 호며, 호군이라는 벼슬이
름도 등장한다. 문맥을 통해서 백겸산은 부사府使, 정대림은 수령守領, 이동루
는 해남수령임도 드러나지만 구체적인 사항은 알 수 없다. 다만 허소치는
화가인 소치 허련小痴 許鍊(1809~1892), 신백파는 백파 신헌구이며, 둘 다 초의
의순과 교유하던 인물이다.34) 그는 이들과 안부를 주고받고, 여행을 같이
하고 차를 보내며, 시를 창화하고, 책을 주고받으며, 만장을 지어 명복을 빌

---

33) 『범해선사문집』 권 1, 大芚寺志略記(같은 책, 1078쪽)
34) 송해경, 전게 논문(12쪽 및 16쪽) 참조. 소치와는 후술하거니와, 백파와는 『범해선사시
집』 권1에 「謹次申白坡先生贈韻」, 같은 책 보유에 「共申白坡先生登北臺乙亥年」 등으로
교유하면서, 『범해선사문집』 권2의 「上申參判書」에서는 「마을이나 절에서 이구동성으로
이르기를 "유동 사시는 대감께서 한 번 남쪽 지방을 돌아보시면 마른 생선이 포가 되기를
면하게 되고 뽕나무 밑에서 굶주린 사람이 덕을 갚게 될 것이니, 대감의 위용과 덕색이나마
본 이후에 죽으면 한이 없겠다."합니다. 엎드려 원하옵건대 이 여론의 바램에 부응하시어
한 번 53주를 돌아보십시오(就邑村山庵. 異口同音曰. 鍮洞光影. 一照南方則涸魚免脯.
桑餓報德. 要觀威容德色. 而後死無恨也. 伏願副此興情之望. 一顧五十三州焉.)」(『한국불
교전서』 10, 1097쪽)라, 바른 정교를 하도록 진언하고 있다.

고, 불교의 가르침을 설하고 있다.

범해는 백부사와 소치 등과 계사溪寺에 가서 창화한 시가 전한다. 두 수
가운데 한 수 씩을 옮기면 다음과 같다.

〈8〉半生手熟銀鉤帖　반평생 손에는 법첩이 익었고
　　中夜心淸貝葉書　밤중의 마음은 불경 속에 맑구나
　　葡格陰陰蘿徑遠　포도 그늘 우거진 덩굴 길은 먼데
　　如來生日到禪居　석가여래 생일날 옛절을 찾았구나(겸산)

　　勝區從古饒泉石　명승지는 옛부터 천석이 많고
　　明政元來少簿書　밝은 정사는 원래 문서가 적다네
　　値此佛辰應別趣　초파일 좋은 때 운취가 많아
　　更敎移席坐僧居　자리를 옮겨 절 뜰에 앉았네(소치)

　　就蔭傾杯因作舞　그늘 속에 술잔 들고 춤도 추면서
　　臨流炊飯更看書　물가에서 밥을 짓고 다시 책을 보았다네
　　幽懷未畢山林暮　회포도 풀기 전에 산은 점점 저물어
　　收拾風烟謝佛居　풍치를 즐기면서 절을 떠나 돌아왔네(범해)35)

이들 시는 시書와 거居를 운으로 한 칠언율시를 통해 초파일에 절에 가서
밥을 지어 먹으면서 책을 읽고 춤을 추며 술잔을 기울인 정황을 엿보게 한다.
교유를 통해 두터운 정의를 나누는데, 특히 범해는 "술잔을 손에 들고 춤도
추면서"라 하여 계율에 묶이기보다는 대승적으로 널리 구제의 손길을 내미
는 자세를 보이고 있다. 초의 때부터 대를 이어 친숙하게 지내던 소치에게는
1886년 「제허소치괴석도題許小痴怪石圖」라는 화제를 찬하고 있어서 긴밀한
관계를 유지하고 있었음이 드러난다.

이와 같이 승속僧俗을 넘나든 그의 교유는 내외전內外典을 두루 통하는 기
반 위에서 전개되고 있다. 「자서전」에서 스스로 "부지런히 배우고 널리 물어
지식은 넓고 문장은 쉽다(勸學博訪. 知廣文易)"고 한 것처럼, 두루 통하고 걸림

---

35) 『범해선사시집』 권 1, 府使白兼山冊室白茶泉許小痴共遊溪寺四月八日(같은 책, 1107쪽)

이 없다. 그는 많은 서적을 탐독하여,『범해선사시집』권2에서『법화경』·『유
마경維摩經』·『대각국사집』·『청허집』·『금강경』·『한서漢書』·『사기
史記』·『(공자)가어家語)』,『범해선사문집』권1에서『영산재의靈山齋儀』·『죽
미기竹迷記』(中觀海眼)·『불조통재佛祖通載』·『경덕전등록景德傳燈錄』·『담
연집覃研集』·『염송집拈頌集』등을 읽고 있으며, 동 권2에서『선문만어禪門
漫語』(초의 의순) 서문·『두륜당시집頭輪堂詩集』(頭輪淸性) 서문·『승족보僧
族譜』(寂禪師) 서문 등을 찬하고 있다.『동사열전』에 인용하고 있는 사료36)를
포함하면 그가 읽고 참고한 서적인 실로 방대하다.

  그러면 범해의 저술은 구체적으로 어떻게 구성되어 있는가? 그의「행장」
에서는,

〈9〉 저작을 살펴보면『경훈기』·『유교경기』·『사십이장경기』·『사략기』·『통
   감기』·『진보기』·『박의기』·『사비기』·『명수집』·『동시선』각 1권,『동
   사전』4편,『시고』2편,『문고』2편으로 모두 20여 편이 세상에 유행하는데,
   인쇄하여 배포하지 못한 것이 한이 되니, 때와 인연이 있는 자를 기다리라고
   그런 것인가?37)

라 밝히고 있다. 그런데 이에 등장하지 않은 찬술서도 있으므로 새롭게 정리할
필요가 있는데, 여러 기록을 대조해보면, 그의 저술은 〈표 1〉과 같다.
범해의 저술은 20여 편이 알려졌던 모양인데, 〈표 1〉을 통해 실상을 살펴보면
실로 방대한 양이다. 다양한 성격을 몇 가지로 분류해보면, 첫째,『제서명수』
는 여러 서적에서 사물의 이름·숫자·방위·과목 등을 발췌하여 엮은
사서辭書이며, 둘째, 우리나라 역대 고승들의 법맥상승도를 밝힌『불조원류』
와 신라말의 삼사일사비명三師一寺碑銘을 주해한『사비기』와 우리나라 역대
고승전을 엮은『동사열전』등은 사서史書다. 셋째, 우리나라의 시문을 엮은

36)『동사열전』에 나타나는 인용서는『華嚴經』·『一支庵遺稿』(초의의순) 등의 내전과
『莊子』·『東國輿地勝覽』등의 외전을 망라하여 300여 종에 이르고 있다.
37)『범해선사문집』권2,「槪考著作. 警訓記. 遺教經記. 四十二章經記. 史略記. 通鑑記.
眞寶記. 博議記. 名數集. 東詩選各一卷. 東師傳四篇. 詩稿二篇. 文稿二篇. 合二十餘篇.
幷行于世. 而只恨未暇印布. 或待時緣而然歟.」(같은 책, 1098쪽)

<표 1> 범해 각안의 저술

	「행장」기록	기타 기록	현존 여부
1	警訓記 1권	章教二經 三經合部科記 三經科遺教評38)	「題警策文科評」(『범해선사시집』 보유) 존
2	遺教經記 1권		「題遺教經科評」(『시집』보유) 존
3	四十二章經記 1권		「四十二章經科評跋」(『범해선사문집』1) 존, 「題四十二章經科評」(『시집』보유)존
4	史略記 1권		
5	通鑑記 1권	通鑑私記(1662)	「通鑑私記序」(『문집』 2) 존
6	眞寶記 1권		
7	博議記 1권		
8	四碑記 1권		『四碑記』 존39)
9	名數集 1권	諸書名數	「諸書名數序」(『문집』 2) 존
10	東詩選 1권	東詩漫選	「東詩漫選序」(『문집』 2) 존
11	東師傳 4편	東師列傳(1894)	『東師列傳』 6권(『한국불교전서』 10) 존
12	詩稿 2편	梵海禪師詩集	『梵海禪師詩集』 2권, 보유1권(『한불전』 10) 존
13	文稿 2편	梵海禪師文集	『梵海禪師文集』 2권(『한불전』 10) 존
14		東方佛祖源流40)	「佛祖源流序」(『문집』2) 존
15		眞佛庵志41)	「眞佛庵志序」(『문집』2) 존
16		大芚寺志略記42)	『大芚寺志略記』(『문집』1) 존
17		緇門筆談 1권43)	

---

38) 『범해선사시집』 보유에 「題警策文科評」・「題遺教經科評」・「題四十二章經科評」(『한국불교전서』 10, 1123-1124쪽)라 하였으므로 이들은 科評을 중심한 것으로 『四十二章經科評』・『遺教經科評』・『警策文科評』이라 이름하였으며, 같은 책에 「題章教二經合部」・「三經合部科記回向」(같은 책)라 하여 합부로 편집되었음이 분명하다. 다만 『동사열전』 권6, 圓應講伯傳에 「梵海三經科遺教評一卷」(같은 책, 1071쪽)이라 하여 책이름을 『三經科遺教評』이라 했을 것으로 보인다.

39) 金知見, 『四山碑銘集註를 위한 연구』(한국정신문화연구원, 1994).

40) 「(다른 佛教事蹟은) 우리나라의 파에 대하여는 싣고 있지 않기 때문에 이 동방불조원류를 짓게 되었다(不載於本邦之流. 此東方佛祖源流之所以作也).」(『범해선사문집』 2, 같은 책, 1093쪽)

41) 「無爲兄師. 顧弟收錄. 予應兄編集. 塤篪唱和. 鶺鴒叶同. 集成二卷. 一本阿兄. 往請于海南金米舫家塾. 書欌本庵. 一本予自持. 而僑居於沃州尖察山.」(같은 책, 1091쪽)

42) 『大芚寺志略記』는 초의 의순 등이 찬술한 『大芚寺志』의 내용을 발췌한 것이다. 별도로 존재하던 것을 『범해선사문집』을 편집하면서 권1, 大芚寺志略記(같은 책, 1078-1079쪽)에

『동시만선』과 자신이 읊은 시를 엮은『시집』은 시문학서이며, 넷째,『불설사
십이장경佛說四十二章經』을 과평科評한『사십이장경기』와『불수반열반약설
교멸경佛垂般涅槃略說教滅經』을 과평한『유교경기』등은 내전이다. 다섯째,
중국의 역대사를 개관한『통감』을 해설한『통감기』와 중국 역대사의 간요인
『사략史略』을 해설한『사략기』등은 외전 사서이며, 여섯째,『문집』은 자신
의 각종 찬문을 종합한 작품집이다. 이렇게 보면 그는 내외전의 여러 분야에
걸친 문재를 갖추고 있지만 특히 역사에 관한 관심이 남달랐음이 드러나며,
이것이 그의 역작『동사열전』을 엮어낼 저력이 되었던 것으로 보인다.

이들 범해 저술의 많은 부분이 산일散逸되었는데,『사비기四碑記』가 1994
년 대둔사 백화암白花庵 문고에서 김지견金知見(1931~2001) 박사에 의해 발굴
된 것을 보면, 아직 대흥사 주변에는 유묵이 남아 있을 것으로 기대된다. 어떻
든 산일된 저술의「서문」이 대부분 남아 있어 그 내용을 파악할 수 있는 것처
럼 현존하는 저술을 통해 그의 사상을 밝히는 데는 큰 어려움이 없을 것이다.

3. 차선사상의 구조와 특징

1) 범해의 선

범해가 살다간 조선후기의 불교는 선禪이 특히 강조된 기간이었다. 유교
의 성리학性理學을 이국치세理國治世의 기본으로 삼은 조선왕조에 있어서 불
교는 국가의 제도적인 보호를 받기 어려운 상황이었고, 유·도儒道 2교가
그러했던 것처럼 실천수행적 성격이 주류를 이루게 되었다. 고려시대의 선
교양륭기禪敎兩隆期에 비하여 이를 선일원화기禪一元化期라 불러도 무방할 것
이다. 한국불교의 종통법맥宗統法脈을 중심으로 볼 때 조선중기의 임진왜란
을 거치면서 승단은 커다란 변화와 함께 이른바 청허 휴정을 중심한 재편을

전문을 수록한 것으로 보인다.
43)『동사열전』 6, 圓應講伯傳(같은 책, 1071쪽)

가져온다. 그는 서민불교 산중불교로 자생하는 과정에서 일시적으로 부활된 승과제도僧科制度를 통해 배출되어 양종판사兩宗判事에 이르기까지 승직을 두루 거쳐 조야에 인정된 인물이었다. 고령에 이르러 당한 국난國亂에 규합 창의하여 송운 유정松雲 維政, 四溟大師(1544~1610)을 비롯한 제자들을 중심으로 거국적인 의승군義僧軍을 조직하여 팔도십육종도총섭八道十六宗都摠攝이라는 승대장이 되어 공을 세우게 되는데, 사상적으로나 활동상에 있어서 두드러진 그는 이후 금일에 이르기까지 한국불교 종통법맥의 대부분을 사자상승師資相承하는 특징을 드러낸다.[44]

그 가운데서 범해가 주석한 대둔사는 청허 휴정의 의발을 전해오는 대표적인 성지로, 전술한 대로, 일대연총을 이루고 있었다. 더구나 선운사 출신 승 백파 긍선(1767~1852)이『선문수경禪門手鏡』을 저술하여 선의 본질을 의리선義理禪·여래선如來禪·조사선祖師禪의 3종선으로 밝힌 데 대하여 초의 의순이『선문사변만어禪門四辨漫語』를 지어 의리선·격외선格外禪, 즉 여래선·조사선의 2종선을 주장하면서 일어난 선수행의 본질 논쟁은 그가 살던 시기를 관통하면서 전후 1백여 년 동안 계속된다.[45] 이 가운데서 우담 홍기優曇 洪基(1822~1881)의『선문증정록禪門證正錄』, 설두 유형雪竇 有炯(1824~1889)의『선원소류禪源遡流』, 축원 진하쯔源 震河(1861~1929)의『선문재정록禪文再正錄』, 그리고 추사 김정희의「망증십오조妄證十五條」로 대표되는 논변 저술이 제출된다. 이들 가운데 범해의『동사열전』에는 백파 긍선·초의 의순·우담 홍기·설두 유형이 입전되고 있어서 그가 선수행 논쟁의 현장을 지켜왔음이 분명해진다.

---

44) 청허 휴정의 국가적 위치는 그에게 내려진「國一都大禪師 禪敎都摠攝 扶宗樹敎 普濟登階 尊者」라는 호에서 단적으로 드러나는데, 三敎一 사상으로 대표되는 사상적 영향 외에도 講院 履歷科程이 당시에 체계화되어 오늘날까지 계속되어옴으로써 종통법맥의 대부분을 차지하는 교계의 위상을 대변해주고 있다(청허의 종통법맥 상 위치에 대해서는 金煐泰,「休靜의 禪사상과 그 法脈」, 불교문화연구원 편,『韓國禪思想硏究』, 동국대출판부, 1984, 283쪽 이하, 청허를 거치면서 형성된 종통법맥의 실상에 대해서는 사암 채영 집록, 전게서,『한국불교전서』10, 100쪽 이하 참조)
45) 삼종선과 이종선 논쟁의 전개와 논점에 대해서는 韓基斗,「白坡와 草衣시대 禪의 논쟁점」(朴吉眞기념,『韓國佛敎思想史』, 원광대출판국, 1975, 1013쪽 이하) 참조.

선은 불교본의인 깨달음의 길이며, 그런 의미에서 이 선수행의 논쟁은 불교정체성을 찾는 노력이었다. 그리고 이런 노력에 의한 정체성 확립은 근현대의 사회변혁기를 맞이하면서 불교개혁사조佛敎改革思潮의 바탕이 된 것으로 평가된다.46)

어떻든 범해는 백파를 잘 알고 있었으며, 다음과 같이 찬하고 있다.

〈10〉 敎門木鐸　교문의 목탁이요
　　　禪家龜鑑　禪家의 귀감이었네
　　　更論機用　다시 機用을 논하면
　　　重現魚梵　거듭 나타난 魚梵이라네.47)

기용機用이란 대기대용大機大用을 말한다. 대기란 심청정心淸淨인 불佛이며, 대용은 심광명心光明인 법法이므로 진공眞空과 묘유妙有가 함께 작용하는 살활자재殺活自在의 경지를 이름한다. 이러한 경지를 개척한 그야말로 교敎와 선禪 두 문에 있어서 커다란 산맥임을 인정하고 있는 것이다.

범해에게 초의는 존경하는 스승이므로 그 선법에 대해서 공명하고 있었음은 말할 나위없다. 초의가 찬술한 『선문사변만어』의 서문에서는,

〈11〉 은로(백파)가 지은 『선문수경』을 보고 그 중에 뜻이 마음에 들지 않은 것을 뽑아내어 분별하고 바로잡았으니, 이것은 여러 사람들이 보는 자의 마음이 참되고 거짓된 것을 물리치거나 구제하기를 어떻게 해야 하는가를 나타내어 보인 것이다. 이것을 이름지어 『선문만어』라 하였으니, 나는 일찍이 선사의 문에 종사하여 그의 업을 얻은 사람이다.48)

라 하여, 두 선사들이 전개한 선의 본질논쟁을 잘 알고 있음을 고백하고

---

46) 양은용 외, 「한국근세종교의 민중사상 연구」(『韓國宗敎』 14, 원광대 종교문제연구소, 1989, 42쪽 이하) 참조.
47) 『범해선사문집』 권 1, 白坡律師贊(『한국불교전서』 10, 1084쪽)
48) 「故得見隱老所評禪門手鏡. 其中意義不協者. 抄出辨正. 此乃現示其人. 人見者之心眞偽. 斥救之何如也. 以之名之曰禪門謾語. 吾嘗從於禪師之門. 得其緖餘者也.」(같은 책, 권 2, 序禪門謾語, 같은 책, 1087~1088쪽)

있다. 그리고 만장에서는,

〈12〉爲人父母三千里　삼천리에 여러 사람의 부모가 되었고
　　作我棟梁八十年　우리의 동량이 된지 80년일세
　　葉落歸根山寂寞　낙엽 지는 가을산은 고요하기만 한데
　　海東天地一蛙傳　해동천지에 한 짝의 신발만 전하네.[49]

라 읊고 있다. 교계의 스승이 된 그를 찬탄하면서 임제종臨濟宗 선법의 본질을
전한 인물로 부각시키고 있다. 여기서「와蛙」자는 불타정법佛陀正法을 전하
는 삼처전심三處傳心, 즉 다자탑전분좌多子塔前分座·영산회상거염화靈山會
上擧拈華·사라수하곽시쌍부沙羅樹下槨示雙趺의「부趺」로 그 구극을 상징하
는 것으로 보이기 때문이다.
　　그러면 범해는 선을 전개하였는가? 자료〈4〉에서 보는 것처럼 그는 출가
와 동시에 선의 길을 찾았다고 밝히고 있다. 그가 주석하던 진불암과 상월암
을 보리, 즉 깨달음의 도량으로 삼고, 만일암을 선을 행하고 강講하는 도량으
로 삼았다. 도반들과 결사하여 반년씩 결제하고 있다. 그가 선에 관해 저술했
다는 기록은 없으나, 시를 통해 보면,

〈13〉到處安居看話頭　이르는 곳마다 안거하여 화두를 드나
　　胡爲長夜不焚修　어찌하여 긴 밤 향을 태우지 않는가
　　破柴湯水心塵洗　장작 패고 물 끓이며 마음의 때를 씻고
　　轉呪春鍾體地投　주문 외고 종을 치며 오체를 던지네.[50]

〈14〉行過丈雪夕陽還　한 길 눈 헤치고 석양에 돌아오니
　　大乘高庵鎭此山　대승의 높은 암자 이 산을 눌렀구나
　　法起眞身親見了　법기보살 진신을 친히 본 뒤에
　　更參知識一宵間　하룻밤 고승과 참선하였네.[51]

---

49)『범해선사시집』권1, 挽草衣禪師(같은 책, 1102쪽)
50) 같은 책, 結制獨坐(같은 책, 1107쪽)
51) 같은 책, 보유, 金剛山摩訶淵甲戌年(같은 책, 1123쪽)

라 하여 선을 일과로 하는 삶을 살고 있다. 자료 〈13〉에서는 이르는 곳에서 안거에 들어 간화선看話禪에 전념하고 있는데, 진경眞境은 장작패고 물 끓이는 여법如法한 자리임을 확인하고 있다. 그리고 자료 〈14〉는 금강산 마하연사를 찾아 법기보살 진신을 친견하고 밤새워 정신하는 모습을 그리고 있다.

그는 자신이 추구하는 선의 세계를 다음과 같이 말한다.

〈15〉 선과 교의 양종은 모두 세존으로 말미암아 흘러나온 것이다. 세존께서 49년 동안의 설교說教는 아난에게 전하고, 49년 동안의 증선證禪은 가섭에게 전하였다. 가섭은 선을 주로 하여 교를 겸하고, 아난은 교를 주로 하여 선을 겸하였다. 이 때문에 천축의 스물여덟 조사와 당나라 여섯 조사, 우리나라의 일우와 백초의 승려가 각각 선과 교를 갖추지 않음이 없었는데, 선은 말이 없는 것으로 진설을 삼고, 교는 말이 있는 것으로 진설을 삼았다.[52]

선과 교가 모두 석존으로부터 나왔으니 둘이 아니며, 그래서 인도와 중국, 그리고 우리나라의 모든 승려가 선과 교를 겸하였다고 본다. 이는 「선시불의 교시불어禪是佛意 教是佛語」의 원리를 담아낸 말이며, 그가 선교겸수사상禪教兼修思想을 견지하고 있음을 나타낸다. 물론 염불이나 주송 역시 배척하지 않는데, 그러한 삶의 결과로 그에게는 선과 교를 상승한 상족上足들이 있고, "선을 전하기에 힘쓰라"[53]고 유언했던 것이라 본다.

2) 차생활과 차문화관

범해에게 있어서 차는 생명을 되살려 낸 영약이기 때문에 생애를 일관하고 있다. 그의 차에 대한 대표적인 기록에는 네 가지가 전한다. 「차약설茶藥說」·「초의차」·「차구명茶具銘」·「차가茶歌」가 그것이다. 물론 그밖에「서산대

---

52)「禪教兩宗. 皆由於世尊而流出也. 世尊四十九年之說教. 傳於阿難. 四十九年之證禪. 傳於迦葉. 迦葉禪主而兼於教. 阿難教主而兼於禪. 以之竺之四七. 唐之二三. 東之一愚白草. 無不各具禪教. 而禪以無說爲眞說. 教以有說爲眞說.」(『범해선사문집』 권 2, 禪門謾語序, 같은 책, 1087쪽)

53)「禪教所傳. 指可屈而得也. 君唯傳禪亦勉旃.」(같은 책, 梵海禪師行狀, 같은 책, 1097쪽)

사영각차례모연소西山大師影閣茶禮募緣疏」·「제영각차례문祭影閣茶禮文」이
있고, 시문 가운데 다양한 차 이야기가 산견된다. 이들 가운데「차약설」은
논이고, 나머지 셋은 시다. 또한 다례 관련문은 청허 휴정에 대한 차례를 위한
논이다. 이 가운데 차생활의 모습과 함께 차문화관이 드러난다.

먼저「차약설」은 그가 차생활에 들어서는 계기를 적은 글이다. 그 전문을
옮기면 다음과 같다.

〈16〉 백가지 약이 좋기는 하지만 알지 못하면 사용할 수 없고, 백가지 병으로
괴로워할 때 구제하지 않으면 살지 못한다. 구제하지 않아 살 수 없을
때 구제하여 살려내는 법술이 있으며, 알지 못하여 사용할 수 없을 때
이를 알고 사용하는 묘법이 있으니, 사람이 느끼고 하늘이 응하지 않으면
약과 병은 어찌할 수 없게 된다. 나는 임자년 가을에 남암에 머물다가
이질 때문에 사지가 늘어지고 세끼 식사도 잊은 채 어느덧 열흘, 한 달에
이르게 됨에 꼭 죽을 것이라고 생각하게 되었다. 어느날 함께 입실한 무위無爲
라는 형은 부모를 모시다가 왔고 그와 함께 선참禪懺하던 부인富仁이란
아우는 스승을 모시다가 와서 좌우에서 머리를 들고 앉음에 삼태성처럼
자리를 하니, 나는 반드시 살 수 있을 것임을 알게 되었다. 조금 있다가
형이 말하였다. "내가 차가운 차茶를 가지고 어머니를 구하였으니 위급할
때 급히 다려서 사용하게." 아우가 말하였다. "나는 차의 새싹을 간직하여
불시에 필요할 때를 기다렸으니 복용하는 것이 무엇이 어렵겠습니까?"
그들의 말대로 다려서 복용하였더니, 한 주발에 배가 조금 편안하고 두
주발에 정신이 상쾌하며, 서너 주발에 온 몸에 땀이 흐르고 시원한 바람이
뼛속에 불어 상쾌하여 처음부터 병이 없는 듯하였다. 이 때문에 음식 맛도
점점 나아지고 기동하는 것이 날로 좋아져서 6월에 이르러서는 70리나
되는 본가에 가서 어머니의 기제忌祭에 참여하니, 때는 청나라 함풍 2년
임자 7월 26일이었다. 이 말을 들은 이는 놀라고 본 사람은 나를 가리키며
말하였다. "아! 차는 땅에서 난 것이고 사람의 명은 하늘에 있는 것인데
하늘과 땅이 감응한 것인가, 약은 형에게 있고 병은 아우에게 있었으니
형제가 감응한 것인가, 어찌 신효함이 이와 같은가? 차로써 어머니를 구하고
차로써 아우를 살렸으니 효제의 도가 모두 이루어진 것이다." 마음이 아픈
일이다. 병도 그리 위중하지 않았는데 어떻게 꼭 죽을 것이라고 알았으며,

정이 그렇게 두텁지는 않았는데 꼭 살릴 줄을 알았을까? 이로써 그 평생에 정분이 어떠했는가를 알 수 있다. 그래서 훗날 구제하는 방법이 있어도 구제할 수 없는 이들에게 기록하여 보여준다.[54]

　　이는 범해 33세 때 두륜산 남암에 주석하던 당시의 경험을 적은 것이다. 이질로 생사를 헤매던 그는 죽음을 각오하는 상태에 있었다. 마침 사형인 무위 안인이 차로 위급했던 어머니를 구한 이야기 끝에 사제 부인富仁이 지니고 있던 차로 이질을 다스리게 된다. "한 주발에 배가 조금 편안하고 두 주발에 정신이 상쾌하며, 서너 주발에 온 몸에 땀이 흐르고 시원한 바람이 뼛속에 불어 상쾌하여 처음부터 병이 없는 듯하였다"는 표현 속에 차약의 효험으로 생명을 구하는 신이함을 맛보고 있다. 몸을 추스른 그는 고향의 모친기제에 참석하게 되는데 이로부터 차는 그의 삶의 분이 되고 있다. 대둔사에서 출가하여 다성 초의와 지근거리에 있던 그가 이전부터 차를 알았겠지만 차약으로 생명을 구하고 난 다음은 차생활을 영위하는 삶이었다고 할 수 있다. 특히 무위를 형사兄師로 받들며 함께 결제하고 책을 엮으며 여행을 하는 등 돈독한 정을 나누게 되는 것은 차약을 통한 생명의 관계에서 비롯되고 있다. "정이 그렇게 두텁지는 않았는데 꼭 살릴 줄을 알았을까? 이로써 그 평생에 정분이 어떠했는가를 알 수 있다"라는 표현에서, 후일에 이르기까지 감사함을 잊지 않는 모습이 보인다. 부인富仁과의 관계도 사형 무위와 다르지 않다.

　　이렇게 시작한 차생활은 그의 삶에 녹아, 시문의 곳곳에 흔적을 남기고

---

54)「百藥雖良. 不知不用. 百病爲苦. 不救不生. 不救不生之際. 有救之生之之術. 不知不用之中. 有知之用之妙. 非人感之. 天應之. 藥與病爲無可奈何也. 予壬子秋. 住南庵. 以痢疾. 委四支. 忘三時. 奄及旬朔. 自知其必死矣. 一日. 同入室號無爲兄. 自恃親而來. 與同禪懺名富仁. 弟自恃師而至. 擧首左右. 三台分位. 自知其必生矣. 俄爾兄曰. 我以冷茶救母. 幾危之際. 急煎用之. 弟曰. 我藏芽茶. 以待不時之需. 何難用之. 如言煎之. 如言用之. 一椀腹心小安. 二椀精神爽塏. 三四椀渾身流汗. 淸風吹骨. 快然若未始有病者矣. 由是食飮漸進. 振作日勝. 直至六月. 往參母氏忌於七十里本家. 時乃淸咸豊二年壬子七月二十六日也. 聞者驚之. 見者知之. 吁. 茶在地. 人在天. 天地應歟. 藥在兄. 病在弟. 兄弟感歟. 何神效之如此. 以茶救母. 以茶活弟. 孝悌之道盡矣. 傷心哉 病不甚重. 何知必死. 情不甚厚. 何知必生哉 可知其平生情分之如何. 而記示其後來. 有可救之道. 而不可救之流.」(같은 책, 권 1, 茶藥說, 같은 책, 1080쪽)

있다. 여러 작품 가운데서 관련 부분만을 인용하면 다음과 같다.

〈17〉1. 汲澗煎茶喚友分　시냇물로 차를 끓여 친구 불러 마시려니
　　　情林密勿滿堂薰　우거진 숲 암자에 향기만 가득하네.
　　2. 蘿月松風爲伴侶　담장이에 비친 달과 솔 바람 벗이 되고
　　　經床茶寵作生涯　경 읽고 차 끓이며 그렇게 살아가네.
　　3. 講筵馳想雲居墊　강의하는 자리에는 구름이 머무르고
　　　茶話難忘月出僧　차 마시며 나눈 얘기 잊지 못해 스님은 달을 찾네.
　　4. 茶禮尙懷中孚室　다례는 초의(중부)의 차실이 생각나고
　　　鐘聲始覺姑蘇禪　종소리는 고소성의 배인줄 알았네.
　　5. 未能共酌床前酒　상 앞에 차려 놓은 술 함께 못 마시고
　　　難得同分月下茶　달빛 아래 차를 나누기 어렵겠네.
　　6. 紫氣浮軒茶話午　차 마시는 이야기 속에 서기(자기)는 어리고
　　　黃雲滿地麥光秋　땅에는 보리 익어 누런 구름 가득하네.
　　7. 煎茶佇待淸風起　차를 끓이며 맑은 바람을 고대하고
　　　開卷渾忘苦雨連　책을 펴니 장마의 괴로움을 잊었다네.
　　8. 移席月樓林漲綠　달빛 누각에 오르니 숲은 더욱 푸르고
　　　喫茶花苑椀浮紅　꽃동산에서 차 마시니 붉은 빛 잔에 비치네.
　　9. 煎茶和韻幾多年　차 마시며 시에 화답하기 몇 해이던가
　　　人爲東坡續舊緣　사람들은 소동파의 옛 인연이라 하였지.
　　10. 煎茶未酌開花器　차 달여 마시기 전에 꽃잔을 차리고
　　　掃地無塵坐火團　땅을 쓸어 티 없음에 불 옆에 앉았노라.
　　11. 淸風吹起東茶興　맑은 바람은 우리 차의 흥취를 돋우고
　　　好鳥噪分謾語愁　좋은 새는 시끄럽게 지저귀며 근심하네.
　　12. 展鉢明朝筵幅缺　내일 아침 발우를 펴면 한 자리 비고
　　　分茶今夕目光圓　오늘 저녁 차를 나누니 눈빛만 둥글구나.
　　13. 人歸茶歇思民隱　사람이 와서 차 마시면서 백성을 걱정하고
　　　夜靜風微詠月虛　고요한 밤 잔잔한 바람 빈 달을 읊는다.
　　14. 尋眞客到洞天明　진리를 찾는 손이 오니 동천이 밝아오고
　　　一椀茶筵好景生　한 주발 찻자리에 그림자가 생겼네.
　　15. 人稱復到吾無信　사람들은 다시 온다 하나 나는 믿지 못하니
　　　展卷点茶每踐形　책을 펴고 차 마시며 모습대로 살리라.

16. 布衫遮老骨　　베옷으로 늙은 몸을 가리고
　　茶藥洗殘痰　　차약은 담을 씻어주네.
17. 論難漢書看日側　한서를 논하면서 지는 해 보고
　　共談皓月更分茶　달빛 아래 정담 나누며 다시 차를 마시네.[55]

이렇게 보면 차는 범해시에 있어서 중요한 주제가 되고 있다. 물론 이에 대한 구체적인 분석, 이른바 차재배나 제차製茶, 팽차작법烹茶作法, 차사상 등 다양한 고찰을 필요로 한다. 그러나 어떻든 그가 차를 노래하는 것은 차생활에서 오는 문화의식이다. 차는 젊어서부터 노령에 이르기까지 한결 같고, 벗을 청하여 나누어 마시며, 차벗은 승속을 가리지 않는다. 그러기에 찻자리는 자연과 벗할 곳에 마련되고, 나월 송풍蘿月松風과 피폐한 민심이 논의되며, 마음의 근본 자리를 관하는 선기禪機가 번득인다.

그래서 범해의 차는 경과 시를 벗하여 논의된다. 차약이 생애를 일관한 범해의 차문화관이라면 전차煎茶는 한국적 특징이며, 이를 동차東茶로 표현하고 있으니, 초의가 찬술한 「동차송東茶頌」을 연상시킨다. 차를 마시면서 초의(艸衣)를 떠올리는 것은 차의 연원을 말해주는 것이기도 하다. 실제로 그는 스승인 삼의가 모두 입적한 다음 청양 정대림丁大林 수령에게 보낸 편지에서,

〈18〉 보잘 것 없는 차입니다만 네 첩을 올려 다만 옛 의를 표할 뿐입니다.
　　차의 이름은 초의제草衣制입니다.[56]

라 말하고 있다. 초의 입적 후에 「초의차」라 이름한 제품을 생산하고 있다는

---

55) 1. 『범해선사시집』 권1, 次石屋和尙山居詩十二首(같은 책, 1101쪽) 2. 같은 책. 3. 같은 책. 4. 같은 책, 次姜梅塢韻(같은 책, 1104쪽). 5. 같은 책, 挽安山林(같은 책, 1105쪽). 6. 같은 책, 次七星庵韻(같은 책) 7. 같은 책, 送金構庵(같은 책, 1107쪽) 8. 『범해선사시집』 권2, 次雲圃李詞伯韻(같은 책, 1111쪽) 9. 같은 책, 挽李松坡(같은 책) 10. 같은 책, 映山花(같은 책) 11. 題快年閣(같은 책) 12. 같은 책, 別應河(같은 책, 1112쪽) 13. 같은 책, 寄千雅士(같은 책, 1115쪽) 14. 같은 책, 別林南皐田松村(같은 책) 15. 같은 책, 思英行(같은 책, 1116쪽) 16. 같은 책, 보유, 挽日庵丙戌年(같은 책, 1121쪽) 17. 같은 책, 和金乃烈(같은 책, 1122쪽)
56) 『범해선사문집』 권2, 上靑陽倅丁大林(같은 책, 1095쪽)

말이 된다. 그의 시 가운데는 같은 이름의 작품이 들어 있으니, 전문은
다음과 같다.

〈19〉穀雨初晴日   곡우 때 처음 개인 날에
　　黃芽葉未開   노란 싹은 잎이 피지 않았네
　　空鐺精妙世   빈 솥에 정갈하게 가려 볶았고
　　密室好乾來   밀실에서 잘 말려 왔구나

　　栢斗方圓印   잣나무로 만든 방원형 그릇에 담아
　　竹皮苞裹裁   죽순껍데기로 안을 말아서 싸고
　　嚴藏防外氣   단단히 봉하여 외기를 막으니
　　一椀滿香回   한 잔에도 향기 가득히 도네.[57]

　　이 시는 무인년에 지었으므로 초의가 입적하고 12년 후인 범해 59세 때의
작품이다. 과연 이 작품에는 차나무를 재배하여 곡우 맑은 날에 작설을 취해
제차製茶하고 포장하여 상품화하는 과정이 상세히 드러난다. 범해의 차생활
의 일면을 구체적으로 엿보이는 대목인데, 초의 제차와 관련지어볼 때 주목
되는 대목이다. 초의가 새로운 제차법으로 만든 차는 1830년 9월, 완호의
비문찬술을 위해 초의가 한양으로 해거도인 홍현주를 찾았을 때 지참한 보림
사 죽로차로 귀족들 사이에 열풍이 불었다[58]는 그 방식이었을 것이다. 『동차
송東茶頌』에서 같은 내용을 찾는다면,

〈20〉九難不犯四香全   구난을 범하지 않고 사향을 온전히 하면
　　至味可獻九重供   지극한 맛 구중궁궐에 올릴 수 있겠네[59]

가 될 것이다. 그러나 그 차가 병차餠茶인지, 산차散茶인지에서부터 범해로
이어진 제차방법의 특징이 어떤 것인지에 대해서는 좀 더 설득력 있는 연구를

---

57) 『범해선사시집』 보유, 草衣茶戊寅年(같은 책, 1120쪽)
58) 정민, 「박영보의 남차병서와 몽하편」(『차의 세계』12, 2007, 54쪽 이하) 참조.
59) 草衣意恂, 『東茶頌』, 제12송.

기다려야 할 것으로 보인다.

범해의 시문에는 「차구명茶具銘」이 있는데, 그 원문은 다음과 같다.

〈21〉 生涯淸間　생애가 맑고 한가하기에
　　　數斗茶芽　몇 말 찻잎 만들었네
　　　設苦甋爐　투박한 질화로 가져다가
　　　載文武火　약하고 강한 불 함께 담았네

　　　瓦罐列右　질탕관 오른쪽에 두고
　　　瓷盌在左　오지 찻잔 왼쪽에 두어
　　　惟茶是務　오직 차 다리는 일에만 힘쓰니
　　　何物誘我　어떤 물건이 나를 유혹하리오.[60]

　　앞 구절이 자료 〈19〉의 「초의차」에서 보았던 제차製茶과정이라면, 이 자
료 〈21〉는 팽차烹茶하는 즐거움이 잘 그려져 있다. 대둔사의 초의차가 그를
통해 전승傳承되고 또 자증自證되는 모습이다. 그가 직접 생산한 차는 몇 말에
불과할지라도 서산대사영각西山大師影閣에서 올리는 차례茶禮에는 본사 차
실(茶戶)에서 차를 보내오고 있었으며, 그가 집전하여 공적인 형태를 취하고
있다.[61]

　　이러한 범해의 차문화관은 연시로 이루어진 「차가茶歌」에 드러난다. 그
전문을 옮겨보면 다음과 같다.

〈22〉 攤書久坐精神小　책을 편지 오래니 정신이 혼미하여
　　　茶情暴發勢難禁　차 생각 간절하여 참기가 어렵구나
　　　花發井面溫且甘　꽃핀 우물은 물맛도 달고
　　　剌搯罐擁爐取湯音　두레박에 떠 화로에 차 끓는 소리 기다리네

---

60) 『범해선사문집』 권 2, 茶具銘(같은 책, 1083쪽)
61) 같은 책, 西山大師影閣茶禮募緣疏(같은 책, 1094쪽) 祭影閣茶禮文(같은 책, 1097쪽)
참조.

一二三沸清香浮　한 번 두 번 세 번 끓이니 맑은 향기가 떠오르고
四五六椀微汗泚　넷 다섯 여섯 주발 마시니 땀이 솟아나는 듯
桑苧茶經覺今是　상수의 다경도 이제야 옳은 줄 알았고
玉泉茶歌知大體　옥천 다가의 요점을 알았네

寶林禽舌輸營府　보림의 금설은 영부로 옮겨가고
花開珍品貢殿陛　화개의 진품은 대궐에 바쳤네
咸務土産南方奇　함안 무안의 토산품은 남방의 진품이요
康海製作北京啓　강진 해남에서 만든 차 한양(京師)에 드렸네

心累消磨一時盡　잡된 생각은 일시에 쓸어 없애고
神光淨明半日增　맑은 정신은 대낮처럼 밝아오네
睡魔戰退起眼花　졸음은 물러가고 밝은 빛이 생기면서
食氣放不開心膺　음식도 소화되고 가슴이 열리는 듯

苦利停除曾經驗　괴로운 이용이 사라짐을 징험하고
寒感解毒又通明　감기는 독이 풀려 통명하게 되는구나
孔夫子廟參神酌　공자의 사당에서 신에 잔 올리고
釋迦氏堂供養精　석존의 법당에 정갈하게 공양하네

瑞石槍旗因仁試　서석의 창과 깃발은 인을 시험하고
白羊舌觜從神傾　백양의 혀와 입 정신을 기울였네
德龍龍團絶交閾　덕용과 용단은 절교한 일이 원만해지고
月出出來阻信輕　월출산에 나오니 소식 듣기 가볍네

中孚舊居已成丘　초의(중부)의 옛터는 언덕이 되었고
离峯棲山方安姘　이봉이 머물던 산 편안히 있구나
調和如法無爲室　무위실은 법처럼 조화롭고
穩藏依古禮庵姘　예암의 위장 속에 옛날처럼 감췄구나

無論好否南坡癖　좋고 싫음을 논하지 않는 이 남파의 벽성이요
不讓多寡靈湖情　다소를 고르지 않은 사람은 영호의 정이었네

細看流俗嗜者多　자세히 보면 세속에는 즐기는 자 많으니
不下唐宋諸聖賢　당송 때의 성현보다 못하지 않네.

禪家遺風趙老話　선가의 유풍은 조주의 이야기요
見得眞味霽山先　참된 맛을 얻은 이는 제산이 먼저였네
挽日工了玩月夜　만일암에 공부하며 달구경 하는 밤에
茗供吹籥煎相牽　좋은 차로 다려 내어서 서로 끌었네

正笴彦鈺獵日取　정사와 언질은 섣달에 차를 얻고
聖學汲泉好太蓮　성학은 샘물 길어 태련을 불렀네
萬病千愁都消遣　만 병과 온갖 걱정 모두 흩어지고
任性逍遙如金仙　마음대로 거닐으니 신선같구나

經湯譜記及論頌　경탕 보기와 논송은
一星燒送無邊天　끝없는 하늘에 별이 사라지듯 하니
如何 奇正力書與我存　아, 어찌해야 기정의 역서를 나와 함께 전하리.[62]

　범해가 생애에 걸쳐 애호해오던 차에 대하여 상징적으로 읊고 있으므로
이를 구체적으로 해명할 여유는 없으나, 그가 즐긴 차문화관은 총체적으로
드러남을 알 수 있다. 차를 즐겨하는 자신의 심정을 솔직하게 털어놓고, 『차
경茶經』 등의 진의에 통효했음이 드러난다. 용단龍團 등의 차제품뿐만 아니라
우리나라의 차에 대해서도 장흥의 보림금설, 하동의 화개진품, 함평·무안
의 토산, 강진·해남의 제작 등이 전라우수영과 왕실에 헌상되었음을 전하
고 있다.
　흥미로운 것은 차성 초의茶聖草衣, 中孚를 비조鼻祖로 하는 차의茶儀의 상승
계맥인데, 이 자료 〈21〉의 「차가茶歌」에서 몇 사람의 후인을 거론하고 있는
점이다. 범해를 포함하여 이들 차인茶人들을 정리해보면 다음 〈표 2〉와 같
다.

---

62) 『범해선사시집』 권 2, 茶歌(같은 책, 1118-1119쪽)

<표 2> 초의 의순 茶儀의 계맥

이름	활동연대	동사열전	비고
草衣意恂(中孚)	1786~1866	권4, 草衣禪伯傳	『東茶頌』·『茶神傳』
离峯樂玹	1814~1890	권4, 离峯禪伯傳	八道大覺登階普濟尊者都摠攝
無爲安仁	1816~1886	권5, 無爲禪伯傳	茶藥으로 범해 차생활 계기제공
梵海覺岸(九階)	1820~1896	권4, 自序傳	草衣茶 제작
靈湖栗間	?~1867?		초의 제자
禮庵廣俊	1834~1894	권6, 禮庵禪師傳	범해 제자
南坡敎律	1813후 生		
正筍			
聖學贊敏	1894?~?		범해 제자
彦銓			
太蓮			
奇正	1880?~?		1880년 범해와 진도 동행

이 <표 2>의 인물은 모두 대둔사와 관련을 가지고 있다. 『동사열전』에 입전이 되지 않은 것은 찬술 당시인 1894년에 아직 생존하고 있었던 것으로 보인다. 영호는 초의의 직제자이며,[63] 남파는 철선 혜즙~풍암 의례의 법을 잇고 있으므로[64] 나이가 젊었을 것이고, 기정은 1880년 범해가 노인성을 보러 완도 성도암에 갈 때 무위와 동행한 인물이다.[65] 정사·언질·태련은 명확하지 않으나, 성학과 같이 취급한 것으로 보아 같은 시대의 인물로 보인다.

이들 가운데 초의와 무위, 그리고 범해를 제하면 그밖에는 차생활에 대한 구체적인 사례를 찾기 어렵다. 그러나 남파南坡의 벽癖, 영호靈湖의 정情이라고 하여 차생활을 영위하면서 대중에게 알려진 특성이 드러난다. 그렇다면 기정奇正에게도 차에 관련한 역작저서가 있어 무방하지 않겠는가? 다만 여기

---

63) 「(鏡月寧遼는) 화운·견향·無爲安仁·靈湖栗間과 함께 초의선사에게 대승보살계를 받았다(與化運見香無爲靈湖等. 受大乘菩薩戒於草衣禪師.)」(『東師列傳』권4, 鏡月禪師傳, 같은 책, 1044쪽)

64) 「(寶雲石一은) 철선 혜즙의 손제자이며, 豊庵宜禮의 제자이고, 남파 교율·팔굉 관홍의 동문사형이다(鐵船之孫. 豊庵之子. 南坡敎律八紘寬弘之同門兄.)」(같은 책, 1055쪽)

65) 『범해선사문집』권 1, 老人星記(같은 책, 1078쪽) 참조.

서 확인할 수 있는 사항은 범해를 비롯한 이봉·무위·영호·남파 등이 초의차의 1대 계승자라면, 예암·정사·언질·성학·태련·기정 등은 범해를 이은 2대 계승자였다고 할 것이다.

〈표 2〉에 수록된 인물 가운데, 차에 관련된 문건을 남기지 않은 인물이 있는 것과 반대로, 대둔사에 주석했던 인물 가운데 차시를 남기고 있는 경우도 없지 않다. 철선 혜즙鐵船 惠楫(1791~1858)·보제 심여普濟 心如(1828~1875)·금명 보정(1861~1930) 등이 그러한데,[66] 이를 통해 보면 특히 초의 이후 대둔사에는 음차문화가 성행하였으며, 차시를 읊고 차선사상을 전개한 인물이 많았음을 알 수 있다.

3) 차선사상의 구조와 특징

범해는 승과 속, 불교와 유교, 선과 교 등을 두루 통하는 삶을 살아왔다. 차와 시를 같은 격으로 즐긴 그에게 있어서 차선일여사상茶禪一如思想을 전개했음은 말할 나위없다. 차약茶藥으로 생명을 얻은 그는 초의차를 제작하면서 그 전통의 계승을 표방하는 특징을 보인다. 그는 다음과 같은 시를 외우고 있다.

〈23〉念佛三師極老年　염불하는 세 스님 늙은 나이기에
　　　低聲細細到窓邊　낮은 염불소리 은은히 창가에 이르네
　　　燈明茶罷勤懷玉　불 밝히고 차 마신 후 혹을 품었고
　　　秋晚夜深豈聽鵑　늦 가을밤 깊으니 접동새의 울음 들으랴.[67]

〈24〉分茶馬祖參禪座　참선의 자리에서는 마조 도일馬祖 道一과 차를 나누고

66) 임혜봉, 전게서 18쪽 이하에서는 대둔사 다맥을 이은 고승으로, 이들 외에 청허 휴정(1520)
　　~1604)·月渚道安(1638~1715)·雪巖秋鵬(1651~1715)·喚性志安(1664~1729)·霜
　　月璽箪(1687~1767)·涵月海源(1691~1770)·蓮潭有一(1720~1799)·兒庵惠藏(1772
　　~1811)·草衣意恂(1786~1866)·梵海覺岸(1820~1896)·應松朴暎熙(1892~1990)를
　　들고, 237쪽에서는 도표로 제시하고 있다.
67) 『범해선사시집』 권2, 唱和水相圭泰南庵拈韻(같은 책, 1114쪽)

打話南泉玩月樓   완월루에서는 남전 보원南泉 普願과 이야기 하였네.(68)

자료 〈23〉의 두류산 남암에서 우수영의 수사水使와 함께 읊은 시 중의 세 스님이 삼의인지는 분명하지 않다. 그러나 가을밤에 차를 마셔가며 염불삼매에 드는 모습은 차격茶格을 드러내기에 충분하다. 그에게 있어서 차는 항상 수행의 길로 존재한다.

이러한 분위기는 자료 〈24〉에서도 이어진다. 중국선종의 일대 산맥을 이룬 마조 도일馬祖 道一(709~788)과 남전 보원南泉 普願(748~834)은 사제 간이며, 남전의 제자가 자료 〈21〉의 조주종심이다. 이들에게 있어서 차는 「끽차거喫茶去」라는 용어로 화두話頭, 그리고 선종의 대표적인 공안公案의 하나가 되어 전한다. 즉 조주의 차 이야기는 다음과 같다.

〈25〉 (조주) 스님이 새로 온 두 상좌에게 물었다. "스님들은 여기에 와 본적이 있는가?" 한 스님이 대답하였다. "와 본 적이 없습니다." "차 마시고 가게." 또 한 사람에게 물었다. "여기에 와 본 적이 있는가?" "왔었습니다." "차 마시고 가게." 원주가 물었다. "스님께서는 와 보지 않았던 사람에게 차 마시고 가라고 하신 것은 그만두고라도, 무엇 때문에 왔던 사람도 차 마시고 가라고 하십니까?" 스님께서 "원주야!" 하고 부르니, 원주가 "예!" 하고 대답하자 말했다. "차 마시고 가게."(69)

화두는 사량思量이 아니라 직관直觀으로 응하는 것이기 때문에 한사코 해석할 필요는 없겠지만, 「끽차거」, 즉 "차나 한 잔 하고 가게"라는 언어가 이루어진 배경에는 차를 다반사로 상용하는 생활에서 나온 수행문화가 존재한다. 그러한 수행문화가 선승 범해에게 고스란히 전해지고 있는 것이다.

다만 범해는 그를 흠모하는 거사의 편지에 답하면서,

---

68) 같은 책, 권 1, 贈奇雲上人(같은 책, 1109쪽)
69) 「師問. 二新到上座. 曾到此間否. 云不曾到. 師云. 喫茶去. 又問那一人. 云曾到. 師云. 喫茶去. 院主問和尙. 不曾到教伊喫茶去. 卽且置曾到爲. 什麼. 教伊喫茶去. 師云. 院主. 院主應諾. 師云 喫茶去」(『祖堂集』 권 18, 趙州從諗傳)

〈26〉 저는 경전 읽는 것이 상승의 선이요, 차를 끓이는 것으로 수를 늘리는 약으로 삼으면서 세상 밖의 일은 주발 속의 끓는 소리와 같이 여기니, 어떤 일이 꿈속엔들 와서 괴롭히겠습니까?[70]

라 밝히고 있다. 경經이 선禪이요 차茶가 약藥이니, 경선經禪과 차약茶藥으로 영혼과 육신의 집을 삼았다는 말이다. 이러한 차선생활은 일생을 계속하여 율암찬의가 찬술한「행장」은,

〈27〉 (범해선사는 임종게를 읊고 나서) 목욕하고 옷을 갈아입고 차를 마시면서 이야기를 나누기를 평소처럼 밤새도록 염불하다가 6일 새벽에 앉아서 세상을 떠났다.[71]

고 전한다. 차선일여사상으로 한 생을 살아온 차인의 영원한 미래를 개척하는 모습이다.

4. 결어

조선후기의 대표적인 불교사학자인 범해 각안梵海 覺岸(1820~1896)에 대하여 특히 차인茶人의 모습을 중심으로 고찰해왔다. 그에 대한 축적된 연구성과가 별로 없기 때문에 지평을 여는 입장에서 접근한 것이다.

생애에 대한 정리를 위해 각종 자료를 연대순으로 재배치하고 관련 사항을 서로 연계시킴으로써 그 시대를 살펴보고자 하였다. 그리고 선과 차에 관한 사항을 대체로 섭렵하여 그 총체적인 사항을 드러내고자 하였다. 그러므로 관련 자료가 장황하게 나열되기도 하고, 필요한 부분이 잘리거나 생략되기

---

70)「某以看經爲上乘禪. 煎茶爲延壽劑. 溪外之事. 若熱椀鳴聲. 何應何境. 來惱於幻夢之中也.」(『범해선사문집』 권2, 答許先達書. 같은 책, 1096쪽)
71)「仍以灌浴改衣. 茶話一如. 竟夜念西. 至六日黎明奄然坐化.」(같은 책, 梵海禪師行狀, 같은 책, 1097쪽)

도 하였다. 하지만 이들은 앞으로 이 방면을 연구하는 데 있어서 반드시 거쳐야 할 과제이며, 부족한 사항을 보충함으로써 실상에 다가설 수 있을 것이다. 그리고 이들 자료를 섭렵하는 과정에서 그의 생애를 4기로 나누어볼 수 있게 되었다. 그리고 그의 출가 후 젊은 시절에 죽음에 이르는 질병에서 벗어나 새로운 삶을 얻는 계기가 차약茶藥이었음이 밝혀졌다. 그러므로 차는 그의 선택적인 삶을 가능하게 하는 생명선으로, 일생을 차인으로 살아 임종에 이르기까지 계속되었다.

범해는 호의 시오縞衣 始悟(1778~1868)의 선맥을 이었으나, 하의 정지荷衣 正持(1779~1852) · 초의 의순草衣 意恂(1786~1866)이라는 완호 윤우玩虎 倫佑(?~1826) 문하의 이른바 삼의를 스승으로 모시고 있다. 그러한 범해를 대둔사의 13대강사, 8고좌 등으로 경칭하고 있다. 그에게는 많은 저술이 있지만 특히 1894년에 찬술한 『동사열전』 6권은 한국의 대표적인 역대고승전이다.

그를 차인으로 탄생시킨 사형 무위 안인無爲 安仁(1816~1886)과 사제 부인富仁(?~?)은 일생을 동서동락同棲同樂하며 정진하는 도반이 되었다. 그러므로 그의 차생활은 차생산이 충분한 해남이라는 지역적 특징과 함께, 도반들을 비롯한 교유인사들과의 관계를 통해서 파악된다. 이를 전제로 그의 차문화관 내지 차선사상茶禪思想의 특징을 몇 가지로 지적해보면 다음과 같다.

첫째, 범해는 33세에 차로 질병을 다스리면서 시작한 차생활은 일생을 계속하며 차약사상茶藥思想을 견지하고 있다. 따라서 그에게 있어서 차는 생명선이며 수행의 도구요 교유의 수단이 되고 있다. 그의 시문 등에 차가 번출하는 것은 이런 사상의 표출이라 할 수 있다.

둘째, 차성 초의茶聖 草衣를 스승으로 존경하면서 초의차草衣茶를 제작하는 등, 그 차맥을 이봉 낙현离峯 樂玹(1814~1890) · 영호 율간靈湖 栗間(?~1867?) 등 도반들과 함께 계승한다. 『차경』을 비롯한 차문헌이나 차생산 등에 대해 통효하고 있었고, 예암 광준禮庵 廣俊(1834~1894)과 성학 찬민聖學 贊敏(?~1894?) 등 제자들에 의해 그 흐름을 전승시키고 있다.

셋째, 범해는 승과 속, 불과 유, 선과 교 등을 하나로 관통하고 있는데, 그 선상에서 차선일미사상茶禪一味思想을 전개한다. 경經을 보는 것으로 선禪하고 차茶 끓이는 것으로 약藥을 삼아 영육쌍전靈肉雙全하고 있는 것이다.

넷째, 그에게는 차에 관련한 대표적인 작품으로 네 가지가 전한다. 「차약설茶藥說」·「초의차草衣茶」·「차구명茶具銘」·「차가茶歌」가 그것이다. 그 밖에 차를 다룬 많은 작품이 시문 등에 다양하게 나타난다.

그런데 전술한 대로, 이 논문은 범해 차선사상을 연구하기 위한 서설적 성격의 것이므로, 충분하게 고찰하지 못한 부분이 존재한다. 차 관련 작품의 분석이 그것이며, 주석처였던 현재의 대흥사를 찾아 관련 자료를 새롭게 섭렵하는 작업도 남아 있다. 개인적인 관심사는 고승전인 『동사열전』을 서지학적으로 분석해보는 일이지만, 이들은 금후에 관심 갖는 연구자들과 교류하면서 새로운 연구과제로 삼아 다루기로 한다.

출전
「범해각안의 차선사상 연구」(『차문화학』4~2, 국제차문화학회, 2008)

경농 권중현의 『공과신격』과 도교윤리

1. 서언

한국 최근세 사회에서 도교의 존재형태는 크게 연단양생적練丹養生的인 수련도교의 흐름과 민중신앙적인 민간도교의 흐름으로 나누어 살필 수 있다. 전자는 김시습金時習(1435~1493)을 비조로 하여 16~17세기에 확산되었던 조선단학의 수련 흐름을 계승한 것으로, 강헌규姜獻圭(1797~1860)의 『주역참동계연설周易參同契演說』과 신종교교단의 수련서로 각광을 받은 정심요결류正心要訣類의 유행에서 그 예를 찾을 수 있다. 후자는 18~19세기에 이르러 서민층에 확산된 도교의 속신적 경향으로 『태상감응편太上感應篇』을 중심으로 한 선서신앙善書信仰의 성행이 이를 말해준다.[1]

이 중에서 사회적인 영향력은 당연히 후자가 강하다. 선서신앙이라고 해도, 그 가운데는 관제關帝, 즉 관운장신앙, 조왕竈王신앙, 공과격功過格신앙, 수경신守庚申, 즉 삼시三尸신앙 등 여러 가지가 복합되어 있으며, 최근세 도교사조의 한 특성이라 해도 무방할 것이다. 종래의 단학수련이 특정한 인물이 특수한 과정을 거쳐 양생을 얻었다고 한다면, 선서신앙은 민간의 모든 사람이 적선積善에 의해 천선天仙·지선地仙을 이룬다고 믿어왔기 때문이다. 선을 실천하는 것이 중요하지만 좀 더 본질적으로 말하면 권선서의 개판開版·사

---

1) 졸고, 「韓國道敎의 近代的 變貌」(한국종교사학회 편, 『한국종교사연구』 5, 한국종교사학회, 1996, 348쪽 이하) 참조.

경농 권중현

서書寫・수지受持・독송讀誦 등의 공덕을 중시함으로써 선서 그 자체를 신앙하고 있다.

본고에서는 이러한 한국 최근세 민간도교의 흐름을 공과격신앙의 한 사례, 즉 경농 권중현經農 權重顯(1854~1934)이 편찬한『공과신격功過新格』을 통해 밝혀 보려고 한다. 그 구조적 성격을 분석하면 시대사회적 의의가 드러날 것이다. 여기서 우선 공과격이란,

〈1〉 사람들의 도덕실천의 향상을 위해서 선행功과 악행過의 기준을 제시하고, 그 대소大小・심천深淺에 따라 플러스와 마이너스의 수치를 부과함으로써, 도덕을 수량화하여 도덕적 반성의 지표로 하려고 하는 지도서의 총칭이다. 공과의 응보가 그 사람이나 자손에 나타난다고 하는 관념은 불교와 도교에서 배태되어, 이미 일찍이 갈홍葛洪의『포박자抱朴子』에서 인정되지만, 그것을 수량화하는 것은 송말 이후에 유행하였다. 송의 범중엄范仲淹・소순蘇洵 등이 실천하고 있었다고 하는데, 현존하는 간본으로서 최고最古의 것은 우현자又玄子가 1171년에 몽수夢授하였다는『태미선군공과격太微仙君功過格』(『正統道藏』 78 소수)으로, 거기에는 공격功格 36조, 과격過格 39조가 제시되어 있다. 사람들은 취침 전에 그날의 행위를 반성하여 공과 과의 수를 준비된 표表(格圖)에 기입하고, 월말・년말에 집계하여 그 수를 알아, 선행고려薦善勵의 지침으로 하였다. 명・청시대에 세속적 도교적 신앙집단 속에서 공과격에 의한 수선修善이 종교적 규범으로 장려되어 행해졌는데, 드디어 일상적인 삼교일치적三教一致的 입장에서의 사회도덕의 규범으로서 널리 사회각층의 사람들에게 봉행되고, 선서善書로서 각종 판본이 작성・유포되었다. 명의

원료범袁了凡『운곡선사수원료범공과격雲谷禪師授袁了凡功過格』·운서주굉雲棲株宏『자지록自知錄』·안무유顏茂猷『적길록廸吉錄』, 청대의『휘편공과격彙編功過格』·『휘찬공과격휘찬功過格』·『광공과격신편廣功過格新編』등은 그 대표적인 것이다.[2]

로 정의된다. 이러한 선서 내지 공과격이 언제부터 한국사회에 유행하게 되었는지 아직 분명하지 않다. 다만 현존 유행본의 판각 등을 종합해볼 때, 18세기말경부터 점차 유입된 다음, 19세기 중반 이후 다른 권선서와 함께 성행하였던 것으로 보인다.[3]

사회가 극변하는 19세기말 20세기초에 이르러서는 문물교류가 활발해지면서 이들 중국의 전적들이 한국에도 널리 유행하게 되는데, 그 가운데 경농이 편찬한『공과신격』은 공과격신앙의 구체적인 예를 보여준다. 따라서 이의 구조를 해명하고, 찬술 주변을 살피면 그 특성이 분명해질 것이다.

2. 경농의『공과신격』찬술

구한말의 문신이며 학자인 경농은 이지용李址鎔(1870~1928)·박제순朴齊純(1858~1916)·이근택李根澤(1865~1919)·이완용李完用(1958~1926)과 더불어 이른바 을사오적乙巳五賊의 한 사람으로 잘 알려져 있다. 그는 철종 5년(1854) 충청북도 영동에서 홍섭弘爕의 5남 중 차남으로 출생하였다. 본관은 안동, 초명은 재형在衡, 경농은 호다.

『안동권씨대동계통보安東權氏大同系統譜』[4]에 의하면, 경농은 안동권씨 32세손이다. 시조 권행權幸(930?~?)으로부터 10대에 이르러 18명의 아들로 번성하며 15파로 분류되는데, 그 중의 3남 수평守平을 파조로 한 추밀공파樞蜜

---

2) 野口鐵郎 外 編, 『道教事典』, 東京: 平河出版社, 1994, 137-138쪽.
3) 졸고, 「韓國近代에 있어서 勸善書의 유행에 대하여—三敎融會와 善—」(원광대 종교문제연구소 편, 『한국종교』20, 534쪽 이하) 참조.
4) 『安東權氏大同系統譜』(權泰勳 서), 太師廟西齋, 1986.

公派를 잇고 있다. 이『계통보』에 의해 30세부터 가계를 도시하면 〈표 1〉5)과
같다.

〈표 1〉 경농 권중현의 가계

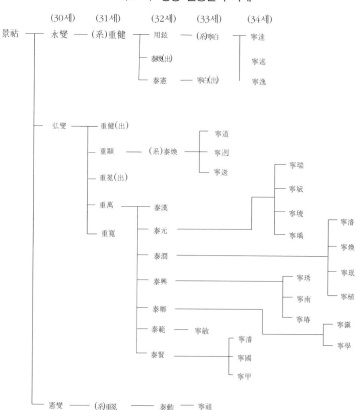

아울러 경농의 행장을『공과신격』편찬 전후까지 정리하면 다음과 같다.6)

1883년 부산감리서 서기관
1888년 조정의 명으로 일본문물 시찰

---

5) 權重顯 편, 『太師權公實記』(1909서) 권5 子孫考上 및 전게 『安東權氏大同系統譜』에
의함.
6) 鄭喬, 『大韓季年史』상·하, 국사편찬위원회, 1971 등에 의함.

경농 권중현의 유묵

1891년 주일공사

1894년 한성부윤

1895년 내각총서內閣總書

1896년 법부협판

1897년 농상공부협판, 황제위호皇帝位號 상소공로 정2품 수품

1898년 의정부 참찬參贊 · 찬정贊政, 농상공부대신

1899년 법부 · 종상공부대신 겸임

1904년 육군부장副將으로 요양 · 여순 순방, 훈일등서보장勳一等瑞寶章 ·
     훈일등팔괘장勳一等八卦章 수장

1905년 군부대신, 농상공부대신(을사조약)

1906년 군부대신

1907년 중추원고문, 훈일등태극장勳一等太極章 수장

1908년 훈일등욱일대수장勳一等旭日大綬章 수장

그의 편찬서에는『공과신격』외에도 안동권씨 시조인 권행의 행적을 기
록한『태사권공실기太師權公實記』(1909)와 후인後人인 권부權溥(1262~1346)
의 역사를 다룬『죽재선생실기菊齋先生實記』가 전한다. 지금까지 알려진 도
교서는『공과신격』밖에 없는 셈인데, 그는 어떤 경로를 통해 이러한 분위기
에 접했으며, 그 신앙은 어느 정도의 깊이였는지 궁금해진다.

그런데 위의『계통보』를 엮은 우학도인 권태훈羽鶴道人 權泰勳, 鳳宇(1900~
1994)의 경농가계에 대한 증언은 주목할 만하다. 즉, 실명선도소설實名仙道小說

『단丹』[7]은 그의 수련세계를 다루고 있는데, 그 중에,

〈2〉 삼촌(경농)께서도 사주와 상학相學에 일가견이 있는 분이었다. 삼촌은 후에
농상대신農商大臣으로 한규설韓圭卨 내각에 참여하였다가, 이토오 히로부미(伊
藤博文)의 강권에 의해 5조약 대신의 하나가 된 분이다. 그 뒤 두 형제분은
의절하고 말았다(103쪽)

〈3〉 그때까지 현민玄民(권태훈)은 어머님이 선도仙道의 단학호흡을 수련하신 사실
을 까맣게 모르고 있었다(110쪽)

〈4〉 아버님(권중면)께서는 늘 신실하고 돈독한 정도正道만 아셨지, 지름길로 간다
는 건 생각지도 않으시는 분이었다. 그저 지성이면 감천이라는 식으로
옳고, 지극하고, 돈독한 길만을 걸어오신 아버님이었던 것이다. 그러나
선서仙書들을 좋아는 하셔서 여러 본本을 필사하시곤 하였다. 그러긴 했으되
직접 수행은 하시지 않았다(110-111쪽)

〈5〉 현민이 일송一松, 鄭萬朝(1858~1936) 선생과 인연을 맺게 된 것은 그의 나이
열세 살 때였다. 그것은 현민으로 하여금 어머님에 이어 두 번째로 선가
단학 수련의 길로 인도하는 계기가 되었다. 일송선생은 당시 칠순이 넘은
노인으로 학과 같이 고고한 풍채를 한 청풍지사淸風之士였다. 낙향하신
부친께서 공주公州에 사랑을 열어놓고, 인근의 여러 선배며 과객들을 무시로
식객맞이를 하였는데, 일송선생 또한 가끔씩 그 사랑에 묵어가시는 손님의
한 분이었다(111-112쪽)

〈6〉 원래부터가 현민의 가계는 선도수련과 인연이 깊었다. 현민의 사촌이었던
권용현이라는 분은 당시 좌도방 수련가들 중에서 태두泰斗라고 할 만한
인물이었다(115쪽)

라 밝히고 있다. 이를 통해서 연단수련의 흐름이 경농의 가계에 전해지고
있었음이 분명해진다. 최근세 도교신앙의 흐름이 연단수련에서 선서신앙으
로 바뀌어졌던 바를 상기하면, 경농의 선서신앙이 가문의 분위기와 다르지
않으며, 그런 분위기 아래서 『공과신격』을 편찬하였을 것이다.

---

7) 김정빈, 『丹』, 정신세계사, 1984.

그런데 1915년 조선불교진흥회를 중심으로 한 거사불교居土佛教운동에 이능화李能和·최남선崔南善·장지연張志淵 등과 함께 참여하고 있어 흥미롭다. 경농은 선각거사善覺居土라 부르고 있는데 이는 선서신앙과 무관하지 않을 것이다. 당시 그가 찬술한 선서신앙의 구체적인 형태로서의『공과신격』(1905년 한문본, 1906년 한글본)이 이미 유행하고 있었기 때문이다.『공과신격』은 도교전적이기는 하지만, 후술할 바와 같이 불교신앙과 넘나들 수 있는 성격의 전적이다. 특히 일제시대의 친일고관인 경농의 지위를 통해볼 때 그의 신앙적인 분위기도 사회적인 영향력으로 작용했으리라 생각된다.

3.『공과신격』과 순양 여동빈『공과격』

경농이 찬술한『공과신격』에는 한문·한글의 두 본이 있다. 을사조약 전인 1905년에 간행된 한문본『공과신격』과 1906년에 간행된 언해본(이하 한글본)『공과신격언해』가 그것이다.

한문본은 목활자본 3권 1책으로 65장(권상 22, 권중 20, 권하 23)이며, 각 엽葉은 12행, 각 행은 20자 정형이다. 한글본은 한문본의 번역본이다. 목판본 3권 1책으로 85장(권상 23, 권중 28, 권하 34)이며, 각 엽은 12행, 각 행은 24자 정형이다.

양본을 비교하면, 한글본은 한문본의 번역인 만큼 체제는 동일하고 내용상에서도 다름이 없으나, 다음과 같은 차이점이 지적될 수 있을 것이다.

첫째, 한문본에는 서序를 의성 김병순義城 金炳淳·김해 김중배金海 金重培·전주 이승일全州 李承日이 적고 있는 데 대하여, 한글본에서는 이승일·길인수의 서가 실려 있을 뿐이다. 김병순·김중배 등이 개판에 협조한 인물이었으므로, 한글본의 서문은 신앙적인 의미가 다소 중시된 느낌이다.

둘째, 공과타산예功過打算例에서 한문본의 타산도표打算圖表가 한글에서는 생략되어 있다. 한글본의 풀이를 통해 도표의 의미가 드러나고 있지만, 한문본의 유행을 전제로 하고 있다는 뜻도 될 것이다. 「공과격」은 공과실행의 계산표를 함께 하고 있다는 점에 유의할 필요가 있다.

셋째, 한글본이 「언해」라고는 하지만 표목表目 등에 대한 상당한 주석註釋이 달려 있다. 예컨대 행벌정식行罰定式에서 「기계사器械死」를 "연장에 상한 죽음"이라 풀고 있는 것을 용어의미의 전달이라 한다면, 「원요범선생입명편袁了凡先生立命編」을 "원요범은 사람의 이름이요, 입명은 사주팔자라도 선과 악을 따라 고치기도 한다는 말이요, 편은 글이라"고 해석한 부분은 사상내용의 상당한 전개를 담고 있는데, 전편의 표목에 주석이 베풀어져 있다.

이러한 『공과신격』의 찬술의도는 「공과격범례」에 잘 드러난다. 경농은 곧,

〈7〉 이 책은 부우제군의 『공과격』을 근본삼았으나, 『공과격』과 이 책과 자별하니, 부디 섞어보지 말으시오.

〈8〉 『공과격』에는 공과 허물을 서로 게재하고 남는 것만 치라 하였으나, 그 법으로 행하면 공만 한자는 비록 적은 죄가 있어도 가리우고, 죄만 한자는 적은 공이 있어도 묻히고….

〈9〉 이 책은 부우제군『공과격』으로 주장을 삼고, 『중용』·『대학』·『논어』·『맹자』·『효경』·『충경忠經』·『소학』·『심경心經』·『근사록近思錄』·『옥정금과玉定金科』·『각세覺世』·『팔감八鑑』·『경신록敬信錄』·『암실暗室』·『등사燈士』·『소절小節』에서 많이 뽑아 넣고, 다른 데서도 초출하여 기록한 자는 다 말이나 하오.

라 밝히고 있다. 부우제군의 『공과격』이란 다름 아닌 사료 〈1〉에서 말한 순양자 여동빈純陽子 呂洞賓의 『태미선군공과격太微仙君功過格』(1171)을 말한다. 한국에서 개판된 유행본에는 한문본으로 1742년(옹정 2) 일란日鸞의 서가 붙어 있는 『공과격功過格』[8]과, 그것을 번역한 한글본 『태미선군 순양여조사 공과격』[9]이 있다. 한문본의 이본異本이 유행하는 것을 보면 이밖에도 적지 않은 개판이 행해졌을 것이다.[10]

---

8) 表題·版心 『功過格』, 內題 『太微仙君純陽呂祖師功過格』
9) 정축년(1877) 해동무명씨 서가 붙어 있다.
10) 최혜영, 「朝鮮後期 善書의 倫理思想 연구」, 한국교원대 박사논문, 1997, 82쪽 참조.

그런데 이『공과격』도 유행과정에서 원래의 형태와는 커다란 차이가 발견된다. 원형으로 일컬리는『정통도장』본의『공과격』[11]은 우현자서又玄子序와 함께 구제문救濟門 · 교전문敎典門 · 분수문焚修門 · 용사문用事門 · 불이문不二門 · 불선문不善門 · 불의문不義門 · 불궤문不軌門의 8문으로 구성되어 있다. 앞의 4문이 공격으로 36조를 싣고, 나중의 4문이 과율過律로 39조를 싣고 있다. 이후 중국에서 이루어진 각종『공과격』은 이의 공과격률을 확대시켜 나가고 있다.[12]

한국유행본은 형태상으로는 정통도장본의 중간重刊이지만 분장分章이나 격률에서 훨씬 증보되어 있다. 후술할 바와 같이, 문창제군의 서序와 함께 공격과 과율을 섞어 효순격 등 19격으로 나누고, 불비전공덕류 등을 부록하고 있다. 효순격만 하더라도 48조(공 21과 27)에 달하므로 여동빈의 그것과는 현격한 차이가 있다. 시대사회의 환경에 따라 공과의 격이 불어났다는 말이다. 1880년 고종칙명으로 중각重刻된『공과격 찬요功過格纂要』[13]가 공격을 천공 · 백공 · 오십공 · 삼십공 · 이십공 · 십공 · 오공 · 이공 · 일공으로 나누고, 과율도 그렇게 하여 각각에 수십조를 열거하고 있는 것이 그 좋은 예라 할 것이다.

어떻든 한국의 최근세에는 이 여동빈의『공과격』이 유행하여 공과격신앙의 표본이 되고 있었다. 그러나 경농은 이에 미진한 바가 많기 때문에 부득이 새로운 공과격을 찬술하게 되었으며 따라서 이들을 혼동해서는 안 된다고 역설한다(사료 〈7〉). 이는 선인선과 악인악과善因善果 惡因惡果의 인과응보원리에서 볼 때, 선(공)과 악(과)을 같이 표시하고 같이 계산하여야 하는데,『공과격』은 이들을 상쇄相殺시킴으로써 공효가 나타나지 않도록 되어 있다는 것이다(사료 〈8〉). 그러므로『공과신격』에서는 같은 형식으로 나누어 타산하도록 편집하였다는 것이다. 이들『공과격』과『공과신격』의 체제를 대비시켜보면 〈표 2〉[14]와 같다.

---

11)『太微仙君功過格』(『正統道藏』5책, 289쪽 소수)
12)『十戒功過格』(『正統道藏』12책, 41쪽 소수), 『警世功過格』(上同, 71쪽 이하 소수), 『石音夫功過格』(上同, 86쪽 이하 소수) 등이 그 예이다.
13)『敬信錄諺解』소수, (『한국어학자료총서』2, 태학사, 1986, 165쪽 이하)
14) 여기서 대비하는『功過格』은 한국판본의 한문본『太微仙君純陽呂祖師功過格』을,

이렇게 대비된『공과격』과『공과신격』의 체제, 그리고 그 내용상에서
드러나는 차이점을 정리하면 다음과 같다.

<표 2>『공과격』과『공과신격』의 체제

『功過格』	『功過新格』
孚佑帝君寶誥	〈卷上〉
文昌帝君 序	序(金炳淳 등)
1 孝順格(功格21조, 過律27	自序
2 友愛格(공10, 과14)	功過新格凡例
3 家室格(공6, 과12)	報應必驗論
4 敎訓格(공8, 과12)	功過打算例
5 睦族格(공10, 과11)	行賞定式
6 師友格(공12, 과14)	行罰定式
7 婢僕格(공9, 과9)	賞罰總論
8 人類格(공44, 과39)	爲善捷徑
9 物類格(공11, 과10)	袁了凡立命編
10 善類格(減半2, 공10, 과8)	〈卷中〉
11 惡類格(공15, 加倍. 同格. 減半 각1, 과16)	事親章第一(공41, 과66)
12 存心格(공5, 과8)	兄弟章第二(공36, 과29)
13 應事格(공13, 과14)	家室章第三(공15, 과25)
14 出言格(공10, 과24)	臨卑章第四(공19, 과24)
15 事神格(공5, 과17)	御下章第五(공17, 과15)
16 氣性格(공13, 과13)	事上章第六(공18, 과20)
17 衣食格(공4, 과7)	治心章第七(공31, 과56)
18 財貨格(공17, 과21)	持身章第八(공22, 과29)
19 女色格(공16, 과31)	出言章第九(공10, 과41)
不費錢功德	應事章第十(공17, 과20)
功過格引	〈卷下〉
功過格凡	接人章第十一(공87, 과150)
功過格靈驗	事神章第十二(공10, 과33)
附戒殺文七	處官章第十三(공73, 과113)
	推恩章第十四(공36, 과29)
	惜字章第十五(공12, 과28)
	戒色章第十六(공21, 과41)

『功過新格』은 경농 찬의 한문본을 가리킨다.

『공과신격』
(목판본, 18×28.7cm)

첫째, 『공과신격』은 체제상에서 공과격신앙, 즉 권선징악의 실천을 용이하도록 『공과격』을 확대개편하였다. 권상은 오직 이러한 성격을 강조한 것으로 채워져 있다. 말하자면 권상을 총론으로 하고, 권중·권하에서 각론을 전개하고 있는 셈인데, 이 공功, 善과 과過, 惡을 분명히 하기 위해 공격功格, 功例과 과율過律, 過例을 나누어서 밝힌다. 즉, 『공과격』 한국유행본의 19격을 『공과신격』에서는 3권 16장에 각각 「공례」·「과례」로 나누어서 싣고 있는 것이다.

둘째, 그런데 『공과신격』에서는 이 공격과 과율을 대폭 확충하고 있다. 위에서 살핀 대로 『공과격』의 원전격인 『정통도장』본의 공격은 36조, 과율은 39조로 합하여 75조에 불과하다. 물론 〈표 2〉처럼 한국유행의 『공과격』에서는 이것이 공격 239조, 과율 465조로 합하여 545조로 늘어나 있다. 이에 대하여 『공과신격』에서는 공격 465조, 과율 719조로 합하여 무려 1,184조에 달하고 있다. 각조가 공과가 1(1공, 1과)에서 1,000(천공, 천과)에 이르기까지 다양한 것을 감안하면 실로 방대한 권선징악의 조항이라 할 수 있다.

셋째, 이 공격과 과율을 확충하는 데 있어서 유·도 2교儒道二敎의 전적에서 발췌하고 있다는 점이다. 사료 〈9〉에서 밝히고 있는 바와 같이 유교전적은

주로 사서류四書類다.『옥정금과』이후는 모두 도교전적인 것 같으며 다양한
선서류가 유행했음을 말해준다. 문창제군文昌帝君 찬『옥정금과』의 한국유
행본인『옥정금과예주집요玉定金科例誅輯要』[15]에는 「오정금과례집여 범례」
를 모두冒頭에 길게 세워 책의 체제를 분명히 하고 다양한 공과격의 예를 수록
하고 있으며, 다시 권말에 「금과예상집요 범례金科例賞輯要凡例」·「옥정행
상즉례玉定行賞則例」·「옥정금과행상도격정식玉定金科行賞圖格定式」·「윤
덕행상도격閏德行賞圖格」등의 공과격실행 법칙을 자세하게 싣고 있는데,『
공과신격』에서는 이들의 격식을 따서 「행상정식行賞定式」, 「행벌정식行罰定
式」등의 실행규정을 확립하고 있다.『공과신격』이 당시에 유행하던 도교전
적이나 선서신앙의 사조를 반영하고 있다는 말이다.

　넷째, 유교전적의 내용이 보충된 것과 상대적으로『공과격』의 내용가운
데「계살문 칠조戒殺文七條」(연지대사의 살생을 경계하신 글)가『공과신격』에
빠진 대신, 「원요범입명편」이 채록된 것은 주목할 만하다. 살생을 경계하는
것이 공과격신앙에 반하는 것은 아니지만 책의 체제로 볼 때는 흐름이 달라
질 수 있다. 그러므로 공과격의 전개에 있어서 큰 역할을 한 원요범袁了凡(?~
1602)의 글을 채록하면서도 이들을 과감하게 버린 것이라 본다. 그가『공과
격』의「불비전공덕류」나 여조사呂祖師, 呂東賓의「연생육자가年生育子歌」등
을 생략한 것도 같은 흐름으로 이해된다.

4. 결어:『공과신격』의 도교윤리

　경농은『공과신격』한글본의 자서에서,

〈10〉 사람의 성품이 본래 착하건마는 사심과 공심의 분간이 있는 고로 마침
　　　선과 악의 다름이 없지 못할지라. 이러함으로 성인이 가르침을 세우사
　　　사람으로 하여금 사심을 버리고 공심으로 돌아와서 필경은 천하가 일제히

---

15) 1858년 原序의 목판본으로 1897년의 海東 無名씨 발을 붙여 개판하였다.

어질게 된 후에야 그치나니… 나도 또한 오른 도를 행코자 하는 편이라. 늦게야 이 책을 얻어 잘게 등서하여 보배로 지닌 지가 거의 이십년에 왕사를 생각하니 전수이 효험 없다 이르지 못할지니, 제군의 은덕은 하늘처럼 높고 땅처럼 두텁도다….16)

라 밝히고 있다. 그의 『공과신격』의 찬술이 공과격신앙에서 이루어졌음을 분명히 하고 있다. 이러한 흐름은 이승일의 서에서도 나타난다. 즉 그는,

〈11〉 내가 소시로부터 국중 은군자로 함께 놀아, 도 닦는데 그 뜻을 들었고, 그 후로 도 닦는 글 읽기를 즐기며, 판각도 하여 서울과 외방에 반포하기를 많이 하였거니와, 그 중에 가장 쓰기에 긴한 자는 여순양조사의 공과격이라. 계묘년에 지금 법부대신 권공을 뵈이고 선사행하기를 말씀하실 새, 품속으로서 적은 책을 내어 왈, '나의 평생 효험본 곳이 여기 있노라.'하거늘 내가 자세히 본즉 공과격이라. 이제 생각하니 공이 마음을 너그럽고 화평히 가지고 일을 공변되고 광명히 처치하는 까닭이 출처가 있음이로다. 또 그 책을 개간하여 세상에 필려하야 재물을 구처하여 나에게 대신 주선하기를 부탁하기로 내가 혼연히 대답하고 마침내 공의 뜻대로 성취하였고, 공이 공과격에 조목이 너무 간략함으로 공사 여가에 공과격 규모를 의방하여 한 책을 짓고 이름을 공과신격이라 하였는데, 극진히 자세하고 간단하여 군자가 읽으매 공부가 더 될 뿐 아니라 부인·소아와 여자·하천이라도 다 각각 성현지경에 바랄지니, 이 책이 세상에 유조함이 어찌 적다 하리요 ….17)

라 밝힌다. 선서신앙 내지 공과격신앙을 20여 년간 해온 경농이 1903년(계묘) 도교신앙이 깊은 이승일과 만나 이를 세상에 유포하기로 한 과정이 잘 나타난다. 따라서 공과격신앙이 독립적으로 존재한다기보다는 근대 민간도교의 사조를 반영하고 있다는 말이다.

한국의 최근세 사회에서 선서유행을 삼교합일의 사조와 전통규범의 고양이라는 특징으로 파악할 수 있을 것이나18), 『공과신격』의 사고도 이와 다름

---

16) 『공과신격언해』 자서 1쪽(현대문은 필자)
17) 같은 책, 자서 1쪽.

이 없으리라 본다. 물론『공과신격』에서는 불교적인 요소를 생략하고 있지만, 사고의 틀이 선인선과 악인악과의 원리에 바탕되어 선을 강조하고 있고 그 자신도 불교와 무관한 처지가 아니기 때문이다. 특히 주목할 것은 변혁하는 시대를 맞아 전통규범을 강조하고 있는 그에게 선善은 말하자면 "전통규범의 상징"이라 할 수 있을 것이다.

그러나『공과신격』은 아울러 "선을 실천해온 경농이 친일매국의 대열에 서 있는 사실"과 관련하여 새로운 의문을 던져준다. 먼저『공과신격』이 다만 민중을 위정자의 다스림에 순응케 하는데 있었는가 하는 의문이고, 다음은 저자에게 있어서 역사관 없는 개인적인 선의 실천이 인격의 파탄을 가져왔다고 할 때, 이를 어떻게 이해해야 하는가라는 문제다. 경농 자신은 일제강점기에 죽었기 때문에 오늘날과 같은 역사적 비판은 몰랐을지 모르지만, 생전에 형제간에 의절한 일이나, 그의 만년에 일어난 독립운동 등을 통해서 많은 느낌을 가지고 있었을 것이다.

경농의『공과신격』에는 충忠을 논하여,

〈12〉 증자께서 가라사대, 우리 부자(孔夫子)의 도는 충忠과 서恕뿐이라 하셨으니, 지극하시다 증자의 말씀이여. …분함을 참고 욕심을 주림도 또한 충이요, 입을 막아 옳은 도가 아니면 말을 아니 함도 또한 충이니, 이는 다 내몸 닦는 도리라. …인군이 신하의 사정을 알매 예로 부리지 아니치 못하고, 신하가 인군의 사정을 알매 충성으로 섬기지 아니치 못하고,…[19)]

라 하고 있다. 전통윤리를 강조하고 있는데 그것은 대체로 통치자에서의 절대순종이 강조되는 느낌이다. 공과의 격률에서도 소박한 도덕률을 나열하고 있는 것이 대부분이다. 그렇다면 의리가 강조되지 않고 있는 것은 그 자신의 삶의 자세와 무관하지 않을 것이다. 을사오적으로 지탄받고 있던

---

18) 전자는『태상감응편』및『경신록』등의 응보원리나 寺院開版이 이를 말해주고, 후자는 내용상에서 仁・義・禮・智・信 五常의 강조 등에서 나타난다(졸고, 전게,「한국 근대에 있어서 권선서의 유행에 대하여」, 538쪽 참조).
19)『공과신격언해』상, 11쪽.

그의 친일행각을 연상시키는 조항은 존재하지 않는다.

그렇다면 민중신앙의 한 지도서로서의『공과신격』은 어떤 성격을 띠는 것일까? 선서신앙은 본질적으로 적선積善에 의한 성선成仙을 구하기 때문에 권선징악을 통한 공덕을 본령으로 한다. 그러므로 각종 격格과 율律은 도덕적 삶을 요구하는데,

〈13〉 ○ 신명에게 절만하고 무례하면 일사에 이십과,
　　　 ○ 일월을 오래 보면 일차에 일과,
　　　 ○ 술과 안주를 가지고 신묘나 불전에 들어가면 일차에 오과,
　　　 ○ 경문을 훼방하고 도를 배반하면 일차에 오십과,….[20]

등의 신앙과 관련된 조항이 거론되고 있어서 주목된다. 성신숭배星辰崇拜 등 도교신앙의 특성이 그 가운데 나타나고 있으니,『공과신격』의 신앙적 성격이 그 가운데 드러난다.

출전
「경농 권중현의 『공과신격』과 도교윤리」(『한국종교사연구』 6, 한국종교사학회, 1998)

---

20) 『공과신격언해』하, 14쪽.

수헌 양치유 『수헌시고』의 시세계

1. 서언: 수헌 양치유의 가계

최근세 호남의 유림 가운데 수헌 양치유睡軒 梁致裕(1854~1929)는 여순팔로麗順八老의 한 사람으로 불리어온 인물이다. 여수·순천지방의 대표적인 유학자 8인 중 한 사람이었다는 말이다. 서세동점의 제국사조帝國思潮를 당하여 이국치세理國治世의 길은 공자孔子의 가르침을 재흥시키는 방법밖에 없다고 보고, 땅에 떨어진 강상綱常의 도를 외친 그는 충실한 도학자道學者였다. 그러나 스승의 가르침을 하늘처럼 받들면서도 경세이념經世理念을 펼 수 없었던 관계로 일생을 초야에 묻혀 살았다.

그는 많은 시문을 남겼다. 배우기에 열심이었던 만큼 제자들을 아끼고 가르친 정성 또한 각별하였다. 조정이 기울어지면서 사대부의 당연한 길인 과거科擧를 포기한 그에게는 시詩와 술(酒)과 벗(友)이 삶의 낙이었다. 드디어 학당學堂을 꾸미고 문도를 기르기에 심혈을 기울임으로써 팔로八老라는 칭호를 얻게 된 것이다. 그리고 그의 삶에서 우러나온 시문은 유고를 묶은 『수헌시고睡軒詩稿』1)에 고스란히 남아 있다.

---

1) 梁致裕 저, 박금규·양은용 역, 『매화꽃 핀 좌수영』(국역 『睡軒詩稿』), 원광대출판국, 2002. 이를 원문순서에 따라 전 5편으로 나누었다. 冒頭의 추천사(崔根德)·간행사(梁銀容)·하서(曺首鉉), 제1편 갈매기 나는 포구(詩文1)에 시문, 1. 활짝 갠 봄날, 2. 일신재를 지나며, 3. 조용한 나의 집, 제2편 매화꽃 핀 좌수영(시문2)에 1. 꼴 먹이는 아이, 2.

수헌 양치유 『수헌시고』의 시세계 117

수헌이 태어난 것은 철종 갑인(1854) 8월 18일, 지금의 전라남도 순천시 해룡면 평화리다. 본관은 남원南原, 중시조 용성군 양주운龍城君 梁朱雲(1270? ~1273?)과 제6세 문절공사도文節公思道를 거쳐 제9세 지평공천부持平公川溥 (자: 長浙, 호: 松谷, 1398~?)를 이었으니, 용성군의 제23세손이다. 문文과 행行을 두루 갖춘 헌규憲圭(자: 潤華, 호: 梅坡, 1818~?) 공과 참봉參奉 경주 金慶州 金씨 녀 사이에 태어나, 휘를 치유致裕, 자를 선유善有라 하고, 수헌睡軒이라 호하였 다. 일가一家가 관향인 남원을 떠나 순천에 정착한 것은 11세 한구漢龜(1445 ~?)대로 보인다. 그 이전의 유택幽宅이 부임지를 좇아 흩어져 있는데 대하여, 한구 이하는 순천에 위치하기 때문이다. 아마도 임진왜란을 겪으면서 격전 지인 남원을 피해 남하했던 모양이며, 족성촌을 이루고 있었다.

『세보世譜』등에 의해 그 가계를 정리하면2), 〈표 1〉 및 〈표 2〉와 같다.

『수헌시고』의 「행장」에 의하면 수헌은 다음과 같은 인물로 그려진다.

〈1〉 타고난 자품資品이 단정하고 정중하며 의지와 기개가 맑고 고와서 어려서부 터 총명하고 영리하였고 취학 연령에 미치어서는 스승의 지도를 번거롭게 하지 않아도 얼마 되지 않아 문리文理가 크게 성취되어 모든 서적書籍에 눈 한 번만 지나면 문득 잊어버리지 않았고 글자마다 구절마다 묵묵히 생각하곤 곧 깨치어서 먼저 서당을 다니던 또래들이 모두 미칠 수 없었다. 경서經書·사서史書·제자서諸子書·시문집詩文集에 미쳐서는 자기의 말을 외우는 것 같았고, 한 가문家門의 과거에 큰 뜻을 세웠다. 약관시절을 전후하여 문장의 명예가 남쪽 고을 전체에 울연히 들쳐나서 당시 문단의 거벽들도 모두 그 우두머리를 양보하였다.3)

매성의 여덟 경치, 3. 학문을 권장함, 제3편 풍류를 벗삼아(論記)에 1. 달밤에 거문고를 타며, 2. 망월대를 노래함, 3. 어진이를 그리며, 제 4편 선생을 그리며(行狀)에 1. 수헌선생 비문, 2. 추모의 마음, 3. 수헌선생 행장, 발문, 제 5편 수헌선생의 시세계(詩世界)에 1. 수헌선생과『수헌시고』(양은용), 2. 수헌선생의 시세계(박금규), 그리고 말미에 원문을 영인해 실었다.

2)『南原梁氏世譜』(1955),『南原梁氏持平公派譜』(1977),「睡軒行狀」(『睡軒詩稿』), 梁致裕 原籍(全羅南道 麗川郡 三日面 積良里 916番地),『南原梁氏珍山公派譜』5(1998) 등에 의함.

3)「天資端重. 志氣淸雅. 自幼聰穎. 及就學不煩師. 提居無何. 文理大就. 凡於書籍過眼輒. 不忘字字句句. 必默念分. 曉先塾行輩皆莫之. 及經史子集如誦己言. 以門戶計業於功令. 弱冠 前後. 文譽蔚然於南州. 當時文苑巨擘. 皆讓一頭焉.」(『睡軒詩稿』 부록 李甲雨 撰「行狀」)

〈표 1〉 수헌가계도(先代)

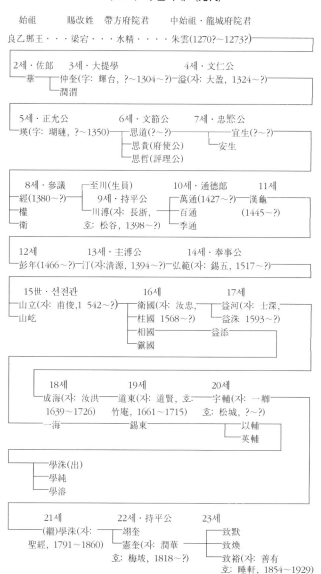

〈표 2〉 수헌 가계도(後代)

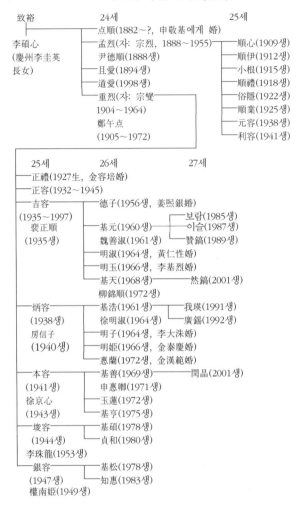

致裕
李碩心
(慶州李圭英
長女)

24세
点順(1882~?, 申敬基에게 婚)
孟烈(자: 宗烈, 1888~1955)
尹德順(1888생)
且愛(1894생)
道愛(1998생)
重烈(자: 宗燮
1904~1964)
鄭午点
(1905~1972)

25세
順心(1909생)
順伊(1912생)
小根(1915생)
順禮(1918생)
俗隱(1922생)
順業(1925생)
元容(1938생)
利容(1941생)

25세
正禮(1927生, 金容培婚)
正容(1932~1945)
吉容
(1935~1997)
裵正順
(1935생)

炳容
(1938생)
房信子
(1940생)

本容
(1941생)
徐京心
(1943생)
埈容
(1944생)
李珠龍(1953생)
銀容
(1947생)
權南姬(1949생)

26세
德子(1956생, 姜熙銀婚)
基元(1960생)
魏善淑(1961생)
明淑(1964생, 黃仁性婚)
明玉(1966생, 李基烈婚)
基天(1968생)
柳錦順(1972생)

基浩(1961생)
徐明淑(1964생)
明子(1964생, 李大洙婚)
明姬(1966생, 金泰慶婚)
惠蘭(1972생, 金漢範婚)

基善(1969생)
申惠卿(1971생)
玉蓮(1972생)
基亨(1975생)
基碩(1978생)
貞和(1980생)
基松(1978생)
知惠(1983생)

27세
보람(1985생)
이슬(1987생)
贊鎬(1989생)

然鎬(2001생)

我瑛(1991생)
廣錫(1992생)

閏晶(2001생)

수헌의 소성素性과 함께 일찍이 그의 문명이 널리 드러났음을 전하고 있다. 호학자好學者였던 그는 거기에 만족하지 않고 다시 스승을 찾는다. 그리하여 이른 곳이 근대 성리학性理學의 거봉인 노사 기정진盧沙 奇正鎭(1789~1876)의 문하門下다.

2. 노사 기정진 문하의 수업

조선이학朝鮮理學의 최후를 장식하는 명유 노사 기정진蘆沙 奇正鎭은 수헌睡軒에게 어떠한 가르침을 주었을까? 십대의 수헌이 찾은 노사는 이미 고희에 이른 고령이었다. 순창이 생지인 그는 호조판서戶曹判書로 치사致仕하고 향리에 돌아와 있었다. 『노사선생연원록蘆沙先生淵源錄』에는 무려 594인의 문인이 수록되어 일세를 풍미한 문풍을 짐작케 한다.4) 노사의 문인들은 신유(1801)생으로부터 계해(1863)생에 이르기까지 많은 연령차가 있다. 수헌은 이들 가운데 505번째로 수록되어 있다. 만년의 제자임이 여기서도 드러난다. 그리고 문인편을 설한 제자는 모두 260명이며, 수헌의 문인은 5명이 동록에 나타난다. 즉,

〈2〉梁致有(致裕) 字善裕(善有) 號睡軒 甲辰生 南原人 文節公思道后 居順天5)

〈3〉梁睡軒致有(致裕)門人

　　李鍾太 字善明 號梅圃 己卯生 慶州人 承旨翮后 居麗川
　　李甲雨 字新佑 號松亭 丁未生 慶州人 參議鍾彩子 居麗川
　　李萬雨 字明雨 號竹山 辛亥生 慶州人 悅軒翮后 居麗川
　　梁基福 字寅甲 號欽溪 辛亥生 南原人 文節公思道后 居昇州
　　李相連 字華局 號慕湖 癸丑生 慶州人 悅軒翮后 居昇州6)

라는 내용이다.

『수헌시고』에는 「시중론時中論」이 있는데, 노사 76세시(1873)의 참판 민주현參判 閔冑顯에게 준 답서에 「중화론中和論」을 펴고 있어 주목하게 된다.7)

---

4) 蘆沙奇正鎭 문하의 사상에 대해서는 安晉五, 「蘆沙學派의 儒學思想」(朴吉眞기념, 『韓國近代宗敎思想史』, 원광대출판국, 1984, 563쪽 이하) 참조.
5) 『蘆沙先生淵源錄』(長城澹對軒, 1960) 권3, 21쪽.
6) 같은 책 권4, 53쪽.
7) 『蘆沙先生淵源錄』 연보 참조. 『蘆沙先生文集』 問答類篇에는 『中庸』 등의 論經이 수록되어 있다.

경학을 필하고 세사에 달관한 노사는 삶의 원점을 중화에 두었었나 의심해본다. 그리고 그 체취를 수헌에게서 느낄 수 있으니 거봉의 정신산맥이 거듭 굽이쳐 흐르고 있음을 보게 된다.

『수헌시고』의 문인「발문」에서는,

> 〈4〉 선생님(수헌)은 경서經書를 경經으로 삼고 사서史書를 위緯로 삼아 제자백가서 諸子百家書를 다 보셨으며, 더욱이 역리易理와 춘추春秋에 힘을 쓰시어 자기 욕심을 누르고 마음을 올바르게 하는 학문으로써 근본을 삼으시고, 후생을 가르쳐 계발시킴으로써 50여 성상을 게을리 아니 하시니, 멀고 가까운 선비들이 옷을 걷어 올리고 찾아 오는 사람이 그 문에 가득 찼었습니다.[8]

라고 회고하고 있으니 이를 증거함에 틀림없다.

이와 관련하여 보면, 『해동시림海東詩林』[9] 2권 가운데, 권2에 수록된 수헌의 시「잔춘殘春」에 주목하게 된다. 작자를 「양치유 남원인 수헌 참봉梁致有 (致裕) 南原人 睡軒 參奉」이라 하였다. 그 시는 이러하다.

〈5〉   殘春   봄을 보내며
   今朝又盡一年春   오늘로 또 한 봄이 마지막 가는 날이라
   纔過晨鍾絶候新   꽃잎은 시름없이 져 새풀옷을 갈겠지.
   五更明滅花邊燭   함밤중에사 갑자기 몹비로 퍼부어
   萬里丁寧帝獨巡   끝없이 질펀한 벌판 가이 없어라.

   落花疎雨空啼鳥   꽃잎 진 나무숲엔 새만 속절없이 울고
   芳草斜陽惜別人   풀빛 푸른 저녁놀에 임이별이 슬프구나.
   天若有私三月又   하늘이 만약 나를 위해 3월 윤달 두었다면
   詩家無限最相親   시인들 질탕지게 남은 시간 끌었을 것을

---

8)「先生經經緯史. 總覽百家尤用力. 於易理春秋以克己正心之學爲本. 以啓後生敎誨不倦五 十餘星霜. 遐邇之士攝衣盈門.」(『睡軒詩稿』 金正沂拔文)
9) 洪錫憙 편, 『海東詩林』, 1957, 권2 34쪽.

이는 『수헌시고』의 「잔춘 2수殘春 二首」의 앞 절로, 문자의 출입이 조금 나타난다. 『해동시림』은 풍산 홍석희豊山 洪錫憙가 정유년(1957)에 편집한 한문본이다. 한국역대 명시 중에서 1,000인 1,000편을 골라 상하 양 권으로 엮었는데, 권1은 을지문덕乙之文德, 최치원崔致遠, 왕거인王居仁부터 제갈영諸葛榮까지, 권2는 신응조申應朝부터 변순섭邊舜燮까지 수록하고 있다. 범례에서는 옛것은 서적에서 선별해 넣고, 이에 금인저작을 첨부한 것으로 밝힌다. 『노사선생 연원록』에 수헌의 제자로 기록된 사람 중에는 양기복梁基福의 시도 실려 있는 것으로 보면, 노사문하에서 유행하던 시가 전해졌거나, 차자大子 중열重烈의 활동을 통해 수록되었을 것으로 보인다. 『노사선생연원록』에서 「치유致裕」를 「치유致有」로 오기誤記한 바가 여기서도 그대로 나타나고 있어서 예사롭지 않다.

수헌의 작품은 후술할 바와 같이 다수가 흩어져 없어졌고, 남아 있는 것은 대부분이 시문이다. 이들 시문에 노사학의 영향이 어떠한지를 얼른 말하기 어렵지만, 집안에 전해오는 이야기로는 논문論文이 다수 있었다고 하므로, 이들 모두가 그 후영後榮이라 보아서 무방할 것이다.

3. 일신재와 여순팔로

스승 노사의 문하에서 학문을 쌓고 경륜을 간직한 수헌이었으나 시대사회는 그에게 사대부의 길을 포기시킨다. 말세의 상황을 노정시키는 나라안팎의 사정은 경사京師(漢陽)로 향하던 눈을 향리鄕里로 돌리게 한 것이다. 수헌은 이미 사장師匠의 위를 갖추고, 그 역을 담당하기 위해 여수로 향했으니, 17세시(1870)의 일이다.[10] 지금 LG정유가 위치한 여수시麗水市 적량동積良洞 군장軍將으로, 19세(1872)에 혼인한 처가 경주이씨慶州李氏가 토호를 이루는 고장이다.

---

10) 『睡軒詩稿』의 「행장」에서는 中年에 麗水市 積良洞으로 이사한 것으로 되어 있으나, 집안에서는 17세시에 순천에서 서당훈장을 위해 남행하여 정착한 것으로 전한다. 2년 후에 결혼하였으므로, 틀리지 않을 것이다.

충무공 이순신 장군의 유허 진남관

산수를 사랑하던 그는 역내의 산수山水를 두루 역방하며 시정詩情에 마음
껏 취한다. 특히 영축산靈鷲山이 그 중의 명산이니 임진왜란 때 충무공 이순신
忠武公 李舜臣(1545~1598) 장군의 휘하에서 활약하던 의승수군義僧水軍의 주
진사원駐鎭寺院인 흥국사興國寺가 자리하고 있다. 절에는 충무공의 필적(현
판)이 남아 전하는 등 숭불崇佛의 체취를 느끼게도 한다. 충무공의 구국의지에
신명을 함께 한 의승수군은, 임진왜란 이후 300명으로 상주 편제되어 300년
간 수방역守防役에 임하다가 1897년에 전라좌수영의 폐영閉營과 더불어 해체
되었으니,11) 수헌은 『묘법연화경』의 무궁무진한 가르침이 서린 흥국사에
서 의승군들을 만났을 것이다.

적량積良은 충무공의 생애를 마감한 노량해전의 관음포가 바라다 보이는
곳이다. 적량은 이 해전에서 군량미를 쌓아두었던 적량積糧이요, 군장은 군
사를 감추어 출진出陣했던 군장軍藏이므로 병참기지 역할을 담당했던 곳이
다. 오늘날 정유기지이니 다른 의미의 병참기지 역할을 이어오고 있다. 군장
에서 후일 학당을 마련한 여수에 이르는 사잇길이 영축산 산록의 흥국사길,
세칭 절골이다. 매일같이 이 절골을 지나는 수헌은 공자의 가르침을 지상의
경세이념經世理念으로 선양하는 유학자였지만, 주변의 유학자들이 그러한
것처럼 과세를 절에서 하는 숭불자였고, 그런 흐름이 집안의 가풍으로 오늘
까지 전해지고 있다.

---

11) 졸고, 「전라좌수영의 義僧水軍에 관한 연구」(『전남문화재』 3, 전라남도, 1990, 183쪽
이하) 참조.

수헌을 따라 홍국사 절골을 통해 20여 리 떨어진 학당을 내왕하던 차자次子
중열重烈의 시에 이러한 모습이 어려 있다.

〈6〉　　杏壇暮春　　　　명륜당의 늦봄
　　　逆旅光陰九十春　　나그네 같은 세월 봄은 지내도
　　　師門諸子興猶新　　사문 제자들 흥성하여 새롭네
　　　仁山翠積登臨客　　仁山의 푸르름 깊어 객이 되어 오르고
　　　智水潺溪浴濯人　　지수智水는 잔잔하여 목욕하는 사람 되었네

　　　萬樹和烟啼鳥語　　만수는 연기서려 새 지저귀고
　　　一天紅雨落花塵　　하늘에 비 내리듯 꽃잎이 지네
　　　晚生欲續前賢蹟　　늙은 몸 옛성인의 발자취 따르고자
　　　淨掃倫堂速四隣　　명륜당明倫堂 쓸며 사방을 배회하네

〈7〉　　忠愍祠　　　　　　충민사
　　　將軍斧鉞活吾東　　충무공의 병기·지략 우리나라 살리니
　　　恩額輝煌瑞日紅　　은전의 사액이 상서로운 해처럼 빛나네
　　　暎階碧艸春風裡　　비치는 계단 푸른 풀 봄바람 머금고
　　　繞院寒松歲暮隆　　사당을 에워싼 한송은 세월가도 굳굳하네

　　　百世貞忠山海壯　　백세의 정절충성은 산해보다 씩씩하고
　　　一堂俎豆士林同　　일당의 제사에는 모든 선비 한마음일제
　　　報國功多宣武錄　　나라에 보은한 공많아 선무에 기록되고
　　　遺民千載感無窮　　백성들 오래토록 감회가 가이없네

〈8〉　　興國寺　　　　　　홍국사
　　　短節剃埰到靈山　　짧은 지팡이 짚고 영취산에 이르르니
　　　盆盆藤蘿紫翠間　　무성한 등나무 푸르게 얽히었네
　　　殘花雨歇三春暮　　꽃지고 비그처 봄날이 저물고
　　　半壁雲深一境閑　　벼랑에 구름깊어 경치 또한 한가롭네

　　　欲挑詩興傾樽酒　　시 한수 읊으려고 술 한잔 기우리고

更滌塵心對佛顏　다시 티끌 마음 씻어 부처님을 우러르네
此日淸遊幽賞足　오늘 청아한 노닐음 더없이 흡족하니
岩根林下故遲還　바위 숲 사이에 돌아오는 길 더디네[12]

　　수헌은 사숙을 경영하면서 문도를 지도하는 한편 여수향교麗水鄕校를 찾아 집례執禮하며 시기에 응하여 천장薦狀과 제문祭文을 짓는다. 사회정세는 바뀌어 동학東學의 바람이 여순지방麗順地方에 불어, 동학혁명당이 절골 아래서 처형되는 일그러진 시대를 경험하게 된다. 청일전쟁의 아픔을 그들 양국이 나누어 갖지 않고 이 민족의 선량한 백성에게 안겨주는 어처구니없는 상황을 직시한 것이다.

　　마침내 일본의 세력이 조정을 삼키던 경술년(1910), 수헌은 지기인 소천 민영보小川 閔泳輔와 함께 서원인 일신재日新齋에 태극교지부太極敎支部를 열고 있다. 일신재는 현재의 여수시 미평동 세칭 모래골[13]이다. 『여수여천발전사』[14]에서는 일신재가 적량에 위치했다고 적고 있는데, 이는 수헌이 살던 그곳에 서당을 열었다가, 미평에 같은 이름의 학당을 마련한 데 연유한 것이다.

　　「일신재기日新齋記」에서 그는 편액을 「일신우일신日新又日新」에서 취했다고 술한다. 그의 성誠으로 일관된 삶의 모습이 표출되고 있는 것이다. 그러나 이 말이 『대학』 신민장新民章[15]에서 유래하고, 그것은 백성을 새롭게 교화하는 위정자의 자세를 드러냈다는 점에 유의하면, 시대사조를 통찰한 민중교육의 철학이 깔려 있음을 엿보게 된다. 일신재의 벗을 「행장」에서는 김남은金南隱·양만석梁晩石·이천사李川査·정죽암丁竹庵·민소천閔小川·김초파金樵坡·정보만丁保晩이라 밝히고 있다. 수헌을 포함하여 근세의 여순팔로다.[16] 말하자면 이들이 여순지방에 있어서 대표적인 유학자요, 공자교운

---

12) 『杏壇吟社詩稿』(1962, 麗水鄕校) 소수.,
13) 현재의 여수시청 2청사 근처로 알려져 있으나, 건물 등은 일제강점기를 거치면서 쓰러져 전하지 않는다.
14) 金鷄有, 『麗水麗川發展史』(반도문화사, 1988), 598쪽 참조.
15) 「湯之盤銘曰. 苟日新. 日日新. 又日新. 康誥曰. 作新民.」(『大學』)
16) 麗順八老 가운데, 閔小川은 이름이 泳輔로 밝혀진다. 이웃마을(積良里 下積)에 살았던 관계로 특히 가깝게 지냈으며, 많은 시문을 창화하고, 공자교운동도 같이 전개하는 등

동의 주체세력이었던 셈이다.

생각해보면, 국가의 주권을 빼앗긴 당시에 세상을 다스릴 가르침이 없으니 민중은 마치 키를 놓친 풍랑 위의 배처럼 방향감각을 상실하고 있었다. 이러한 당시에 그는 공자의 가르침에 의하여 새로운 지도체계를 도모했으리라. 유교전통의 사회체제가 붕괴하는 시대사조 아래서 유교를 종교적 조직으로 재건립하기 위한 공자교운동을 전개한 것이다.

수헌이 참여한 태극교가 어떻게 창립되고 또 어떤 조직을 갖추고 있었는지는 상세하지 않다. 「지부」라고 하였으니 「본부」가 있었을 것이고, 좀 더 넓은 지역 혹은 전국적인 체계가 있었을 것이다. 다만 후인의 증언은,

〈9〉 경술국치庚戌國恥(1910)로부터서는 세상의 풍교風敎가 쇠미해짐을 걱정하여 소천 민영보小川 閔泳輔와 더불어 태극교지부太極敎支部 강소講所를 일신재日新齋에 창설하고 공公을 추대하여 집례執禮를 삼고 공부자孔夫子의 위폐位牌를 받들어 초하루 보름에 분향焚香하고 봄·가을로 강연講筵을 베푸니 호남·영남의 이름난 선비들이 문도門徒들을 이끌고 모두 모여드니, 문文을 숭상하고 학문을 권장하는 도리에 크게 보탬이 되었다. 유교儒敎의 기풍이 이로 말미암아 떨치어 일어나니 지역 내의 선비 벗들이 바람에 쏠리듯이 따라왔으니.[17]

라 하였다. 경술국치 후의 무너진 강상綱常을 걱정하여 일신재에 이를 세웠고, 공자 위폐를 모시고 정규적인 모임과 강연을 통해 유교의 기풍을 바로 세우려는 운동이었음은 분명해진다.

이와 관련해보면, 일찍이 대한제국의 고종황제가 1900년에 유시를 내려 경세를 담당해오던 "유교를 종교로 선포"하였음에 주목하게 된다. 백암 박은식白巖 朴殷植(1859~1926)의 대동교大同敎운동, 진암 이병헌眞菴 李炳憲(1870~1940)에 의한 공자교孔子敎운동 등 유교의 종교적 체계화 운동이 여러 곳에서

구체적인 행적이 나타나지만, 그밖의 인물들에 대해서는 성과 호를 확인할 수밖에 없다.
17) 「自庚戌屋社後憂世敎之衰微. 與小川閔泳輔刱設太極敎支部. 講所於日新齋. 推公爲執禮. 奉孔夫子位牌. 朔望焚香春. 秋設講筵. 湖嶺名儒率門徒咸集. 大有輔於右文勸學之道. 儒風賴而振作. 域內士友靡然從」(『睡軒詩稿』 부록 李甲雨 撰 「行狀」)

『수헌시고』의 국역 『매화꽃 핀 좌수영』

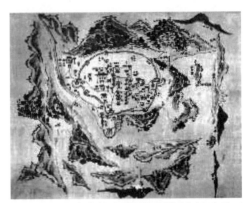
수헌 양치유가 활동한 매성(「전라좌수영 성도」)

일어나고 있었다. 이른바 유교개혁사조가 그것인데,[18] 태극교운동 역시 같은 사조라 할 것이다.

시골(田舍)에서 시와 더불어 낙도하던 수헌은 1929년 11월 8일 고종명考終命한다. 세수 76이었다. 가족 친지는 물론, 문하 제자들의 애도함이 끊이지 않더니, 1949년 3월, 적량 동백산록桐栢山麓에 영세불망비永世不忘碑를 세워 덕을 기렸다.[19]

4. 결어: 『수헌시고』의 성립과 구성

수헌의 사후 많은 시문이 흩어져버린 다음 제자 및 후손들에 의해 남은 글들이 모아져 문집을 이루었다.[20] 차자 중열이 필생의 비원으로 삼아오던

---

18) 儒敎改革思潮에 대해서는 琴章泰·柳東植, 『한국종교사상사』II(연세대출판부, 1992) 172쪽 이하 참조.

19) 「睡軒梁先生善有遺墟碑文」으로 『睡軒詩稿』에 부록으로 수록되어 있다. 전라남도 여수시 적량동 하적입구의 신작로변에 건립되었던 비석은 LG정유의 건설로 인하여 이전되어 현재 여수시 적량동 입구(南原梁氏世阡)에 위치한다.

20) 수헌 사후 집안과 문하에 전하던 글들이 문집간행을 위한 편집의뢰 과정을 몇 차례 겪는 동안 상당수가 산실되었다. 특히 經學을 중심한 문을 거의 잃게 되었는데, 수록된 글들은 그 복본으로 집안에 수장된 것과 李甲雨 등의 제자들이 제공한 것들로 이루어졌다.

바를 유언으로 남겨 이루었으니, 『수헌시고』가 그것이다. 상실된 기록에
대해 아쉬움을 느끼지 않을 수 없으나, 현존하는 글들을 통해 그의 정신세계
를 엿볼 수 있는 것도 즐거움이라 할 수 있다.

　『수헌시고』의 구성은 다음과 같다.

〈10〉睡軒詩稿序

　〈詩〉

春寒・白鷗・靑松・與小川閔泳輔相和二首・冬夜述懷・落照・春夜・偶
成・次塾生課韻・春日・春夜與小川相和・同洪通政松石堂基彦相和・夜
坐・春晴二首・逢友・花煎・登兜率峯・納禾・別章・與小川又和七絶・與
蓮坡相和・明倫堂重修・次回韻・次船月裵氏孝烈閣韻・餞春二首・次老黙
齋宴・次孝烈閣韻・謹次道峰精舍韻・謹次梁司諫公源泉亭韻・上赤枕溪齋
詩社・次金通政回婚韻・茶・登姑蘇坮觀海二首・次回甲韻・白髮・落葉・
遊絲・綠竹・與小川敍懷・又和七節・海王・餞春・春日訪小川・新晴・川
查見訪・春夜與諸益唱酬・述懷・同蓮坡相話・有感・過日新齋・留村塾・
遣憫・幽居述懷・次塾中課韻・春夜同小川相話・幽居閑興・送李鍾運之五
柳村・輓閔泳進・氷・劍・菁・聽溪・雞卵・偶人・述懷二絶・梅花・農
宴・偶成・月桂齋守信契・與李川查相話・又吟一絶・蟬二首・幽居卽事七
絶・與小川又吟七絶・與小川夜話二首・蛙・黃鳥・輓裵文燦・述懷三首・
與川查相話二首・卽事三首・次熟中課韻二首・與小川相話二首・烟竹・述
懷・早秋三首・遣憫二首・與二客相酬四首・過村塾・望六首・遣憫・秋懷
二首・次塾中韻・衆鳥・卽事・駿馬・五月人倍忙・猫・蠅・移居・春懷・
冬至・秋山・白髮・匏蔓・古木・白鷗・鳥・蛛絲・鴈陣・月・潮・怪石・
紗・松風・遊絲・蘆花・春風・牧童・秋景・丹楓・農歌・秋風・白雪・
霜・餞・紙・雪山・棉・泉・竹影・鬪雞・墨・氷・月中桂・老松・鷹・水
田・秋夜與客二首・梅城八景・遣憫・秋晴・幽興二首・次塾中課韻・春興
四首・春雨・懷七首・連次塾中訶韻十四首・遊花芳寺・望雲庵・新凉・墨
梅・盆菊・眠鷗・晴蟬・鼠・鶴・鴈・竹・雪・笑・鹿・麥秋・勸學・次塾
中課韻十首・次塾中課韻十九首・次徐正淳丙子凶年韻・雲峰居士見訪・垂
楊・春雨・燕・長松・鶯・月出・百花・雞鳴・蝴蝶・微風・江村・白鷺・
大海・修竹・柳絮・次塾中課韻三十一首・述懷

〈雜著〉

默齋記・時中論・秧青麥黃知一野春秋論・誤中副車論・田家百事忙論・
月下彈琴論・秋風病欲蘇論・漁躍峀論・冬嶺秀孤松論・鄉約論・望月坮
記・晚松記・門契序・日新齋序・爲親契序・同庚契序・爲親契序・族契序・
爲親契序・雨亭李公實記・隱谷李公實記・孺人金海金氏薦狀・孺人尙州朴氏
薦狀・孺人金海金氏薦狀・祭梁公晚石文・祭閔泳進文・祭閔泳進文

〈附錄〉

睡軒梁先生善有遺墟碑文・輓章睡軒梁公・贊・祭文・行狀・跋

이상의 내용을 구분해보면 「시고詩稿」라는 이름에 걸맞게 시詩가 350여
수로 대부분을 차지하고 있다. 이밖에 잡저로 20여 건의 기記・논論・천장薦
狀・비문碑文 등이 있고, 부록은 수헌에 대한 비문과 만장晚章・찬贊・제문祭
文・행장行狀・발문跋文 등을 수록하고 있다.

앞으로『수헌시고』에 수록된 이외의 수헌찬문을 찾는 것은 결코 용이한
일이 아닐 것이다. 그의 시와 사상을 파악하는 것은 이에 의지할 수밖에 없으리
라는 말이다. 그러나 남아 있는 글들을 분석하고 관련인사들의 문집과 관련시
켜보면 상당한 진척이 가능할 것이다. 예컨대『수헌시고』에는 그의 벗 소천
민영보와 창화唱和한 시가 19수나 실려 있어서 그의 시세계를 엿보게 한다.[21]

예컨대 「매성팔경梅城八景」은 이름 그대로 "매화꽃 핀 전라좌수영의 여덟
경치"다. 여수의 옛 서정을 담뿍 간직하고 있어서 산업사회를 겪으며 달라져
가는 오늘에 비추어 음미해봄직한 작품으로 전문을 옮겨보면 다음과 같다.

〈11〉　　　鳳山朝暉　　　　　　구봉산의 아침 노을

　　　東洋紅盪上新暉　　동해에 맑게 씻고 둥두렷이 떠오르는 햇살,
　　　螢燼無光歙跡歸　　반딧불도 횃불도 빛을 잃고 숨어 버린다.
　　　此地來看先鳳嶺　　이곳의 해돋이는 구봉산이 먼전데,
　　　何人負坐獨鶉衣　　그 누가 돌아앉아 누더기를 걸쳤노?
　　　扶桑恍惚銅鉦掛　　부상에 떠오를 땐 황홀히 징만 하더니,

21) 양차유 저, 박금규・양은용 역, 전게『매화꽃 핀 좌수영』참조. 초출은 朴金奎,「睡軒梁致
裕의 詩世界」(『漢字漢文教育』7, 한국한자한문교육학회, 2001, 366쪽 이하)

수헌 양치유가 읊은 「매성팔경」의 하나, 오늘의 종포(여수시 종화동)

昧谷應須火鏡微	매곡에 떨어질 땐 희미하게 화경만 하구나.
細數無窮屈伸理	끝없이 떴다 지는 이칠 헤아려보니,
金烏浴羽遠天飛	아마 금가마귀 날에 씻고 하늘에 오르려나봐.

寒山暮鍾　　　한산사의 저녁 쇠북소리

斜陽漸沒起庵鍾	석양이 점점 어두워지면 한산사의 쇠북소리,
響徹沙門深幾重	겹겹 깊은 사문을 뚫고 울려퍼지는 소리.
兩岸鳴過寒雨色	찬 비 속 골짜기를 지나 멀리 울려퍼지고,
半山穿破暮雲容	산허릴 감긴 저녁구름을 뚫고 멀리 사라진다
下峽樵兒相應笛	산자락 내려오는 나무하는 아이는 젓대소리로 응답하고,
問津行客急催節	나루터 찾는 길손은 지팡이를 급히 재촉한다
知是鯨音還擾擾	우렁찬 소리 메아리처 다시 돌아오니,
百年柴水老仙蹤	한평생 땔나무와 먹을 물이면 족한 이 늙은 신선의 자취.

鍾浦歸帆　　　종포의 돌아오는 배

乘流何必賴軍持	배 띄울 때 하필이면 깔때기를 부느뇨?
怳若登仙樂不支	신선되어 둥실둥실 창공에 오른 것 같다.
暮雨蕭蕭湘竹岸	저녁비는 쓸쓸히 소상반죽에 뿌리고,
輕風葉葉木蘭枝	산들바람 잎잎이 목란 가지에 스친다.
柂枏高開鯨噴雪	배 키를 높이 들면 하얀 물굽이 뿜어내고,
江橋乍過酒如絲	강나루 다리 얼핏 지나면 실오락처럼 뿌리네.
安得景光輪几案	이 광경을 어떻게 그려 편지로 보낼까?
也應難畵又難詩	말로, 글로, 붓으로도 그릴 수 없네.

姑蘇霽月　　　　고소대의 비 개인 달빛

雨餘新月有情天　비끝에 새 달이 돋은 정겨운 밤에,
自愛淸光買不眠　사랑스럽다, 저 맑은 빛 잠들 수 없네.
氷盤擎出瑤坮下　쟁반같이 둥근달이 요대에서 받혀 오르고,
寶鏡開來桂殿前　거울같이 밝은 빛이 계전 앞을 열어놨네.
一澗春聲驚起鳥　시냇물 봄소리에 기러기는 놀라 깨고,
半江秋色載歸船　가을 밤 밝은 달빛 배에 가득 싣고 돌아오네
聖主重興休治世　어진 임금 맑은 정치 중흥시키는 날,
太平四海掃塵烟　온세상 태평세월 전진戰塵 모두 씻을 것을.

平沙落雁　　　　　평사에 내려앉은 기러기

萬里長天霽色秋　만리의 높고 넓은 하늘, 티 한점 없이 맑은데,
數如星點月中收　달빛에 별들은 하나 둘씩 사라지네.
北海曾傳繹足札　북해의 편지를 전하여 주기도 하였고,
西風遠自畵眉樓　가을 바람에 눈썹 그리는 깃털을 쓴다.
飛下双双排陣勢　쌍쌍이 내려올 땐 진형세를 안배하고,
橫來一一泛蘆洲　낱낱이 비껴와선 갈대밭에 앉았네.
湘江苔岸回何事　상강 양 언덕의 이끼를 어찌 못 잊고서,
英瑟聲中又旅舟　그 청원淸怨에 겨워 이 나그네에 날아오느뇨?

白草晴霞　　　　　백초의 맑은 안개

新晴初色煖蒸霞　저 푸른 초원위에 피어오르는 안개가,
散作奇文錦上花　기이한 문체 흩어서는 비단위에 꽃을 만드네.
倏爾無痕收薄薄　문득 흔적 없이 널리널리 사라졌다가,
翻然泄氣錯斜斜　다시 기운이 흩어져서 비스듬이 섞인다.
渾雜遊絲當水郭　아지랑이와 섞여서 물가의 마을을 감싸고,
晩隨落日下山家　저녁노을 따라서는 산마을에 내린다.
回憶藤欄王子序　등왕각의 서문을 돌이켜 생각해보니,
長天孤鶩落來遲　먼 하늘 외론 따오기와 함께 나란다.

蓮洲細雨　　　　　연주의 가랑비

簾纖雨色暗隨風　가랑비 은실처럼 바람따라 가만히 와서,

灑落蓮塘鏡面中　　시원한 연못 거울같이 맑은 수면위에 뿌리네.
葉翻玉露頻傾白　　연잎에 옥같은 이슬이 맺혀서 하얗게 뒹굴고,
花結銀珠獨守紅　　꽃봉엔 은구슬을 맺혀서 붉게 매달렸네.
迷烟散雜看纔有　　엷은 안개와 섞어서 살포시 흩어지고,
庶物均添樂自同　　만물을 고루 적셔 함께 즐기네.
其間似惜燕脂濕　　어여쁘다. 두 뺨에 연지곤지 찍어놓으니,
宛是佳人頰媚豊　　완연히 아름다운 여인의 두 볼인 듯싶다.

　　　鯨島漁火　　　　　　경도의 고기잡이 불
鯨洲日落起漁燈　　경도물가에 해지자 고기잡이 등불이 켜져서,
明滅流輝畫未能　　깜박깜박 흐르는 불빛 그림같구나.
兩岸桃花春水靜　　양 언덕의 복사꽃은 봄물에 비치고,
一天星月亂雲層　　온 하늘 별빛 달빛이 비처 찬란하구나.
網設中洲紅焰漲　　가운데 그물을 펴고 불꽃은 넘치는데,
笭携短岸白蘋登　　종다래끼 옆에 끼고 백빈주를 오른다.
報刻鍾聲來夜半　　한산사의 야반 종소리 멀리서 들리는데,
又何法海木魚僧22)　　또 무슨 불법세계의 목탁 치는 소린가?

　　8편의 시에 매화 꽃 핀 남녘 좌수영의 풍경을 잘 드러나고 있다. 팔경시八景
詩는 원래 특정 지역의 풍광 운치를 노래한 것이므로 마치 여덟 폭의 병풍을
대하는 느낌이 든다. 대표적인 팔경시로 흔히 중국의 소상팔경瀟湘八景을 드
는데, 이는 양자강 남쪽 소강瀟江 · 상강湘江의 두 물줄기가 동정호洞庭湖로
흘러들어오면서 자아낸 호남성의 명승지로, 많은 시인 · 서화묵객書畫墨客
들이 다투어 풍경의 아름다움을 작품화한데 유래한다. 북송의 송적宋迪(?~?)
이「소상팔경도瀟湘八景圖」를 그리면서 유행하게 되었다고 알려져 왔으나,
최근의 조사에 의하면 그 이전의 오대五代 이영구李營邱(일명 成, 919~967)의
작품이 전한다. 중국에서는 물론 한국에서도 많은 작품이 이루어졌는데, 관
련 한시 600수가 집대성되기도 했으니 그 명성은 일찍이 널리 알려졌었다는
말이다.23) 여기서 보는 소상팔경은 제1경 먼 산자락에 어린 맑은 아침 안개(山

---

22)『睡軒詩稿』梅城八景.

市晴嵐), 제2경 연사에서 들리는 저녁 종소리(煙寺晚鍾), 제3경 저녁 어촌에
지는 붉은 저녁노을(漁村落照), 제4경 먼 포구로 돌아오는 황포의 고깃배들(遠
浦歸帆), 제5경 소상강물에 밤비 내리는 소리(瀟湘夜雨), 제6경 동정호의 휘영
청 밝은 가을달빛(洞庭秋月), 제7경 너른 모랫벌에 내려오는 기러기떼들(平沙
落雁), 제8경 강촌에 하염없이 내리는 저녁 눈송이(江天暮雪)다.

<표 3> 소상팔경과 매성팔경(수헌)

장면	소상팔경(瀟湘八景)	매성팔경(梅城八景)	비고(여수지명)
제1경	산시청람(山市晴嵐)	봉산조휘(鳳山朝暉)	구봉산
제2경	연사만종(煙寺晚鍾)	한산모종(寒山暮鍾)	한산사
제3경	어촌낙조(漁村落照)	종포귀범(鍾浦歸帆)	종포(종화동)
제4경	원포귀범(遠浦歸帆)	고소제월(姑蘇霽月)	고소대(고소동)
제5경	소상야우(瀟湘夜雨)	평사낙안(平沙落雁)	평사리(돌산읍)
제6경	동정추월(洞庭秋月)	백초청하(白草晴霞)	백초리(화양면)
제7경	평사낙안(平沙落雁)	연주세우(蓮洲細雨)	연주리
제8경	강천모설(江天暮雪)	경도어화(鯨島漁火)	경도(경호동)

이렇게 보면 수헌의 「매성팔경」은 <표 3>과 같이 여수의 지명에 유의하면
서도 소상팔경의 주제를 적극적으로 차용하고 있음이 드러난다. 수헌은 특
히 이를 시간대에 유의하면 읊고 있는데, 오늘날 불리는 여러 형태의 여수팔
경[24]의 원형을 이루는 것으로 보인다.

수헌의 시는 「매성팔경」에서 보는 바와 같이 목가적이고 서정적이다. 그
가운데도 독서를 논하고 학문을 권하며, 역사를 비춰보는 안목이 나타나고
경륜經綸으로 세상사를 초탈超脫해보는 인생관이 드러난다. 그는 서당에서
주는 운을 따라 다음과 같은 칠언율시를 외운다.

北望群山錯整斜　북으로 바라보니 모든 산이 올망졸망한데
閑雲深處是吾家　흰구름 피어오르는 곳에 바로 이내 집일세.
喜迎佳客如新月　반가운 손님 맞이할 땐 새 달을 맞는 것 같고

23) 전경원 편, 『소상팔경―동아시아의 시와 그림』, 건국대출판부, 2007.
24) 여수팔경을 『朝鮮寰輿勝覽』(1937)은 竹島淸風, 蘇臺霽月, 寒山暮鍾, 鏡湖歸帆, 隷岩樵
笛, 鐘浦漁歌, 鳳崗朝陽, 馬岫晴嵐으로, 『여수향토사』(1953)는 竹島淸風, 蘇臺霽月, 寒山暮
鐘, 鏡湖歸帆, 隷岩樵笛, 鳳崗晴嵐, 馬岫朝旭, 遠捕歸帆으로 기록하고 있다.

耽看奇書勝異花　좋은 책 읽을 적엔 기이한 꽃구경보다 좋다.

蓬髮凋青人老矣　쑥대머리 시들어지니 내 이미 늙었는데.
蒲芽抽白歲新耶　갯버들 싹이 트니 또 한해가 되었구나
漁郞示我尋眞路　어부가 나에게 진리 찾는 길을 보이는데
孤鳥翩翩伴落霞　외로운 갈매기 훨훨 날아 지는 노을과 나란히 한다.25)

　수헌에게 시는 학문이요 삶이며, 세상을 통하는 길이었다. 일생을 어촌에
서 벗들과 술을 마시면서도 사숙私塾과 강소講所의 훈도를 게을리 하지 않았
다. 그러면서 향교 등에서 운을 받으면 거침없는 시작詩作으로 삶의 향취를
유감없이 드러내는 것이었다. 그러한 수헌의 인간상을 문인 김용좌金容佐는,

> 도학道學을 강론하여 후진들을 계발하는 것으로써 자기의 책임으로 삼고
> 50여 년간을 가르쳐 깨우쳐 주기를 게을리하지 않으니, 부父·자子·손孫
> 3대가 수업한 가정이 많았다. 또 구미歐米의 대학 졸업생들이 다시 한문학漢文
> 學을 좇아 배우려 책상자를 지고 유학온 사람이 많았기 때문에 신구학新舊學을
> 겸비한 선비들이 그 문하에서 많이 배출되었다. 선생의 지조志操는 부귀富貴
> 에도 박탈되지 않고, 빈천貧賤에도 바꾸지 않으며 평일에 한가하면 혹 고평高
> 坪에 올라 지팡이를 세우고 김도 매고, 혹 금평金坪을 거닐며 맑은 냇물에
> 임하여 시를 지으니, 흡사 도연명陶淵明(365~427)의 풍채를 닮았었다.26)

고 기술하고 있다. 그의 학문과 경륜, 그리고 정성스러운 삶의 모습이 함축적
으로 표현되어 있다. 『수헌시고』에 수록된 글들을 통해 이러한 수헌의 인간
상을 되살려 내는 즐거움이, 그를 사모하는 후인들에게 그가 전하는 또 하나
의 시정詩情이라 할 것이다.

출전
　「수헌양치유와 『수헌시고』」(『한국종교』26, 원광대 종교문제연구소, 2002)

---

25) 『睡軒詩稿』大塾中課韻 三十一首 중의 三.
26) 「論道講學以啓後進爲己. 任敎誨不倦五十餘載. 多有三代受業家. 且歐米大學卒業生之
更從漢文學而負笈者衆. 故新舊兼備之士多出門下焉. 先生之志操. 富貴不能. 移貧賤不能.
溢乎日閑散. 或登於高坪植杖. 而耘籽步於金坪臨淸流. 而賦詩恰似淵明之風矣」(『睡軒詩稿』
부록 金容佐 跋文)

광화 김치인 『광화집』의 남학연원

1. 서언

한국의 근현대는 서세동점西勢東漸의 사조 아래 격동하는 상황 속에서 전개되었다. 이국치세理國治世를 담당해오던 유교의 교화력이 쇠퇴한 가운데 국가사직이 무너지고 이국異國의 지배하에 놓이게 되었다. 새로운 구세이념을 갈구하는 가운데 도탄에 빠진 생령은 살활殺活 간에 스스로 견딜 수밖에 없었다.

이 시대에 유행한 사조를 구분해본다면 크게 세 가지로 지적할 수 있을 것이다. 첫째 유·불·도 삼교를 중심한 전통사상의 근대화, 둘째 그리스도교를 중심한 서구사상의 유입과 토착, 셋째 수운 최제우水雲崔濟愚(1824~1864)의 동학 창도(1860)를 비롯한 신종교운동과 동학사상의 확산이 그것이다.

그런데 이들 가운데 신종교운동과 동학사상에 관해서는 그 운동과 사상의 중요성에 비해 관련 사료가 충분히 정리되지 않고 있다. 신종교운동은 버려진 민중 가운데 자각한 선지자에 의한 새로운 구세활동으로, 민중에게 삶의 보람과 희망을 일깨워줌으로써 이를 '민중종교民衆宗敎'라 할 수 있고, 국가를 대신하여 민족의 긍지와 장래를 밝힘으로써 이를 '민족종교民族宗敎'라 할 수 있을 것이다.

본고에서는 이들 신종교 가운데 남학계南學系의 오방불교五方佛敎를 개창한 광화 김치인光華 金致寅(1855~1895)의 종교활동에 유의하면서 그의 사후에

정역을 완성한 김항

편찬된『광화집光華集』에 대해 일별하기로 한다. 여러 이름으로 불리는 남학계와 오방불교의 연원관계, 광화의 생애와 종교활동, 그리고『광화집』의 편찬상황과 그 구성을 살펴보려는 것이다.

　종래에 학계에 소개된 바가 없는 이 책은 오방불교의 실질적인 창립자인 광화의 교의사상을 전하고 있다. 또한 강산 이서구薑山 李書九(1754~1825) → 연담 이운규蓮潭 李雲圭(1804~1861?)에서, 한편으로는 김항一夫 金恒(1826~1898) → 관부 하상역貫夫 河相易(1888?~1916)의 무극대종교无極大宗教, 다른 한편으로는 부연 이용래芙蓮 李龍來(?~?) → 일수 이용신一守 李龍信(?~1895) → 광화의 오방불교로 전개되는 남학계 교단 간의 상호 교섭관계도 엿볼 수 있다. 이 책은 무극대종교의 제7대 오부 홍성준吾夫 洪性俊 교주가 소장했던 서책으로, 그 교통을 이는 유영준劉永俊 선생에게 제공받았다.[1]

　이『광화집』은 내제를「광화선생문집光華先生文集」이라 하였으며 서문이 1909년에 쓰여졌으므로 당시에 편간編刊되었을 것이다. 석판본 한지 구철로,

---

[1] 劉永俊 선생에게 제공받은 원전자료는 金恒,『正易』・『五音正義』, 河相易,『正易圖書』(1912)・『正易明義』(1912)・『三道潭要』(1912)・『正易原義』(1923)・无極大宗教,『大宗教趣旨書』・『大宗教要旨』・『大宗教規則』등 여러 가지로, 무극대종교에서 반들어오는 교서들이다.『광화집』이 여기에 포함된 것은, 후술할 바와 같이 무극대종교에서 편찬되었기 때문으로 보인다.

가로 18×세로 23cm의 단권 16장이며, 한문체에 한글의 현토를 붙인 국한문 혼용으로 종서인데, 1쪽에 10행, 1행에 20자로 구성되어 있다. 보존상태는 원형을 유지하고 있으나 종이가 낡아져서 그 내용을 해득하기 어려운 곳이 적지 않다. 본고에서는 이를 해제에 초점을 맞추어 다루며, 남학과 오방불교 등의 연원이나 교의사상 등은 이 책을 이해하는 데 필요한 범위에 한정하기로 한다.

오늘날 광화나 오방불교에 관한 원전자료는 공개된 것이 없다. 이 방면 연구에 있어서 독보적인 존재였던 故 이강오李康五 전북대 교수는 역작『한국신흥종교총감韓國新興宗敎總鑑』가운데「남학계 총론南學系總論」을 통해 광화와 오방불교에 대해 상세하게 논하고 있다. 조사연구에 의한 작품이기 때문에 여러 원전자료가 인용되고 있는데 이후 그들 문헌의 공개나 서지학적인 분석 등의 후속 작업이 이루어지지 못했다. 그가 인용한 자료에『광화선생집光華先生集』이라는 것이 있으나 본고에서 다루려고 하는『광화집』(내제「광화선생문집」)과는 다른 저술이며,2) 따라서 이『광화집』은 참고하지 못했던 것으로 보인다.

이렇게 보면 이 책은 광화에 대한 희귀자료인 셈이다. 그의 행적과 오방불교 개창 등에 주목하면 이 책의 구조와 성격이 조금 더 분명해지리라 본다. 동시에 이 책을 조직적으로 살핀다면 그의 인물과 사상, 그리고 오방불교의 교의사상을 이해하는 데 도움이 될 것이다.

2. 광화의 남학연원과 관련 자료

광화 김치인과 그 종교운동인 오방불교에 대해 처음 주목한 사람은 일제강

---

2) 李康五,『韓國新興宗敎總鑑』, 한국신흥종교연구소, 1992, 146쪽 이하 참조. 관련 원전자료는 김항,『正易』을 비롯하여 朴春明,『光華先生集』,『光華金處士法言錄』, 金庸培,『金剛淵源錄』, 張寅根,『金剛佛敎淵源錄』등으로 오방불교의 흐름을 이은 금강불교 신자에게서 받았다고 하였다. 이 가운데『광화집』과 관련이 있다면『광화선생집』이 될 것인데, 후자가 박춘명이라는 찬자이름과 함께 내용에「舒事論」등이 들어 있다고 하였는데, 전자는 찬자가 金世濟로 나타나 있으며 내용상에「서사론」등이 나타나지 않는다. 이렇게 보면 전자는 오방불교 내지 금강불교, 후자는 무극대종교에서 찬집되었고 내용도 상당한 차이가 있을 것으로 보인다. 광화 김치인의 저술이 풍부해지는 부분이다.

점기의 일본인 학자 무라야마 지준村山智順(1891~1968)이다. 일제 통치정책의 일환으로 조선총독부에서 한국 자생종교를 '유사종교類似宗教'라는 이름으로 일괄 조사할 때 촉탁이 된 그는 광화의 종교활동과 그 교단을 개략하여 다음과 같이 서술하고 있다.

〈1〉 광화교光華敎와 광화연맹도관光華聯盟道觀

(충청남도 논산군 두마면 부남리, 전라북도 전주군 운동하면 가천리)

본교는 전라북도 진안군 주천면 대불리 김치인이라는 자가 1888년경 오방불五方佛이라 칭하는 일파를 창창포교한 데서 비롯한다. 김치인은 1894년, 당시 정부가 기탄하는 바에 저촉되어 전주 서문 밖에서 사형되었으나, 교도 김항배金垣培・김선기金善基 등이 그 교통을 이어 비밀리에 전주군내에 포교하여 약간의 교도를 얻어 그 명맥을 지키고 있었다. 그런데 1930년 현 교주 권순채權珣采가 교주가 됨에 이르러 종래의 오방불교도를 중심으로 정도교正道教・청림교靑林敎 등의 교도를 규합하여, 교명을 광화교로 개칭, 현재의 땅에 본부를 갖추고, 이래 각지에 포교하여 지부를 설치하여 현재에 있어서도 적지 않은 교세를 지키고 있다.

본교의 종지는 인심을 부처로 믿으며, 편벽비도偏僻非道를 교정하여 사람의 길을 밝히고, 인류애를 높이 외쳐 거사귀정去邪歸正을 목적으로 함에 있으나, 교도가 주로 하는 수행법은 지관염불只管念佛・기도를 수하며, 이렇게 하여 모든 병고재액을 면하기에 전력하고 있는 모습이다.

본교와 대화교大華敎와 합류한 것에 광화연합도관이라는 것이 있다. 전라북도 전주군 운동하면 가천리에 본부를 두고 김선기라는 자가 이를 이끌고 있다. 그 종지는 부처의 대자비를 설하고, 주문에 의한 기도를 행사로 하는 것으로, 김선기는 교도와 그 외의 의뢰에 의해서 기도를 하고 있으나 교세는 자랑할 만하지 못하다.

교명	포교소	지구	교도		
			남	녀	합계
광화교	3	2	2,106	924	3,030

(1934년 8월말)[3]

---

3) 村山智順, 『朝鮮の類似宗教』, 朝鮮總督府, 1935, 430-431쪽.

일제의 통치차원에서 나타나는 광화교의 포교소 3개소, 교도 3천여 명이라는 숫자는 분명한 교단의 실체를 말해준다. 관부 하상역의 대종교가 포교소 7개, 교도 194명인 데 비교해서도 그러하다. 무라야마는 이 책에서 광화교를 「불교계 유사종교단체」에 포함하고 있다. 일부의 가르침을 '영가무교詠歌舞敎'라 하여 「숭신崇神계 유사종교단체」로 분류하고, 관부의 가르침을 '대종교大宗敎'라 하여 「유교계 유사종교단체」에 포함한 것을 보면,[4] 교명이나 포교현상을 중심으로 한 분류임을 알 수 있다. 따라서 이들 교단의 연원관계나 관련인물의 구체적인 행장은 다루어지지 않고 있다.

이러한 광화를 주목하고 그 종교활동을 조사한 이강오 교수는 다음과 같은 몇 가지 사항을 밝히고 있다. 첫째, 남학南學이라는 명칭이다. 종래 연담의 가르침을 잇는 광화의 종교운동은 정역正易 · 일부계교단一夫系敎團 · 영가무도교詠歌舞蹈敎 · 오방불교 · 무극대종교 등 여러 가지 이름으로 불리어 오고 있는데 이들 전체의 흐름을 남학南學으로 총칭하고 있다.

둘째, 이들 남학에 관련된 인물과 교단에 대한 해명이다. 논고에서는 연원을 이루는 연담의 생애와 사상, 일부계 교단, 그리고 광화계 교단에 주목하고 있다. 3인의 인물과 2교파의 흐름을 다루고 있는 것이다.

셋째, 남학 기본교리이다. 이교수가 주목한 것은 남학교리가 유 · 불 · 선 삼교의 합일이며, 후천개벽이라는 선후천 운도교역運度交易을 논하였고, 오음주송五音呪頌에 의한 영가무도라는 수행이론을 밝혔고, 강학講學문제로 일부계가 유교의 도덕을 밝히고 광화계가 불교의 전변심법을 밝혔다고 본다. 물론 연담 교법의 연원이 강산을 이은 것이며, 그 흐름을 수운도 함께 계승했다고 보고 동학교단과 남학교단의 상호교류 등도 살피고 있다.

넷째, 1930년대 이후 광화계 교단의 흐름이다. 1895년에 맞은 교변敎變, 즉, 을미횡액乙未橫厄 이후 교단의 지도자가 된 만화 김경배滿華 金敬培에 대항한 명봉 김용배明奉 金庸培(?~1935)가 금강불교金剛佛敎라는 간판을 내건 다음, 1923년 순교자를 위한 팔정사八淨祠를 짓고 『광화김처사 법언록光華金處士法言錄』 등을 편찬하고 있다. 또한 오방불교의 교주인 김선기가 1930년경

---

4) 같은 책, 461쪽의 詠歌舞蹈敎, 468-469쪽의 大宗敎 등 참조.

계룡산 아래에 있는 손은석孫殷錫의 대화교大華教, 龍華敎의 신도를 규합하여 본부를 전북 완주군 운동하면(현 완주군 운주면 가천리)에 본부를 두고 광화연합도관이라는 교단을 창립한 내역을 밝히고 있다.5)

그러면 광화의 행장은 어떠한가? 이는 위의 이강오 교수의 연구성과와 『광화집』 등에 의해 살펴볼 수 있는데, 먼저 관련 자료를 정리해보면 다음과 같다.

〈2〉 선생의 성은 김金이요, 휘는 치인致寅이요 도호는 광화光華이니 계림인이다. 대대로 전북 용담군 이서면 대불리(현 진안군 주천면 대불리)에 사니, 생년은 을묘(1855) 7월 18일이다. 집안이 가난하였으나 글읽기를 좋아하고 항상 연담蓮潭(이운규) 대선생의 아들인 부연芙蓮(李龍來)과 일수一守(李龍信) 두 선생을 따라 문하에서 수업하더니, 무자년(1888) 늦봄에 이르러 관부하 선생貫夫河相易에게 도를 얻어 호를 광화라 하였다. 이로부터 진행하여 학업이 날로 새롭고 문하생이 점점 많아져서, 우임금의 치수공력이 8년에 이루어졌다고 하니 도문에 말한다면 공력이 우임금의 밑에 있지 않다고 하겠다. 오호라 부왕태래否往泰來는 천도지상天道之常이요 물극인화物極人和는 지리지감地理之感이로다. 일수(이용신) 선생·광화(김치인) 선생·이관수·안주국·최방춘·손순지·동성월의 여러 제자가 일시에 조난을 당하였으니 어찌 통탄하지 않을까 보냐. 『역易』의 곤괘困卦에 이르기를 군자로 하여금 목숨을 바쳐 뜻을 이룬다 하였으니, 그해는 곧 을미(1895) 4월 27일이다….6)

〈3〉 (김치인은) 을묘 7월 19일생이다. 용담군 이서면 장등리 신기마을에서 태어났다. 나이 열 여섯에 가세 빈한하여 외갓집인 중리 김재영가에서

5) 이강오, 전게서 147-177쪽 참조, 같은 책 「全北의 신흥종교」(995쪽 이하)에서는 남학계(계) 종단으로 中央大宗敎, 요강교 등을 소개하고 있다.
6) 「先生의 姓은 金이오 諱는 致寅이오 道號는 光華이니 鷄林人也 l 라. 世居 于全北龍潭郡二西面大佛里ᄒ니 生年은 乙卯七月十八日也라. 家貧好讀書ᄒ고 常從蓮潭大先生子芙蓮一守兩門下受業矣러니 至戊子暮春ᄒ야 從貫夫河先生得道號 光華라. 自是以往으로 學業이 日新ᄒ고 門生이 漸多ᄒ야 如大禹之治水功成八年於外ᄒ니 如道門言之컨댄 功不在禹下也라. 嗚呼라 否往泰來는 天道之常이오 物極人和는 地理之感也라. 一守先生 光華先生 及李觀水 安周國 崔方春 孫順之 董成月 諸弟子 l 一時 遭難ᄒ니 可勝痛嘆哉아 易困卦에 曰君子以ᄒ야 致命遂志라ᄒ니 其年은 卽乙未四月二十七日也라…」(『光華集』 光華先生文集序)

농사지었고, 약관(20세)에 이르러 무주 뒷재에 이사해 살았다. 이듬해 연산 덕동으로 이사하고 3년 후 진잠 철동으로 이사하였다. 3년 후 전주 묵동으로 이사하였으며, 4년 후 장승동으로 이사하고, 이듬해 같은 군 여술마을의 서徐씨와 결혼하였으니 부여면 판윤공 익지益之의 후손으로 선비 상태相泰의 딸이다. 신사년(1881) 3월 선생은 고산 선야동에 머물며 집을 지어 고요히 살면서 수도에 궁리하였다.7)

〈4〉 이운섭李雲燮은 호를 연담이라 하니 전주인이다. 세종대왕 14세손으로 청림도사靑林道士에게 도를 받았다. 도사는 그 성명을 자세히 알 수 없으며 자호를 청림도사라 하였으니 곧 하상장인河上丈人의 유이다. … 이용래李庸來 는 호를 부연이라 하니 연담의 장자이며 아버지의 가르침을 받아 20여 년을 독학하여 능히 견성을 통하였다. … 이용신李龍信은 호를 일수라 하며 연담의 차자이다. 도를 형인 부연에게 받았으니 마지막의 임천林泉으로 독행박학하였다. … 김치인金致寅은 호를 광화라 하니 경주인이다. 학주 공 홍욱의 후손으로 도를 부연에게 받고, 15년간 독공으로 활연관통하여 도덕을 세상에 드러냈다. 갑자(1894) 동학혁명 때 광제창생하였다. … 김용배 金庸培는 호를 명봉이라 하니 김해인이다. 관영공 일손의 후예로 도를 광화에 게 받고 공력을 들여 진심을 얻었다. 중생을 교도하며 스승에게 의발을 전해받았다.8)

〈5〉 갑술(1874) 봄에 김치인 선생은 처음으로 연사蓮師(이용래)를 만나 그 수업을 모두 받았다.9)

---

7)「乙卯七月十九日生. 龍潭二西長登新基. 年十六家勢貧屢長于外戚中里金載永家. 至弱冠 搬居于茂州後嶺. 翌年移于連山德洞. 三年後移御嶺岑鐵洞. 三年後移于全州墨洞. 四年後移 于長承洞. 翌年娶于同郡如述徐氏家. 貫于扶餘面判尹公諱益之後孫也. 士人相泰之女也. 辛 巳三月. 先生住于高山仙冶洞. 築室精居. 窮理修道.」(『光華金處士法言錄』권4, 부록 行狀, 이강오, 전게서 171쪽에서 재인용)

8)「李雲燮號蓮潭全州人. 世宗大王十四世孫. 受道于靑林道士. 道士不詳知其姓名. 而自號 曰靑林道士. 卽河上丈人之流也.…李庸來號芙蓮. 蓮潭長子. 受敎家庭篤學二十餘年. 能通見 性.…李龍信號一守. 蓮潭次子. 受道于余伯夫蓮晦跡林泉. 篤行博學.…致寅號光華慶州人. 鶴州公諱弘郁後. 受道于芙蓮. 篤工十五年. 豁然貫通. 道德現世. 至甲子東亂廣濟蒼生也 生.…金庸培號明奉金海人. 灌纓公諱馹孫后. 受道于光華. 實工得心. 敎導衆生. 得其師門衣 鉢傳.」(『金剛佛教淵源錄』五先師道脈傳授錄, 이강오, 전게서 184쪽 재인용)

9)「甲戌春. 先生. 初遇蓮師. 諸其受業.」(『光華金處士法言錄』, 이강오, 전게서 재인용)

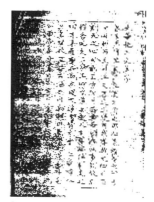

『광화집』(원광대학교 종교문제연구소)

〈6〉『역』에 말하기를 황제가 나옴을 진震이라 하니 진은 동방이다. 우리 동방의
광정대도光正大道가 원원불궁源源不窮하다가 우리 (김항) 대선생을 세워 널리
무량조화로 오직 황상제皇上帝의 감화성령感化性靈으로 『예기』 악기樂記 중의
궁·상·각·치·우宮商角徵羽 5음이 부전하는 실마리를 이어 영가도무의
법을 가르치시니 그 심공心工의 차서와 덕의德義의 오묘함은 아는 자는
좋아하는 자만 못하고 좋아하는 자는 즐기는 자보다 못한지라 오직 광화
김선생이 안빈낙도하여 처음부터 부연(이용래)·일수(이용신) 양 선생을 따라
배우기를 여러 해에 이르렀다. 무자(1888) 봄에 이르러 득도하고 호를 관부
하(상역) 선생에게 얻고 경전을 연구하며 삼도를 통달하여 후학에게 전진前進
의 도를 개진하니 제자가 수십만에 이르고 마음에 신성神聖의 이치를 얻어
현저한 공효를 이룬 사람이 수십이라 특히 그 문하에 진실종지를 얻은
사람은 월봉·만화·영산·운발·송계 5인이다.10)

    이들 자료를 통해 광화 김치인의 활동상에 대한 재구성이 가능해진다.
그 가운데 그가 창립한 오방불교의 실체가 분명해지리라는 것이다.

---

10)「易에 曰帝出乎震이라ᄒᆞ니 震은 東方也라. 我東方光正大道ㅣ 源源不窮타가 建之我一夫
大先生ᄒᆞ사 弘造化无量惟皇上帝之感化性靈으로 續夫禮記樂記中 宮商角徵羽五音不傳之
緖ᄒᆞ야 敎之以詠歌蹈舞之法ᄒᆞ시니 其心工之次序와 德義之奧妙는 知之者不如好之者오
好知者不如樂之者라 惟光華金先生이 安貧樂道ᄒᆞ야 初從芙蓮一守兩先生ᄒᆞ사 負笈有年矣
러니 至戊子春에 得道號於貫夫河先生ᄒᆞ고 硏從經傳ᄒᆞ며 洞達三道ᄒᆞ야 開進後學前進之道
ᄒᆞ니 弟子盖數十萬이오 心進神聖之理ᄒᆞ고 著作功效盖累十이라 特其門下에 得其眞實宗旨
者 月奉滿華靈山雲發松溪五人」(『光華集』光華先生文集序)

3. 광화의 수련과 오방불교 창립

이들 자료에 의하면, 광화는 조선 철종 6년인 1855년 7월 18일(혹은 19일), 세거지世居地인 전북 용담군 이서면 대불리, 즉 현재의 진안군 주천면 대불리에서 태어났다. 경주 김씨 학주공 홍욱의 후손으로, 휘는 치인이고 광화는 도호이며, 집안이 가난하였으나 글 읽기를 좋아하였다.

『광화김처사 법언록』의 행장에는 이러한 광화의 젊은 시절 행적이 상당히 구체적으로 드러난다. 이에는 그가 용담군 이서면 장등리 신기마을(현 전북 진안군 주천면 대불리)에서 태어난 것으로 적고 있다. 후일에는 같은 이름으로 불리는 동네다. 16세에 외갓집인 중리(현 진안군 주천면 대불리) 김재영가에서 농사짓다가 약관에 이르러 무주(현 전북 무주군) 뒷재로 이사하였다. 이후 잦은 이사를 하게 되는데 연산 덕동(현 충남 논산시 연산면), 진잠 철동(현 대전시 유성구), 전주 묵동(현 전북 전주시), 장승동(현 충남 논산시 가야곡면)으로 옮겼고, 같은 군 여술(현 논산시 가야곡면)의 서씨딸을 취하여 결혼하였다. 그녀는 부여 판윤공 익지의 후손이며 선비 상태의 딸이다. 그리고 고종 18년인 1881년 3월에 고산 선야동(현 전북 완주군 고산면)에 집을 짓고 살면서 수도에 정진하였다. 집이 가난하여 전북 진안과 충남 논산, 그리고 전북 전주 사이를 빈번하게 이사하였고 그 가운데서도 수도의 뜻을 견지했던 모양이다. 그가 출입했던 충남 논산지역의 대부분이 과거 전주군에 속했던 점 등을 보더라도 이들 지역이 이웃하여 생활에 서로 관련을 가지고 있었을 것이다.

그런데 이 기록은 구전口傳에 의했던 모양으로 연대를 산정하기 어려울 정도로 부풀려져 있다. 이강오 교수는 당시의 여러 정황을 들어 약관을 18세의 약년으로 해석하고, "김광화가 약년 18세에 무주로 전거했다가 19세에 덕동, 21세에 철동, 23세에 묵동, 26세에 장승동에 이주, 다음해 27세에 취처하고 그해에 선야동 수도 길을 떠난 것"[11]이 아닌가 보고 있다.

그러면 광화의 수도는 어떻게 진행되며 그 사승師承관계는 어떤가? 여러 기록에 의하면 광화는 일찍부터 연담 이운규(1804~1861?)의 두 아들인 부연

---

11) 이강오, 전게서 171쪽.

이용래와 일수 이용신을 따라 공부하였으며 부연의 법을 일수를 거쳐 전수하였다. 그런데 위의 『법언록』은 그의 20세인 1874년 봄에 부연 이용래를 만났다고 한다. 그리고 『광화집』에서는 그의 34세된 1888년 관부 하상역으로부터 「광화」라는 도호를 받은 것으로 기록하고 있다. 무라야마가 전하는 오방불교의 창교년이다.

흥미로운 것은 충남대 이정호李正浩 교수는 광화를 수운·일부와 함께 강산 이서구의 가르침을 받은 연담 이운규의 직접제자로 보고 있는 점이다. 즉, 연담이 3인을 가르치는 중 "하루는 이선생이 최제우와 김광화와 김일부를 차례로 불러 제우와 광화에 대해서는 각각 떨어져가는 선도仙道와 불도佛道를 대표하여 이 세상에 나온 것이니 주문을 외우고 깊이 근신하라는 경계를 하고, 일부에 대해서는 그대는 쇠하여 가는 공부자의 도를 이어 장차 크게 천시天時를 받들 것이니…"12)라 하여 각각 유·불·도 삼교의 종지를 받아 선양하도록 했다는 것이다. 이 설이 어떤 자료에 근거했는지 분명하지 않지만 수운이 동학을 창도한 1860년에 광화가 6살이었던 점을 감안하면 상징적인 의미로 보아야 할 것 같다.

이강오 교수는 일부계 교단이나 광화계 교단이 다 같이 그 연원을 연담에 대고 있으며 이들을 남학으로 파악하고 있다.13) 연담과 일부는 사제 간인데, 일부의 차자인 일수가 연담의 딸을 취娶했으므로 둘은 사돈이 되는 셈이다. 일부의 제자는 108인에 이르는데 1893년 일부가 논산의 영산 국사봉으로 옮겨 정역을 공부할 때 40명이 추종하였다.14) 그 중에는 이부연·이일수·권일청一淸 權鍾夏·이십청十淸 李象龍·하관부(관부 하상역)·성일성一省 成夏默·이차현此弦 李大永·김구연龜蓮 金邦鉉·김덕당德堂 金洪鉉·박일관朴一觀·노정봉盧鳳政·김일중金日中·김청탄淸灘 金永坤·이삼광李三光·김일붕金一朋의 15인이 덕망이 있었다는 것을 보면,15) 후일 관부계의 무극대종교와 광화계의 오방불교 사이

12) 李正浩, 『正易硏究』, 국제대학 인문사회과학연구소, 1976, 200쪽.
13) 같은 책 147쪽 참조.
14) 김홍철, 「한국 신종교 인물전 (1)」(『한국종교』 22, 원광대 종교문제연구소, 1997, 328쪽) 참조.
15) 『무극대종교 요지문답』, 제15문답.

에 수련 등과 관련하여 깊은 교섭관계가 있었던 것으로 판단된다. 1888년 관부가 광화에게 호를 주었다는 것이나, 광화가 수련했던 고산 선야동에서 관부가 수도했다는 것도[16] 그러한 교섭관계를 말해주는 것에 다름이 아니다.

그렇다면 남학의 도맥에 관련된 인물들의 상호관련은 어떠한가? 일부계 교단은 1898년 일부의 몰 후 관부 · 청탄 · 일청 · 십청 등 그를 따르던 사람들에 의한 교파운동이 활발하게 전개되었는데, 무극대종교에서는 교맥에 연담을 넣지 않고 초대 일부 김항~제2대 관부 하상역~제3대 덕부 이영태德夫 李永泰~제4대 진부震夫 홍광표~제5대 정부正夫 서덕평~제6대 명부明夫 유상인~제7대 오부 홍성준으로 교주의 흐름을 정리하고 있다.[17] 또한 광화계 교단은 초대 연담 이운섭(운규)~제2대 부연 이용래~제3대 일수 이용신~제4대 광화 김치인~제5대 명봉 김용배로 흐름을 정리하고 있다. 그런데 무극대종교에서 광화의 사후에 그의 글을 모아『광화집』을 편찬한 것을 보면 남학계의 흐름을 간직한 이들이 교단을 달리하면서도 도반의식은 지속했던 것이 아닐까?

그리고 문하에서 부연과 일수가 관부와 함께 수도했다면 이들 흐름은 광화에 의한 오방불교 교단활동이 이루어진 후 이후에도 교섭관계가 없지 않았을 것이다. 오방불교의 오음송주五音誦呪 내지 영가무도詠歌舞蹈를 중심한 수련방법도 그렇게 이해할 때 그 연원이 분명해진다. 후술할 바와 같이, 화무상제가 김항에게 계시하여『정역』을 완성하고 있는데, 그것을 영가무도로 표현하고 있다. 영가무도는 오음五音에 의하는데 이는『예기』악기 중의 궁 · 상 · 각 · 치 · 우 5정음正音에서 통한 것으로 이를 음 · 아 · 어 · 이 · 오의 오음으로 완성하고 있다. 이를 고래의 오장 · 오행 · 오방 · 오색 등과 관련시켜 정리하면 〈표 1〉과 같다.[18]

주목되는 것은 광화가『광화집』에서 일부를 대선생이라 하여 스승으로 모시

---

16) 김홍철 · 류병덕 · 양은용,『한국 신종교 실태조사보고서』, 원광대 종교문제연구소, 1992, 143쪽 참조. 이강오, 전게서 143쪽에서는 이때를 1888년으로 보고 있다.
17) 유영준,「无極大宗敎의 수행방법에 관한 고찰」(『한국종교』31, 원광대 종교문제연구소, 2007, 66쪽 참조.
18) 같은 논문(81-82쪽)에는 오음의 발성법에 대한 여러 사람의 견해를 도표로 정리하고 있다. 여기서는『禮記』樂記와『正易』詠歌를 대비하였다.

<表 1> 『예기』정음과 『정역』오음의 대비

正音	禮記	宮	商	角	徵	羽
五物		君	臣	民	物	事
五臟		脾	肺	肝	心	腎
五行		土	金	木	火	水
五方		中(皇極)	西	東	南	北
五色		黃	白	青	赤	黑
五音	正易	吟	呀(哦)	唸	咿	唔
五聲		濁重半低	清輕半高	半濁半輕高	清半高輕	半濁半中短

고 있다는 점이다. 둘의 사승관계가 확인되는 바인데, 여기에서『정역』에 바탕한 오방불교의 교의사상과 수련방법을 엿보게 된다. 일부계와 광화계를 망라한 남학의 교섭관계가 여기에서 드러난다고 보아 무방할 것이다.

『광화집』에서는 광화의 수련적공을 우임금 치수공력의 8년에 비유하고 있는데 1881년 고산으로 이사한 때부터를 가리키는 것으로 보인다. 이에서는 부연·일수의 가르침이 있었고, 1888년 관부의 지도로 유·불·선 삼도를 통효하였으며, 이로부터 학업이 날로 새롭고 문하생이 점점 많아졌다고 하였다. 그렇다면 1881년 이후 수련과정에서 문하생이 모여들었고[19], 무라야마의 지적대로 1888년 고향인 진안 대불리에 도장을 설치하고 오방불교라는 명칭으로 조직적인 포교를 시작했다는 말이 된다.

광화가 오방불교 활동을 시작하자 많은 제자들이 모여들었던 것 같다. 무극대종교 쪽에서 광화의 제자를 수십만이라 하고, 공효를 이룬 인물들만 수 십 명으로 보고 있기 때문이다. 특히 그 중에서 진실종지를 얻은 5인을 거명하고 있는데 월봉金恒培·만화金敬培·영산李尙善·운발金洛圖·송계金炳泰가 그들로, 『광화집』의 편집에 있어서 내용을 고증한 인물들이다.[20]

어떻든 광화의 종교활동이 오방불교로 상당한 교세를 이룰 즈음에 갑오(1894)동학농민혁명이 일어났고 동학교도들에 자극을 받았던 것으로 보인

---

19) 전게,『광화김처사법언집』37에 의하면 1886년 광화는 5~6인의 동지를 데리고 嶺南 知禮 紅深洞 교인 金後月의 집에서 五音正義를 강론하고 있다(이강오, 전게서 173쪽 참조)
20)『광화집』光華先生文集後敍에 등장하는 參考人이다. 이에는 6인의 참고인과 함께 15인의 重證을 열거하고 있다.

다. 동학교도들이 보국안민輔國安民 · 광제창생廣濟蒼生의 기치를 들고 승승 장구하며 충청도까지 진격하는 상황에서 남학교도 수천 명이 진안 주천에서 집회를 갖고 후천선계 개벽운동의 기회를 잃지 말고 동학과 같이 총궐기할 것으로 논의하였다. 그들은 동학운동과 구별하는 뜻에서 황메자黃袂子를 입 고 오방기五方旗 아래 출전할 태세를 갖추었으나 남학운동의 기미를 안 관군 이 공격해온다는 소식을 듣고 출동 직전에 해산해버렸으나 그 죄를 물어 일 수 · 광화를 비롯하여 교도 6명이 체포되었다. 당시 광화는 동학운동이 상성 常性을 잃은 난동이라 지적하고 난세를 당해서는 오직 도덕을 닦고 안심하는 것만이 활로를 여는 길이라고 하면서 남학교도의 망동을 극구 제지하였지만 없었던 일로는 할 수 없었던 모양이다. 이강오교수는 붙잡힌 교인들을 팔정 사八淨祠에 배향된 인물에서 일수 · 광화와 함께 손형진孫亨振 · 김운발金雲 發 · 고정일高正一 · 최공숙崔公淑 · 안주국安周國 · 이선기李宣基이며, 1995 년 4월 6일에 전주 서문 밖에서 포살된 것으로 파악하고 있는데,[21] 『광화집』 에서는 이관수李觀水 · 안주국 · 최방춘崔方春 · 손순지孫順之 · 동성월董成 月을 들고 1995년 4월 27일로 파악하고 있다. 이들을 상호 대비하면 몇 이름이 같은 사람으로 상정되지만 운발 김낙도가 후일까지 살아서 책 편집에 참고인 으로 등장하는 것 등을 보면 조금 더 면밀한 검토가 요청된다.

1895년 광화가 몰한 후 오방불교는 심대한 타격을 입고 있다. 일수가 참여 하고 있지만 오방불교의 실질적인 지도자가 광화였음은 말할 나위 없다. 물 론 종교적인 입장에서 광화는 신자들을 살린 의로운 인물로 인식되었을 것이 다. 따라서 지도자를 잃고 난 오방불교에서는 교주가 된 만화 김경배에 대항 하여 명봉 김용배 등이 금강불교로 분파하고, 다시 정도교 · 청림교 등을 규 합하여 교명을 광화교로 개칭하여 1934년 말의 현재의 교세가 신도 3천 명에 달하는 교세를 유지하고 있다. 한편에서는 김선기가 대화교를 규합하여 광 화연합교단을 별립하는 상황을 보면 일제의 단속取締 아래 결국 교체敎體의 확립을 보지 못한 상태로 시류에 흔들렸다는 결론에 이르게 된다.

---

21) 이강오, 전게서 175쪽 참조.

4. 『광화집』의 구조와 내용

광화의 직접 제자들이 참여하여 편찬한 『광화집』은 그의 행동과 사상은 물론 오방불교의 교의를 파악하는 데 있어서 간과해서는 안 될 자료이다. 먼저 그 구성을 보면 다음과 같다.

〈7〉 광화선생문집서(光華先生文集序, 1909 대종교임시교육소 저술교사 頓庵 金世濟 較正 衆廣 尹天普)

정심결正心訣·수신문修身文·행도문行道文·삼도변三道辨·조화록造化錄·영가무도기詠歌舞蹈記·중앙도가中央圖歌·중앙도中央圖·하룡하구우도河龍河龜右圖·삼원삼극좌도三元三極左圖·부도원해附圖源解(參考 門人 月奉 金恒培)

광화선생문집후서光華先生文集後敍(參考 門人 月奉 金恒培 등 6인, 重證 牟華 金在信 등 15인)

그러면 이들은 어떤 내용을 담고 있는가? 광화의 사상에 주목하면서 살펴보면 각항의 내용은 다음과 같이 파악할 수 있을 것이다.

「광화화선생문집서光華先生文集序」는 이 책의 편집서문이다. 대종교임시교육소 저술교사인 돈암 김세제가 1909년 12월 11일에 서문을 지었으므로 편찬시기를 말해준다. 전문이 원래 한자였을 것을 상정하면 그가 현토했을 것이다. 그리고 교정으로 이름을 올린 중광 윤천보가 책임교정하였다. 돈암은 찬술연기에서,

〈8〉 성性이 곧 천天이요 천이 곧 도道요 도가 곧 아我라, 나의 마음이 바른 즉 천의 마음이 또한 바르나니, 그 마음을 바르게 함이 하늘을 섬김인 고로 오직 우리 공자가 정심正心의 도로 사람들을 가르쳤다.[22]

고 전제한다. 그리고 전술한 자료 〈6〉에서는 그 가르침이 쉬고 있을 때 『역』에서 황제가 동방에서 나왔다고 하는 것처럼, 동방에서 일부가 나와 『예기』[23]

---

[22] 「性乃天이오 天乃道오 道乃我라 我之心이 正則天之心이 亦正ᄒᆞᄂ니 正其心이 所以事天故로 惟吾孔夫子 以正心之道로 敎人ᄒᆞᄉ」(『光華集』光華先生文集序)

가운데서 궁·상·각·치·우 5음에 의지하여 영가도무의 법을 가르쳤는데 광화가 부연·일수를 통해 그 도를 얻고 관부에게 호를 받았다는 것이다. 아울러 광화의 제자가 수 십만에 이르며 현저한 자가 수 십이고, 그 가운데 종지를 얻은 5인의 이름을 들고 그 가르침이 세상에 유행한다고 밝히고 있다. 말미에는 "공부자 탄강 2천 4백 60년 기유(1909) 초봄"으로 적었다. 이렇게 보면 광화는 유맥儒脈을 이은 사람이 되는데, 이는 돈암이 무극대종교의 종지에 입각해서 광화를 그리고 있음을 말해준다. 다만 이 서문이 일부와 부연·일수 그리고 관부 등의 관계를 통해 남학계 인물들의 연원관계를 밝혀주고 있는 것은 오방불교의 교체를 밝히는 데 있어서도 주목할 점이다.

「정심결正心訣」은 바른 마음을 찾는 요결이다. 광화는 그 머리를,

〈9〉 마음은 본래 텅 비었으니 사물에 응하여 흔적이 없도다. 하늘의 모양을 우러러보니 일월성신은 정도를 얻어 행하고, 지리를 굽어보니 초목금수는 정리를 목숨으로 하여 구하는도다. 맹자는 이르기를 마음의 도는 구한즉 얻고 버린즉 잃는다 하시니 마음을 구하는 도는 무엇인가. 성인이 신도로서 가르침을 베푸니 천하가 승복하는도다.[24]

로 시작하여, 유학적 교양을 드러내고 있다. 그리고,

〈10〉 그 마음을 바르게 하고자 하면 욕심이 일어나는 것을 방지해야 하나니라. 욕심을 방지하는 근본은 청정이 요체요 광명이 방법이니, 그 마음이 청정하면 물욕이 스스로 물러나고 그 마음이 광명하면 상제를 넘어서게 되나니 둘 없고 다름없이 하라, 상제가 너에게 임하시니라.[25]

---

23) 『禮記』「樂記」에는「凡音者, 生人心者也. 情動於中, 故形於聲, 聲成文, 謂之音. 是故治世之音, 安以樂, 其政和. 亂世之音, 怨以怒, 其政乖. 亡國之音, 哀以思, 其民困. 聲音之道與政通矣. 宮爲君, 商爲臣, 角爲民, 徵爲事, 羽爲物. 五者不亂則無怗懘之音矣. 宮亂則荒, 其君驕. 商亂則陂, 其官壞. 角亂則憂, 其民怨. 徵亂則哀, 其事勤. 羽亂則危, 其財匱」라 하였다.
24)「心兮本虛ᄒ니 應物无跡이로다. 仰觀天象ᄒ니 日月星辰은 得正道而行之ᄒ고 俯察地理ᄒ니 草木禽獸는 殉正理而求之로다. 孟子曰 心之道는 求則得之ᄒ고 捨則失之라ᄒ시니 求心之道를 何以오. 聖人이 以神道設敎而天下服이라」(『光華集』正心訣)
25)「欲正其心인댄 究防興欲ᄒ라. 防欲之本은 淸淨이 爲要요 光明이 爲法이니, 其心이

고 결론짓는다. 심성의 광명을 황제강림으로 보고 마을이 바르지 못하면 천지도 바르지 못하다는 것이다.

「수신문修身文」은 수신의 필요와 차서 등의 요체를 다루고 있다. 맹자孟子의 인의예지 사체仁義禮智 四體26)와 증자曾子의 삼성오신三省吾身27) 예를 들어 수신의 필요를 역설한다. 그는 인간 심성의 광명을 황상제강충皇上帝降衷의 성性이라 명명하고 있다. 그리고,

〈11〉 천자는 큰 아름다움을 가지고 있으나 말하지 않고, 사시는 밝은 법을 가지고 있으나 의론하지 않나니, 의론을 살피는 사이에 기질을 변화하고 덕성을 훈도하며… 신령스럽고 밝음은 그 사람에서 있으니 사람을 위하려거든 인도를 다할 것이요, 인도를 다하려거든 먼저 그 몸을 닦아야 하나니….28)

라 하여 수신의 요체를 말한다. 광화는 수신의 방법으로 경이직내敬以直內와 의이방외義以方外를 주장하고 있다.

「행도문行道文」은 도를 행하는 요체를 밝히고 있다. 그 전문을 옮기면 다음과 같다.

〈12〉 도는 마치 대로와 같나니 어찌 어렵다 하리요, 사람이 병이 들었으되 구하지 않을 뿐이니라. 미시유부未始有夫로부터 미시무부未始无夫에 이름이 억만 고금이라. 억만 세계에 바르고 크고 공변되게 통해하는 정도는 오직 백성에게 황상제강충皇上帝降衷하여 마치 항성恒性한 진주재대종교眞主宰大宗敎시라. 만화 만명 만합하고 무량 무궁 무극의 크고 근본된 달도로 통해 행하고, 합해 행하고 바르게 행하고 닦아 행하고 쉽게 행하고 이롭게 행하고 어렵게 행하나니 그 행함에 있어서는 하나니라. 홀로 하나요 둘 아닌 도는 순임금은

淸淨하면 物慾이 自退오 其心이 光明이면 對越上帝ᄒᆞᄂᆞ니 无貳无異ᄒᆞ라, 上帝臨汝시니라」 (같은 책)

26) 「君子所性. 仁義禮智根於心.」(『孟子』盡心章句上)

27) 「曾子曰. 吾日三省吾身. 爲人謀而不忠乎. 與朋友交而不信乎. 傳不習乎.」(『論語』學而)

28) 「天地有大美而不言ᄒᆞ고 四時有明法而不議ᄒᆞ니 擬議之間은 變化氣質ᄒᆞ고 薰陶德性ᄒᆞ며…神而明之ᄂᆞᆫ 存乎其人이라 欲爲人인댄 盡人道오 欲盡人道인대 先修其身이니 其身을 不修오…」(『光華集』, 修身文)

누구며 우임금은 누구인가, 하려고 하는 자는 이와 같나니라. 천지도를 관하고 천지행을 지키면 다함이니라.[29)]

광화는 자기의 가르침을 상제가 내린 성품을 밝힌 것이요, 따라서 항성진주재 대종교恒性眞主宰大宗敎라고 자부한다. 그것은 만화 만명 만합하고 무량무궁 무극의 크고 근본된 도라 보고 있다. 그러므로 그것은 둘 아닌 도요 요순의 가르침을 능가하는 것이라는 것이다.

「삼도변三道辨」은 광화의 유・불・도 삼교에 대한 논변이다. 그는 유도는 진기사륜陳紀四倫하고 숭문병무崇文幷武하여 충군효친忠君孝親의 도를 선양하고, 불법은 포원합신抱元合神하고 연경충심練經充心하여 태극허무太極虛無의 법을 선양하고, 선술은 도애연명敦延命하고 연형장생練形長生하여 통유여의通幽如意의 술을 선양한다고 본다. 도・법・술 셋은 상호간에 체體와 용用으로 상제강성上帝降性인데 후학들이 알지 못하고 이단을 지어 본연의 천성天性과 당연의 정리正理와 자연의 진도眞道를 알지 못한다고 지적한다. 그리고,

〈13〉 유도의 진실은 배워서 얻고 불법의 적멸은 빌어서 얻으며 선술의 허무는 닦어서 얻나니, 일이관지와 불생불멸과 백일초탈이 어찌 구하지 않고 얻어지리요, 도를 구한즉 득도하고 법을 구한즉 득법하고 술을 구한즉 득술하나니라. 유도는 사서오경에 실려 있고 불법은 팔만대장경에 실려 있으며 선술은 『음부경』・『도덕경』에 실려 있나니, 유를 하려거든 유도를 다하고 불을 하려거든 불법을 다하며 선을 하려거든 선술을 다하되, 이 세계만합世界萬合하고 인문만명人文萬明하고 조물만화造物萬化하는 시대를 당하여 서교西敎의 천주・기독・회회 등의 가르침이 아울러 나오니 오직 나의 도는 만화・만명・만합의 진주재대종교眞主宰大宗敎니라.[30)]

---

29) 「道ᄂᆞᆫ 若大路然ᄒᆞ니 豈難之哉리오, 人病不求己라. 自未始有夫로 亘未始无夫히 爲億萬古今라. 億萬世界에 正大共公通行之正道ᄂᆞᆫ 惟皇上帝降衷于下民ᄒᆞ사 若有恒性ᄒᆞ신 眞主宰大宗敎시라. 萬化萬明萬合 无量无窮无極之大本達道로 通而行之ᄒᆞ고 合而行之ᄒᆞ고 正而行之ᄒᆞ고 修而行之ᄒᆞ고 安而行之ᄒᆞ고 利而行之ᄒᆞ고 困而行之ᄒᆞᄂᆞ니 及其行之ᄒᆞ얀 一也니라. 獨一无二之道ᄂᆞᆫ 舜何人禹何人고 有爲者亦若是라. 觀天地道ᄒᆞ고 執天地行ᄒᆞ면 盡矣니라.」(같은 책, 行道文)

152 한국근대사상사 탐구

라 선포한다. 그가 처한 후천개벽세상을 세계가 만합하고 인문이 만명하며 조물이 만화하는 시대라 파악하고, 이 시대에 서구의 종교가 들어오는데 오직 그의 도가 진주재대종교이며, 삼교의 진수가 그 안에 있다고 본다. 그는 심心은 천天이고 도道는 성性이며 사람은 상제의 자녀라 보고, 그런 인간이 자신의 가르침을 통해 삼교의 종지를 얻어야 한다는 것이다.

「조화록造化錄」은 광화가 조물주로 보는 화무상제론化无上帝論이다. 그 전문을 옮겨보면 다음과 같다.

〈14〉 조물주는 무엇인가, 즉 화옹化翁이다. 화옹은 무엇인가, 즉 조화옹이다. 조화옹은 무엇인가, 즉 화무상제이다. 화무상제는 무엇인가, 즉 성性이다. 성은 무엇인가, 즉 천天이다. 천은 무엇인가, 즉 도道이다. 도는 무엇인가, 즉 아我이다. 아는 무엇인가, 즉 맹자가 말한 만물이 모두 함께하는 것이요, 『음부경』이 말한 만화萬化를 생하는 몸이요, 불가에서 말한 천상천하유아독존天上天下唯我獨尊이요, 선가에서 말한 나의 명命이 나로부터 비롯된 것이요 천으로부터 비롯된 것이 아님이요, 서교에서 말한 성부·성자·성신의 삼위일체가 이것이다. 조화의 기록이 이에 모두를 덮는 것이다. 이른바 녹錄이 조화이며 조화가 녹이니 녹과 조화는 스스로 정론을 가지므로 여기에 다시 찬하지 않노라.[31]

광화는 이 논을 통해 삼교 외에도 그리스도교의 교리에 대해서도 이해하고

---

30) 「儒道之眞實은 學而得之ᄒ고 佛法之寂滅은 祈而得之ᄒ고 仙術之虛无는 練而得之ᄒ니 一以貫之와 不生不滅과 白日超脫이 豈日不求而得之哉리오. 求於道則得道ᄒ고 求於法則得法ᄒ고 求於術則得術ᄒᄂ니 儒道는 載於四書五經ᄒ고 佛法은 載於八萬大藏經ᄒ고 仙術은 載於陰符道德經ᄒ니 欲爲儒인대 盡儒道오 欲爲佛인대 盡佛法이오 欲爲仙인대 盡仙術이로되 當此世界萬合ᄒ고 人文萬明ᄒ고 造物萬化之時代ᄒ여 西敎之天主基督回等敎가 尤綺然幷出ᄒ니 惟吾道는 萬化萬明萬合眞主宰大宗敎라.」(같은 책, 三道辨)

31) 「造物主는 何오 卽化翁也라. 化翁은 何오 卽造化翁也라. 造化翁은 何오 卽化无上帝也라. 化无上帝는 何오 卽性也라. 性은 何오 卽天也라. 天은 何오 卽道也라. 道는 何오 卽我也라. 我는 何오 卽孟子所謂萬物이 皆偕於也오. 陰符經所謂萬化生于身이오 佛家所謂天上天下唯我獨尊이오 仙家所謂我命이 由我오 不由天이오 西敎所謂聖父聖子聖身三位一體是也라. 造化之錄이 於斯에 盖矣로다. 所謂錄者가 造化也아 造化者가 錄耶아 錄與造化는 自有正論일새 玆不復贊ᄒ노라」(같은 책, 造化錄)

있음을 드러낸다. 그는 조물자를 화무상제라 보는데 그것은 일부에 의해 확립된 절대자의 개념이다.[32] 화무상제가 곧 성性이라 하여 인성人性과 천리天理를 하나로 보는 광화의 사상이 일부의 그것을 계승하고 있음이 분명해진다.

「영가무도기詠歌舞蹈記」는 오방불교의 수련법을 밝힌 부분이다. 그런데 영가무도가 아니라 영가도무라고 쓰고 있고, 서문에서 그의 제자도 같은 표현을 사용하고 있어서 흥미롭다. 물론 내용에서는 무도라고 쓰기도 하는데 그 전문을 옮겨보면 다음과 같다.

〈15〉 천天에서 발한 것이 심心이요, 심에서 발한 것이 언言이요, 언에서 발한 것이 영詠이니, 영이란 말은 긴 소리니라. 시詩는 뜻의 말이요 가歌는 긴 말이니, 심의 영가는 곧 심화心和하고 심화한즉 기화氣和하고 기화한즉 형화形和하고 형화한즉 성화聲和하고 성화한즉 천지의 화가 응하나니라. 시詩에서 말하지 않았던가. 학이 구고九皐에서 울면 소리가 천하에 들린다 하니, 저 까마귀를 상대하여 천에 들리거든 가히 사람으로서 까마귀만 못하나니라. 소소구성韶簫九成에 봉황이 와서 예를 올리고. 백수 가무에 신·인神人이 화하며 날개로 춤추고 피리로 격을 삼으니 3개월을 고기 맛을 모르고, 옛 성인의 호락好樂본원을 거슬러올라가 찾아 부르고 이어서 노래하니 영영한 이 노래여 영가 사이에 화기가 무르녹도다. 저 천국 극락세계는 오히려 늦다 하리라.

이 도의 영가는 1성하여 화기반체和氣胖體하고, 2성하여 화기철심和氣澈心하고, 3성하여 화기반공和氣盤空하고, 4성하여 인문화명人文和明하고, 5성하여 천악표표天樂飄飄하고, 6성하여 만물고무萬物鼓舞하고, 7성하여 천신조천天神朝天하고, 8성하여 신인동도神人同道하고, 9성하여 수심견성收心見性하나니 『서書』에 소소구성韶簫九成이라 하였으니 이 도의 영가구관詠歌九關이 자연히 모아 합하여 물물이 각각 태극에 귀일하고 성성性性이 각각 상제에 귀일하도다. 상제는, 즉 성性이오 성은 즉 천天이오 천은 즉 도道요 도는 즉 아我요 아는 즉 영가니라. 영가여 영가여, 누가 영가를 알았는가.

화무상제化无上帝가 갑신(1884) 7월 17일 사시에 감화하여 오직 우리 일부一夫

---

32) 일부 김항은 1881년(신사) 6월 21일에 찬한 「大易序」의 一夫事實에서 「淵源, 天地無窮化无翁」이라 하고, 『正易』의 1884년(갑신) 7월 17일조에는 化无上帝의 啓示글을 듣고 이를 化翁이라고도 표현하고 있으며, 완성한 九九吟에서는 「化化翁」이라 부르고 있다.

대선생이 자신이 자신인 줄 모르고 영가로 이 영가를 함으로써 천기天機가 저절로 음아어이오吟哦唹咿唔唔하니 이것은 누구의 공덕인가. 진실로 지덕至德이 아니면 지도至道가 응하지 않나니라. 오직 대덕대도 대자대비 무극무량 무궁무위 진실무망 광명정대 진군자 진성사 연후에 가히 말할 수 있는 일이니라. 그래서 긴 말이 부족한 고로 탄식할 뿐이고 탄식이 부족한 고로 절로 손짓하고 춤추며 발짓하고 춤추며 입에는 음이 끊어지지 않고 손에는 필이 멈추지 않으며 마음에는 생각이 그치지 않고 말은 뜻을 다하지 못하며, 혈맥이 맑아지고 정신이 생동하니 정신이 유유하고 답답명명하여 조물주와 더불어 놀며 참요參要와 더불어 함께 귀의하도다.

불가의 견성과 선가의 영성이 모두 이 도의 정성定性에서 나오니 정성은 무엇인가. 『역』에서 기도변화氣道變化에 각 정성명定性命이라 하고, 또 수출서물首出庶物에 만국이 두루 안녕이라 하였으니, 만약 우리가 울리고 바람이 불며 구름이 지나고 비가 와 춤추어 신비함을 다할제 천국이 눈앞에 있고 극락이 마음에 있어서, 영가하고 무도하며 무도하고 영가하니, 영가하고 노래하다가 노래하고 춤추며, 춤추고 뛰다가 뛰다가 춤추어 그 소이연을 알지 못하니 그것은 무엇인가, 흥이요 흥이라. 영가로다 풍류로다 무도로다. 목과 입과 혀가 영가가 아니고 간척干戚과 날개가 무도가 아니더냐. 입에는 무궁조화의 글이 있고, 귀로는 천연의 회오리바람 소리를 들으며, 가슴은 만리무운에 열려 있고, 손으로는 장엄한 하늘의 부적을 더듬으며, 발로는 달의 굴에 이르고, 머리는 천근天根에 다달아, 형형색색의 영가와 괴괴기기의 무도와 언언불궁의 심술과 요요무진의 대도가 모두 이로부터 나왔으니 이는 무엇인가, 즉 오음이라. 말로는 다하지 못하여 기록하고 기록으로는 다하지 못하여 답하니 답이란 무엇인가, 즉 화무상제니라. 화무상제는 어디에 계신가. 부르는 곳에 있고 무소부재하시니 오직 이 도를 믿는 사람은 공경하고 공경할지어다.33)

---

33) 「發於天이 爲心이오 發於心이 爲言이오 發於言이 爲詠이니 詠之爲言은 長言之也라. 詩는 言志오 歌는 永言이니 詠歌於心則心ㅎ고 心和則氣和ㅎ고 氣和則形和ㅎ고 形則聲和ㅎ고 聲和則天地之和ㅣ 應矣라. 詩不云乎아 鶴鳴于九皐어던 聲聞于天이라ㅎ니 相彼烏矣혼대 有聞于天커든 可以人而不如烏乎아. 韶簫九成에 鳳凰이 來儀라. 百獸歌舞에 神人以和와 舞于羽而有笛格과 三月을 不知肉味와 先聖好樂之本源을 溯而詠之ㅎ고 績而歌之ㅎ니 永永此歌여 詠歌之間에 和氣融融이로다. 彼天國極樂世界는 尙云晩矣로다. 吾道之詠歌는 一聲而和氣胖軆ㅎ고 再聲而和氣澈心ㅎ고 三聲而和氣盤空ㅎ고 四聲而人文이 和明ㅎ고 五聲而天樂이 飄飄ㅎ고 六聲而萬物이 鼓舞ㅎ고 七聲而天神이 朝天ㅎ고 八聲而神人이

여기에서는 영가무도의 연원이 일부 김항임을 분명히 하고 있다. 그를 대선생이라 부르고 있으니 광화의 가르침이 일부로부터 비롯되고 있으며, 그를 스승으로 삼고 있음도 알 수 있다. 그리고 영가도무의 가르침은 일부가 정역을 완성한 1884년 7월 17일 화무상제의 계시로부터 이루어졌다고 전한다. 이때 이루어진 영가 즉 음·아·어·이·오는 말할 나위없이 수행법으로, 일부계 교단과 같다.[34] 일찍이 이능화李能和(1869~1943)는 『조선도교사』를 저술하면서 남학을 설명하여 "영가무도교라고도 하고 대종교大宗教라고도 한다"고 소개하고, 교학지법教學之法으로 오음의 원리를 다음과 같이 소개하고 있다.

〈16〉 처음에 음·아·어·이·오의 다섯 개의 모음을 크게 소리 내어 부르는데 노래곡조와 같이 완급과 고저를 절주節奏에 맞도록 한다. 그래서 자연스럽게 읊고 노래하고 춤추고 뛰기도 하면 마음이 평안하고 기운이 화하여 저절로

同道ᄒᆞ고 九聲而收心見性ᄒᆞᄂᆞ니 書에 曰韶簫九成이ᄅᆞᄒᆞ니 吾道之詠歌九關이 自然湊合ᄒᆞ야 物物이 各歸一太極이오 性性이 各歸一上帝라. 上帝ᄂᆞᆫ 卽性이오 性은 卽天이오 天은 卽道오 道ᄂᆞᆫ 즉 我오 我ᄂᆞᆫ 卽詠歌라. 詠歌여 詠歌여 誰知詠歌오 化无上帝感化於甲申七月十七日巳時에 惟我一夫大先生이 不知自身是身과 自詠歌是詠歌ᄒᆞ고 天機가 自動於吟呀唹伊唔ᄒᆞ니 是誰之功也오. 苟不至德이면 至道不凝焉이라. 惟大德大道大慈大悲无極无量无窮无爲眞實无妄光明正大眞君子眞聖師然後에 可與語此矣라. 若其長言之不足故로 嗟歎之ᄒᆞ고 嗟歎之不足故로 不知手之舞之고 足之踏之ᄒᆞ야 口不絶音ᄒᆞ고 手不停筆ᄒᆞ고 心不停思ᄒᆞ고 言不盡意ᄒᆞ야 動盪血脈ᄒᆞ고 改動精神ᄒᆞ니 精神이 悠悠ᄒᆞ야 沓沓冥冥ᄒᆞ야 與造物者游ᄒᆞ며 與參要同歸로다. 佛家之見性과 仙家之永性은 都出於吾道之定性ᄒᆞ니 定性은 何오 易所謂氣道變化에 各定性命也라 又曰首出庶物에 萬國이 咸寧也라. 若其雷動風鼓ᄒᆞ고 雲行雨施ᄒᆞ며 皎之舞ᄒᆞ야 以盡神홀제 天國이 在目ᄒᆞ고 極樂이 在心ᄒᆞ야 詠歌而舞蹈ᄒᆞ며 舞蹈而詠歌ᄒᆞ니 詠歌而歌타가 歌歌而舞ᄒᆞ고 舞舞而蹈타가 蹈蹈而舞ᄒᆞ야 不知其所以然ᄒᆞ니 所以然ᄂᆞᆫ 何오 興也라 興也라. 詠歌로다 樂云樂云이라. 舞蹈로다 喉嚨口舌이 非詠歌也오 干戚毛羽가 非舞蹈也라. 口有无窮造化之文ᄒᆞ고 耳聞天然飄飄之聲ᄒᆞ고 胸開萬里无雲之色ᄒᆞ고 手撈天於莊嚴之符ᄒᆞ고 足蹋月窟ᄒᆞ며 頭撞天根ᄒᆞ야 形形色色之詠歌와 恠恠奇奇之舞蹈와 言言不窮之心術과 寥寥无盡之大道가 都出於此ᄒᆞ니 此ᄂᆞᆫ 何오 卽五音者也라. 言不可以已而記ᄒᆞ고 記不可盡而答ᄒᆞ니 答者ᄂᆞᆫ 何오 卽化无上帝耶라. 化无上帝何處在오 在乎在ᄒᆞ고 无所不在ᄒᆞ시니 惟我信道之人은 敬之敬之어다.」(『光華集』, 詠歌蹈舞記)

34) 유영준, 전게 논문, 81쪽 이하 참조. 오음인 궁·상·각·저·우는 각각 오행인 토·금·목·화·수, 오장인 脾·肺·肝·心·腎, 소리인 음·아·어·이·오에 해당한다. 다만 소리에 대해서는 학자에 따라 그 순서를 달리하고 있다.

이치가 통달되어 삼교에 통철하게 된다. 더 부연하면 화락이수河洛理數 선천후천 음양오행 오음 오장 육율六律 육갑 및 역리易理 등의 논리를 부합시킨 요점은 다음과 같다.

궁토음宮土音은 소리가 비장에서 나온다. 탁중반저濁重半低, 갑사甲巳가 화하여 군君이 된다. 정음正音은 음哈이다. 상금음商金音은 소리가 폐에서 나온다. 청경반고淸輕半高, 을경乙庚이 화하여 신臣이 된다. 정음은 아哦이다. 각목음角木音은 소리가 간에서 나온다. 반탁반경고半濁半輕高, 정임丁壬이 화하여 민民이 된다. 정음은 어哦이다. 치화음徵火音은 소리가 심에서 나온다. 반청반고경半淸半高輕, 무계戊癸가 화하여 물物이 된다. 정음은 이呎이다. 우수음羽水音은 소리가 신장에서 나온다. 반탁저중단半濁低中短, 병신丙申이 화하여 사事가 된다. 정음은 오唔이다.

이 음 · 아 · 어 · 이 · 오는 오행근본의 천성天聲에 따라 양율음려陽律陰呂로 장부臟腑에서 나오는 것이니 혈기가 화평하면 노래도 하고 읊기도 한다. 손으로 춤추고 발로 뛰게 되어 자연히 심정이 영허靈虛해지고 신명神明이 부응符應하여 조화의 이치와 격에 맞는 공功을 깨달아 통하지 않음이 없을 것이다. 그 공정工程을 말하면 지극히 간단하나 갖추어 있지 않음이 없고, 그 이치로 말하면 지극히 커서 이르지 못하는 곳이 없다. 그 도로 말하면 본연의 천성을 밝혀서 그릇됨을 막으니 정성을 다하고 힘써 쉬지 않으면 상제께서 너에게 강림하사, 이치가 통하지 않음이 없으리라 하였다.[35]

이어서, 일부가 『정역』에서 영가무도에 유 · 불 · 도 삼교의 요체가 들어 있다고 했으며, 그의 제자인 김정현金正鉉이 유 · 도 · 불을 각각 정기신精 · 氣 · 神에 배대하고 유는 존심양성存心養性, 불은 명심견성明心見性, 도는 수심연성修心練性으로 풀이하고 있다고 전한다. 이는 자료 〈15〉에서 상제가 일부에게 강림한 사실이나 역리易理를 통해 후천세계를 그리는 것과 자료 〈16〉은 상통하는 내용이다.

「중앙도가中央圖歌」는 조화옹인 화무상제의 강령降靈으로 억조창생을 구제하는 노래이다. 가사체인 전문을 옮기면 다음과 같다.

---

35) 李能和 輯述, 이종은 역, 『朝鮮道敎史』, 보성출판사, 1977, 236-237쪽.

〈17〉 조화옹아 조화옹아 누를 조화ᄒᆞ야 누를 조화ᄒᆞ야

　　　화무상제 강령降靈으로 도솔천궁 조화ᄒᆞ며

　　　억조창생 구제ᄒᆞᆯ제 구제로다 구제로다

　　　두루두루 구제로다 천상천하 가년세월

　　　영원불궁 광명ᄒᆞ다 광명촉을 일월삼고

　　　천지장막 펼쳐노니 무극대성大聖 무량세계

　　　제불제천諸佛諸天 제신성諸神聖은 천상천하 참예ᄒᆞ다

　　　우리업장 가린창생 무궁지죄无窮之罪 소탈消脫ᄒᆞ고

　　　선심공덕 자발自發ᄒᆞ면 극락세계 목전이라

　　　애답도다 애답도다 우리도에 들지 못한

　　　져창생이 애답도다 무기개벽戊己開闢 두렷ᄒᆞ니

　　　선천사先天事가 왕사往事로다 장래선심善心 발원하면

　　　무량복록 여해如海로다 창해물언 말여져도

　　　복록해년 무궁ᄒᆞ다 춘삼월 호시절에

　　　초목군생 자락自樂ᄒᆞ니 위천개고謂天盖高ᄒᆞ나 고산高山이

　　　제일고高라 신선노던 동리에서 조화물造化物을

　　　벌여놋코 일톄중생 제도ᄒᆞ니 만천법계萬天法界

　　　져신성神聖은 화무상제 옹위ᄒᆞ사 무극회상

　　　제일반第一班에 일부一夫선생 분명ᄒᆞ다

　　　일이관지 오도吾道로서 전도前導선생 재좌在座ᄒᆞ니

　　　선천하도河圖 웬일인고 사능현四稜硯에 팔능현八稜硯에

　　　삼원三元도리 분명ᄒᆞ고 이구도수二九度數 완연하다

　　　계화표표桂花飄飄 월궁月宮에ᄂᆞᆫ 진도자眞道子에 선수善手로도

　　　의사意思ᄂᆞᆫ 난화難畵로서 중앙도식圖式 둥두렷

　　　좌복左服에 인印을치니 일월광화日月光華 져도인은

　　　속속중생 보제普濟ᄒᆞ라 용화세계 이아닌가[36]

　이 노래에서 주목되는 부분을 몇 가지로 정리하면 다음과 같다.

　첫째, 후천개벽을 「무기개벽戊己開闢」으로 보고 있는 점이다. 한국 신종교
에 있어서 사상적 특징의 하나가 개벽사관開闢史觀이며, 이는 수운이나 일부

---

36) 『光華集』 中央圖歌.

를 비롯한 석각자들에게 공통적으로 나타나는데,[37] 광화도 이와 다르지 않다. 전게 자료 〈2〉와 〈6〉 등에 나타난 바와 같이 그는 1881년 전북 고산에 수련처를 마련하고 정진하기 8년만인 1888년 도를 얻었다고 하는데, 그해가 무자년이고 이듬해가 기축년이다. 그렇다면 그는 도를 통하고 오방불교를 창립한 이 해를 후천개벽의 원년으로 보고 있다는 말이다.

둘째, 광화가 일부 김항을 스승으로 모시고 있는 점이다. 자료 〈15〉와 〈16〉 등에 나타나는 바와 같이 그는 일부의 법통을 계승하고 있다. 그의 도맥에 부연과 일수가 관련되어 있다 하더라도 그 자신은 일부를 직접 스승으로 모시고 있다. 일부가 1884년 정역을 완성했던 것을 상기하면 두 사람의 관계가 직접적일 수밖에 없는 이유가 여기에 있다.

셋째, 광화가 불교적 종교활동을 표방하고 있는 점이다. 한국 전통사상의 주류가 유·불·도 삼교였던 점에 비추어 보면 새로운 제도이념이 이를 기반으로 전개될 수밖에 없는 일이며, 광화의 경우에 있어서 이는 자료 〈13〉의 삼도변 등에 잘 나타난다. 그런데 그는 일부의 가르침을 받들고, 또 사서삼경을 박통하는 면을 보이면서 구제활동은 유교가 아니라 불교를 표방한다. 두드러진 예가 "화무상제 옹위하사 무극회상 제일반에 일부선생"이 선도하고 자신은 '일월광화'로서 중생을 널리 제도할 사명이 부여되었다고 보는 대목이다. 그러한 회상會上은 오방불교라 할 터인데 그는 이를 '용화회상' 즉, 미륵불회상으로 자부한다. 일부의 가르침을 받으면서 불교적 제도이념을 분명히 하고 있는 것이다.

넷째, 정역을 황극으로 해석하고 있는 관점이다. 자료 〈16〉과 〈17〉 등에 나타나는 바와 같이 그는 역에 일단의 조예를 가지고 있다. 일부의 제자로, 또 후천개벽과 후천선경을 역으로 풀어나가는 입장에서는 이에 대한 연찬이 요청되었을 것이다. 그는 중앙을 황극皇極이라 보고 있는데, 이는 일부의 가르침 그대로이다. 오방이란 금·목·수·화·토 혹은 동·서·남·북·중앙을 가리킨다. 장엄의 용화세계라는 것이다. 정역은 이의 중토中土며 중토

---

37) 졸고, 「한국 종교사상사에서 본 신종교」(『한국종교』 23, 원광대 종교문제연구소, 1998, 156쪽 이하) 참조.

는 황극으로, 광화는 이것이 대 장엄의 용화세계라고 보고 있다. 일부는 『정역』에서 "하나가 열이 없으면 체가 없고, 열이 하나가 없으면 용이 없으니, 합하여 토土이다. 가운데 있는 것이 오이니 황극이다"38)라 하였다. 광화는 이 황극의 세계를 '중앙도'로 그리고, 그 세계를 노래한 것이 「중앙도가」이다. 이러한 「중앙도가」에는 '중앙도'가 붙어 있는데, 크고 두터운 원 안에 작고 가는 원을 그리고 그 안에 '중中'이라 적었다.

그리고 「중앙도가」에는 다시 도표 두 장이 부록되어 있다. 먼저 「하룡하구우도」는 팔각형의 그림 안에 29점의 윷판을 옮겨놓은 것이다. 아울러 「삼원삼극좌도」는 사각형의 그림 안에 타원형인 삼원이 중앙을 향하여 모여 있다. 또한 「도원해圖源解」가 부록되어 있는데 해제한 월봉 김항배는 이를 관부 하상역이 전북 고산에서 수련할 때 그려준 것으로 밝히고 있다. 앞 그림은 오른손으로 팔능용린현八稜龍鱗硯을 타파한 것이고, 뒷 그림은 삼재三才의 조화체이며, '중앙도'는 선후천이 바뀌는 조화의 용用이라 본다. 그런데 팔릉용린현이란 벼룻돌로 하상역이 1888년 수도하던 중 영가무도의 법열경지에서 오른 손으로 벼룻돌을 쳤더니 뒷바닥에서 29점의 윷판이 나온 데서 비롯되며, 이것이 후천역後天易 정역팔괘正易八卦의 기본원리라는 것이다.39) 그렇다면 하상역의 윷판원리를 광화는 잘 알고 있으며, 그것은 1888년 두 사람이 고산에서 같이 수련했다는 사실을 입증한다. 월봉은 그러한 역사를 상기시키면서 이들 그림을 삽입함으로서 관부에 의해 조직된 대종교에 광화의 사상인 오방불교 교의를 수용하는 모양을 취한 것이라 생각된다.

「광화선생문집 후서光華先生文集後敍」는 그 대강이 전게 자료 〈2〉에 밝혀 있다. 그러나 주목할 사항은 월봉 김항배가,

〈18〉 오늘 대종교를 세우는 시기에 당하여 도심이 전일에 배가하니 옛을 생각하고 지금을 느껴 다른 사람을 자기와 같이 사랑하면 우리 천성을 회복하여 함께 천국 극락세계를 향유하면 또한 즐겁지 않겠는가.40)

---

38)「一无十无體. 十无一无用. 合土居中五皇極」(『正易』十五一言)」
39) 이강오, 전게서 166-167쪽 참조.
40)「當今日大宗教發建之時ㅎ야 道心이 尤倍於前日일새 懷舊感今ㅎ고 愛人如己ㅎ면 復我

라 하고 있는 사실이다. 이는『광화집』을 발간하는 의도를 적은 글인데 대종교를 세우는 시기를 당하여 이 책을 발간한다는 것이다. 하상역이 대종교를 창립한 것이 이 책의 서문이 작성된 1909년이다.[41] 흥미로운 것은 을미흉액 이후 오방불교를 이끌어오던 만화 김경배가 이「후서」의 참고인으로 월봉 김항배 다음으로 등재되고 있는 점이다. 그렇다면 만화는 명봉 김용배가 금강불교로 분파하여 교단을 통제하기 어렵게 되자 주요간부들을 데리고 같은 남학교단인 대종교에 합류했다는 설명이 가능해진다.

5. 결어

이상에서 1909년에 편간된 것으로 보이는『광화집』에 대하여 일별하였다. 그 과정에서 광화 김치인의 생애와 남학연원, 종교활동과 교의사상, 그리고 오방불교의 성쇠에 대해 상당한 정보를 얻을 수 있었다. 아울러 이는 남학 관련 교단의 조직과 변천에 대해서 엿볼 수 있는 여러 단서도 제공해주고 있다. 특히 이를 이강오교수가 수집한『광화김처사법언록』등 자료 및 고증 내용과 대조하면 구체적 실상을 파악하는 데 도움이 될 것으로 보았다. 이들을 요약 정리하면 다음과 같다.

첫째, 광화 김치인의 생애에 대한 정리다. 그동안 그의 생애의 전모나, 처형일자 등 구체적인 사항에 대해서 명확하게 알지 못했던 사실을 상당히 드러나게 되었다. 주요사항을 보면 그는 경주 김金씨로 1855년 7월 19일(혹은 18일), 현재의 전북 진안군 주천면 대불리에서 태어났다. 어려서부터 학문을 좋아하던 그는 집안이 가난하여 충남 논산 등으로 자주 이사하면서도 배움을 놓지 않았고, 1874년 봄에 연담 이운규의 아들인 부연 이용래를 처음 만나게 되어 이른바 남학을 접하게 되며, 1881년 3월 전북 완주군 고산에 주거를 마련하여 본격적인 수련에 들어간다. 그로부터 8년이 지난 1888년 관부 하상

天性흐야 共享天國極樂世界니 不亦樂乎아」(『光華集』光華先生文集後敍)
41) 김홍철·류병덕·양은용, 전게서 143쪽 참조.

역과 함께 하던 그는 득도하며 비로소 오방불교를 개교하여 선교에 들어간다. 그리고 많은 제자와 신도들을 거느린 오방불교에서 갑오동학혁명에 부응하여 혁명운동 모의가 일고 관에 의해 일수 이용신 및 제자들과 붙잡혀 1895년 4월 27일 전주 서문 밖에서 포살된다. 이 날짜를 4월 6일로 확인하기도 하는데 체포와 포살의 일자인지 분명하지 않다. 당시 제자 6인의 이름이 손형진 · 김운발 · 고정일 · 최공숙 · 안주국 · 이선기로 알려져 있고, 이관수 · 안주국 · 최방춘 · 손순지 · 동성월 등으로도 전하고 있어 상고를 요한다.

둘째, 광화의 남학과 관련된 연원문제다. 이정호 · 이강오 교수의 연구에 의해 광화의 오방불교는 연담 이운규~부연 이용래~일수 이용신~광화 김치인으로 전승되며 일부 김항과는 동문수학자로만 알려져 왔다. 그러나 광화 스스로 일부를 스승으로 표현하고 있으므로 오랜 기간의 문도가 아니더라도 직접적인 사제관계였다는 말이다. 이를 통해 오방불교의 수련요체인 음 · 아 · 어 · 이 · 오의 오음송주五音誦呪와 영가무도詠歌舞蹈에 대한 의문도 풀린다. 이는 광화의 수련과정이 일부가 『정역』을 완성할 때 『예기』의 궁 · 상 · 각 · 치 · 우 음의 원리를 터득하여 이룩한 오음송주에 의했다는 사실을 증명하고 있다.

셋째, 광화의 저술 『광화집』의 내용에 관한 문제다. 광화의 저술로 이강오 교수가 수집한 『광화김처사법언록』이 알려져 왔는데, 이것과는 다른 내용이라는 결론이다. 전자는 현토를 달고 후자는 한문체인 것도 차이가 있다. 『광화김처사법언록』이 편찬시기를 달리 한다면 그 안에는 같은 내용을 포함했을지도 모르나, 이강오 교수의 인용문에서는 공통점을 찾기 어렵다. 구별을 하면, 전자는 만화 김경배 등의 제공에 의해 관부 하상역이 대종교大宗教를 창건할 당대에 편찬한 것이며, 후자는 명봉 김용배가 금강불교를 창건하고 편찬한 것으로 판단된다. 『광화집』은 서론과 후서가 대종교 인물에 의해 이루지고, 내용은 광화의 저술인 정심결 · 수신문 · 삼도변 · 중앙도가 등을 수록하고 있는데, 이 가운데 관부의 하룡하구우도(윷판) · 삼원삼극좌도를 포함시켜 광화와 관부의 관계가 부각되고 있다. 전북 완주 고산에서 두 사람이 같이 수련하고 도를 얻었으며 특히 광화라는 호를 관부가 주었다는 것도 같은 흐름이다.

넷째, 1895년 광화의 사후에 전개된 남학계 교단상황이다. 교주가 되어 교단을 이끌어오던 만화는 명봉이 금강불교를 창립하자 대종교로 귀속한 것으로 보인다. 금강불교는 다시 정도교·청림교 등을 규합하여 교명을 광화교로 개칭하고, 한편에서는 김선기가 대화교를 규합하여 광화연합교단을 별립하고 있다. 이렇게 보면 1934년 말 무라야마의 『조선의 유사종교』 조사에 있어서 「광화교」는 명봉 김용배가 금강불교로 분파된 교단을 다루고 있음이 자명해진다. 제4대 광화 김치인~제5대 명봉 김용배라는 도식은 금강불교에 의해 정리된 교통敎統이라는 말이다.

『광화집』에는 이밖에 무기개벽관戊己開闢觀·화무상제관化无上帝觀·정역황극관正易皇極觀·유불도삼교관儒佛道三敎觀·양율음려관陽律陰呂觀 등 다양한 관점이 담겨 있다. 그것이 오방불교의 교의사상임은 말할 나위없다. 김지하金芝河 시인은 광화의 남학사상을 한국 근대에 전개된 화엄개벽관의 하나로 묘사하고 있는데,[42] 이를 통해 종래 확인하기 어려웠던 사상의 일단을 확인할 수 있을 것이다. 아울러 『정역』에서 비롯된 오음송주와 영가무도의 수행원리에 대해서는 별도의 과제로 삼기로 하고, 이강오 교수가 수집했던 『광화김처사법언록』 등의 자료가 공개되기를 기대해 마지않는다.

출전

「광화 김치인의 오방불교와 『광화집』」(『한국종교』33, 원광대 종교문제연구소, 2009)

---

42) 김지하, 「일원상개벽에서 화엄개벽으로」(제28회 원불교사상연구학술대회 발표요지 『개교100년과 원불교문화』, 원광대학교 원불교사상연구원, 2009.2.3), 동씨, 「화엄개벽의 길 5」(「법보신문」 2009.1.28일자) 참조.

간정 이능화 『조선불교통사』의 한국불교관

1. 서언

한국의 최근세 불교는 일반적으로 개혁불교로 성격지어진다. 전 세기의 백파 긍선白坡亘璇(1767~1852)과 초의 의순草衣意恂(1786~1866)에서 비롯되어 금세기까지 이어진 선禪의 본질 논쟁이 개혁을 위한 정체성의 구축이었다면,1) 이를 이은 송경허宋鏡虛(1848~1912) 등의 선실수운동禪實修運動은 물론, 개화승 이동인李東仁(?~1881)의 정치활동, 백용성白龍城(1864~1940)의 대각교大覺敎 활동 등에서 드러나는 대중화 운동, 한용운韓龍雲(1879~1944)의 임제종 조직으로 대표되는 대일對日민족운동, 권상로權相老(1879~1965)의『조선불교개혁론朝鮮佛敎改革論』을 비롯한 개혁 이론화 작업 등, 다방면에서 개혁의 구체적인 전개가 이루어져 왔다. 급변하는 시대의 사회상황에 대응하기 위한 승단제도僧團制度의 개혁과 제도사업濟度事業으로 일컬리는 민중구제의 여러 가지 방책이 모색되었던 점에서 개혁불교의 움직임은 거교적인 흐름으로 파악된다는 말이다.

그런데 이러한 개혁불교에 있어서 학문적 분야, 즉 현대학문으로서의 불교연두는 주지하는 바와 같이, 간정 이능화侃亭 李能和(1869~1943)에 의해 그 기반이 형성되고 있다. 간정의 학문은 불교 외에도 고유신앙神敎 · 무속 · 도

---

1) 류병덕 · 김홍철 · 김낙필 · 양은용,「韓國 近世宗敎의 民衆思想 연구」(『한국종교』 14, 원광대 종교문제연구소, 1989, 42쪽 이하) 참조.

간정 이능화
(『한국민족문화대백과사전』)

교·유학·그리스도교·사회사·여성사·의학사 등 한국종교뿐만 아니라 이른 바 한국학으로 이름해야 할 제반 영역에 두루 걸쳐 있고, 이들 각각에 정통하여 쌓은 독보적인 연구업적은 이후 제 분야의 지남이 되고 있다.

따라서 이능화의 학문은 불교학에 한정하기보다는 한국학 내지 한국종교학의 개척이라는 면에서 살펴야 하겠지만, 그가 생애2)를 통해 이루어 낸 불교연구에는, 우선 다음과 같은 특징이 전제될 수 있으리라 본다.

첫째, 간정은 조국이 일제침략日帝侵略 아래 놓인 격변기에 선택적인 삶을 시작하면서 학문의 길을 택했고, 그 정신적 축을 불교에 두고 있다는 점이다. 개신교 신자인 부친과는 달리 그는 불교신앙을 택함으로써 연구를 신앙의 기반위에서 수행하고 있다.

둘째, 이 신앙적인 기반과 관련하여 그의 학문을 불교운동의 차원에서 행하고 있다. 그의 불교활동은 재가의 지식층 신도들을 연합하는 거사불교居士佛敎운동을 통해 전개하고 있으며, 그것도 주로 불교잡지를 편집하는 등의 계몽활동에 서왔다. 대중에게 불교를 전도傳道하는 입장이었으므로 불교의 진면목을 알리는 작업이 불교연구의 저류를 이루고 있다.

셋째, 선택적인 삶과 함께 선택한 불교를 그는 민족신앙으로 파악하고

---

2) 侃亭의 생애와 학문에 대해서는 졸고, 「이능화의 학문과 불교사상」(崇山朴吉眞博士 고희기념, 『韓國近代宗教思想史』, 원광대출판국, 1984, 437쪽 이하)을 참조.

있는 것으로 보인다. 그의 학문을 일관하고 있는 것을, 서술 주제를 말해주는 머릿글 '조선朝鮮'이 말해주는 것처럼, 민족문화·민족의식인데, 그 핵심이 불교에 두어져 있기 때문이다. 이 관점은 간정불교학을 파악하는 데 있어서 유의해야 할 사항이다.

넷째, 이와 관련해보면, 그의 연구업적은 특히 사료의 정리라는 특징을 띠고 있다. 불교학을 크게 교학연구와 교사연구로 영역을 나누어볼 때, 간정불교학은 이 가운데 후자의 입장에 서 있으며, 방대한 사료정리작업을 행함으로써 한국불교사연구의 지평을 열고 있다.

다섯째, 이러한 그의 학문은 심화와 더불어 한국문화의 전반에 걸치게 되고, 자연히 종교학적, 종교사적 성격을 띠게 되는데, 이를 비교종교학의 전개로 파악해도 무방하리라 본다.[3] 비교종교학의 방법은 흔히 고등종교 대 고등종교나 민간신앙 대 민간신앙의 비교 등으로 이해되기 쉽지만, 후술할 바와 같이, 그의 방법론은 이러한 고정 틀에 얽매이지 않고 있다. 불교를 그리스도교 등의 기성 고등종교는 물론 신종교와 민간신앙에까지 확대하여 대비하고 또 그들 각각에 대하여 전문적인 접근을 시도하고 있는 것이다.

간정불교학의 특징은 이밖에도 관점에 따라 여러 가지 사항이 지적될 수 있을 것이다. 그런데 그의 불교연구를 이해하기 위하여 설정한 이러한 우선적인 전제를 통해 우리는 다시 다음과 같은 의문을 갖게 된다.

먼저, 그가 이룬 불교연구의 업적이 사료의 수습정리 중심이라고 하였는데 그렇다면 그는 어떠한 불교관을 가지고 있었던가 하는 점이다. 그의 방대한 저술업적이 다만 사료수습에 그치고 있는가, 그렇지 않다면 불교서지학을 바탕하여 어떤 교의학적 성격을 드러내고 있는가 주목된다. 그의 연구업적이 불교학 연구의 새로운 장을 열었을 뿐만 아니라, 오늘날까지 그의 저술이 이 방면의 교과서적 위치를 점하고 있음에도 불구하고, 그에 대한 학계의 관심은 이렇다 할 것이 없는 형편이다.

다음, 그의 학문은 일제라는 특수한 시대상황 아래 이루어지고 있는데,

---

3) 이러한 관점의 연구로 신광철, 「李能和와 崔炳憲의 비교종교론에 대한 연구」(서울대 석사논문, 1989)가 발표되어 있다.

그렇다면 그의 학문적 위상을 어떻게 자리매김할 것인가 하는 점이다. 흔히 일제시대에 『조선사朝鮮史』 편수에 참여한 그는 친일파로 규정되고 있다.[4] 『조선사』가 일제의 조선지배정책 아래 조선총독부에서 이루어졌음은 주지하는 바와 같은데, 여기서 편수 참여 그 자체가 친일인지, 아니면 구체적인 식민사관의 전개가 친일인지, 구체적이고 학문적인 조망이 요청된다.

종래 학자로서의 간정이나 혹은 그의 연구업적에 대해 적극적인 평가가 이루어지지 않았던 것은 이와 같은 의문에 대해 긍정적인 관점이 아니었기 때문은 아닐까? 이는 물론 신중을 요하는 문제이나, 어떻든 우리 학계가 아직 민족문화를 대상으로 한 그의 방대한 연구업적과 신앙사상, 그리고 그 인간상을 일언지하에 친일어용親日御用으로 몰아세울 수 있을 정도로 연구를 진척시킨 단계에 이르지 못한 것은 사실이다. 특히 불교학이나 종교학, 내지는 한국학 연구에 있어서 독보적인 업적을 쌓은 그에 대하여, 선입견을 앞세워 그 연구업적까지를 타기하는 것은 바람직한 방법은 아니라는 것이다.

따라서 본고에서는 이러한 몇 가지 사항에 유의하면서 간정의 불교 연구에 접근해보기로 한다. 그러나 생애를 일관하여 다양하고도 방대한 연구업적을 남긴 그의 불교학을 총괄하기는 매우 어려운 바가 있다.

그러므로 여기서는 연구업적을 개관하여 불교연구의 방법과 내용, 그리고 시대에 따른 흐름에 주목하면서, 주요 저술인 『조선불교통사朝鮮佛敎通史』에 대해 구체적인 분석을 시도해보려고 한다. 간정불교관의 일단을 그 가운데서 엿볼 수 있으리라 생각한다.

2. 간정의 불교연구와 그 업적

간정의 불교연구 업적은 먼저 그의 불교 귀의 문제로부터 출발해야 하리라 본다. 그의 불교귀의가 언제이며, 그 연유가 어떤 것인가의 문제는 일생을

---

4) 이이화, 「이능화─민족사 왜곡과 식민사학 확립의 주도자」(반민족문제연구소 엮음, 『친일파 99인』 2, 돌베개, 1993, 241쪽 이하) 등을 참조.

불교전도의 입장에 서서 전개한 그의 불교연구의 성격을 말해주는 것이 되겠기 때문이다. 그는 자신의 불교귀의 역정에 관한 자술문을 여러 가지로 남기고 있는데, 상호간에 생략 표현이 있는 등으로 해서 착종을 가져오기 쉽다.[5] 우선 불교 귀의의 문제를 살펴보면, 1928년에 그는 다음과 같이 술회하고 있다.

〈1〉 유년시대의 사事가 지금도 의연히 기억되는바 괴산군 성불산成佛山(일명 松明山) 도덕암道德庵 중창화주 쌍장승雙杖僧이 모연권선문募緣勸善文을 가지고 아가我家에 내래하얏다. 아의 부형은 다소 전재錢財를 보시하고 아의 장수를 축祝키 위하여 아의 명자名字를 쌍장승에게 팔았다. 이때 아는 심중에 불佛은 무슨 도리가 있는 것이며, 승僧은 무엇을 하는 것인가 하얏다. 나이 십여세에 미처 문자를 자독自讀할 만한 정도에 가중장서家中藏書를 열람하다가 『사문류취事文類聚』석도권釋道卷에 지至하야 황매 오조홍인黃梅五祖弘忍 대사가 육조혜능六祖慧能 대사에게 의발전법衣鉢傳法하든, 신수게神秀偈, "신사보리수 심여명경대 시시근불식 물사야진애身似菩提樹 心如明鏡臺 時時勤拂拭 勿使惹塵埃", 혜능게慧能偈, "보리본무수 명경역비대 본래무일물 하처야진애菩提本無樹 明鏡亦非臺 本來無一物 何處惹塵埃"의 기연어귀機緣語句를 보고 심중에 기특상奇特想을 내어 "대저 불법佛法이란 것은 이상하다"고 하였다. 그러나 그 이외의 불서佛書라든지 혹은 승사僧師를 만나 불법을 들어보는 기회를 득치 못했다. 그리고 경성에 유학한 이래 학과學課의 공부에 전심하고 또는 사도仕途에 진취進取를 유의하얏다. 통언統言하면 진로塵勞에 골몰하야 종교란 것은 염두에도 없었다. 그런데 거경술去庚戌(1910)년 추간秋間에 우연히 전동(금수송동) 각황사覺皇寺의 불법설교를 듣게 되었다. 기시其時의 포교당의 주무主務, 院主는 강대련姜大蓮 화상이오, 포교사는 이회광李晦光이었다. 본래 심중에 불망不忘하던 불법을 이제야 만났구나 하고 매일요일 설교에 참청參聽을 불태不怠히 하얏다. 그래서 각황사를 아의 발심지로 삼았다. 거기서 30본산주지 송만암宋曼庵 김구하金九河 이설월李雪月 지석담池石潭 백취운白翠雲 제화상과 서진하徐震河 이운파李云破 이혜옹金慧翁 김동선金東宣 이만우李萬憂 김경운金擎雲 김석옹金石翁 진진응陳震應 박한영朴漢永 이우은李憂隱 홍포룡洪

5) 안계현, 『韓國佛敎史硏究』(동화출판사, 1982), 336쪽에서는 간정의 불교귀의를 1904년 36세경으로 보고 있다.

『조선불교통사』 초판 표지

蒲龍 권상로 제 강사와 백용성 김남천金南泉 강도봉姜道峯 송만공宋滿空 오성월
吳惺月 제 선사 등의 훈도감화를 受受하야 아의 불법에 대한 신념은 익익益益
견고하여졌다.6)

　그러나 1918년에 발간된 『조선불교통사』(이하 『통사』로 약칭함)에 수록한
자전소설 「목우가牧牛歌」7)에서는 불교와의 만남을 입지立志 당시인 1883년
경 향리의 성불사주成佛寺主 산해 계봉山海 繼奉, 雙杖禪師과 나눈 선문답禪問答
으로 기록하고, 계봉이 읊은 「목우가」를 수록하고 있다.

　「목우가」라는 소설 이름은 이 계봉의 노래에 연유한 것인데, 이를 상기하
면 자신의 불교귀의를 선택적인 삶으로 보고, 그 바탕에 사변위주思辨爲主의
주자학에 대한 반성과 함께 활달격외活達格外한 불교에의 호기심을 일으켰음
을 분명히 한다.

　후일 공직에 몸담았던 1896년 「건양원년 시세변천 백도유신建陽元年 時勢
變遷 百度維新」의 시기를 맞아서는 「주유세계 관풍찰속 연구학술周遊世界 觀風
察俗 硏究學術」하는 대장부사를 위하여 상공부 주사를 사직하고 외국어를 수
습하여 한성외국어학교 교관이 된 후인 32세의 1900년, 친구인 통역관 임운

6) 이능화, 「萬事萬理를 自心自性에 구하기 위하야」(『佛敎』 50, 1928. 9, 60-61쪽)
7) 이능화, 『朝鮮佛敎通史』 권하(신문관, 1918), 1241쪽 이하 참조. 『朝鮮佛敎叢報』
1 (1917)에는 이의 한글문 略本이 실려 있다. 또한 『조선불교통사』 권하의 「三國麗鮮國史
考據」도 같은 내용의 일부를 전하고 있다.

任運이 전해준『원각경圓覺經』·『지월록指月錄』을 읽고 자각을 일으키면서 구체적인 귀의를 했다고 밝힌다. 그는 마침내 "불법의 광대무외"함을 깨닫고 불교에 귀의하게 되었다고 하면서, 명리를 버린 자신을 "일개 강호의 유발승"으로 자처하고 있다.

이렇게 보면, 유년 시절에 자신의 장수를 축원하기 위해 절에 보시한 자신을 뇌리에 새기고 있던 그는 선문요체禪門要諦로 일컬어지는『육조단경六祖壇經』의 내용을 10여 세(1878)에 읽었고, 15세경(1883)에 쌍장선사와 선문답을 주고받은 다음, 상경한 후인 32세(1900) 때에 마음속으로 불교에 구체적인 귀의를 했다는 말이 된다. 아마 국운이 기울던 당시 학문에 뜻을 둔 그는 불교 관계의 서적을 탐독했으리라 보이는데, 42세인 1910년에는 한성외국어학교의 학감직을 사직하고 본격적으로 불교연구에 들어서고 있다.

그가 발심지로 삼고 있는 각황사는 그 해에 건립된 조선불교의 수사찰首寺刹로 1908년 각 도의 사찰대표가 운집하여 조선불교의 명칭으로 채택한 원종종무원圓宗宗務院이었으며, 조선불교중앙회무소와 중앙포교소가 설립되어 있었다. 그 곳은 원종 종정으로 일본 조동종曹洞宗과의 맹약을 체결하여 물의를 빚은 이회광을 비롯하여, 선본질논쟁의 마지막 주자인 서진하, 3·1운동의 중역이면서 대각교를 창립(1921)하여 불교개혁운동을 펴나간 백용성에 이르기까지 당대의 고승대덕을 두루 망라하고 있었다.

그가 "심중에 불망하던 불법을 이제야 만났구나" 하고 생각했을 정도이니까, 그의 결심은 대단한 것이었으리라 보이는데, 다만 출가위승出家爲僧처럼 정해진 스승을 따른 것이 아니라, 각 국어 등 당시로서는 상상하기 어려울 정도로 굳건하게 다진 견식見識과 학문의 기반 위에 당대의 선지식을 두루 섭렵하는 방법을 취해왔음을 알 수 있다. 따라서 그는 자신의 불교귀의가 시대사회의 변혁에 대한 자각에 바탕하고 있음을 분명히 하고 있는 것이다. 그는 불교연구와 관련하여, 일제말기인 1942년「조선불교와 문화관계」를 발표하여,

〈2〉 졸자는 거경술추간去庚戌年秋間부터 학교의 교편 잡기를 쉬고 기시其時부터

우리 조선의 종교방면과 사회사정을 좀 연구하야 보기로 심산을 정하야 10년의 적공을 들이어 무가치하나마『조선불교통사』를 저술하고 연구를 계속하야『조선도교사朝鮮道教史』1책(미출간), 『조선신사지朝鮮神事誌』1책(미출간), 『조선조선교朝鮮祖先教』1책(미출간), 『조선미신사상사朝鮮迷信思想史』(미출간), 『조선불교분류사』(有재료 미편찬), 『조선유학사상사朝鮮儒學思想史』(유재료 미편찬), 『조선기독교급외교사朝鮮基督教及外交史』상하편 5호 활자 5백항 가량 방재方在 출판 중(이상은 종교부), 『조선여속고朝鮮女俗考』1책(已출판), 『조선해어화사朝鮮解語花史』1책(미출간), 『조선무속고朝鮮巫俗考』1책(미발표)을 저술하고 (이상은 사회사의 여자부), 현금은『조선사회사朝鮮社會史』1책의 기초起草에 착수하야 금하수夏 이내에는 편마編摩의 역을 완수할 예정으로 좀 다망한 중에 재在한데….8)

라 술회하고 있다. 태평양전쟁을 일으켜 총동원체제로 전 국민을 몰아가던 당시에, 공간된 잡지글에서 한일합방이 일어나자 공직을 그만두고 민족의 종교·사회를 연구하게 되었다고 기술하는 간정은, 자신이 민족주의자임을 천명하고 있는 것이다. 그리고 그 연구의 축을 불교에 두고 있기 때문에, 그의 표현을 재해석하면, 그에게 있어서 불교연구는 민족자존운동의 일환이었다는 논리가 된다.

일제중기인 1926년에는 「이조왕실과 불교와의 관계」의 서두에서 필을 든 이유를,

〈3〉 그런데 여余는 공유恭惟컨대 고전한국故前韓國 융희隆熙께옵서는 이 감인堪忍, 裟婆 국토를 버리시고 저 극락세계로 왕생하옵셨다. 제帝께옵서 총명예지의 천자天姿를 특유特有하시고 인자효우仁慈孝友의 성덕盛德을 겸비하시사 재세 53년 어위御位 4개 년간에 조선祖先의 유범遺範을 계승하시고 불성佛聖의 제선諸善을 봉행하셨다. 산궁辛宮의 영가靈駕를 봉하야 홍릉洪陵의 선침仙寢에 장葬하옵는 차제에 인민의 봉도奉悼하는 징심懲洗은 조선 전역에 개연皆然하다. 여余는 자茲에 이씨李氏 500년간 왕실과 불교와의 관계를 약술하야 최후의 봉도애사奉悼哀詞로 하랴 한다.9)

---

8) 이능화, 「불교와 조선문화」(『佛教』신42, 1942.11, 『李能和全集』續, 영신아카데미 한국학연구소, 1978, 587쪽 재록)

고 술하고 있어서, 그의 일관된 관심사가 반영된다. 이 글에서 간정은 태조를 비롯하여 정종·태종·세종·문종·단종·세조·덕종·성종·중종·명종·선조·현종·정종·고종·순종의 14항목 16왕대의 불교관련 정책 등을 논하여 유업을 찬탄하고 있다.[10] 그러나 주자학을 국체로 한 조선시대에 있어서 불교는 '숭유억불崇儒抑佛'로 불리는 것처럼 사회제도적인 면에서 가지가지의 억압을 받아봤기 때문에 왕실과의 관계가 협조적일 수 없었으며, 따라서 그가 기록한 내용도 왕실의 유업으로 내세울 정도가 못되는 예도 적지 않다. 그렇다면 그가 필을 든 것은 일제시대에 있어서 그의 조국관을 피력하기 위한 것이 아니었을까. 만약 이러한 관점이 바른 것이라면, 그에게 있어서 불교는 민족신앙이요,[11] 민족의 혼을 간직한 조국 문화였다는 것이다.

과연 그는 학문적인 처녀작품을 불교적인 것으로 내놓는다. 1912년에 발행된 『백교회통百敎會通』(조선불교월보사)이 그것이다. 이는 제 종교 각 신앙의 이념을 불교와 대비 회통會通시킨 다음, 불교 요령을 간취하도록 구성되어 있다. 그런데 이는 머리에 「인경상조 전도필휴引經相照 傳道必携」라고 밝히고 있어서 불교신앙운동을 목표로 하는 저술 의도가 명확히 드러난다. 그리고 백교百敎라는 어휘로 동서고금의 신앙사상을 망라함으로써 불교를 비교종교학적인 눈으로 비춰 보는 특징을 엿보게 한다. 이러한 비교의 안목이 후일 그의 학문을 불교에서 여타의 종교·문화사상으로 넓어지는 노선을 이룬 것으로 볼 수 있을 것이다.

이로부터 전개된 그의 학문적 업적[12]은 단행본 저술이 10여 편, 논술이

---

9) 이능화, 「李朝王室과 불교와의 관계」(『新民』 14, 1926.6, 전게 『이능화전집』 속, 594쪽), 「공유컨대」 아래의 줄을 바꾼 것은 필자가 취한 避諱 方法으로 보이며, 현존의 「융희」 아래에 사용된 '皇帝'라는 어휘가 지워진 것은 일제의 검열흔적으로 이해된다.
10) 당대의 사항으로는 고종 대에 있어서 "光武太皇帝의 冥福追薦을 위하야 安邊釋王寺와 順天松廣寺에 七七齋를 設行한 事가 유하다"(같은 책, 596쪽)라 적고 있는데, 태황제 등의 호칭 사용은 필자의 의도인 것으로 보인다.
11) 이능화, 전게 「萬事萬理를 自心自性에 구하기 위하야」, 61쪽에서는 "조선불교통사를 저술하야 千五百年 이래의 半島의 유일한 종교, 즉 불교의 내력을 진술하였다"고 기하고 있다.
12) 신광철, 「이능화의 韓國神敎 연구」(『宗敎學硏究』 11, 서울대 종교학연구회, 1992,

230여 편에 이르고 있으나, 그의 학문이 한국학 전반에 걸치고 있음에도 불구하고 절대다수를 차지하는 저작은 역시 불교관계다.[13] 그의 불교관계 저술은 앞의 『백교회통』(1912)을 비롯해 『조선불교통사』 3권(1918), 『단경壇經』(1939), 『조선불교본말朝鮮佛教本末』(연대미상) 등이 전한다. 이밖에 전게 자료 〈2〉의 『조선불교분류사』가 언제 성편되었는지 확실하지 않지만 『불교』에 연재한 『이조불교사』[14] 등 저술 형태를 취한 글이 적지 않은 것으로 보아, 저술의 범위는 좀 더 넓혀서 보아야 할 것 같다. 『백교회통』과 『육조단경』을 제외하면, 이들은 한결같이 한국불교사의 정리에 역점이 두어지고 있는데, 그런 안목으로 보면 『단경』 등도 한국불교의 전등사傳燈史 내지 이념을 밝히는 동일한 특징이 발견된다.

또한 그의 불교관계 논술은 글을 발표하기 시작한 1915~1924년까지 120여 건, 1925~1934년까지 20여 건, 1935~1943년 생애를 마치도록까지 3건 등이다. 1915년부터 10년간 특히 활발한 활동을 하고 있는 것은 그가 불교계 잡지의 편집 겸 발행인을 담당했던 사실과 관련이 있다. 즉, 『불교진흥회월보佛教振興會月報』(1915.3, 1호~동년 12, 9호), 『조선불교계朝鮮佛教界』(1916.4, 1호~동년 6, 3호), 『조선불교총보朝鮮佛教叢報』(1917.3, 1호~1920.5, 21호)는 간정이 주관한 잡지인데, 이에는 매호마다 그의 글이 다수 발표되고 있다. 이밖에는 진학문秦學文이 편집 겸 발행인을 담당한 『동명東明』(1922.9, 1호 이후)과, 권상로가 편집 겸 발행인을 담당한 『불교』(1924.7, 1호 이후)를 주요 발표장으로 삼고 있으며, 창간호에서부터 활발한 발표가 이루어지고 있었던 점으로 미루어 그가 적극적으로 참여했음을 알 수 있다.

이들 발표된 글들과 발표장을 관련시켜보면 간정의 불교와 학문적 성격이 비교적 명료하게 드러난다. 즉, 그는 불교활동을 시작한 1910년대부터 1920

140쪽 이하)에서 '이능화 저작목록'을 부록하여 간정의 저작목록을 연도별로 상세하게 정리하였다. 이 가운데는 출처미확인 저작이 명시되고 있는데, 이밖에도 『六祖壇經』敦煌唐 讀寫本과 그 讀訣로써 한역한 단행본 『壇經』(불교시보사, 1939) 등 누락된 사항이 보이므로 보완에 따라 저작이 늘어날 것이다.

13) 졸고, 「六祖壇經과 이능화」(대한전통불교연구원 편, 『六祖壇經의 세계』, 민족사, 1989, 374쪽 이하) 참조.

14) 『불교』 1(1924. 7)~28(1926.10)까지 전후 20회 연재.

『조선불교통사』 번역본(동국대학교출판부, 2010)

년까지 주로 불교잡지의 편집을 담당하면서, 발간사·논문·선화禪話 등 다양한 글들을 발표하고 있다. 주저인『조선불교통사』등이 이 기간 중에 출간된 것은 그의 불교관계 연구가 이 시기에 집중적이면서도 정력적으로 추진되었음을 말해준다. 이어서 주요 발표장인『불교』에는 창간호에서 시작한「조선불교사」를 20회(미완) 연재한 다음, 1927년 1월의「조선불교의 3시대」(31호)를 끝으로 마감하고 있으며, 1927년 이후에는 불교관계 글이 4~5편에 불과하다는 특징이 드러난다. 그렇다면 1927년부터 그의 왕성한 학문 활동이 어떻게 전개 되었는가라는 의문이 일게 되는데, 그 해 6월『조선여속고』(한림서원), 10월『조선해어화사』(한림서원), 이듬해인 1928년 10월『조선기독교급외교사』(조선기독교창문사), 그리고 1년 후인 1929년 10월에는『춘몽록春夢錄』(문화서림)이라는 단행본을 각각 출판하고 있음과 무관하지 않다. 그가 1922년 12월 조선총독부에 설치한 조선사편찬위원회의 위원으로 위촉받은 것을 상기해볼 때, 이후 그의 학문적 관점이「조선불교」에서「조선문화」로 이행했다는 결론을 얻게 된다.

과연 그는 1922년부터『동명』에 불교의 영역을 넘어선 한국문화관계의 글을 싣고 있으며,[15] 그것이 후일 단행본으로 묶어지고 있는 것이다. 물론 1926년 조선사학회에서 편찬한『조선사강좌분류사朝鮮史講座分類史』에서 그가「조선불교」를 집필하고 있어서, 그의 접근이 불교에 관한 연구업적을

---

15) 대표적인 것에『東明』2-9(1923. 2)~2-20(동년 5)의「朝鮮神敎源流考」, 같은 책 2-21(1923.5)~2-23(동년 6)의「朝鮮基督敎史」등이 있다.

토대로 한 학계의 요청이었으리라 생각된다. 그러나 1927년 「고조선단군」[16]을 발표하면서부터 우리의 문화 전반을 연구영역으로 한 활동이 주종을 이루고 있어서, 그의 관심의 확대를 말해준다. 그의 발표장도 자연히 불교관계에 한정되어 있던 불교잡지에서 문화일반을 다루는 일반잡지, 즉 조선총독부의 『조선』과 『청구학총』[17] 등으로 달라지고 있다.

이러한 학문적 관심의 확대를 뒷받침 하는 것으로 학문적 성과역시 초기의 불교 일변도에서 59세인 1927년을 넘어서면서부터 한국문화 전반에 관한 연구업적으로 넓어진다. 따라서 후기에는 불교관계의 연구업적이 상대적으로 줄어들고 있다. 다만, 전술한 사료 〈2〉와 같이, 최후의 잡지기고의 작품이, 「조선불교와 문화관계」라는 불교관계 연구로 발표하고 있는 점은 주목할 사항이다. 이 글에서 불교로부터 시작된 자신의 조선문화에 관한 연구가 한 일합방이라는 민족적인 비운을 계기로 한 것임을 밝힘으로써, 결국 그 삶을 불교적으로 회향하고 있기 때문이다.

3. 『조선불교통사』와 한국불교관

간정의 주요저서인 『통사』 3권은 최남선崔南善의 교열을 거치고 있는데, 1918년 발간된 이래 오늘에 이르기까지 한결같이 한국불교연구의 교과서 역할을 해오고 있다. 편년에 의한 수록 범위는, 한국에 불교가 공전公傳된 372년(고구려 소수림왕 2년)부터 간정 자신이 활동하던 1916년(大正 5)까지의 역사를 취급하고 있으나, 독특한 편집형태를 통하여 그이전은 물론 이후의 사항[18]까지 언급되고 있다. 수록 내용에 있어서도 상권 674쪽, 중권 378쪽,

---

16) 이능화, 「古朝鮮檀君」(『東光』 12, 1927.4, 13쪽 이하)은 단군을 우리나라 君長의 비롯으로 보는 그의 檀君觀을 전하고 있다.

17) 대표적인 것에 『조선』 156(1928.5)~163호(1929.1)의 「朝鮮의 巫俗」, 『靑丘學叢』 22호(1935.11)의 「高麗崔沖」, 같은 책 5호(1936.8)의 「朝鮮儒界之陽明學派」 등이 있다.

18) 이전은 『조선불교통사』 卷中, 234쪽 이하('雪山眞歸是佛祖師 檀國桓因乃天帝釋')에서 보는 것처럼 인도의 佛陀時代 및 우리나라의 단군시대까지 거슬러 올라가고 이후는 卷上, 624쪽에서 밝히고 있는 것처럼 1917년 사항까지를 다루고 있다.

하권 1,250쪽으로 도합 2,302쪽이나 되는 방대한 양이라, 이후 이를 넘어서는 다양한 전개가 있었음에도 불구하고[19] 아직 그 사료적 가치는 조금도 퇴색된 감이 없다.

문제는 간정에게, 특히 『통사』를 통해 볼 때, 사료를 정리하는 이상의 사상성이 존재하느냐에 모아지게 된다. 이에 대한 선학들의 교시敎示를 얻을 수 없어서 안타깝지만, 전권의 구성 내용을 살펴보면, 그 대강은 살필 수 있을 것이다.

간정의 편집 의도를 엿볼 수 있는 부분은, 방대한 『통사』를 편집하면서, 「범례」에서,

〈4〉 본서는 3편으로, 상은 편년으로 불교의 교화시처이며, 중은 종파로 삼보의
    원류이며, 하는 잡항으로 200품제이다.[20]

라 밝힌 안내이다. 이를 아운 혜근猊雲 惠勤의 「서」에서는 "혹은 편년강목編年綱目의 서법을 쓰고, 혹은 전기서지傳記敍志의 서법을 쓰고, 혹은 연의패관演義稗官의 서법을 썼다"[21]고 표현하여, 이를 정사正史의 편찬강령으로 쓰이는 기・지・전紀志傳 삼분법에 대비한 구조로 이해하고 있다.

이에 따라 각편을 살핀다면, 상편 「불화지처佛化時處」는 불교교화(佛化)가 한국이라는 역사세계歷史世界, 時處에 미친 바를 연대적으로 정리함으로써 사서의 「기紀」에 해당하는 내용이다. 왕조별로 시대를 구분하여 고구려시대・백제시대・신라시대・고려시대・조선시대・조선총독부시대(현대)의 여섯으로 나누고 있다. 역사가 편찬되지 않은 발해시대가 생략되어 있고, 삼국이 정립되어 있던 시기는 왕조별로 구분하였으나, 어쨌든 불교교화가 행해진 연대에 따라 사상事象을 정리하고, 관련 사항을 수록하는 방법을 취하

---

19) 韓國佛敎의 典籍을 망라한 『韓國佛敎全書』, 역사적 정리로서 『韓國佛敎思想史』(崇山朴吉眞博士 화갑기념, 원광대출판국, 1975) 등이 편찬되었으나, 『조선불교통사』는 이들 밖에도 또 다른 사료 구성상의 특징이 있는 것으로 보인다.
20) 「本書三編 上爲編年 佛化時處 中爲宗派 三寶源流 下爲雜項 二百品題」(이능화 편, 『조선불교통사』 상, 4쪽)
21) 같은 책, 4쪽.

고 있는 것이다.

사료의 채록은 주요사항을 임의로 발췌하는 방법을 취하며, 출전을 명기하고 있다. 따라서 개별사항에 대한 전체적인 면모를 간과看過한 경우가 없지 않으나[22] 그가 섭렵한 사료는 실로 대단한 바가 있다. 그 중의 몇 가지를 정리해보면 다음과 같다.

첫째, 『통사』에 나타난 유일한 자료이다. 예를 들면, 백제시대에 있어서 겸익謙益의 인도구법(526)과 범본율장梵本律藏의 전래에 관한「미륵불광사사적彌勒佛光寺事蹟」[23]이 그 좋은 예다. 이는 백제불교의 국제적 위상 내지 계율적 성격을 밝히는데 결정적인 자료의 하나이다. 간정이 채록에 주의한 수많은「고승비명高僧碑銘」역시 『조선금석총람朝鮮金石總覽』[24]이 간행되기 전에 이루어졌다는 점에서 주목할 사항으로 보인다.

둘째, 고대 불교사를 파악함에 있어서 일본불교에의 시야를 확대한 점이다. 불교의 수용기에 해당하는 삼국시대에 있어서는 특히 국내 사료가 극히 제한되어있는데 대하여, 간정은 일본의 관련 사료를 두루 섭렵함으로써 이 시대의 사상事象에 대한 해명의 방법을 제기하고 있다. 간정이 표목으로 삼은 인명과 사탑명은 〈표 1〉과 같다.

〈표 1〉『조선불교통사』 상편의 인명 · 사탑명

국명	고구려	백제	신라	고려	조선	계
인명 (일본 사료)	17인(9)	20(18)	65(7)	71	93	266(34)
사명 (일본 사료)	4건	4	55	60	90	214
비고	1인 고려					

---

22) 도교의 齋醮道場인 靈寶道場을 불교의 도량(같은 책, 305쪽 기타)으로 파악한 것(졸고,「高麗 道敎思想의 연구」『논문집』19, 원광대, 1985, 65쪽 이하 참조)이 그 대표적인 예가 될 것이다.
23) 이능화 편, 『조선불교통사』상, 33쪽 이하.
24) 조선총독부에서 편찬한 『朝鮮金石總覽』 2권은 1919년에 발행되었다.

당시의 시대상황에서 본다면, 이들 일본 사료를 참고 등으로 별립시킴으로써, 일본문화의 바탕을 이루고 있는 불교는 한국에서 전래되었고 그 영향이 절대적이었음을 강조한 것이라 볼 수 있지만, 어쨌든 고구려나 백제의 불교를 정리함에 있어서 일본 사료의 중요성을 구체적으로 일깨우는 역할을 하고 있는 것이다.

셋째, 기년紀年 사용에 유의했다는 점이다. 왕조별로 행화行化를 다루었으므로 왕력王曆이 사용되었을 것은 의심할 바 없으나, 불기佛紀를 제목으로 세우고 있는 점은 매우 흥미롭다. 여기서 '불기'란 석존釋尊을 비롯으로 하는 문화·사상체계이기 때문이다. 이른바 불탄佛誕을 주 소왕周昭王 갑인으로 보는 3000년 설을 택하고 있으며, 따라서 고구려 공전은 불기 1299년, 대정 5년인 1916년은 불기 2943년에 해당한다. 그의 기년관은 우리나라 전래의 관점을 수용한 것이지만, 당시 일본에서는 2500년 설을 사용하고 있었던 점에 비춰볼 때, 정·상·말 삼시사상正像末 三時思想과 무관하지 않을 것으로도 생각된다.[25] 아무튼 이러한 기년관은 중편으로 이어지고 있다.

중편의 「삼보원류三寶源流」는 불·법·승 삼보佛法僧 三寶의 원류를 규명한 것인데, 특히 한국불교의 원류를 찾았다는 점에서 간정의 불교관을 잘 말해준다. 사서에서 본다면 「지志」에 해당하는 형태라 할 수 있을 것이다. 이를 석존에서부터 인도~중국~한국으로 사자상승師資相承된 전등사를 조선시대의 청허 휴정淸虛 休靜(1520~1604)·부휴 선수浮休 善修(1543~1615)까지 정리하고 있다.

이를 위해 먼저 「석가여래 응화기실釋迦如來應化記實·삼장결집 제론분피三藏結集諸論扮披(인도)·전역경론 찬술장소傳譯經論撰述章疏(지나)」로 이름한 항목을 세워, 불타의 전기에서 시작하여 불교교의의 성립·전경·역경 및 논소의 찬술 등을 다루어, 한국에 홍통된 불교의 기반을 확인한다. 그리고 「인지연원 나여유파印支淵源羅麗流派·특서임제종지연원特書臨濟宗之淵源·

---

25) 이는 詳考를 요하는 사항이지만, 간정이 독실한 信行者였던 점에서 元始返本의 원리에 의해 釋尊正法으로부터 3,000년이 지난 末法時代가 끝나면, 다시 正法時代가 도래하리라는 염원을 지녔으리라 추측된다는 말이다.

조선선종 임제종 적파朝鮮禪宗臨濟宗嫡派」의 전을 마련하고 있다.

「인지연원 나려유파」에서는 신라와 고려시대에 유행했던 구사종俱舍宗・성실종成實宗・삼론종三論宗・섭론종攝論宗・열반종涅槃宗・천태종天台宗・법상종法相宗・지론종地論宗・진언종眞言宗・정토종淨土宗・율종律宗・화엄종華嚴宗・선종禪宗의 13종에 대한 연기 등을 밝힌다.「특서임제종지연원」은 선종의 전등사를 특히 임제종을 적파로 하는 관점에서 밝힌 것이다. 과거칠불過去七佛・석존에서부터 제28조(東土初祖)인 보리 달마菩提 達磨, 달마에서 육조 혜능, 혜능에서 임제 의현臨濟 義玄을 거쳐 석옥 청공石屋 清珙・평산 처림平山 處林까지의 상승구도를 정리하여, 칠불 이하 59전을 세우고 있다. 그리고「조선선종 임제종 적파」에서는 태고 보우太古 普愚(1301~1382)・나옹 혜근懶翁 慧勤(1320~1376)으로부터 청허 휴정・부휴 선수까지의 전등사를 밝히고 있다. 14인이 입전되었는데, 이 역시 간정의 관점을 극명하게 드러내는 것으로 보인다.

첫째, 불교의 정맥正脈을 선종 특히 임제종으로 파악하고 있다는 점이다. 이는 그의 한국불교관을 말해주는 가장 본질적인 사항이다. 그는 인도 및 중국에서 전개된 사상과 전적典籍, 그리고 한국 고래의 각 종파를 인정한다. 그러나 중편의 목적이 '나여羅麗', 즉 신라와 고려, 그리고 조선의 불교원류를 파악하는 데 있었던 만큼, 통시적通時的인 관점을 설정하지 않고는 다양하기 이를 데 없는 불교의 전개양상을 꿰뚫기 불가능하다. 이를 그는 제종 가운데서 선종을 택하고, 선종의 오가칠종五家七宗 중에서도 임제종의 전개를 통하여 관통시키고 있는 것이다.

둘째, 그렇게 전개되어온 임제종은 간정 당대의 불교계 움직임과 불가분의 관련이 있다는 점이다. 석존에서 시작된 가르침은『경덕전등록景德傳燈錄』등의 선종 전등사傳燈史에서는 과거칠불過去七佛에 연원을 대고 있다. 그것이 달마를 통로로 동토에 건너온 다음, 임제 의현에 의한 임제종의 전개, 그리고 석옥 청공에서 태고 보우로 이어지고, 드디어는 서산에까지 전해진 종통법맥宗統法脈을 확인했다는 말이다. 그리고 조선조를 거치면서 불교를「서산종西山宗」이라 부르는 것처럼, 오늘날의 천하 납자衲者가 한결같이 서산 휴정이나 그의 사제인 부휴 선수를 선맥禪脈을 하고 있으므로, 이들까지의 선맥 확인은 간정 당대 한국불교의 종통宗統을 밝히는 성격을 가지고 있다는 말이다.

그리고 그것은 이회광李晦光을 중심한 원종圓宗에 대하여 일어난 진진응·박한영·한용운을 중심한 임제종운동(1910)[26]과 맥을 같이 하는 것이라서 흥미롭다. 그에게는 한국불교의 정맥을 임제종으로 파악한 글들이 적지 않은데,[27] 당시는 원종과 임제종이 서로 대립하고 있을 때였기 때문에, 그의 이러한 정치한 종맥의 정리는 당시의 불교계에 미친 영향이 적지 않았을 것으로 생각된다.

셋째, 이와 관련해보면, 그의 이러한 파악은 일본불교에 대한 한국불교의 장점으로 파악된다는 점이다. 그는 『조선불교본말』에서

〈5〉 최근의 일본불교는… 작은 종문의 역사적 집념에 구애된 채로 대동소이한 판국에 붙잡혀 방책을 얻지 못하고 있다. 이는 곧 조선불교가 일본불교보다 좋은 점이다. 마땅히 종파를 없앨 방침을 빨리 취해 드디어 선교가 둘 아닌 불교의 문에 나아감으로써, 종파의 쟁의를 철거하고 다함께 한 단체로 화합하자.[28]

라 말하고 있다. 필사본인 이 책이 언제 집필되었는가는 분명하지 않으나, 한문체인 형식과 내용이 임제종을 중심으로 하고 있는 점 등으로 비추어볼 때 비교적 초기의 작품으로 보이는데, 그는 이 가운데서 소종파주의를 일본불교의 폐해로 보며, 회통주의야말로 한국불교의 장점으로 본다. 그의 사상은 회통적인 성격을 띠고 있는데[29] 진정한 불교가 되기 위해서는 선교禪教를 융합하고 백교百教를 회통하는 데에 있다고 선포하는 것이다. 여기에서 조선

---

26) 이에 대해서는 한종만, 「佛教維新運動」(전게, 『韓國佛教思想史』, 1140쪽) 등을 참조.
27) 「禪門과 看話」(『朝鮮佛教界』 1, 1916. 4, 27쪽 이하), 「臨濟家風과 新羅 智異山和尙」(같은 책, 29쪽 이하), 「臨濟家風과 太古國師」(같은 책 2, 1916. 5, 30쪽 이하) 등이 그 예이며, 『조선불교통사』와 같은 시기에 쓰여진 것들이다.
28) 「晚近日本佛教…拘碍於小宗門之歷史的執念 局蹜於大同小異 足不可謂之得策 此則朝鮮佛教長於日本佛教者也 其當速取宗派遞滅之方針 遂進於禪教無二佛教之門 撤去宗派之爭議 同和一團矣」(전게 『李能和全集』 속집, 585쪽)
29) 전게 졸고, 「이능화의 학문과 불교사상」(458쪽 이하) 참조.

불교의 종파쟁의란 말할 나위 없이 원종과 임제종의 다툼을 말한 것에 틀림이 없다고 보인다. 둘째의 특징을 이에 대입하면, 그는 사상적으로 임제종운동의 흐름에 서 있었다는 말이 된다.

하편의「이백품제二百品題」는 한국불교 유통의 다양한 사항을 두루 변증辨證한 것으로 사서의 체제에서 보면 전傳인 셈이다. 한국불교, 즉 그에 있어서「조선불교」가 조선불교인 연유를 밝히기 위해서는 그것을 수용한 한국문화의 바탕에 주의하지 않을 수 없었을 것이다. 그러므로 자연히 시대적으로는 상고시대까지 거슬러 올라가고, 지역으로는 인도까지, 사상적으로는 유・도 2교儒道二敎를 비롯하여 고유신앙 등 다방면에 미쳐, 결국은 언어・음악・미술 등 광범위한 내용을 변증하고 있는 것이다.[30] 고려시대에 일연一然(1206~1289)이 삼국시대의 불교를 밝히는 데 있어서, 시대적으로는 고조선까지, 그리고 사상적으로는 유・도 2교를 비롯해 제 방면에 이르고 있었던 점을 상기하면 그의 찬술 의도가 명료해지리라 보인다. 이 가운데 나타나는 특징은 다음과 같은 사항이 지적될 수 있을 것이다.

첫째, 불교계몽의 입장에 서 있다는 점이다. 이는 불교에 대한 새로운 이해를 촉구한 것이며, 신행자인 그에게 있어서는 전도의 의미를 지닌다.「범례」를 통해, 원전사료를 바르게 전하기 위하여 한문을 사용하였지만, 신교자유 이전에 있어서 민족의 유일한 신앙이었던 불교를 새롭게 이해하고 고대의 신교神敎를 비롯하여 그리스도교나 회교에 이르기까지도 삼고할 수 있도록 유의하고 있는 것이다.「자서自序」에서 "조선불교통사 3편의 책으로 여러 종교일람의 표를 만들었으니 이름은 비록 역사를 체로 하였으나 실제는 포교에서 쓰임을 겸하게 하였다"[31]고 밝힌 실용성의 문제 역시 이를 말해주는 바다. 불교개혁운동이 당시의 주된 사조였던 만큼 그러한 흐름에 그도 충실했음을 알 수 있다.

---

30)「諺文字法源出梵天 正樂曲譜名稱靈山」(이능화 편,『조선불교통사』하, 573쪽 이하)에서, 훈민정음의 字法 및 聲稱의 원류를 梵語로 보고 다양한 자료를 곁들여 변증한 것이 그 좋은 예가 될 것이다.

31)「以爲通史三編之書 庶作宗敎一覽之表 名雖籍乎歷史之體 實兼寓於布敎之用」(같은 책, 상, 5쪽)

둘째, 첫째와 관련해서 보면, 불교의 역사를 지키려고 한 점이다. 간정의 불교귀의가 자각에 바탕하였고, 시대변화에 따른 충격을 동반한 것이었던 만큼, 그의 불교관은 사료를 수습하는 차원에 머물 수 없었으리라는 것이다. 그는 「이백품제」를 마련하면서,

〈6〉 대각세존께서는 중생을 구제하기 위해 여러 가지 모습으로 이 세상에 나타나셨고 인연에 따라서 인도에 태어나 위대한 가르침을 널리 펼치셨다. 부처님 지혜의 광명으로 모든 어둠을 비추어 타파하고, 정법안장으로 사악한 무리들을 꺾어 굴복시켰다. 이와 같이 불법이 인도로부터 중국에 들어오고, 중국으로부터 다시 우리나라에 들어와 1천5백여 년간 제왕과 재상들이 존숭했고 모든 백성들은 믿고 따라서 유일 종교가 되었다. 이에 나는 불교 유래의 역사를 연구하지 않을 수 없다.[32]

라 한다. 과거 1,500여 년간 왕민王民이 함께 존숭한 종교는 불교가 유일하며 그런 연유로 불교를 연구하게 되었다는 말이다. 만약 그의 불교귀의를 시대 적인 충격과 관련시킨다면, 여기서 말하는 「제암諸暗」이나 「군사群邪」를 그의 비원悲願으로 해석해도 좋을 듯하다. 그는 같은 단원에서 한국불교사를 전후 5기로 구분하여 삼국시대를 제일 경교창흥經敎創興시대, 통일신라시대를 제이 선종위흥禪宗蔚興시대, 고려시대를 제삼 선교병륭禪敎竝隆시대, 조선시대를 제사 선교통일禪敎統一시대, 현대를 제오 선교보수禪敎保守시대로 규정한다. 문제는 간정이 살고 있던 당대에 대한 인식인데, 조선총독부의 사찰령寺刹令 및 사법寺法 규정 아래 놓여 있기는 하지만, 승려가 계속 양성되고 있으므로 역사적 종지宗旨를 지키고 시의에 맞는 교육을 시행하면 선교가 장차 진흥할 것이라고 내다본다.[33]

---

32) 「大覺世尊 應化隨緣 誕生印度 宣布大德 慧日光明 照破諸暗 正法眼藏 摧伏群邪 如是佛法 自印度而入支那 自支那而入朝鮮 上下一千五百餘年間 帝王卿相 尊崇之 士庶人民信奉之 爲惟一之宗教 吾人於此 不可不研究佛教由來之歷史也」(같은 책, 하, 「入東方二百句品題」, 5쪽)

33) 「設中央學林以養法侶 一以保守歷史的宗旨 一以施行時宜的敎育 今以後之朝鮮佛教 判 禪敎保守時代 然則禪敎其將振興乎」(같은 책, 7쪽).

셋째, 선禪을 중심한 거사불교운동 등이 강조되고 있다. 그가 신앙의 대상인 불·법·승 삼보의 하나로서 승단僧團을 중시했음은 의심할 여지가 없으나, 개혁을 강조하던 시기에 거사로 살았던 만큼 재가불교에도 관심이 깊었으리라 생각된다. 그런데 다양한 사항을 담고 있는 「이백품제」에 월창거사 김대현月窓居士 金大鉉(19세기)[34]을 특히 강조하고 있어서 주목된다. 간정은 「백장몽언불교사상 사상학설인품성정百章夢言佛敎思想 四象學說人稟性情」[35] 전을 두어 김대현과 사상의학四象醫學을 완성한 유학자 동무 이제마東武 李濟馬(1838~1900)에 대해 자세하게 변증하고 있는데, 「범례」에서,

〈7〉 이동무 선생이 창시한 사상학설은 본시 유가의 설이지만 궁리진성과 격물치지에 있어서 천고에 일찍이 없었던 대발명이다. 김월창 거사가 지은 『백장몽언』 역시 불자의 입장에서 사물을 빌려 이치를 밝히고 지혜로 관조한 책으로서 한 시대에 없어서는 안 될 좋은 참고가 될 것이다. 한마디로 말해서, 이 두 권의 책은 조선 사람으로부터 나온 연구이지만 세계적인 철학이라 할 수 있다.….[36]

이라 찬탄하는 것이다. 한국 근세에 있어서 대표적인 거사의 한 사람인 김대현은 『선학입문禪學入門』 등을 저술하여 선의 보급에 커다란 역할을 한 것으로 전해지는데, 거사불교운동에 힘쓴 간정은 그 연원 내지 표본을 그에게서 찾은 것이 아닌가 보인다.[37] 간정이 그의 『술몽쇄언述夢瑣言』에 대하여 일찍이 사용한 바 없는 "세계적인 철학"이라는 말로 찬사를 아끼지 않는 것은 평가 이상의 공감대라 생각되기 때문이다. 이렇게 간추려 온 『통사』의 상·중·하 3편은 하편에서 총체적으로 정리되는 성격이 드러난다. 상편이 연대에

---

34) 金大鉉에 대해서는 이영자, 「月窓居士의 禪學入門에 대하여」(『佛敎學報』 14, 동국대불교문화연구소 1977, 223쪽 이하), 동 「近代 居士佛敎思想」(전게, 『韓國近代宗敎思想史』, 223쪽 이하)을 참조.

35) 이능화 편, 『조선불교통사』 하, 901쪽 이하.

36) 「李東武先生 創四象學說 係是儒學 窮理眞性 格物致知 千古未曾有大發明 金月窓居士 述百章夢言 亦是佛者 借事明理 達觀慧照 一時不可無之爭參考也 弊一言 此兩書 出自朝鮮人之研究 可爲世界的之哲學…」(같은 책, 상, 10쪽)

37) 졸고, 전게, 「이능화의 학문과 불교사상」, 456쪽 참조.

입각한 위편緯編이라면, 중편의 전등사는 경편經編의 성격을 지니고, 이들은 드디어 하편에 이르러 특정 주제를 중심으로 전후좌우로 회통하는 특징을 보여 주고 있다. 그러므로 그의 편집 의도는 상·중편에 잘 드러나지만, 그의 불교관은 오히려 하편에서 더욱 두드러진다는 말이다.

4. 결어

간정의 방대한 불교연구의 성과를 한꺼번에 섭렵한다는 것은 결코 용이한 일이 아니라서, 주저인 『조선불교통사』를 중심으로 살펴보았거니와, 임의로 지적한 몇 가지 사항을 통해 그의 관점의 일단을 엿볼 수 있었다. 물론 이밖에도 방법론에 따라 다양한 접근이 가능하고, 여러 가지 특징을 지적해 낼 수 있을 것이나, 이상의 고찰에 의해서도 기본적인 시각은 마련할 수 있을 것으로 본다.

앞으로 연구가 진행됨에 따라 그의 관점과 사상이 명료해지겠지만, 간정의 불교연구가 단지 사료를 수습하는 데 그치는 것이 아니었다는 사실은 확실하다. 개화기를 거쳐 일제기에 이르러 왕성한 활동을 하게 되는 그는, 변혁의 시대에 있어서 자신의 삶의 방향을 선택한 것처럼, 불교를 통해 거듭나고 있다. 그러나 그는 조국을 침략한 일제를 비판하는 것보다는, 변화되어 나가는 상황에 있어서 문화관계의 대응에 초점을 맞추고 있었던 것으로 생각된다.

그가 민족문화 내지 민족신앙의 주체로 파악한 불교에 대하여 각覺을 강조하게 되는 연유도 여기에 있는 것이 아닐까? 그가 계봉繼峰을 통해 불교와 만난 것도 선종의 가르침이 중심인데, 당시 한국불교의 주된 흐름으로서의 그것이 불교 각종 가운데 각을 가장 강조하는 가르침인 바를 상기하면, 그의 불교관이 한국불교의 현실을 직시하는 가운데 형성되었음을 알 수 있다.

간정의 처녀작인 『백교회통』에서부터 중시된 이러한 관점은 『조선불교통사』를 거쳐, 만년의 작품에 이르기까지 일관된 성격을 보여준다. 『통사』

「이백품제」의 많은 부분이 한국 선종에 관한 내용인 것처럼, 잡지글의 대부분을 차지하는 불교관계 글은 절대적인 부분이 선에 관계된 것들이다. 이렇게 보아 오면, 간정에 대해서는 상당 부분에 관하여 새로운 조명이 요청되는 바이다. 예컨대 그의 부친 원긍源兢이 그리스도교를 신앙하고 있었다는 사항 하나만으로, 그를 그리스도교에서 개종했다고 보는 것과 같은 시각이다. 앞에서 다루어온 것처럼, 그의 불교적인 인연은 유아시절로 거슬러 올라가나, 교회를 다닌 흔적은 뚜렷하지 않다. 오히려 그의 어린 시절 불교와 인연을 가지고 있던 부친이 후일 그리스도교로 개종하여 활동했으므로[38] 정반대의 논리가 된다.

그의 격변하는 시대의 충격에 대해서도, 종래에는 일반적으로 직접적인 반응유무를 평가하려 하였으나, 오히려 깨달음에 바탕한 문화적이며 심층적인 방향으로 전환한 그였던 만큼, 좀 더 구체적인 연구를 통해 평가해야 한다는 결론을 얻게 된다. 그가 생애를 걸고 진행한 불교연구는 이를 집약하는 사항이다.

출전

「이능화의 한국불교 연구」(『종교연구』9, 한국종교학회, 1993)

---

38) 이능화 편, 『조선불교통사』하, 「三國麗朝國史考據」에서 "家父與之談論佛法 命我禮雙枕禪師 捨我名獻于佛 祈福壽擧"(1쪽)이라 술회하고 있어, 절에 그를 헌납한 사람이 부친임을 알 수 있다. 이 당대가 이능화의 10세 이전 즉 1880년 이전 이라 보면, 원긍이 독립협회사건에 연루되어 獄苦를 치르게 된 것이 1898년이며 옥고 중에 선교사 벙커(Bunker, 房巨)에게 교화를 받음으로써 그리스도교인이 되었으므로, 이능화에게는 개종이 없었다(졸고, 전게, 「이능화의 학문과 불교사상」, 440쪽 참조).

퇴경 권상로의 『조선불교개혁론』과 불교개혁사상

1. 서언

한국불교의 최근세를 장식하는 불교의 개혁운동과 그 이념은 흔히 만해 한용운卍海 韓龍雲(1879~1944)을 중심한 임제종운동臨濟宗運動(1911)과 그의『조선불교유신론朝鮮佛敎維新論』(1913, 이하『유신론』으로 약칭)에서 찾는다. 그리고 그밖의 몇 가지 특징적인 사례와 인물들의 행적을 통하여 그 상황이 조명되어왔다.

그러나 최근세 한국불교의 성격을 드러내는「개혁불교改革佛敎」는 근대의 격동하는 사회상황을 맞이하면서 전개해나간 시대사명의 자각운동이라는 성격을 띤다. 그것은 오랜 민족역사를 통해서 문화·사상·신앙의 축을 이루어오던 불교가 숭유억불정책崇儒抑佛政策의 조선시대를 거치면서 잃어왔던 사회적 지위와 교화의 장을, 근대의 격변기를 통하여, 새롭게 회복하기 위해 경주된 거교적擧敎的인 움직임이었다. 따라서 개혁의 구체적인 사례는 종통종맥宗統宗脈의 확립이나 승단제도의 개혁은 물론, 의례작법儀禮作法의 체계화, 승려교육과 포교의 현대화, 그리고 구국救國운동에 이르기까지 다양하게 나타난다.

아울러 이들을 밑바침하는 이론화작업이 적지 않게 이루어져 왔다. 그러므로 그것은 몇 사람 선각자들의 이론이나 행적에 한정된다기보다는 한 시대를 풍미한 불교사조佛敎思潮로 파악되어야 하며, 다양한 사례들을 종합적으

퇴경 권상로
(『한국민족문화대백과사전』)

로 검토할 때 그 실상이 드러나리라 본다. 종래 이 방면에 많은 연구자의 관심이 주목되어왔음에도 불구하고, 발굴 정리할 기초적인 작업이 아직도 적지 않게 남아 있다는 말이다.1)

　본고에서 밝히고자 하는 퇴경 권상로退耕 權相老(1879～1965)의 불교개혁사상 또한 이런 의미에서 주목된다. 주지하는 바와 같이, 한국불교의 현대적 연구에 있어서 몇 사람 안 되는 선구적 역할자로서의 그에게는 실로 방대한 연구업적이 남아 전한다. 근래에 퇴경당 권상로 박사 전서간행위원회退耕堂 權相老博士全書刊行委員會에서 『퇴경당전서退耕堂全書』 전 10권2)으로 이들을 편집 간행하여 그의 생애와 사상 그리고 학문적 업적을 밝히는 데 편리하지만, 어떻든 그의 연구업적이 방대한 만큼 그의 사상도 다양한 자료를 섭렵하여 여러 가지 각도에서의 검토를 요한다.

1) 이철교, 「梵鸞 李英宰의 조선불교혁신론」(『多寶』 4, 1992. 겨울, 255쪽 이하)이 그 예의 하나다. 이는 범란이 1922년에 『조선일보』에 27회에 걸친 연재물로, 전반 7회분이 결락되어 있다. 이밖에도 金璧翁, 「朝鮮佛教杞憂論」(『佛教』 32～33, 1925. 2～3) 등 개혁이론의 예가 적지 않으리라 본다.
2) 『退耕堂全書』 전10권, 이화문화사, 1990. 그 주요편차는 권1에 「疾藜園藁」, 권2에 「韓國寺刹全書」 상, 권3에 「韓國寺刹全書」 하, 권4에 「三國史記佛教鈔存」·「高麗史佛教鈔存」·「李朝實錄佛教鈔存」 상, 권5에 「李朝實錄佛教鈔存」 하, 권6에 「韓國佛教資料鈔」 상, 권7에 「韓國佛教資料鈔」 하, 권8에 「疾藜園藁雜鈔」·「退耕譯詩集」·「朝鮮宗教史鈔稿」·「新撰朝鮮佛教史」·「韓國禪宗略史」 등, 권9에 「退耕集雜記」·「佛說阿彌陀經講義」·「三國遺事」 역 등, 권10에 「韓國地名沿革事典」·「朝鮮文學史」 등이다. 그러나 이에는 村上專精, 「佛教統一論大綱論略譯」(『朝鮮佛教月報』 15, 1913. 4) 등의 번역문 따위의 논설문을 비롯한 여러 지상에 발표된 문건 가운데 미수록된 것도 적지 않다.

『조선불교개혁론』이 수록된
『조선불교월보』

다만 여기에서는 그의 생애와 연구의 배경을 토대로, 특히 그가 일제초기인 1912~13년『조선불교월보朝鮮佛教月報』(이하『월보』로 약칭)에 발표한「조선불교개혁론朝鮮佛教改革論」[3](이하「개혁론」으로 약칭)을 분석해보고자 한다. 그의 불교개혁이념을 집약하고 있는 이 논문[4]은 시대적으로 볼 때, 이른바 불교개혁이론의 모두冒頭를 장식하고 있다. 그러므로 이러한 조명의 의해 한국불교 개혁사조의 구체적인 사례를 얻음과 함께, 그 가운데 드러나는 당시 상황을 통해 이론형성의 사회적 배경의 일단을 부각시켜보려는 것이다.

2. 권상로의 생애와 법계

퇴경은 입적(1965) 전년에 자필로 원고지 25매에 걸친 한문본 연보漢文本年譜를 비교적 상세하게 작성하고 있다. 『퇴경당전서』권15[5]에 수록된 이를

---

3)『退耕堂全書』권8 49쪽 이하에는「朝鮮佛教革命論」으로 수록되어 있다. 수록내용은 『조선불교월보』에 발표한 내용이 전부이며, 편집과정에서「개혁」이라는 용어만「혁명」으로 바꾸고 있는데, 여기서는 원본에 의하기로 한다.
4) 拙稿,「退耕和尚 朝鮮佛教改革論의 研究」(『제15회 佛教學術研究發表會發表要旨』, 한국 불교학회, 1989.10, 15쪽 이하) 참조. 본고에서는 이를 補完코자 한다. 학계에서「朝鮮佛教改革論」을 주목하지 않았던 것은, 자료가 오래되어 널리 유행되지 않았던 일면과 함께, 그의 親日의 행각에 관련하여 의도적으로 타기한 성격도 엿보인다.

통해 우리는 그의 생애를 자세히 들여다보게 되는데, 이에 의해 그의 생애를 대별하면, 대체로 전후 4기로 나눌 수 있으리라 본다. 제1기는 1879년(1세) 탄생부터 1897년(19세) 출가까지로 생장수학기生長受學期, 제2기는 1912년(34세) 구족계具足戒를 받기까지로 출가정진기出家精進期, 제3기는 1945년(67세) 민족해방까지로 화도행전기化度行前期, 1965년(87세) 입적入寂까지를 화도행후기化度行後期의 구분이 그것이다.

제1기 생장수학기는 당연히 그의 출자出自로부터 시작되고 있다. 1879년 2월 28일 경상북도 문경군 산북면 석봉리에서 안동 권權씨 찬영贊泳의 장남으로 태어난 그는, 부친의 범승영몽梵僧靈夢에 연유하여 아명을 몽석夢釋과 동음인 몽석夢錫이라 하였는데, 출가와 더불어 몽찬夢讚을 법명으로 받은 후 몽찬. 태설泰說.정석鼎奭 등 개명을 거듭하고 마침내 상로相老로 행하게 된다. 또한 건당建幢과 함께 쓴 법호도 회월晦月에서 퇴경退耕으로 바꾸고 있다.

5세에 시를 지을 정도로 영특했으나, 어린 시절 이질 및 홍역 등을 앓아 사경을 헤매어 가정에서는 그의 수명보전책이 다방면으로 강구되었던 모양이며, 이는 후일 가문에서 그의 출가위승出家爲僧의 길을 허하는 분위기로 연결된 것으로 보인다. 6세에 서당에 입학하여 한학을 수학하여 14세 되던 1892년 문경백일장에 괴선魁選을 얻는 등 문재를 발휘한다. 그러던 중 동학접주東學接主가 된 부친이 그의 16세 되던 1894년 동학당을 이끌고 예천읍에 진격하였다가 진중에서 전몰하고, 이듬해 모친까지 몰하자, 아우들을 이끌고 충청북도 제천군 한수리 백부댁에 의탁한다. 18세 되던 1896년 조부상을 당한 후, 출가의 뜻을 굳힌 것으로 보이며, 다음해인 19세 되던 1897년 4월 1일 같은 군 운달산 금룡사雲達山 金龍寺 금선대金仙臺의 월명 서진月溟 瑞眞에게 의탁하여 축발祝髮한다.

제2기인 출가정진기는 출가한 후 타고난 성실성과 면학열을 바탕으로 사원의 규범을 익히며 내외전內外典에 독공篤功하는 기간이다. 출가한 해 같은 절 대성암大成庵 혜옹 창유慧翁 昶侑에게 사미계沙彌戒를 받은 후, 다음해 충청남도 계룡산 갑사鷄龍山 甲寺 대자암大慈庵에서 불화佛畵를 수습한다. 22

5)『퇴경당전서』권1, 21쪽 이하「自敍年譜」.

퇴경당 권상로 대종사 사적비
(운달산 금룡사)

세 되던 1900년 경상남도 가야산 해인사伽倻山 海印寺 홍제암弘濟庵의 금파
재룡錦波 在龍의 강하講下에서 『기신론』을 읽고, 이듬해에는 같은 절에서
사미계사인 혜웅 창유에게 『능엄경』과 『원각경』을 읽는다. 24세 되던
1902년에는 경상북도 사불산 대승사四佛山 大乘寺에서 환경 우인幻鏡 雨仁
에게 『화엄경』과 외전의 『주역』 및 『도덕경』을 읽고, 용문산 용문사龍門山
龍門寺에서 포운 정흔佈運 定欣에게 『화엄경』과 『남화경』을 강받는다.

그러다가 25세 되던 1903년 5월 풍곡 영안豊谷 永安의 다비식을 당하여
건당식建幢式을 행하고 법호를 회월晦月이라 하였으니, 이때부터 정법사승正
法師僧의 격을 갖추게 된 것이다. 그러나 이에는 전법스승으로부터 사자상승
師資相承하는 과정에 대해서 이렇다 할 기록이 없다.[6] 건당식 이후 그는 강사
등의 사격師格에 맞는 위를 확인시켜준다. 대승사 윤필암閏筆庵의 강사로 초
빙된 이래 대승사, 그리고 이듬해에는 금룡사 화장암華藏庵의 강사로 전임轉
任한다. 27세 되던 1905년 상경, 명진明進보통학교에 입학하여 3개월간 다니
다가 중퇴하고, 경상북도 문경 등 7개군 사찰연합으로 금룡사내에 경흥慶興
학교를 창립하고 있다. 이듬해 이 학교의 한문교사가 되며, 30세 되던 1908년
이 학교의 측량과를 수료하고, 사원의 강사와 학교의 교사를 전전한다.

---

6) 스승으로부터 法統을 師資相承하는 建幢式에는 「太皇帝光武六年. 五月遭法師豊谷永安
禪師喪. 因喪行建幢式號曰晦月後改退耕.」(『퇴경당전서』 권1, 28쪽)라고만 밝히고 있다.

32세 되던 1910년, 서울 원흥사元興寺에 설치된 원종종무원圓宗宗務院의 찬집부장纂輯部長에 임명되었으며, 각처의 강사와 교사로 활약한다. 이듬해에 대승사 주지소임에 당하고, 34세 되던 1912년 1월 조선불교월보사 사장에 취임하며, 이달 원흥사의 금강계단金剛戒壇에서 당시 종정이던 회광 사선晦光 師璿, 李晦光(1862~1933)을 은사로 구족계具足戒를 받는다.

제3기인 화도행전기는 구족계를 받고부터 민족해방을 맞이할 때까지의 장년·중년기간인데, 불교운동 내지 사회활동이 돋보인다. 33년의 장기간이 이 시기는 우선 40세 되던 1918년 윤尹씨녀의 대처帶妻를 전후로 구분해볼 수 있을 것이다. 물론 당시 일제의 불교정책이 대처를 권했고, 그런 사조에 따른 결혼이었던 만큼 승직僧職 등에 변함이 없다.

그러나 한사코 구별해본다면, 결혼 전은 1912년 법계法階를 중덕中德과 대덕大德으로 거듭 오르고, 37세 되던 1915년 교사敎師, 그리고 이듬해 대교사大敎師 법계에 오르며, 45세 되던 1923년에는 월간불교사 사장에 취임하고, 47세 되던 1925년에는 수도산 보은사修道山 奉恩寺 금강계단金剛戒壇의 계사戒師에 피선되는 등 교계활동이 중심이 되고 있다. 1917년 3주간에 걸쳐 일본불교계를 시찰하고 그에 대한 일기를 적은 것은 이후의 그의 사회활동 내지 학문활동에 한 방향타가 되었을 것이다. 이에 비하면 결혼 후는 교계의 위치에 변동이 있는 것은 아니지만, 53세 되던 1931년에 불교전문학교 교수, 64세 되던 1942년 태고사太古寺의 교학편수위원敎學編修委員 등 사원의 소임이나 수행적인 방면보다는 교계의 문화방면이 활동의 중심이 되고 있다. 또한 결혼 후로 교수직 등 비교적 안정된 환경에 있었던 관계로 왕성한 연찬활동을 전개하고 있다.

제4기인 화도행후기는 조국해방으로부터 입적에 이르기까지의 만년에 해당하는 기간인데, 동국대학교 교수를 비롯하여 72세 되던 1950년 피난처인 부산에서 동교 학장, 74세 되던 1952년 동교의 종합대학 승격에 따라 제1대 총장, 84세 되던 1962년 동교에서 명예철학박사 학위수증學位受贈 등 학계의 원로로서 활동한다. 이 기간을 다시 나누어 본다면 총장으로 재직하던 1952년까지를 현역기, 그리고 그해 정년퇴직으로 총장직을 퇴임하고 환도還都한 이후를 만년기로 보아서 무방할 듯하다. 그 중에서 76세 되던 1954년 불교총본산 태고사佛敎總本山太古寺 중앙포교사에 피임되고, 이듬해 법계고시위원회法階考試委員會 위원장, 82세 되던 1960년 청련사靑蓮寺 금강계단金剛戒壇의 교수사敎授師 피청, 85세 되던 1963년 불교종단고문단 고문피촉, 동년 용화사龍華寺 보살계단菩薩戒壇의 설계사說戒師 피청 등은 그의 승려로서의 삶을 말해주는 사항으로 중시된다.

물론 그는 입적전년인 86세 되던 1964년 중앙불교연구원 원장·동국역경원 역경위원에 피선되는 등 만년까지 학문현장을 떠나지 않는다. 그리고 이해에 자신의 자필이력을 상세하게 정리할 정도로 조직적이고 정치한 문화업적을 남기고 있는 것이다. 입적에 대해서는 그의 기록이 없는데, 1987년 그의 22주기를 기해 기념사업회(회장 全觀應)에서 운달산 금룡사에 건립한 「퇴경당권상로대종사사적비명退耕堂權相老大宗師事蹟碑銘」에 "불기 2509년(1965) 4월 19일 향년 87세로 세연世緣을 다하시니, 법랍法臘은 67이셨다"[7]로 나타나 있다.

이와 같은 그의 생애는 장수를 했을 뿐만 아니라 종시 학문현장에서 은퇴하지 않고 만년까지 왕성한 활동을 전개했던 관계로 보다 자세한 구분을 요한다. 예컨대, 제3기를 여기서는 구족계를 받은 시기를 경계로 하였으나, 한일합방이라는 커다란 사회환경의 변화와 함께 상경하여 원종종무원에 들어가는 1910년을 경계로 볼 수도 있을 것이다. 어떻든 임의로 설정해본 퇴경 생애는 전후4기는 제1기의 소년기, 제2기의 청년기, 제3기의 장년기와 중년기, 그리고 제4기의 노년기와 만년기로 이해할 수 있을 것이다. 연보에는 자녀의 출생 등 가내사家內事에 대해서는 분명히 기록하고 있고, 법사法師와 법계法系에 대해서도 자세하지만, 법사法嗣관계는 전혀 언급이 없다.

그의 은사는 전술한 대로 축발한 금룡사金龍寺의 월명 서진月溟 瑞眞과 사미계를 받은 혜옹 창유慧翁 昶侑가 있다. 연보 중에서 월명 서진에 대해서는 '은사恩師'라는 용어를 사용하고 있다. 이후 이 절은 이들 은사가 주석하고 스스로도 감무監務·강사講師 등의 소임을 맡은 관계로 본사本寺로 하고 있다. 그러

---

7) 『퇴경당전서』 권1, 9쪽, 「退耕堂權相老大宗師 事蹟碑 碑文」.

나 그의 스승에는 또 건당식을 행한 풍곡 영안이 있고, 구족계를 받은 회광이 있다. 그러므로 이들의 법맥 등에 대해서는 상고詳考를 필요로 하지만, 1910년 이후 서울에 정착하여 활동하는 과정을 살펴볼 그의 법맥은 구족계를 받은 회광 사준을 통해 정리된다고 보아도 좋을 것이다. 회광은 주지하는 바와 같이『동사열전東師列傳』의 대미大尾를 장식하는 인물8)이지만, 오히려 1910년 원종 종정의 자격으로 도일하여 일본 조동종曹洞宗과의 맹약체결을 주도한 당대 불교계의 실력자로 잘 알려져 있다.

회광을 사자상승한 것으로 정리하면, 퇴경의 법맥은 청허 휴정淸虛 休靜(1520~1604)~편양 언기鞭羊 彦機(1581~1644)~풍담 의심楓潭 義諶(1592~1665)~ 월담 설제月潭 雪霽(1632~1704)~환성 지안喚醒 志安(1664~1729)~함월 해원涵月 海源(1691~1770)~영파 성규影波 聖奎(1728~1812)~낙허 치관樂虛 致寬~성원 의찰性圓 宜察~경암 신묵鏡庵 信默~진암 정우眞庵 定旴~보운 긍엽寶雲 亘葉에서 회광 사선晦光 師璿을 거쳐 그에게로 이어지고 있다. 그가 당시 불교계의 개혁사조에 임한 자세를 보면 회광에서 이어지는 법계法系와 밀접한 관계를 지니고 있는 것으로 풀이된다. 후술할 바와 같이, 당대의 불교계를 소용돌이 속에 몰아넣은 조동종과의 맹약이 퇴경의 상경과 때를 같이하고 있다. 그리고 2년후 맹약을 주도한 다음 교계의 반대운동에 부딪쳤음에도 불구하고 교계의 중심인물로 건재하던 회광을 은사로 하여 구족계를 수하고 있는 것이다. 「개혁론」이 당시에 발표되었다는 것만으로도 회광이 추진하던 개혁사조를 대변하게 된 전후 사정을 짐작하기 어렵지 않으며, 이후 이러한 입장을 견지하고 있다. 회광의 움직임이 조선총독부의 호응을 얻고 있었음은 말할 나위 없으며, 퇴경이 일제강점기에 학도병의 동원 등에 적극적인 자세를 취하여 금일에 이르기까지 친일인물親日人物로 지칭되는 연원도 결국은 법계와 무관하지 않다는 결론이 나오게 된다.

---

8) 梵海覺岸 찬,『東師列傳』권6,「晦光講伯傳」. 이에는 법명을 有璿이라 하였다. 全觀應 감수『佛敎學大辭典』(홍법원, 1988)에는 그의 생몰연대를 1840~1911로 적고 있으나,『동사열전』이 찬술된 1894년에는 33세로 乾鳳寺에 주석하고 있어서 생년이 1862년으로 확인되며, 姜昔珠·朴敬勛,『佛敎近百年』(중앙신서, 1980) 129쪽에는 1926년의 활동상까지 나타나 있다.

3. 『조선불교개혁론』의 구성

퇴경의 「자서연보」에서 다시 중시할 사항은 자신의 저술, 특히 단행본에 대해서 적출하고 있는 점이다. 이들을 옮겨보면 다음과 같다.

〈1〉 퇴경 권상로의 저술
1911(34세). 8. 『육방예경六方禮經』 간행.
1916(38세). 8. 『조선불교약사朝鮮佛敎略史』 간행.
1925(47세). 11. 『은중경恩重經』 번역간행, 『서상기西廂記』 연역演繹.
1933(55세). 5. 『극락가는 길』 저술, 『극락가는 길 백가지 비유』 저술.
1938(60세). 3. 『이조실록불교초존李朝實錄佛敎抄存』20책 프린트본 간행.
1945(67세). 6. 『전쟁과 불교』 간행.
1961(83세).11. 『한국지명연혁고韓國地名沿革考』 간행.
12. 『고사성어사전故事成語辭典』 감수.

이밖에도 그의 저술이 다양하게 이루어져 있는 것은 『퇴경당전서』가 잘 말해주고 있다. 그러나 위의 10가지 저술목록은 그 자신이 채록하고 있는 것인데, 일제시대의 친일적인 작품은 해방 직전에 저술한 『전쟁과 불교』가 유일한데, 당시의 시국강연 원고 등이 『전서』에 수록되지 않은 관계로 이는 그의 족적을 살피는 데 일조가 된다 할 것이다. 그의 첫 저술이 1911년에 이루어졌으므로 그가 회광의 휘하에 있을 때이며, 이 서울생활을 기점으로 활발한 저술활동을 하고 있는데, 그 서두를 장식하는 것이 또한 「개혁론」이다.

이는 『월보』 3호부터 18호까지, 시기적으로는 1912년 4월부터 1913년 7월까지 전후 12회에 걸쳐 연재하고 있다. 이 『월보』는 원종의 기관지 『원종圓宗』(1910) 이후의 본격적인 불교잡지로 퇴경 자신이 편집 겸 발행인이었다. 18호로 폐간되었으니까 거의 전기간 동안 연재된 셈이다.

논문은 미완未完으로 끝나고 있는데, 이를 계속하지 않은 데는 외형적으로 두 가지 상황이 엿보인다. 하나는 『월보』에 이어 『해동불교海東佛敎』(1913.11~1914.6), 『불교진흥회월보佛敎振興會月報』(1915.3~1915.12)라는 불교잡지의 창간으로, 각각 석전 박한영石顚 朴漢永(1870~1948)과 간정 이능화(侃亭 李能和(1869~1943)로 편집 겸 발행인이 바꾸어진 점이다. 다른 하나는 폐간 직전인 1913년 5월에 한용운의 『유신론』이 출간되었다는 사실이다.

어떻든 이후 퇴경은 이런 류의 논문을 거의 발표하고 있지 않다.[9] 따라서 『개혁론』은 그의 불교개혁사상을 대표하는 것이다. 연재발표된 시기에 따라 이 논문을 정리해보면 다음과 같다.

〈2〉『朝鮮佛教改革論』(朝鮮佛教進化資料)

第一編 緒論 『朝鮮佛教月報』 3(1912.4)

第二編 論改革之如何

第一章 論改革之必要

第二章 論改革之性質 4(1912.5)

第三章 論改革之關係 5(1912.6)

第四章 論改革之利害

第五章 論改革之功用 6(1912.7)

第六章 論改革之人物

第七章 論改革之時代 7(1912.8)

第八章 論改革之後에 爲團體爲自治

第三編 論改革之前例 8(1912.9)

第一章 論釋迦出世가 全爲改革

第二章 論達摩東來하사 大行改革 13(1913.2)

第四編 論現前之當改革者 14(1913.3)

第一章 論求欲改革於事物인댄 當先改革於心地

第二章 論團體之改革 15(1913.4)

第三章 論財團之改革 16(1913.5)

第四章 有感覺心然後에 能改革其團體 17(1913.6)

第五章 論教育之當改革 18(1913.7)

〈미완〉

---

9) 개혁을 중심한 時務關係로는 『新佛教』 4~1(1940.1)에 「朝鮮佛教界의 시급한 문제」, 동 4~7(1940.7)의 「時局下 朝鮮佛教徒의 임무」 등이 보일 뿐이나, 이는 승가제도의 개선이나 불교인들의 의식개혁을 논한 것이 아니라, 당시의 時勢에 편승한 것들이므로 개혁사상과는 거리가 있다.

이러한 「개혁론」의 체제는 전체적인 흐름으로 볼 때, 불교개혁의 의의와 필요성을 강조한 다음, 대상에 따른 개혁방안을 제시하는 방향으로 정리되고 있다. 이에는 「보선불교 진화자료」라는 부제가 달려 있는데, 제4편의 개혁대상을 논하기에 앞서,

〈3〉 저자 초의初意는 욕광인고금대가지언구欲廣引古今大家之言句하여 이증부득불위개혁지유서以證不得不爲改革之由緖하고 연후에 지적현상指摘現狀하여 수불위개혁지원조雖不爲改革之元祖나 혹가처호개혁지보조원자或可處呼改革之補助員者가 이소사망우중야是所私望于中也러니 월간 일편一編에 시간이 연장하고 사기지박재조석事機之迫在朝夕하여 기위개혁지만시자己爲改革之晩時者가 불일자족不一者足일새 저자가 정필삼사停筆三思하다가 부득이하여 인증일편引證一篇은 약위이장略爲二章하고 편돌연환필便突然換筆하여 제사편第四編에 초입超入하여 현전지당개혁現前之當改革할 자를 열거코자 하노라.10)

라 하여, 불교발전을 위한 역사적인 사례 일부와 개혁방안 일부를 다루지 못했음이 드러난다. 아마도 논조로 보아, 전자에는 중국과 한국의 선법개혁 禪法改革을 통한 불교발전의 사례를 계획하고, 후자에는 포교방법의 개혁 등이 구상되어 있었으리라 생각된다.

연재된 논문에 한해서 보면, 제1편의 서론에서는 개혁안을 제출하는 집필 의도를 밝혀 개혁의 의의를 천명한다. 제2편은 개혁의 방법, 제3편은 개혁의 역사적 사례, 그리고 제4편이 구체적인 개혁안이다. 개혁의 방법에 있어서는 그 필요·성질·관계·이해利害·공용功用·인물(주체)·시대·순서 등이 언급된다. 개혁의 사례에 있어서는 석존과 달마를 개혁의 대표적인 존재로 파악하고 있는데, 이는 불교의 주맥을 선법으로 파악하는 시각이 드러난다. 바꾸어 말하면 퇴경은 한국불교의 법통法統을 선맥禪脈에 두고 있다는 것이다. 개혁안에 있어서는 심지心地·단체·재단·각심覺心·교육을 항목으로 설정하고 있다. 이는 의식개혁, 승단제도개혁 그리고 교육개혁으로 대별

---

10) 『朝鮮佛敎月報』 14(1913.3), 53쪽. 이하 한글 토는 현대어로, 繁出하는 한문용어는 한글로 바꾸기로 함.

할 수 있으려니와, 미완으로 끝나고 있어서『유신론』에서 보는 것과 같은 의례나 교화 등의 구체적인 사안에 대해 어떤 관점을 가지고 있었는지 궁금해 진다.

4. 권상로의 불교개혁사상

그러면 퇴경의 불교개혁사상은 어떠한 구조를 가지고 있는가. 먼저 그가 개혁을 시무時務로 생각한 시대인식에 주목하게 된다. 그는 서론에서,

〈4〉황세계況世界는 일벽日闢하고 풍조風潮는 일변日變하여 사회지교제언社會之交際 焉 일번日繁하고 종교지경쟁언宗敎之競爭焉 일번日繁하나 어시어於是乎에 도세 입산逃世入山하여 폐문심수閉門深睡하던 아조선불교我朝鮮佛敎는 천식喘息이 수절垂絕하여 명사名詞도 난보難保할 경우境遇에 지至하였도다. 오호라 육천여 六千餘의 아법려我法侶가 불위부중야不爲不衆也며 구백여九百餘의 아선찰我禪刹 이 불위불다야不爲不多也로되 호사역풍지범好似逆風之帆하여 일견주판지세日 見走阪之勢하니 범아피치자凡我被緇者가 집불위지무용탄식孰不爲之撫膺歎息하 며 착뇌연구着腦研究하며 사용교구지재思欲矯救之哉아. …오교吾敎의 유신維新 을 구가하며 오교의 개혁改革을 제창함이로다. 내래하라 아법려여, 청청하라 아법려여. 가사 구세九歲를 묵무언默無言하시던 달마존자達摩尊者라도 금일에 동래東來하시면 유신이자維新二字가 부절어구不絕於口할지요 육년六年을 좌부 동坐不動하시던 석가세존釋迦世尊도 차시此時에 하생下生하시면 개혁일사改革 一事에 노력이행努力而行하시리라. 청지사지聽之思之하여 면지전지勉之傳之어 다. 여왈여설如曰余說이 부성설不成說이라 하면 고치장황설사姑置張遑說辭하고 위도차시爲道此時가 시하시是何時하리라, 종교경쟁시대니라.11)

라 하고 있다. 개벽開闢으로 이름할 수밖에 없는 현대는 동서사회가 하나되어 빈번한 교류를 가지고, 또 종교가 공존함으로써 가히 종교경쟁시대에 처해 있다고 본다. 불교가 6천여의 승려와 9백여의 사원이 있지만, 변혁의 시대에

---

11)『조선불교월보』3(1912.4) 35-36쪽.

있어서 세상을 피하여 산중에 묻혀 있으면, 불교이름을 보전하기도 힘들다는 것이다. 이 절체절명絶體絶命의 시대에는 설산에서 6년간 수도하던 석존이나 면벽面壁하여 9년간 수행하던 달마나 6년 설산수행하던 석존이 하생한다해도 개혁운동에 동참할 수밖에 없었으리라 한다.

그가 선언한 종교경쟁시대가 구체적으로 어떤 상황을 말하고 있는지는 분명하지 않다. 하지만 한일합방을 전후하여 불교교단이 겪었던 여러 정황은 가히 격변기라 해도 과언이 아니었다고 할 것이다. 그로부터 반세기전인 1860년 수운 최제우水雲 崔濟愚(1824~1864)의 동학개창東學開創은 이미 종교사회에의 변화를 말해주는 것이었다. 그것은 이른바 개벽사관開闢史觀이라는 시대변화를 전제로 출발한 가르침이었기 때문이다. 동학창도 당대에 서양사상으로서의 그리스도교를 가시적인 형태로 확인했던 바였으니까, 그리스도교는 물론 동학을 중심한 신종교운동新宗敎運動은 한일합방기의 퇴경에게 있어서도 인지된 상태였으리라. 이밖에 당시 사회를 풍미한 것이 일본의 지배세력과 함께 상륙한 불교와 신도神道가 상정된다.

한국에 있어서 일본종교12)는 1877년 정토진종 대곡파淨土眞宗 大谷派 승려 오쿠무라 엔신奧村圓心이 부산에의 상륙으로부터 비롯한다. 특히 1895년 일연종日蓮宗 승려 사노 젠레이佐野前勵(1859~1912)의 건의로 종래 금지되고 있던 경사도성京師都城의 출입금지를 해제함에 이르러서는 그 세력에 있어서 한국전통의 사원과는 비교될 수 없는 사회적 세력을 과시하게 된다. 1905년 을사보호조약을 전후해서는 이미 일본불교 각종이 대부분 한국에 상륙해 있었고 해가 바뀜에 따라 괄목할 만큼 그 세력을 신장해나간다. 따라서 1910년 한일합방을 거치면서 불교는 물론 신도神道의 신사神社가 각처에 서고, 천리교天理敎 등의 교파신도敎派神道까지 커다란 교세를 자랑하게 된다.

1906년 조선총독부朝鮮總督府의 전신인 통감부統監府는 일본사원에 한국사찰의 관리를 허용하며, 이를 위해 조선사찰관리규칙朝鮮寺刹管理規則이 공포하고 있는데, 이에 대응한 불교계의 움직임이 1908년 각도의 사찰대표가

---

12) 韓國佛敎의 근대적 전환과 日本佛敎의 한국상륙에 관해서는 拙稿,「近代 佛敎改革運動」(『韓國思想史大系』6, 韓國精神文化硏究院, 1993, 139쪽 이하) 참조.

원흥사에 모여 결성한 원종圓宗이다. 퇴경의 은사인 회광은 이때부터 원종의 대종정大宗正에 취임하고 있지만, 일본승려 다케다 노리유키武田範之(1863~1911)를 고문에 앉히는 것만으로도 그 의타성을 짐작할 수 있다. 퇴경이 상경했던 1910년에는 각황사覺皇寺를 건립하여 원종종무원으로 하고 조선불교중앙회의소와 중앙포교소를 설립하여 전체적인 통어의 형태를 취하고 있었던 것은 사실이다. 그러나 그해 10월 회광을 중심한 원종의 조동종 간에 체결한 맹약에 반대하여 진진응陳震應·박한영朴漢永·한용운韓龍雲 등의 임제종운동臨濟宗運動이 일어난 후, 1911년 총독부는 사찰령寺刹令을 반포하여 선교양종삼십본산제禪敎兩宗三十本山制를 시행하며, 그 이듬해 원종과 임제종의 종론통일을 위하여 조선불교선교양종朝鮮佛敎禪敎兩宗으로 통칭하며, 퇴경이 「개혁론」을 집필한 것이 이때다. 이렇게 본다면, 퇴경의 종교경쟁시대 선언은 다종교공존이라는 사회적인 정황을 파악한 위에서 행한 것이지만, 이들을 일본불교 등과 관련해 봄으로써 한국불교가 당면한 현안을 중시했으리라는 판단이 가능해진다.

　　그의 시대인식에 대한 기술이 여러 곳에 산견되는데, 이러한 사항을 적나라하게 밝히고 있는 것이 다음의 최근세불교에 대한 시대구분이다. 즉 그는 개혁의 인물을 논하면서,

〈5〉 오교吾敎의 근세, 즉 관리서시대管理署時代로부터 연구회시대研究會時代 종무원시대宗務院時代와 내지 현금現今 회의원시대會議院時代까지 저간這間에 기호십여사幾乎十餘事를 미상未嘗 일일일시一日一時도 감망敢忘치 못하여 기인其人 (개혁주체)이….13)

라 기술하고 있다. 여기에서 관리서시대란 원흥사元興寺에 사사관리서寺社管理署를 두고 승도를 관리하던 1902~1906년, 연구회시대는 이보담李寶潭·홍월초洪月初 등이 일본 정토종 승려 이노우에 겐신井上玄眞의 영향을 받아 신학문을 연구하기 위해 불교연구회(회장 이보담)를 창설하고 원흥사에 명진

---

13)『조선불교월보』 6(1912.7), 41쪽.

학교明進學校를 개설한 1906~1908년, 종무원시대는 원종이 성립된 1908~
1911년, 그리고 회의원시대는 원종을 폐지하고 삼십본산회의소를 설치한
1911년 이후를 말하고 있는 것으로 파악된다. 이능화李能和도 한국불교를
시대구분함에 있어서 1911년부터 현대로 나누고 있는 것을 보면[14] 그는 분명
한 시대인식에 바탕해서 개혁이념을 전개하고 있었다는 말이다.

  아울러 그가 사용한 「개혁」 용어가 선택적이라는 점을 간과할 수 없다.
그는 개량·발달·확장·유신이라는 네 가지 명사를 떠올린 다음 「유신」에
주목하며, 개혁을 이와 대비하여 설해나간다.

〈6〉 거개구일폐습擧皆舊日蔽習을 일소하고 참신한 상황을 농출弄出코자 하여 각종
    의 명사名詞를 질창迭唱하니 왈개량曰改良이오 왈발달曰發達이오 왈확장曰擴張
    이오 왈유신曰維新이라 하나니… 개량이라 함은 물질상에 불선량不善良한
    일부분을 초梢히 선량케 하는 자를 운함이오, 발달이라 함은 물질의 개량한
    방면을 갱更히 연마하여 내명內明이 앙수仰粹한 자를 운함이오, 확장이라
    함은 물질의 개량불개량改良不改良을 불문하고 거이열지어인계擧而列之於人界
    하여 아我의 여하함을 세계에 발명하여 출수하며 오약誇耀하여 아我도 타물他
    物의 삼열森列한 장소에 엄연히 일개지위를 점유함이오, 유신이라 함은
    물질의 전부를 거擧하여 불미不美한 가지假疵는 일병소제一倂掃除하고 장려한
    신면목을 안전에 돌범突凡케 함이니, 즉 소위 중흥이며 역亦 가위 쇄신이로다.
    …개량은 유신의 일부분에 불과하고 발달은 확장할 전방편前方便이 시기是己
    라, 금일 오교에 응용할 문제는 과연 하何에 재在한가. 기완급其緩急을 불가부
    지不可不知니 개량과 발달에 착편着鞭할까, 유신과 확장에 유인遊刃할까.
    왈발달曰發達은 개량한 연후사然後事요, 확장은 유신하면 재기중在其中이니
    여余의 관견管見으로는 유신이 최긴最緊하다마는 유신을 이행하자면 기순서
    其順序는 여하할까.[15]

  각 용어의 개념을 분명히 분석하여 유신을 가장 긴요한 것으로 정의한다.

---

14) 李能和 편, 『朝鮮佛教通史』 상(1918, 신문관), 621쪽. 이는 한국불교의 시대구분을
  삼국시대·신라시대·고려시대·조선시대(前韓)·조선총독부시대(現代)로 파악한 관점
  이다.
15) 『조선불교월보』 3(1912.4), 37-38쪽.

그러나 유신은 개혁과 대비되는 개념이라고 본다. 즉,

〈7〉 오교吾教에 이상적理想的 방면으로나 사상적事相的 방면으로나 소유일제선저
불선저所有一切善底不善底를 일망타진하여 치제장중置諸掌中하고 균독현미경
적菌毒顯微鏡的 혜안과 광물문석기적 능수能手로 극정선택極精選擇하여 가저可
底는 준이물실遵而勿失하고 불가저不可底는 이이경장弛而更張하여야 가히 유신
이라 위할지니 차유신계此維新界에 최유력最有力하고 최다능最能能한 기관機關
은 즉 개혁이 시기是근라 하노라. 개혁이 아니면 유신을 부득不得할지오,
설사 유신을 득할지라도 개혁상에서 출래出來한 자가 아니면 기정도其程度가
유치하고 기역윤其力輪이 유약하여 유신된 제2일부터 구연극舊演劇을 환현還
現하여 반反히 불유신한 전일만 불여不如하리라. …불법佛法에 헌신하는
자는 수유신雖維新을 주창할지라도 개혁이 우급尤急하도다.16)

라고 주장한다. 유신을 행하는 자도 개혁의 성질을 먼저 알아야 실패가 없다
는 것이다. 유신을 바라지만 개혁이라는 바탕이 없이 유신만을 주장하면 마
침내 수포로 돌아간다고 그는 본다.

그러면 여기에서 그가 한사코 「유신」이라는 용어를 선택적으로 사용하면
서 이를 이념적으로 넘어서려고 하고 있는가? 아마도 이는 당시 그의 개혁사
상을 전개하는 입장 내지 시각을 말해주는 것이라 본다. 왜냐하면 퇴경의
은사인 회광 사선이 1910년 조동종과의 맹약을 체결하면서 불교계의 변신을
시도하는데 대하여 반대입장을 분명히 하면서 대립하는 세력이 이른바 임제
종운동을 앞세운 유신세력이기 때문이다. 맹약에 대한 반대가 일어난 후에
도 1911년에 다케다 노리유키가 『원종대제론圓宗大諦論』을 집필하여 한국승
려들에게 배포하면서 맹약의 의미를 강조하고 있는 것처럼, 조선총독부의
세력을 업고 입는 회광은 역시 교계의 대표적인 존재였다.

회광이 맹약을 추진하게 된 실질적인 이유는 불교·신도·그리스도교를
공인종교로 하고 있던 당시에 있어서, 임의단체로 존재하던 불교교단을 공
인받기 위한데 있었다. 맹약조문에도 나타나는 이 사실17)을 회광의 휘하에

---

16) 『조선불교월보』 3(1912.4), 39쪽.

있던 퇴경은 충분히 인지하고 있었으며, 추진해야 할 개혁과제의 일차적인 관문으로 본 것은 아니었을까. 「개혁론」 중에는,

〈8〉 황욱일況旭日이 서광舒光에 동풍東風이 원불遠拂하여 삼천리반도三千里半島는 대화판도大和阪圖에 동재同載하고 이천만생령二千萬生靈은 천황우로天皇雨露에 균점均霑하여 일초일목一草一木이 무비향양無非向陽이오 필부필부匹夫匹婦가 각 안기소安其所하니 오욕제가 수욕의전무무雖欲依前貿貿하여 자태이척自胎伊戚인들 언유성천재재상焉有聖天子在上하여 이허기자누화외야而許其自漏化外耶아.[18]

라는 일본왕(天皇)의 찬양은 이러한 정황을 말해주는 단적인 예인 셈이다.
    다시 유신문제와 이를 관련시키면 「유신」의 실체가 나타난다. 한용운 『유신론』의 서문[19]이 1910년에 쓰여졌다는 점이다. 1913년 이 책이 발행되기까지 그 내용의 어떤 부분이 유포되었는지는 알 수 없다. 그러나 유신운동이 원종에 대항하는 임제종운동과 맥을 같이 하고 있었다는 점에서 퇴경이 그러한 사조는 파악하고 있었으리라는 것이다. 과연 퇴경은 「개혁론」 가운데,

〈9〉 수구파守舊派는 개혁이자改革二字가 촉안觸眼하면 필시 맹호猛虎를 우遇함과 여如히 끽경喫驚할지며 유신당維新黨은 개혁이자가 입이入耳하면 필연 배사孟蛇를 음飮함과 여히 기의起疑할지로다. 오호라 여余는 하유何由로 여시如是 기위험其危險하고 여시기맹랑其孟浪한 개혁을 제창하는가 하면 여余도 실로 자지自知치 못하는 바라,…[20]
    불과시수구당구기이而不過是守舊黨口氣而已오 유신파維新派의 관념은 부족하도다.[21]

─────────────

17) 「曹洞宗宗務院은 朝鮮圓宗宗務院의 設立認可를 득함에 幹旋의 努를 취할 事.」(李能和 편, 『조선불교통사』 하, 938쪽.)
18) 『조선불교월보』 7(1912.8), 28쪽.
19) 韓龍雲, 『朝鮮佛教維新論』(1913, 불교서관)의 서문은 「明治四十三年臘月八夜」라 하였다.
20) 『조선불교월보』 5(1912.6), 46-47쪽.
21) 『조선불교월보』 8(1912.9), 47쪽 참조.

라고 사조思潮의 구체적인 실체를 언급한다. 여기서 수구파란 회광을 중심한 원종계승 측이며, 유신파란 한용운 중심의 임제종 측으로 상호 대립 속에 있으며, 이는 모두 개혁의 흐름에 역행한다고 그는 본다. 회광의 휘하에서 법을 받고 있던 그였지만, 개혁사상에 있어서만은 불교계의 대표격이 되어 있는 회광 주위나 한용운을 중심한 유신운동까지도 그의 눈으로는 개혁의 대상으로 보고 있다는 말이 된다. 국가사직마저도 수호하지 못한 상황 아래서 서로가 이해를 달리하며 반목하는 상황을 비판하고 있는 것이다. 그 스스로가 "개혁을 주창하는 이유"를 잘 모른다고 한 말은, 그가 주창하는 개혁이념이 어떤 개인의 입장을 반영하는 것이라기보다는 교계의 소박한 바람을 뜻하는 것으로 보인다.

퇴경은 개혁의 성질은 천위개혁天爲改革과 인위개혁人爲改革의 2종이 있으며, 이들에는 또한 적극적 개혁과 소극적 개혁의 구분이 있으니, 합하면 4종의 다름이 있다고 한다. 이 중에서 개혁은 적극적으로 추진되어야 하며 천이호생지덕天以好生之德의 천위개혁보다는 인위적이어야 한다. 곧 적극적 인위개혁積極的人爲改革만이 성과를 기대할 수 있다는 것이다. 종래의 조선불교는 천天에 맡겨두고 저절로 이루지기를 바라는 방식이었으므로 발전이 없었다는 것이다.

여기서 적극적 인위개혁이란 경쟁력과 희망심으로 생활하는 인류가 각지覺知에 의해 진화하는 것을 말한다. 가옥·의상·전원·재용財用·지식·종교 등 제 방면에 부족함이나 위축됨이 있을 때에는 진흥책을 강구하여 일체통혁一切痛革을 단행하여 완지결지신지完之潔之新之케 한다는 것이다.[22] 사회진화의 사상에 바탕한 개혁론은 창조적 소수자의 의식개혁을 전제로 이루어질 수밖에 없다고 그는 본다. 의식개혁에 의해 위법망구爲法忘軀 위법헌신爲法獻身하는 풍토를 조선해야 하며, 그것도 개인이 아니라 단체라고 하는 전체적인 풍토를 쇄신해야 한다는 것이다.[23]

---

22) 『조선불교월보』 4(1912.5), 44-45쪽 참조.
23) 「法侶諸君아 回頭一思하라. 天下大道가 無出吾敎右者하나 荷大負重을 不以團體하고 而寄諸個體也리요」(『조선불교월보』 15, 1913.4, 53쪽)

이러한 개혁의 기반 위에서 구체적인 개혁사안으로 퇴경은 교육을 들고 있다. 그는 말한다.

〈10〉 오교吾敎 금일에 가례사家禮事란 간경看經 참선參禪으로 이수以修하고 도중사道中事란 전도傳道 포교布敎로 이행以行할지니 차이문此二門을 사捨하고는 여업餘業은 무유야無有也이니라. 연연然이나 교리에 불명不明하면 참선도 맹봉 치갈盲捧痴喝에 불과하고, 전도포교도 섬언마설譫言魔說에 불외不外하리니, 차此이 부득불 교리를 선명先明할지오, 교리를 명明코자 할진대 부득불 학인을 양성할지오, 학인을 양성코자 함에는 부득불 교육의 기관을 개량하여야 할지로다. 기관은 유하維何요 일왈사범一曰師範이요, 이왈서적二曰書籍이요, 삼왈체재三曰體裁요, 사왈장소四曰場所이니,….[24]

그는 불교의 사회적 역할에 있어서 중요한 것은 포교와 교육과 간행에 있다고 본다.[25] 포교를 위해서는 교리에 밝아야 하며, 교리해명을 위해서는 승려의 양성을 중심한 교육이 급선무라는 것이다. 그는 각 지방의 불교사원이 학교를 갖출 것을 주장한다. 전통사원의 이력과정履歷課程에서 기본을 이루지 못한 상태로 대덕大德이 되어 있는 풍토를 바로잡기 위해서는 현대화된 교육이 필요하다고 퇴경은 보고 있다. 먼저 요청되는 것이 교육기관인데, 그것을 사범인 교사敎師, 서적인 교재敎材, 체재인 제도制度, 장소인 시설施設로 제시하고 있는 것이다.

1913년 발간한 한용운의 『유신론』에서 교육을 말하면서 오직 보통학普通學 · 사범학師範學 · 외국유학外國留學을 말하고 있는 것은 이들 네 가지 문제 중에서 체제로서의 제도 내지 교육과정을 말한다.[26] 교육개혁의 과제는 한용운이나 퇴경이 다같이 공감하고 있었다는 말이다. 퇴경의 개혁이념에 있어서 중요한 위치를 차지하고 있는 이 부분에 대해 한용운은 다른 언급이 없고 오히려 교육과정 쪽으로 논을 이끌어가고 있는데, 이는 이러한 공감대에 기인한 것이 아니었을까 의심하게 된다. 퇴경은 교육의 개혁을 통해서만

---

24) 『조선불교월보』 18(1913.7), 47쪽.
25) 『조선불교월보』 16(1913.5), 61쪽.
26) 한용운, 전게서, 17쪽 이하 참조.

불교계의 밝은 미래가 약속된다고 본다.

5. 결어

이상에서 살펴본 바와 같은 「개혁론」은 당시 불교계에 개혁의 소리가 높았음을 전하고 있다. 한용운의 『유신론』 서문이 1910년에 쓰여진 것을 보면 이들은 공동관심사에 대한 다양한 접근이라 할 수 있다.

이 방면의 최초를 장식하는 「개혁론」에 입각해보면, 『유신론』은 그 전개의 계속이며, 후자에서 보면 그것을 넘어선 것이 『유신론』인 셈이다. 1913년 『유신론』이 발간유포되면서 「개혁론」의 연재가 중단되는 정황이 이러한 인과관계를 말해준다.

퇴경의 논리는 사회진화의 관점에 바탕해 있다. 불교개혁의 주체로서의 인물이 환경의 변화를 걸을 때 환경과 인간이 함께 진화한다는 논리다. 시대사회적으로 볼 때 개혁이 요청되며 이를 위해서는 개혁에 따르는 제반 문제를 점검해야 하며, 그 축이 의식개혁에 두어져야 한다고 그는 본다. 의식개혁에 의해 제도개혁이 이루어지는데 이를 성공시키기 위하여 교육개혁이 무엇보다도 요긴하다는 것이다. 일제초기 불교계의 사조를 반영하면서 나온 이 「개혁론」은 수구파守舊派와 유신당維新黨의 양극단을 배격하고 적극적이면서도 점진적인 개혁을 주장한다. 그들 주장에 타당성이 있더라도 극단적인 대립은 불교계의 발전진화에 전혀 도움을 줄 수 없다는 것이다. 그의 논리에서 보면 화회和會도 개혁의 차원이 된다.

그렇다고 해서 그의 관점이 전혀 객관적이었다는 말은 아니다. 앞에서 보아온 바와 같이, 그가 회광 휘하에 있었던 만큼 당시의 정치세력인 일제日帝를 찬양수호하고 있음에서 그의 입장이 분명해진다. 어쩌면 이러한 유화적인 자세가 한용운의 『유신론』에서는 파사破邪로 간주되었는지도 모른다. 퇴경이 가진 현실안주에서의 점진적인 개혁사상은, 한용운의 입장에서는 한국불교의 정체성을 확립하는 데서 점점 멀어진다고 볼 수 있고, 이를 벗어나는 방법은 파괴를 통한 개벽이 아니면 안 된다는 논리를 가져오게 하는 것이다. 그 예로서 한용운은 『유신론』의 「논불교지유신論佛敎之維新이 의선파괴宜先破壞」에서,

〈11〉 유신자維新者는 파괴지자손야破壞之子孫也오, 파괴자破壞者는 하何오, 유신지모야維新之母也라… 부파괴자夫破壞者는 할육발혈지류야割肉潑血之類也니 유신자지합선파괴維新者之合先破壞가 약의자지유할발시선若醫者之惟割潑是先이니 능언유신이불욕파괴자能言維新而不欲破壞者는 적월이북기인야適越而北其忍也라 미유능자야未有能者也니 승려지수구파僧侶之守舊派가 가이지의可以知矣라.27)

라고 한 대목이다. 그렇다면 한용운의 유신이론을 낳는 데는 퇴경의 역할을 간과할 수 없게 된다. 이들의 의식개혁에 대한 기본적인 입장차이가 여기에서 분명해지는 것이다. 퇴경은 오직 인재육성을 통한 불교중흥을 염원하고 있는데, 한용운처럼 자신의 입장과는 다른 관점을 가진 인재를 어떻게 생각했을까 궁금해지며, 이들 두 이론을 비교하는 등의 과제가 여기서 새롭게 제기되는 것이다.

출전

「권상로 불교개혁사상의 연구」(진산한기두기념사업회 편, 『한국종교사상의 재조명』, 원광대출판국, 1993)

---

27) 한용운, 전게서, 16쪽.

청음 이상호 『증산천사공사기』의 증산교운동

1. 서언

증산 강일순甑山 姜一淳(1871~1909, 교단에서는 天師·大聖 등으로 존숭됨)의 종교활동을 통해 이루어진 증산교甑山教는 한국 신종교의 대표적인 교단의 하나다. 그가 득도한 1901년을 창교년으로 삼고 있으므로 100년 이상의 역사를 헤아린다.

증산교는 창교 이래 많은 교파교단을 형성하고 있다. 이들 교파에 널리 받들리는 경전이 『대순전경大巡典經』1)(1929)이다. 증산교본부(大法社)의 창시자인 청음 이상호靑陰 李祥昊(1888~1967)가 찬집한 증산의 언행록이다. 그러나 같은 언행록이지만 각 교파에 따라 별도의 경전으로 찬술되어 다양하게 유행한다. 조철제趙哲濟(1895~1968)가 1918년 창립한 태극도太極道의 『진경眞經』(1989), 박한경朴漢慶(1917~1996)이 1969년 창립한 대순진리회大巡眞理會의 『전경典經』, 안세찬安世燦(1922~2012)이 1974년에 창립한 증산도甑山道의 『증산도도전甑山道道典』 등이 그것이다.2) 이밖에도 이중성李重盛이 찬술한 『천지개벽경天地開闢經』(1992, 대도연수원 부설 용봉출판) 등이 유행하며 일부

---

1) 저작 겸 발행자 李祥昊, 『大巡典經』의 초판(相生社, 1929)에 개정 보완을 거듭하여 현재의 판에 이르렀는데, 본고의 저본은 10판(1987, 甑山教本部)에 의함.
2) 김홍철·류병덕·양은용 편, 『韓國新宗教實態調査報告書』(원광대 종교문제연구소, 1997), 150쪽 이하 참조.

교파에서는 파조派祖의 행록을 엮은 경전이 유행하고 있는데, 그 가운데 증산과 관련된 부분이 나타나기도 한다.

그런데 이들 각 교파에서 찬술된 경전은 대체로 『대순전경』에 연원해 있다. 이를 토대로 교파와의 관계나 새로운 시각에 의한 증산관甑山觀 등이 나타나 있다. 그리고 『대순전경』의 근간이 되는 것이 청음에 의해 1926년 찬술된 『증산천사공사기甑山天師公事記』[3]다. 그는 이를 출판하고 3년 후에 개편하여 『대순전경』을 찬술한 것이다. 그러므로 증산교의 경전성립에는 『증산천사공사기』가 근원이 되는 셈이다.

본고는 이러한 『증산천사공사기』의 해제를 위한 글이다. 이를 위해 증산의 종교활동과 교단의 성립, 언행록의 찬술과 그 구성 등에 대해서 살펴보기로 한다. 물론 이는 『대순전경』의 찬술에 의해 경전으로서의 역할은 끝났다. 그러나 이를 『대순전경』으로 개편할 수밖에 없었던 이유는 무엇이며, 어떤 영향을 미쳤는가에 대한 관심은 증산의 종교활동을 이해하는 데 있어서는 주목할 가치가 있는 것으로 보인다.

2. 증산 강일순의 종교활동과 증산교

증산은 1871년 9월 19일 전라도 고부군 서산리, 현재의 전북 정읍시 덕천면 신월리에서 부친 흥주興周, 모친 안동 권權씨의 2남1녀 중 장남으로 태어났다. 본관은 진주이며, 자는 사옥士玉, 명은 일순一巡, 호는 증산 혹은 대순大巡 등이다.

그의 행장은 『증산천사공사기』와 이를 이른 『대순전경』에 자세하다. 이에 의하면 그가 태어나기 전 해(1870) 9월, 모친은 하늘이 남북으로 갈라지며 큰 불덩이가 내려와 몸을 덮는 꿈을 꾸고 그를 입태하여 13삭을 지나 낳았다. 후일 그는 종도宗徒들에 의해 신격화되고 있다. 바꾸어 말하면 종도들에 의해 신격화된 증산관을 전개하였다.

---

3) 저작 겸 발행자 李祥旲, 『甑山天師公事記』(相生社, 1926).

예컨대, 증산은 원래 옥황상제玉皇上帝였는데, 지상의 모든 신명神明과 불보살佛菩薩 등이 하늘에 올라와 인류와 신명계의 큰 겁액을 하소연하므로 세상을 구원할 결심을 하고 이 세상에 내려오려 되었다. 그는 하늘로부터 서천서역대법국 천계탑西天西域國大法國 千階塔에 강림하여 삼계三界를 둘러보고 우리나라가 뜻을 펼 곳임을 자각하고, 금산사 미륵불에 영을 의탁하여 30년간을 지내면서 수운 최제우水雲 崔濟愚(1824~1864)에게 천명과 신교를 내려 대도를 세우게 하였으나 진법眞法을 드러내 대도의 참 빛을 열지 못하므로 이를 거두고 친히 인간이 되어 이 세상에 왔다고 한다.[4] 따라서 그에게는 특별한 징표가 있어서 모습은 금산사 미륵불과 흡사하며 양미간에는 불표佛表가 있고 왼손바닥에는 임任자 오른손바닥에는 무戊자가 박혀 있었다. 아랫입술 속에는 붉은 점이 있다. 이를 종도들은 용이 여의주를 문 것이라고 한다. 등에는 북두칠성, 발바닥에도 13개의 점이 있었다고 한다.[5] 『증산천사공사기』에는 관련 대목이 「천사天師의 이표異表」라 하여 기술하고 있는데 다음과 같다.

〈1〉천사 이르사대 나는 곧 미륵이라 금산사 미륵전 장육금신은 여의주를 손에 받았스되 나는 입에 물었노라 하시고 하순下脣 속에 있는 홍점紅点을 보이시니라. 천사의 상모相貌는 금산사 미륵금신과 흡사하여 원만하시며 방정方正하시니라. 천사의 미간 인당眉間印堂에 한 둥근 자국이 있으니 곧 불표佛表니라. 천사의 좌수 장掌에는 무戊자의 문紋이 있느니라.[6]

증산은 어려서부터 호생好生하는 덕이 많았다고 한다. 6세에 서숙書塾에 들어가 한문을 배웠는데 매우 총명하여 스승의 가르침을 기다리지 않을 정도였으며 시문에 능하였다. 뛰어난 학문적인 소질이 있었지만 집안이 너무 가난한 나머지 14~15세 때에 학업을 중지하고 장성군 입암면 거사막에서 머슴살이, 백양사 부근에서 나무 베는 일을 하기도 하였다.

---

4) 『대순전경』 5~12.
5) 洪又, 『東學文明』(일조각, 1968) 42쪽 참조.
6) 『증산천사공사기』 147쪽.

그는 21세에 결혼하고, 24세인 1894년에는 처가인 금구군 초처면 내주동에서 서당을 운영하였는데 명성이 높았다고 한다. 이 해에 그의 생장지인 고부에서 일어나 동학혁명은 그의 종교운동에 결정적인 계기를 가져오게 된다. 24세가 된 그는 혁명이 실패할 것을 예견하고 참집한 사람들에게 집으로 돌아갈 것을 권하며 이들과 사제관계를 맺게 된다. 『증산천사공사기』에는 그 전후 사정이 다음과 같이 나타나고 있다.

〈2〉 이 해에 고부인 전봉준全琫準이 동학당을 모아 병兵을 들어 시정時政을 반항하니 일세가 흉동洶動되는지라 이때에 금구인 김형열金亨烈이 천사의 성예聲譽를 듣고 와 뵈온 후 당시의 소란을 피하여 정숙靜肅한 곳에 가서 함께 글읽기를 청함으로 서숙을 폐지하시고 전주군 우림면 동곡 후산 학선암學仙菴에 가셨다가 그곳도 번우煩擾함으로 물러나니라… 이 해 7월 어느 날 밤에 촉燭을 밝히지 않고 홀로 앉으사 원신元神을 묵운默運하실 때 문득 "월흑안비고단우야둔도月黑雁飛高單于夜遁逃"의 고시古詩가 불빛같이 보이므로 그 접구接句를 생각하니 곧 "욕장경기축대설만궁도欲將輕騎逐大雪滿弓刀"라 인하여 동학당이 설기雪期에 이르러 패망될 것을 깨달으시고 모든 사람에게 동학에 들지 말라고 권유하셨더니 이 해 겨울에 과연 동학당이 관군에게 패멸되고 천사의 권유에 복종한 자는 모다 화난禍難을 면하나니라. 천사께서 개연히 세도世道의 날로 그릇됨을 근심하사 광구匡救하실 뜻을 두시기는 이 해에 비롯하니라.7)

동학혁명은 그 전말을 가까이에서 직접 경험한 청년 증산에게 커다란 충격을 주었고 그것이 도탄에 빠진 창생蒼生을 광구할 종교적 회향을 가져오게 한 것으로 보인다. 또한 증산의 대표적인 종도의 상당수가 당시 동학군에서 회유시킨 인물8)이었던 점에서 고려하면 증산의 종교운동을 일반적으로 후동학後東學이라 칭하는 의미가 새로워진다.

동학혁명을 경험한 그는 이후 다양한 경험을 쌓으면서 종교적 수련을 계속

---

7) 『증산천사공사기』 3-4쪽. 떼어쓰기, 맞춤법의 조정 등은 필자.
8) 미륵불교를 창립한 金亨烈(1862~1931), 普天敎를 창립한 車京石(1880~1936) 등이 그 대표적 인물이다.

한다. 특히 1897년부터 3년간 중요한 경험을 하고 있는데, 충청도 비인의 김경신金京新을 통해 후일 증산교의 주요 주문인 태을주太乙呪를 얻고 있다. 또한 충청도 향적산에 있는 일부 김항一夫 金恒(1826~1898)의 영가무도교詠歌舞蹈敎를 방문해서는 며칠간 머물며 그 교법을 관찰하고 있다. 김항은 꿈에 상제의 명령을 받고 그가 올 것을 알고 있었으며 그에게 '요운曜雲'이란 호를 내리는 등의 구체적인 만남이 전개되고 있다.

김항이 이른바 『정역正易』을 완성하고 가르침을 편 것이 1881년이므로 그가 방문했을 때는 만년에 해당한다. 주지하는 바와 같이 『정역正易』은 개벽 시대에 이르러 선천역先天易인 『주역周易』이 맞지 않으므로 이에 대신하여 마련한 후천역後天易이라는 성격을 띤다. 그렇다면 동학혁명을 경험하면서 개벽사상을 전개한 동학의 가르침에 대해서도 깊은 관심을 가졌을 터인데 영가무도교의 가르침에 까지 관심을 보이고 있어서 당시까지의 주요한 한국 신종교사조를 섭렵했음을 알 수 있다.

이 시기를 전후하여 증산은 전국을 유력하고 있는데, 그의 활동무대였던 전라도와 충청도를 벗어나 경기 · 황해 · 강원 · 평안 · 함경 · 경상 각지에 미치고 있다. 또한 그의 독서는 유불선에 관한 서적뿐만 아니라 음양 · 참위에 이르기까지 이르고, 노자가 떨어지면 복서卜筮 · 명리命理를 통해 보충하고, 예언을 행하고 있다. 그러한 증산을 사람들은 신인神人으로 여겼다는 것이다. 따라서 도통道通 이전의 증산은 이미 상당한 종교적 분위기를 간직하고 있다.

증산의 도통은 31세된 1901년 7월 5일, 모악산 대원사母嶽山 大院寺에서 이루고 있는데 도통과정과 종교활동인 이른바 천지공사天地公事에 대하여 다음과 같이 적고 있다.

〈3〉 신축년(1901)에 이르러 천사께서 종전의 알며 행한바 모든 법술法術로는 세상을 건질 수 없다고 생각하사 비로소 수도에 하시기로 발심하시고 그해 2월에 전주 모악산 후록 대원사大院寺에 들어가사 유적幽寂한 칠성각에 홀로 계셔서 사람의 출입을 금하시고 폐문수도하사 7월 대우중大雨中 오룡허풍五龍噓風에 천지대도天地大道를 대각大覺하시다. 이때에 동사同寺 주지승

박금곡朴錦谷이 모든 편의를 보아드리니라.9)

　이「천지대도의 대각」으로 표현되는 궁극적인 종교체험을 교인들은 흔히
도통으로 부르고 있다. 이 도통을 통해 이른바 흠치교吽哆敎 혹은 태을교太乙
敎로도 불리던 증산교甑山敎가 성립한다. 이와 같이 다양한 교명이 붙게 된
것은 이로부터 1909년 증산의 화천化天까지 천지공사로 불리는 종교활동
중에 있어서 입교立敎선언 등의 공식적인 활동이 없었고 이후 종도들에 의한
활동도 일제시대에 결사운동의 성격을 띠고 다양하게 전개되었기 때문으로
보인다.
　천지공사란 증산의 표현을 빌리면,

　〈4〉 나는 삼계대권을 주재하여 선천先天의 도수度數를 뜯어고치고 후천의 무궁한
　　　운명을 열어 선경仙境을 세우려 함이라. 선천에는 상극相克이 인간사물을
　　　사배司配하므로 세세世世의 원寃이 쌓이고 맺혀 삼계에 충일充溢하여 천지가
　　　상도常度를 잃고 인세人世에 모든 참재慘災가 생기나니 그러므로 내가 천지도
　　　수를 정리正理하고 신명神明을 조화하여 만고의 원寃을 끄르고 상생相生의
　　　도로써 후천선경後天仙境을 열고 조화정부造化政府를 세워 세계생민을 건지려
　　　하노라. 무릇 만사가 거세巨細를 막론하고 신도神道로부터 풀어야 이루는
　　　것이므로 먼저 신도를 조화하여 굳게 도수를 정하면 저절로 기틀이 열려
　　　인사의 성공을 나타내나니 이것이 천지공사니라.10)

고 정의된다. 물론 그가 전개한 천지공사의 방법은 다양하다.11)『증산천사
공사기』에는 명부冥府공사 · 신명神明공사 · 청국淸國공사 · 금강산공사 ·

---

9)『증산천사공사기』 7쪽.
10) 같은 책 9쪽.
11) 金洪喆,『韓國 新宗敎思想의 연구』(집문당, 1989) 82~86쪽에서는 천지공사를 세가지로
　　정리하고 있다. 그것은 첫째 神政整理공사로 大統一神團을 구성하여 평화로운 神界를
　　이루는 것이며 이를 다시 解寃공사 · 神團統一공사 · 氣靈拔收統一공사로 세분하고, 둘째
　　世運공사로 세상의 운도가 음시대를 지나 양시대로 이전시키는 것이며, 셋째 敎運공사로
　　증산 사후에 분파가 난립하다가 참 주인이 나타나는 이른바 난법 후에 진법 틀을 증산이
　　갖추어 두었다는 것이다.

개벽開闢공사·매화埋火공사 등의 이름이 나타나며, 약국을 개설하고 때로는 굿을 행하며 예언·치성·시작詩作·부적·주문 등 보통 인간으로는 상상할 수도 없을 정도의 기행이적奇行異蹟을 보이면서 민중을 접화接化하고 있다. 활동무대는 주로 모악산 금산사 아래의 원평을 비롯하여 전북 일원이며 종도들을 거느리고 일반 민중을 비롯하여 승려·예수교인·동학교도 등 이웃 종교인들을 만나기도 한다. 의례를 행할 때는 소요자로 무고를 당하여 경찰서에 유치되는 고초를 격은 것이 한 두 차례가 아니다.[12] 그러한 과정에서 외세와 얽힌 나라의 장래에 대한 관점을 피력하기도 하고 그를 따르는 종도들에게 삶의 방향을 제시하고 있다.

그에게는 만년에 이룬 『현무경玄武經』이라는 저술이 있으나 부적과 같은 상징으로 채워져 있다. 그의 언행에 있어서 교단의 제도나 조직의 운영, 그리고 포교나 종도들의 교육 등에 관한 구체적인 언급은 거의 나타나지 않는다. 물론 해원사상解冤思想으로 대표되는 그의 종교사상[13]은 『증산천사공사기』의 전편에 잘 드러나고 있다. 그러나 증산 자신에 의해 체계적으로 정리된 교리강론이 별로 없기 때문에 그 교의사상을 바르게 이해하기 위해서는 다양하면서도 상징적인 편편의 언행을 새롭게 해석하는 작업을 필요로 하게 된다.

1909년까지 8~9년간 천지공사를 전개한 증산은 종도들을 모아놓고 죽음을 예언한 다음 6월 24일 화천化天한다. 당시 세수 38세였으며 그의 부모가 생존해 있었다.

---

12) 대표적인 사건이 1907년 종도들 20여 명과 더불어 의병모의혐의로 고부경무청에 체포되었다가 증거불충분으로 풀려난 일이며, 관헌으로부터 많은 괴롭힘을 당하였다.
13) 한국 신종교사상의 공통적인 특징을 後天開闢사상·圓融會通사상·民族主體사상·社會改革사상으로 정리한다면, 그 가운데 증산이 전개한 종교사상의 요체는 天地公事사상·病劫醫統사상·解冤相生사상으로 이해할 수 있을 것이다(졸고, 「한국 신종교 운동과 그 사상」, 『東洋宗敎學』 11, 2001, 4쪽 이하 참조)

3. 청음 이상호의 『증산천사공사기』 찬술

증산의 천화 후 일제강점기가 시작된 상황에서 종도들의 종교활동이 일어나기 시작하였다. 당시 일제의 종교정책은 신도神道·불교·그리스도교를 공인종교로 하고 그밖의 모든 종교를 유사종교단체宗敎類似團體로 규정하여 단속하고 있었다. 일제의 침략은 증산의 생전인 1905년 을사보호조약 체결을 기점으로 구체화되었고, 종교정책은 1906년 통감부가 제정 공포한「종교의 포교에 관한 규칙」에서 시작되고 있다. 이에 의하면 모든 종교단체는 통감부의 인가를 얻어야 하는데, 종교유사단체로 간주되는 신종교운동은 존재자체가 불법으로 간주되는 이른바 단속의 대상이 되고 있었다.[14] 특히 1910년 한일합방 이후의 식민지지배체제 아래서는 일체의 집회결사의 자유 등이 허락되지 않은 상황이었으므로 종도들의 종교활동은 자연히 지하결사운동체의 성격을 띠고 있다.

증산의 가르침을 중심으로 한 종도들의 종교활동은 1911년 9월 19일 증산의 수부首婦인 고판례高判禮(1880~1935)를 앞세워 차경석車京石이 정읍에서 시작한 선도교仙道敎(혹은 太乙敎)에서부터 시작된다. 그후 차경석에게 축출당한 고판례는 1918년 9월 19일 선도교를 별립하여 김제로 옮겼으며, 뒤를 이어 증산의 종도들은 대부분 각각의 교단을 이루어 거대한 분파시대를 가져왔다. 이 가운데서 가장 중심되는 교단은 차경석 교단이었는데, 그는 교세가 커진 가운데 3·1독립운동 이후 일제의 정책기조가 무단통치武斷統治에서 문화통치文化統治로 바뀌자 1921년 1월 24일 비밀리에 교명고천제敎名告天祭를 열고 국호를 시時, 교명을 보화교普化敎로 선포하였다. 그해 겨울에 비밀포교에 대한 관헌의 오해 등을 고려하여 교단을 공개하기로 하고 이듬해인 1922년 2월에 교단공개의 전권을 위임받은 청음이 서울 동대문 밖 창신동에 교단사무소를 개설하고 보천교 진정원普天敎 眞正院 간판을 걸었다.

후천선경 조화정부後天仙境 造化政府를 표방한 보천교는 지하조직 때부터

---

14) 일제의 종교정책에 관해서는 윤이흠,「일제강점기의 민족종교운동」(노길명 외 공저,『韓國民族宗敎運動史』, 한국민족종교협의회, 2003, 167쪽 이하) 참조.

청음 이상호
(김탁, 『한국의 보물, 해인』, 2009)

항일민족단체라는 인식이 공유되면서 독립운동가를 포함한 민족주의자들의 참여가 잇따랐고 일반 민중의 호응도 매우 높았다. 이를 교계에서는 국권회복운동國權恢復運動15)으로 부른다. 따라서 교단을 공개한 1922년 당시에는 교단내외에서 몇 백만 명의 신자수를 호칭하고 있었다. 그 가운데 보천교주 차경석은 천자등극天子登極을 표방하면서 본부인 정읍에 대대적인 성전聖殿건축을 감행하고 있다. 교세의 신장과 함께 1923년 10월 25일에는 기관지 『보광普光』을 창간하고 1924년 1월에는 서울에 시대일보사時代日報社를 경영한다.

그런 가운데 조선총독부와의 관계가 강화되고 그해 9월 간부 문정삼文正三·임경호林京鎬 등을 일본의 일왕탄신일인 천장절天長節에 축하사절로 파견하여 가토 다카아키嘉藤高明 총리의 서신을 받아온다. 그리고 그 연장선에서 조선총독부의 시모오카下岡 경부총감의 권유를 받아들여 어용단체인 시국대동단時局大同團을 조직하여 시국강연회를 개최하는 등의 활동을 전개한다. 그러나 일반 민중 사이에는 이 활동을 통해 보천교를 반민족적 종교집단으로 인식하는 결정적 계기를 가져다준다. 그 결과 보천교성토설이 비등하

---

15) 安厚相, 「普天敎運動 硏究」(성균관대 석사논문, 1992) 2쪽 참조. 증산의 교설인 "後天開闢時代의 上等國이 될 조선의 全權"을 내세워 민중들을 응집시키고, 항일민족의식을 확산시켰다고 본다.

게 일어나는 가운데 교단 내부의 불협화음과 함께 신자들의 대대적인 이탈을 가져오고 있다. 이를 교단 내부의 문건에는 다음과 같이 기록되고 있다.

〈5〉 시국대동단 선전하는 동시에 전선사회全鮮社會와 일반 민중은 보천교를 친일파親日派라 지명하여 각지 강연장에서는 비상한 회욕도 하며 교의 간판을 파기하기도 하며 혹은 교도를 무례하게 구타하여도 경관은 금지치 않고 도리어 교사도 하며 혹은 청년배가 교도와 충돌하는 시에 경관은 교도만 억제하고 암영暗映중에 그들을 원조하여 무한한 난타를 수퓻케 하고 누혈流血이 도지塗地하여 찰나간에 무법천지로 화하는 사가 유하니 이로부터 관지觀之컨댄 관청과 사회인이 상호 악수하여 보천교를 박멸하려는 정책이 현신상 노출하니 가위 한심처야寒心處也라.16)

따라서 시국대동단의 활동과 함께 보천교의 교세는 쇠퇴의 길에 들어섰다고 보아서 무방할 것이다. 교단이 사회에 공개되면서 베일에 가려 있던 신비감이 사라진 상황에서 반민족적 친일파로 낙인찍히자 민중이 등을 돌리고, 교단간부들의 배교행위도 잇따르게 되었다. 특히 대륙침략을 획책하던 일제에 의해 1931년 9월의 만주사변이 일어난 이후에는 종교활동이 어려울 정도의 압박이 가해졌다. 그리고 마침내 1936년 3월 10일 보천교주 차경석이 화천과 함께 이 달 16일에 조선총독부는 차천자교로 불린 보천교와 조천자교로 불리던 무극교의 해체작업에 나서고 있다.17)

이러한 교단의 부침은 이후도 계속되고 있는데, 이 가운데 보천교의 간부를 지낸 청음은 『증산천사공사기』를 찬술한다. 해남에서 태어난 그는 어려서 한학을 익히고 중국의 상해 등을 유력하다가 28세인 1915년에 차경석 휘하에 참여한다. 1916년 교권을 장악한 차경석이 24방주제를 시행할 때 이에 참여한다. 24방주제는 1919년 10월 5일 경암 함양 황석산에서 천제天祭를 올릴 때 60방주제로 대체되는데, 그는 이를 거쳐 총령원장에 임명된다. 당시 그의 주위에는 일본 유학을 다녀온 아우 남주 이정립南舟 李正立(1895~

16) 李英浩 편, 『普天教沿革史』 상(普天教中央協正院總正院, 1948), 47엽좌.
17) 같은 책, 속, 9엽좌.

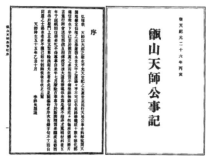
『증산천사공사기』(원광대학교 종교문제연구소)

1968)이 있어서 1923년 기관지『보광』을 창간할 때는 주필과 사장을 역임하였고, 시대일보를 경영할 때는 주필을 담당할 정도로 차경석으로부터 실력을 인정받고 있었다.

그런데 1924년 1월 보천교에서 시대일보사를 인수하였으나 판권시비로 인해 무산되는 일이 발생한다. 이 일로 차경석은 책임을 물어 청음 이상호·남주 이정립 형제의 교직을 박탈한다. 청음은 상해로 망명하였다가 귀국하여 8월 15일 보천교혁신회普天敎革新會를 조직하고 차경석의 비행을 들어 방주제 철폐와 함께 회의기구 창설 등을 요구한다. 이와 같이 차경석과 대립관계에 있으면서 김형렬의 미륵불교에 잠시 의탁하기도 하였는데, 1928년 겨울 아우인 남주와 함께 동화교東華敎를 창설하여 통정원장에 취임한다.『증산천사공사기』의 발행이 1926년이므로 동화교를 창립하기 직전이었음을 알 수 있다. 찬술을 위해 상당한 기간을 두고 관련 자료를 섭렵했음은 말할 나위없다.

이후 교단을 경영하면서『대순전경』으로 개편하여 판을 거듭하면서 보충하다가 1967년 화천했다. 흥미로운 것은 찬술자인 청음과 대립관계 있던 보천교까지도 이를 소의경전으로 삼고 있다는 점이다. 각각의 독자적인 소의경전을 편찬한 교단에 있어서도 근래에 이르러 경전이 편찬되기까지는 이를 소의경전을 하고 있었다. 이는『증산천사공사기』를 재편한『대순전경』이 증산교계에 차지하는 위상이라 할 것이다.

4. 『증산천사공사기』의 구조와 내용

『증산천사공사기』는 단권이며 편년체 활자본이다. 국판 148쪽의 국한문을 혼용한 문체이며 서문은 한문이다. 1926년 출판되었으니 증산천화로부터 17년 후의 일이다. 조선총독부로부터 출판허가를 받은 기록은 나타나지 않는다. 편찬과 관련하여 청음은 1925년 10월에 쓴 서문에서 다음과 같이 말하고 있다.

〈6〉 필을 놓은 지 불과 십수 년에 덕화가 전해져 믿는 무리가 수백만에 이르게 되었으나, 법언이 전하지 않고 성적에 대한 기록이 없어서 신자들이 아득하여 의거할 곳이 없어 다만 몇 마디 말과 단단한 행적에 미신 사설을 부회하여 서로 전수하여 대도를 모독하게 되었으니, …재료수집에 5년이 걸렸으나 임무에 바빠 전적으로 매달릴 수 없었다. 금년 7월 모든 일을 제치고 이 일에 전력하여 널리 조사채록하여 이 책을 이루게 되었으니 성문의 상족인 김태운 · 차윤홍 두 선생에게 얻은바 크다.[18]

이렇게 보면 그가 관련 자료를 계획적으로 수집하기 시작한 것은 1921년 보천교의 교명고천제를 전후한 일이 된다. 교단을 공개하는 상황에서 교조의 언행에 대한 체계적인 정리가 요망되었을 것으로 보인다.

『증산천사공사기』의 본문 가운데는 자료수집과 관련된 사항이 산재되어 있다. 예컨대,

〈7〉 「편자주 : 이 기機 싯귀詩句는 산실한 것을 수집한 것이므로 각 시제詩題는 미상함」
「편자 : 우右 각지로 유력遊歷하시든 때의 이적異跡은 미상未詳하므로 후일에 수집하기로 하고 고궐姑闕함」

---

18) 「綜筆纔經十數年德化郵傳信衆水下早己至於數百萬之多而法言不傳聖跡無錄信者茫茫然無所依據只將片言隻行附會迷信邪說相互傳授冒瀆大道…蒐輯材料者五年于玆祇因任務多忙不得專事自是年七月廢除百事專力於斯廣搜博采編成是書而有得於聖門上足金太雲車輪洪兩先生者多矣….」(『甑山天師公事記』 序)

증산 강일순의 유택이 있는 증산법종교

「차절此節은 차경석 전술傳述」
「편자 : 그 아兒는 지금 장년이 되다」
「그동안 행하신 일은 미상하므로 타일他日 재료를 수집하여 보록補錄함」

등이 그것이다. 본문에서 제일 많이 등장하는 인물은 김형렬·차경석 등인데 서문 속에 나타나는 김태운이 형렬이며, 차윤홍이 경석이다. 김형렬은 종도들 가운데 연령이 높고, 차경석은 낮은 데다 증산을 따른 지 오래지 않으나 당시 이들이 이끄는 교단의 영향이 컸던 점을 고려하면 언행자료를 수집하는 데 있어서 이들의 역할이 지대했음을 알 수 있다. 이들 편집자 주에서 이미 보완을 계획하고 있음이 나타난다.

이러한 『증산천사공사기』는 모두의 서문과 함께 내용은 증산의 출생에서 천화까지를 적고, 말미는 「천사天師의 이표異標」를 붙이고 있다. 증산의 출생에서 천화까지의 행장을 전하고 있는 본문을 이해를 위해 임의로 몇 단락으로 나누어 보면 〈표 1〉과 같다.

이에는 결혼이나 생자生子 등에 관한 기록은 거의 나타나지 않는다. 따라서 출자出自와 성품, 성장과정에서 수도에 발심하고 도통하도록까지의 과정, 대각으로 불리는 도통, 그리고 천지공사와 관련된 법문과 행동을 전하고 있

<표 1> 『증산천사공사기』의 구성

주제	쪽수	내용	비고
서(1925.10)		撰述緣起, 재료수집 전말	후일개정
출생(1891)과 유시	1~3	1~15세, 出自·출생·성품·수학(6세)·학업중단(14~5세)	夢識, 好生의 덕, 총명
동학난 체험(1894)과 종교수련	3~7	24~30세, 훈장(24세), 동학난 패망예언, 김항방문(27세), 전국 유력, 예언(29세)	김형렬 등 사제관계성립
대각·천지공사 (1901)	7~9	30세, 수도 및 大覺, 천지공사 시작(30세)	대원사에서 도통
천지공사(1902)	9~17	31세, 醫治, 미륵불 출세 예언	개벽의 의미, 천지공사 개념규정
천지공사(1903)	17~26	32세, 신명공사, 癩病의치, 免禍, 張興海가 살인범으로 무고	
천지공사(1904)	27~47	33세, 익산으로 피난, 弟 永學 사망, 전북 7군을 순역, 一進會 가입을 강권당함, 의치	
천지공사(1905)	47~55	34세, 개벽공사, 부안·익산 등지서 공사를 행함	제자들이 개벽 늦음을 한함
천지공사(1906)	55~64	35세, 서울행차, 청국공사, 조선 전멸을 경계, 예수교당에서 의식 교의견문	예수교 비판
천지공사(1907)	64~84	36세, 차경석에게 조화정부 가르침을 줌, 일진회원들의 귀의, 금 강산공사, 五呪 내림, 의병명의로 고부경무청에 구속되어 과세	
천지공사(1908)	84~121	37세, 銅谷약방 확장, 천도교주 孫秉熙를 돌려 보냄, 동학주문 염송	
천지공사(1909)	121~146	38세, 『玄武經』 집필, 역적혐의로 수색, 埋火공사, 雲長呪·太乙呪 시험, 죽음예언, 화천	태을주를 읽고 화천함
天師의 異標	146~147	佛表, 천지대권을 임의로 사용	神人임을 강조함

음을 알 수 있다. 이에는 종도들을 비롯한 교단 관련 인사, 역사적 인물, 그리고 동서東西의 신명神明과 관련된 명칭 등이 기록되어 있다. 이 중에서 『증산천사공사기』의 찬술 당시 생존해 있던 종도들에 대해서는 김형렬·차경석과 같이 재료수집의 대상으로 삼았을 것이다.

특히 책이 출판됨에 이르러서는 기록내용의 보충은 물론 새로운 내용까지 상당한 제공받고, 그 결과 1929년『대순전경』으로 개편하게 된다.『대순전경』초판본은 조선총독부로부터 시국사안에 관련된 사항을 삭제당한 다음 출판허가를 받은 것이 1929년 3월 16일, 그리고 출판이 그해 7월 30일이었다. 이의 특징은 13장 499절로 편찬한 것이 특징이다. 또한 단순한 편년체를 벗어나 각장 각절을 마련하여 증산의 행적을 정리함으로써 천지공사의 의미를 분명하게 드러내는 특징이 보인다. 물론 이는『증산천사공사기』라는 편년체의 자료집이 간행되었기 때문에 편찬가능했다고 해도 과언이 아니다. 다만『대순전경』에는 편집과정에서『증산천사공사기』의 내용이 적지 않게 산삭刪削되었고, 새로운 내용이 보충되었다. 더구나 일제시대의 출판이기 때문에 해방 이전과 이후에 거듭 그 내용이 보완되어 1966년에 출판된 제6판에 이르러서 현재의 형태로 갖추어지고 있다.[19]

그러면『증산천사공사기』의 역사적 의의는 무엇인가? 김탁金鐸 박사는 그 의의를 "첫째, 증산의 생애와 그의 종교적 행위와 사상에 대해 기록한 최초의 경전으로서, 그동안 구전과 단편적 기록들에 의해 은밀히 교의가 유포되던 '무경전시대'의 막을 내리고 '경전시대'의 첫 주자가 된다. 둘째, 편년체로 구성된 자료 모음집이라는 한계는 있지만 후대에 증산교단의 대표적 경전인『대순전경』이 나올 수 있게 되는 결정적 근거요, 자료 제공처가 된다. 셋째, 내용기술의 표현이 전체적으로 볼 때 직접적이고 다듬어지지 않은 채로 기록되어 있어서, 후대의 기록들과의 비교를 통해 표현양식의 변화과정을 알아봄으로써 교리의 체계화과정을 밝혀낼 수 있다"[20]고 밝히고 있다. 이러한 견해는『대순전경』초판을 비롯한 각 판과의 대비를 통한 것으로 바른 견해라 생각된다.

5. 결어

이상에서 우리는 증산교에 있어서 최초로 경전으로 성립된『증산천사공

---

19) 金鐸,『증산교학』(미래향문화, 1991) 156쪽 참조.
20) 같은 책, 155쪽.

증산 강일순이 화현을 예언한 금산사 미륵삼존불
(국보 제62호)

사기』에 대해 살펴보았다. 찬술되어 불과 3년 만에 『대순전경』으로 개편됨
으로써 교단에 있어서 그 역할은 종식되고 말았지만, 한국 신종교에 있어서
증산교가 차지하는 위상과 함께 대중의 이목을 끌기에 충분하였다. 『증산천
사공사기』의 역사적 의의는 앞에서 언급한 바와 같지만, 이상에서 고찰해온
바를 정리하면 다음과 같은 특징을 지적할 수 있을 것이다.

첫째, 청음 이상호가 1920년대에 이르러 찬술을 준비하여 1925년에 발간
된 이는 증산계 각 교단에 있어서 두루 경전으로 받들려졌으며, 『대순전경』
의 기초자료가 된다. 오늘날 각 교단에는 각각의 경전이 찬술되어 있으나
그 원점에 이 책이 존재하는 셈이다.

둘째, 이 책에 정리된 천지공사에 관한 기록은 내용이나 명칭에 있어서
최초의 기록이다. 이는 자료수집 과정에 있어서 김형렬 · 차경석이 중심이
되어 있으므로 1920년대의 이른바 원시 증산교 종도들의 움직임을 살피는
데 하나의 지남이 된다고 할 것이다.

셋째, 이 책을 찬술한 청음과 아우 남주는 증산의 가르침을 체계화하는
데 있어서 가장 중요한 역할을 하였다. 청음이 『증산천사공사기』와 『대순전

경』에 이름을 올리고 있는데 대하여, 아우인 남주는 기관지 『보광』 1～4호 (1923.10～1924.3)의 편집자다. 특히 남주는 『대순철학大巡哲學』·『금산다화金山茶話』·『고부인신정기高婦人神政記』·『종교학신론宗敎學新論』·『증산교사甑山敎史』·『민족적 종교운동』 등의 많은 저술을 펴내고 있어서 증산교의 교의사상을 파악하는 데 간과해서는 안 될 인물이다.[21] 따라서 청음·남주의 증산관 등을 파악하는 데 있어서 이들 책의 중요함은 새삼 강조할 필요가 없다.

아울러 이 책에는 몇 가지 기년紀年표시가 되어 있는데 증산교의 정체성 인식과 관련해서 주목된다. 우선 판권사항에는 「다이쇼大正 15년 3월 25일 발행」 등을 기하고 있는데 일제가 기년으로 삼았던 1926년의 공식적인 표현이다. 그러나 표지에는 「후천기원後天紀元 26년 병인」이라 하였고, 서문에서는 「천사강생天師 師降生 55년 을축 10월」이라 하였다. 당시에 사용한 「천사」라는 호칭은 오늘에 이르기까지 정착되었으며, 「강생」 등은 교리적 해석을 필요로 하는 용어이다. 그런데 「후천기원」이라는 말은 증산의 가르침을 중심한 기원을 「후천」이라 이르는 것이며, 어떻게 설정된 것인지 분명하게 밝힐 필요가 있다. 기년은 문화주체성을 전제한 언어이기 때문에 창교년創敎年 표시 이상의 의미를 지니게 된다.

출전

「증산교의 성립과 『증산천사공사기』」(『한국종교』 30, 원광대 종교문제연구소, 2006)

---

21) 南舟李正立의 사상에 대해서는 金洪喆, 「李正立의 大巡哲學思想」(숭산기념 『韓國近代宗敎思想史』, 원광대출판국, 1984, 1015쪽 이하)을 참조.

소태산 박중빈의 개벽사상과 사회적 실천

1. 서언

종교의 본령을 구세경륜救世經綸이라는 성자혼의 실천에서 찾는다면 시대사회의 변화에 따른 민중의식은 그것이 베풀어지는 장이라 할 수 있다. "성인도 세상 따라 나온다(聖人流世出)"는 속담처럼 성자들의 출세出世는 세도인심世道人心을 바로 잡는 데서 이루어지기 때문이다.

고대문명이 발아하고 인류사회가 일련의 체계를 잡아나가는 과정에서는 동서각지에서 성자들이 출현하여 인류도덕을 제창하였다. 서력기원전 5세기경부터 서력기원 당대인 석가에서 예수까지의 문명사가 이를 말해주는데, 인류의 정신적 축을 확립해주었다는 점에서 철학계에서는 이를 추축시대樞軸時代로 부른다. 지금의 세계종교를 이루는 가르침이 당시에 이루어졌다는 점에서 위대한 시기라 할 수 있다.

그런데 유구한 역사가 흐른 근현대에 이르러 인류문명은 새로운 전환의 시대를 맞이하였다. 물질문명의 발달과 함께 세계가 하나를 이룬 지구촌으로 거듭나게 되었고, 새로운 국제질서가 요청되는 가운데 동서양의 각국이 서로 각축하여 종래의 이념과 질서로는 감당하기 어려운 양상이 되었다. "전쟁의 시대"로 불릴 만큼 격동했던 이 시대는 새로운 구세경륜이 요청되었고, 과거 성자들의 출현과 대비한다면 재추축시대再樞軸時代라 부를 수 있을 것이다. 인류의 도덕문명을 새롭게 구축해나가야 한다는 시대적 소명召命이다.

소태산 박중빈(1931)

따라서 구세이념을 담당해온 종교계는 근현대에 이르러 새로운 가르침을 선포하게 되었다. 이를 크게 보면 두 가지 흐름이 나타나는데, 하나는 기성종교旣成宗敎의 변모며, 다른 하나는 신종교新宗敎의 운동이다. 기성종교의 변모는 전통종교의 주요흐름을 이어오던 유·불·도 삼교의 혁신사조革新思潮[1]와 그리스도교의 전래확산을 들 수 있을 것이다. 과거와는 다른 시대상황 아래서는 가르침의 내용이나 방법도 달라져야 함을 역설하고 있는 것이다. 신종교 운동은 시대상황의 변화 속에 억압받던 민중 사이에서 탄생된 일련의 종교운동이다. 이는 물론 한국만이 아니라 세계적인 사조며, 그 역사도 이미 수세기를 헤아린다.[2]

이들 신종교는 흔히 "도탄에 빠진 창생蒼生"이라는 말로 불리는 민중에게,

---

1) 한국에 있어서 삼교의 혁신사조는 불교의 改革·維新운동, 유교의 求新·孔子敎운동, 도교의 勸善·功過格신앙운동 등으로 나타나고 있다. 고유신앙인 檀君신앙이 근대에 이르러 大倧敎로 重光된 것도 이러한 전통사조의 새로운 전개로 볼 수 있을 것이다.
2) 한국 신종교의 효시는 崔濟愚가 창시한 東學(1860)에 두고 있다. 그러나 그가 李雲奎의 가르침을 받았으며, 그 가르침을 받아 신종교운동을 전개한 인물로 金恒 등이 거론되는 것을 보면, 그 흐름은 좀 더 거슬러 올라갈 수 있을 것이다. 민중종교로 도교가 유행한 중국에서는 시대마다 그 교파가 성립하여 신종교 흐름이 달라질 수 있으나, 일본에서는 一尊如來 きぬ(1756~1826)가 창시한 如來敎(1802)와 黑住宗忠(1780~1850)이 창시한 黑住敎(1813) 등이 효시를 이루며, 200년에 가까운 역사 속에 1990년대를 전후하여 靈性을 강조하는 일련의 종교군을 新新宗敎로 불러 기존의 신종교와 구분하는 경향이 나타났다. 그리스도교권에서는 조셉 스미스 2세(1805~1844)가 창시한 몰몬교(말일성도예수그리스도교회, 1830)와 찰스 럿셀(1852~1916)이 창시한 워치타워성서책자협회(여호아증인, 1884), 이슬람권에서는 사이이드 알리 무하마드(1820~1850)가 창시한 바브교(1844)와 바비올라(1817~1882)가 창시한 바하이교(1863) 등이 신종교의 효시를 이룬다.

열린 혼으로 삶의 희망과 보람을 일깨워줌으로써 민중종교民衆宗敎로 불린다. 류병덕柳炳德 교수는 이러한 구세이념의 전개상에서 한국 신종교를 파악하고, 특히 수운 최제우水雲 崔濟愚(1824~1864)의 동학東學사상을 비롯하여 일부 김항一夫 金恒(1826~1898)의 정역正易사상, 증산 강일순甑山 姜一淳(1871~1909)의 신명神明사상, 홍암 나철弘巖 羅喆(1860~1916)의 삼일三一철학, 소태산 박중빈少太山 朴重彬(1891~1943)의 일원一圓철학을 민중종교사상의 5대맥으로 정리하고 있다.[3]

물론 이들 외에도 다수의 신종교가 창립되었으며, 오늘날도 창립 내지 부침浮沈이 끊이지 않고 계속되고 있다. 교단성립과 관련하여 시대적 경향성을 살펴보면, 개화기에 성립된 교단은 규범이나 전통윤리를 강조하고, 일제시에는 합리성과 과학성, 그리고 해방이후는 신영성新靈性이 강조되는 경향을 엿볼 수 있다.

이러한 신종교 교의사상에 나타나는 공통적인 특징으로 후천개벽後天開闢사상 · 원융회통圓融會通사상 · 민족주체民族主體사상 · 인간존중人間尊重사상 · 사회개혁社會改革사상 등을 들 수 있다.[4] 이렇게 보면 본고에서 다루고자 하는 원불교圓佛敎(1916)의 개조 소태산(교단에서는 大宗師로 존칭됨)의 개벽사상이 갖는 위상도 당시의 사조와 더불어 찾아야할 것이다.

2. 소태산의 대각과 구세경륜

1) 불법연원과 종교사상의 회통

소태산이 오랜 구도수행求道修行 끝에 궁극적 진리를 체험한 것은 1916년

---

3) 柳炳德, 「開化期 · 日帝時의 民衆宗敎思想에 관한 연구―그 당시 민중종교의 敎祖思想에서 찾아본 철학의 제문제―」(한국정신문화연구원 편, 『哲學思想의 諸問題(III)』, 한국정문연, 1985, 245쪽) 참조.
4) 金洪喆, 『韓國新宗敎思想의 연구』(집문당, 1989)에서는 이를 후천개벽사상 · 종교회통사상 · 人本位사상 · 사회개혁사상으로 정리하고 있다. 인류평화사상을 별개로 다룰 필요가 있을 것으로도 생각된다.

4월 28일 새벽의 일이다. 7세시에 발한 자연현상에 대한 의심이 성장과정을 따라 우주 및 인생에 대한 의문으로 깊어졌고, 이를 해결하기 위한 여러 가지 구도노력이 결실을 거두지 못하고 마침내 모든 계교사량計較思量을 돈망頓忘한 선정禪定의 경지가 몇 년간 계속된 다음이었다. 이른바 일원상진리一圓相眞理를 대각大覺한 것이며, 원불교에서는 이날을 개교기념일, 즉 대각개교절大覺開敎節로 삼고, 이 해를 원기원년圓紀元年으로 산정한다. 당시 소태산은 26세의 청년이었다.

대각을 이룬 소태산은 깨달음의 경지를 다양하게 표현하고 있는데, 최초법어最初法語가 「수신修身의 요법」·「제가齊家의 요법」·「강자·약자强者弱者 진화상 요법」·「지도인으로서 준비할 요법」을 내용으로 하고 있는 것을 보면, 구세이념을 분명히 하고 있다.[5] 이를 바탕으로 원불교 교의사상이 체계화되는데, 사상사적인 면에서 이를 살펴보면, 위의 근대사조에서 보는 바와 같은 두 가지 특징이 드러난다. 하나는 불법佛法을 근간으로 하여 삼교를 비롯한 만 종교 만 사상과 만나는 회통사상이며, 다른 하나는 근대 신종교사상의 근간을 이루는 개벽사상의 전개다.

첫째, 소태산의 불교와의 만남인데, 이는 원불교의 교체敎體를 결정하는 계기가 된다. 모든 종교가 성립되는 데 있어서 기존의 문화, 특히 종교문화의 바탕위에서 전개되는 것은 양의 동서나 고금이 한결같지만, 한국의 신종교는 원융회통사상을 공유하고 있는데, 삼교사상을 회통하면서도 동학은 유교적 성격이 강하고, 증산교는 선교적仙敎的 성격, 대종교는 교유신앙, 그리고 원불교는 불교적 성격이 강한 것으로 파악되고 있다.[6] 그러나 소태산의 구도과정에서 불교적인 만남은 없었던 것으로 보인다.

따라서 불교와는 대각을 이룬 후에 구체적인 만남이 이루어지는데, 그 과정과 함께 무상대도無上大道로서의 관점이 그의 언행의 여러 곳에서 드러나고 있다. 소태산은 말한다.

5)『正典』修行편, 최초법어(원불교정화사 편,『원불교전서』, 원불교원광사, 1977, 84∼86쪽)

6) 김홍철,「水雲·甑山·少太山의 儒佛仙三敎觀」(류병덕 편저,『韓國民衆宗敎思想論』, 시인사, 1985, 100쪽 이하) 참조.

〈1〉 대종사 대각을 이루신 후 모든 종교의 경전을 두루 열람하시다가 『금강경』을 보시고 말씀하시기를 "석가모니불은 진실로 성인들 중의 성인이라" 하시고, 또 말씀하시기를 "내가 스승의 지도없이 도를 얻었으나 발심한 동기로부터 도 얻은 경로를 돌아본다면 과거 부처님의 행적과 말씀에 부합되는 바 많으므로 나의 연원을 부처님에게 정하노라" 하시고, "장차 회상을 열 때에도 불법을 주체삼아 완전무결한 큰 회상을 이 세상에 건설하리라."[7]

〈2〉 불법은 천하의 큰 도라 참된 성품의 원리를 밝히고, 생사의 큰 일을 해결하며, 인과의 이치를 드러내고, 수행의 길을 갖추어서 능히 모든 교법에 뛰어난 바 있나니라.[8]

〈3〉 불상을 숭배하는 것이 교화발전에 혹 필요가 있기도 하였으나 현재로부터 미래를 생각하면 그렇지 못할 것이 사실이니, 사람들이 저 불상을 수천년이나 모셔 보았으므로 이제는 점차 그 위력에 대한 각성이 생겨날 것이요, 각성이 생겨난다면 무상대도의 이치는 알지 못하고 다만 그 한 방편만 허무하다 하여 믿지 않게 될 것이라 어찌 발전에 장해가 없을 것이며, 또는 존엄하신 불상을 한갓 각자의 생활 도모하는 수단으로 모시는 사람도 적지 아니할 것이니 어찌 유감스럽지 아니하리요. 그러므로 우리는 법신불일원상을 모시기로 한 것이니라.[9]

〈4〉 이제 우리가 배울 바도 부처님의 도덕이요, 후진을 가르칠 바도 부처님의 도덕이니, 그대들은 먼저 이 불법의 대의를 연구해서 그 진리를 깨치는데 노력하라. …불교가 이 나라에서 여러 백년 동안 천대를 받아 온 끝이라 누구를 막론하고 불교의 명칭을 가진 데에는 존경하는 뜻이 적게 된지라 열리지 못한 인심에 시대의 존경을 받지 못할까 하여, 짐짓 법의 사정 진위를 물론하고 오직 인심의 정도를 따라 순서 없는 교화로 한갓 발심 신앙에만 주력하여 왔거니와, 이제 그 근본적 진리를 발견하고 참다운 공부를 성취하여 일체 중생의 혜·복 두 길을 인도하기로 하면 이 불법으로 주체를 삼아야 할 것이며, 뿐만 아니라 불교는 장차 세계적 주교가 될

---

7) 『대종경』 서품 2장(『원불교전서』 95쪽)
8) 『대종경』 서품 3장(『원불교전서』 95쪽)
9) 『대종경』 서품 13장(『원불교전서』 118-119쪽)

것이니라. 그러나 미래의 불법은 재래와 같은 제도의 불법이 아니라 사·농·공·상을 여의지 아니하고, 또는 재가 출가를 막론하고 일반적으로 공부하는 불법이 될 것이며…10)

자료 〈1〉은 불교와의 만남이 대각의 견지에서 진리적으로 통해 보는 차원임을 말해준다. 여기서 석가를 '성중성聖中聖'으로 표현하며, 연원불淵源佛로 삼고 있는데, 자료 〈2〉에서는 불법佛法이 무상대도임을 구체적으로 밝히고 있다. 따라서 불법을 주체삼는 교의사상을 이루어야 하며, 그 축이 자료 〈3〉에 나타나는 바와 같은 법신불신앙法身佛信仰운동이다. 소태산에게 『조선불교혁신론朝鮮佛敎革新論』11)이라는 구체적인 저술이 있는 데서 알 수 있는 바와 같이 불교의 사회적 위상 등에 대해서도 철건하고 있다. 이를 새로운 종교운동의 입장에서 보면, 불법의 본지는 계승 발전시키고, 제도는 시대사회의 환경에 맞게 개혁한다는 원리가 엿보인다.12)그러므로 진정한 불법은 제도 등에 매여 있어서는 안 된다고 자료 〈4〉에서 강조한다.

바꾸어 말하면 소태산은 깨달음의 선상에서 불교와 만나 그 진리를 수용하면서도 제도는 철저하게 개혁할 것을 전제하는데, 이것이 원융회통사상으로 이어져 있다. 예컨대 소태산은,

〈5〉 과거에 모든 교주가 때를 따라 나오시어 인생의 행할 바를 가르쳐왔으나 그 교화의 주체는 시대와 지역을 따라 서로 달랐나니, 비유하여 말하자면 같은 의학 가운데도 각기 전문 분야가 있는 것과 같나니라. 그러므로 불가에서는 우주만유의 형상 없는 것을 주체삼아서 생멸 없는 진리와 인과보응의 이치를 가르쳐 전미개오轉迷開悟의 길을 주로 밝히셨고, 유가에서는 우주만유

---

10) 『대종경』 서품 15장(『원불교전서』 102-103쪽)
11) 소태산의 蓬萊山駐錫 당시인 1920년대에 초안된 것인데, 1935년 法身佛造成法 등을 보완하여 출간하였다(원불교자료실 편, 『원불교초기교서』, 원광대학교 중앙도서관, 1997, 217쪽 이하 소수) 이 중의 혁신이념의 요항은 『대종경』 서품 15~19장(『원불교전서』 102-110쪽)을 이루고 있다.
12) 韓鍾萬, 「원불교의 불교관」(首位團會事務處 편, 『圓佛敎思想試論』 I, 원불교출판사, 1982)에서는 소태산이 사용한 언어에 대하여 佛法을 繼承, 佛敎를 改革의 차원이라 구분하고 있다. 물론 혼용하여 사용한 경우도 다양하게 산견된다.

소태산 박중빈이 개간한 영광의 정관평 방언답

의 형상 있는 것을 주체삼아서 삼강三綱·오륜五倫과 인·의·예·지仁義禮
智를 가르쳐 수·제·치·평의 길을 주로 밝히셨으며, 선가에서는 우주자
연의 도를 주체삼아서 양성養性하는 방법을 가르쳐 청정무위淸靜無爲의
길을 주로 밝히셨나니, 이 세 가지 길이 그 주체는 비록 다를지라도
세상을 바르게 하고 생령을 이롭게 하는 것은 다 같은 것이니라. 그러나
과거에는 유·불·선 삼교가 각각 그 분야만의 교화를 주로 하여 왔지마는,
앞으로는 그 만 가지고는 널리 세상을 구원하지 못할 것이므로 우리는
이 모든 교리를 통합하여 수양·연구·취사의 일원화와 또는 영육쌍전靈
肉雙全·이사병행理事並行 등 방법으로 모든 과정을 정하였나니, 누구든지
이대로 잘 공부한다면 다만 삼교의 종지를 일관할 뿐 아니라 세계 모든
종교의 교리며 천하여 모든 법이 다 한 마음에 돌아와서 능히 사통오달의
큰 도를 얻게 되리라.13)

〈6〉 세계의 모든 종교도 그 근본되는 원리는 본래 하나이나, 교문을 별립하여
오랫동안 제도와 방편을 달리하여 온 만큼 교파들 사이에 서로 융통을
보지 못한 일이 없지 아니하였나니, 이는 다 모든 종교와 종파의 근본되는
원리를 알지 못하는 소치라, 이 어찌 제불제성諸佛諸聖의 본의시리요.14)

라는 관점을 피력한다. 이는 아마도 종교가 공존하는 당시의 사회상황에 대

---

13) 『대종경』 교의품 1장(『원불교전서』 111-112쪽)
14) 『正典』 총서편, 敎法의 총설(『원불교전서』 21-22쪽)

한 입장의 표명으로 보인다. 다종교상황 즉 유·불·도 삼교를 중심한 재래의 신앙과 그리스도교를 중심한 외래의 신앙이 유포된 상황에서, 이들을 통합활용한다고 하는 창조적 만남의 형태로 틀 잡혀졌기 때문이다. 기존종교의 존재를 인정하면서도 그 분야별 역할만으로는 부족하며, 이들 분야별 가르침의 일원화라는 새로운 패러다임을 제기하고 있는 것이다. 이 가운데 '세계의 모든 종교'라는 표현은 다만 상징이 아니라 여러 종교에 대한 실제적인 대응이다.15)

2) 정신개벽의 제창과 신종교사조의 수용

둘째, 정신개벽精神開闢과 관련된 신종교와의 만남이다. 개벽이란 천지가 열려 사람과 만물이 처음으로 나온 때를 가리키며, 천지의 시초나 만물의 발생을 의미한다. 암흑과 혼돈에서 천지가 열린다는 뜻인데, 한국 근대의 정신사에 있어서는 선천세계가 끝나고 대명천지가 도래한다는 후천개벽이 주장되었다. 후천개벽이란 인간중심의 문화개벽으로 새로운 문명세계를 가져오게 되며, 이를 천운의 회복으로 본다. 선천은 억압과 폭력으로 불평등과 부조리가 가득 차서 어둡고 괴로운 시대며, 후천은 협력과 조화에 의해 평등과 평화가 가득 차서 밝고 서로 잘 사는 시대다. 묵은 세상이 가고 새 세상이 오는 것은 민중의 바램이다. 이 시대가 오는 과정에 있어서 수운은 괴질怪疾의 존재를 인정하며, 증산은 병겁病劫을 말하고 있으며, 소태산은 정신개벽을 제창하고 있다.16)

소태산에 있어서 불교와의 관계가 교체문제라면 정신개벽을 중심한 신종교와의 만남은 구세경륜의 실천방법을 말해주는 것으로 보인다. 정신개벽

---

15) 소태산의 동서종교에 대한 관점은 『대종경』전망품 13장, 교단품 6장·27장 등에, 그리스도교에 대해서는 신성품 12장, 변의품 9장, 전망품 14장 등에, 신종교에 대해서는 수행품 29장, 인도품 1장, 전망품 10~11장, 실시품 14장, 변의품 29~32장 등에 두루 나타난다.

16) 김홍철, 「近世 韓國宗敎思想에 있어서의 病觀연구」(동 저, 『圓佛敎思想論考』, 원광대학교출판국, 1980, 307쪽 이하) 참조.

은 원불교의 개교표어로 상징되는데 경전에서는,

〈7〉 대종사 당시의 시국을 살펴 보시사 그 제도 강령을 표어로 정하시기를
　 "물질이 개벽되니 정신을 개벽하자"[17]

〈8〉 현하 과학의 문명이 발달됨에 따라 물질을 사용하여야 할 사람의 정신은
　 점점 쇠약하고, 사람이 사용하여야 할 물질의 세력은 날로 융성하여, 쇠약한
　 그 정신을 항복받아 물질의 지배를 받게 하므로, 모든 사람이 도리어 물질의
　 노예 생활을 면하지 못하게 되었으니, 그 생활에 어찌 파란고해波瀾苦海가
　 없으리요, 그러므로 진리적 종교의 신앙과 사실적 도덕의 훈련으로써 정신의
　 세력을 확장하고, 물질의 세력을 항복받아, 파란고해의 일체생령을 광대무량
　 한 낙원樂園으로 인도하려 함이 그 동기니라.[18]

라 밝히고 있다. 자료 〈7〉이 대각과 함께 밝힌 시국제도時局濟度강령이며,
이 개교표어와 관련된 구체적인 구세경륜이 자료 〈8〉에 나타난다. 물질개벽
은 과학문명의 이기에 편승한 정신문화의 황폐화 즉 인간성의 상실을 전제한
다. 이러한 외화外華는 서구문물의 범람을 뜻하는 것이므로 외세인식과 궤를
같이하는 것으로 판단된다. 이와 같은 관점은 여러 곳에 산견되는데,

〈9〉 지금 세상은 물질문명의 발전을 따라 사·농·공·상에 대한 학식과 기술이
　 많이 진보되었으며, 생활기구도 많이 화려하여졌으므로 이 화려한 물질에
　 눈과 마음이 황홀하여지고 그 반면에 물질을 사용하는 정신은 극도로
　 쇠약하여, 주인된 정신이 도리어 물질의 노예가 되고 말았으니 이는 실로
　 크게 근심되는 현상이라.[19]

고 한 것이 그 예다.
　 자료 〈8〉의 「개교의 동기」에서 보는 바와 같이 소태산은 교단창립의 교의
이념을 분명히 한다. 그리고 자료 〈9〉와 같이 그 사상이 구세경륜의 실천원리

---

17) 『대종경』 서품 4장(『원불교전서』 95-96쪽)
18) 『정전』 총서편, 개교의 동기(『원불교전서』 22쪽)
19) 『대종경』 교의품 30장(『원불교전서』 130-131쪽)

로서 작용하고 있음이 나타난다. 이른바 교상판석教相判釋의 성격을 뚜렷이 하고 있는 것이다. 물론 신종교운동이 기성종교의 역할 후퇴를 전제로 성립하는 것은 사실이지만, 시대상황의 변화에 대응하여 교체를 체계화시키고 있는 것은 소태산 교법의 특징이라 할 수 있다.

그러면 소태산은 정신개벽사상의 원류를 이루는 한국 신종교에 대해서는 어떤 관점을 피력하고 있는가? 수운·증산과 신종교에 관한 표현을 보면 다음과 같다.

〈10〉 한 제자 남의 시비를 함부로 논평하는 습관이 있어 하루는 증산甑山 선생을 광인이라 이르는지라 대종사 들으시고 말씀하시기를 "그대가 어찌 선인先人들의 평을 함부로 하리요 그 제자들의 허물을 보고 그 스승까지 논죄함은 옳지 못하며, 또는 그 사람이 아니면 그 사람을 모르는지라 저의 주견이 투철하게 열리지 못한 사람은 함부로 남의 평을 못하나니라." 그 제자 여쭙기를 "그러하오면, 그 분이 어떠한 분이오니까." 대종사 말씀하시기를 "증산 선생은 곧 드물게 보는 선지자요 선인이라, 앞으로 우리 회상이 세상에 드러난 뒤에는 수운 선생과 함께 길이 받들고 기념하게 되리라."20)

〈11〉 김기천이 여쭙기를 "선지자들이 말씀하신 후천개벽의 순서를 날이 새는 것에 비유한다면 수운 선생의 행적은 세상이 깊이 잠든 가운데 첫 새벽의 소식을 알리신 것이요, 증산 선생의 행적은 그 다음 소식을 알리신 것이요, 대종사께서는 날이 차차 밝으매 그 일을 시작하신 것이라 하오면 어떠하오리까" 대종사 말씀하시기를 "그럴 듯하나니라." …대종사 말씀하시기를 "사람의 일이 인증할 만한 이가 인증하면 그대로 되나니, 우리가 오늘에 이 말을 한 것도 우리 법이 드러나면 그 분들이 드러나는 것이며, 또는 그 분들은 미래 도인들을 많이 도왔으니 그 뒷 도인들은 먼저 도인들을 많이 추존하리라."21)

〈12〉 대종사 서울에 가시사 하루는 남산공원에 소요하시더니, 청년 몇 사람이 대종사의 위의威儀 비범하심을 뵈옵고, 와서 인사하며 각자 명함을 올리는지

---

20) 『대종경』 변의품 31장(『원불교전서』 254쪽)
21) 『대종경』 변의품 32장(『원불교전서』 254쪽)

라 대종사 또한 명함을 주었더니, 청년들이 그 당시 사회에 큰 물의를 일으키고 있던 모 신흥종교에 대한 신문의 비평을 소개하면서, …대종사 말씀하시기를 "…정도正道라 하는 것은 처음에는 해로운 것 같으나 필경에는 이로움이 되고, 사도邪道라 하는 것은 처음에는 이로운 것 같으나 필경에는 해독이 돌아오므로, 그 교가 정도이면 아무리 그대들이 박멸하려 하여도 되지 않을 것이요, 사도라면 박멸하지 아니하여도 자연히 서지 못하게 되리라."[22]

자료 〈10〉·〈11〉이 정신개벽과 관련하여 수운·증산에 관해서, 그리고 자료 〈12〉는 사회문제화 된 신종교에 대해 정도·사도의 구분을 통해 일단의 견해를 밝히고 있다. 수운·증산의 행적이나 정도·사도의 구분에 따른 관점이 깊은 종교적 성찰과 그 사회적 역할에 바탕하고 있다는 점이 주목된다.

이렇게 보면 소태산의 대각에서 천명된 원불교 교의사상의 바탕에는 불법이념佛法理念과 개벽사상開闢思想이 경經과 위緯를 이루고 있음을 알 수 있다. 전자가 만 종교와의 회통으로 이어지는 것이라면, 후자는 한국 근대의 민중의 사조를 반영하는 것이다.

3. 정신개벽의 교리적 구조

1) 일원상종지의 교리

정신개벽을 외친 원불교의 교리구조는 어떻게 구성되어 있는가? 원불교 교리를 불법佛法의 시대화·대중화·생활화라 부르는 것처럼 실천이념에 초점이 맞추어져 있다. 원불교 교리구조를 구체적으로 밝힐 여유는 없지만, 한국 신종교의 사상적 특징과 관련해서 보면, 전술한 바와 같이 후천개벽사상 등을 전제로 할 때, 다음과 같은 몇 가지 구도로 요약할 수 있다.

---

22) 『대종경』 전망품 10장(『원불교전서』 382-383쪽)

첫째, 법신불신앙法身佛信仰사상이다. 원불교 교리는 법신불일원상을 최고종지로 함으로써 법신불신앙 교단임을 분명히 하고 있다. 진리당체인 일원一圓에 대하여 이를 구체적으로 상징한 일원상을 신앙의 대상과 수행의 표본으로 하고 있다. 물론 이는 소태산 대각의 경지를 형상한 것이다. 그러나,

〈13〉 일원一圓은 법신불이니 우주만유의 본원本源이요, 제불제성諸佛諸聖의 심인心 印이요, 일체중생의 본성이다.23)

〈14〉 일원은 언어도단의 입정처入定處이요, 유무초월의 생사문生死門인바, 천지·부모·동포·법률의 본원이요, 제불·조사·범부·중생의 성품으로…24)

〈15〉 대종사 말씀하시기를 "…우리 회상에서 일원상을 모시는 것은 과거 불가에서 불상을 모시는 것과 같으나, 불상은 부처님의 형체形體를 나타낸 것이요, 일원상은 부처님의 심체心體를 나타낸 것이므로, 형체라 하는 것은 한 인형에 불과할 것이요, 심체라 하는 것은 광대무량하여 능히 유와 무를 총섭하고 삼세를 관통하였나니, 곧 천지만물의 본원이며 언어도단의 입정처라, 유가에서는 이를 일러 태극太極 혹은 무극無極이라 하고, 선가에서는 이를 일러 자연 혹은 도라 하고, 불가에서는 이를 일러 청정법신불淸淨法身佛이라 하였으나, 원리에 있어서는 모두 같은 바로서 비록 어떠한 방면 어떠한 길을 통한다 할지라도 최후 구경에 들어가서는 다 이 일원의 진리에 돌아가나니, 만일 종교라 이름하여 이러한 진리에 근원을 세운 바가 없다면 그것은 사도邪道라…25)

〈16〉 대종사 말씀하시기를 "공부하는 사람들이 현묘한 진리를 깨치려 하는 것은 그 진리를 실생활에 활용하고자 함이니, 이제 법신불일원상을 실생활에 부합시켜 말해주리라. 첫째는 일원상을 대할 때마다 견성성불見性成佛하는 화두話頭로 삼을 것이요, 둘째는 일상생활에 일원상과 같이 원만하게 수행하여 나아가는 표본을 삼을 것이며, 셋째는 이 우주만유 전체가 죄복罪福을 직접 내려주는 사실적 권능이 있는 것을 알아서 진리적으로 믿어 나아가는

---

23) 『정전』 교리도(『원불교전서』 冒頭)
24) 『정전』 교의편, 일원상서원문(『원불교전서』 24쪽)
25) 『대종경』 교의품 3장(『원불교전서』 112-113쪽)

대상으로 삼을 것이니, 이러한 진리를 아는 사람은 일원상을 대할 때마다 마치 부모의 사진같이 숭배할 것이니라."26)

라고 말하여, 문화사적인 접근의 방법을 열어놓고 있다. 동서고금의 많은 부처님과 성인들이 체험한 궁극적인 마음자리로 보는 것이 그것이다. 자료 〈13〉·〈14〉가 이러한 상징세계에 대한 설명이라면, 자료 〈15〉는 이웃종교들의 상징과 관련시켜 설명하고 있다. 전술한 자료 〈3〉이 일원상신앙의 교단적 의미를 밝히고 있고, 자료 〈16〉은 실생활 속에서 이를 체현하는 방법을 가르치고 있다. 일원상은 저 높은 곳에 존재하는 것이 아니라 우리의 일상생활 속에서 체현되어야 하는 것이며, 구체적으로 안眼·이耳·비鼻·설舌·신身·의意 육근六根을 사용할 때 이를 본받아 원만구족하고 지공무사하게 사용해야 함을 역설하고 있다.27)

둘째, 사은보은四恩報恩사상이다. 일원상진리를 현실세계로 본 것이 사은四恩(天地恩·父母恩·同胞恩·法律恩)이다. 이는 생명존재의 조건과 근거가 되기 때문에 인생의 요도가 되며, 따라서 이에 대한 보은행報恩行, 즉 은恩사상의 실현이 강조된다.

셋째, 조화병진調和竝進사상이다. 일상생활 속에서의 수행을 중시하는 용어로, 도학과학道學科學병진·영육쌍전靈肉雙全·이사병행理事竝行·자타력병진自他力竝進 등이 거론된다. 물질문명이 발전이 도덕적 피폐를 가져왔다면 이를 사용할 정신문화를 확장시킴으로써 조화를 이룬 삶을 성취하도록 권면한다. 정신수양精神修養·사리연구事理硏究·작업취사作業取捨의 삼학에 있어서도 한 편에 치우치지 않고, 이들을 병진하여 원만하면서도 실천적 인격을 완성하도록 하였다.

넷째, 강약진화強弱進化사상이다. 세상에 존재하는 각종 차별과 불평등을 배척한다. 교단초기부터 남녀권리동일 등이 기본교리에 자리매김되며, 강자와 약자가 서로 돕는 것이 역사발전의 동력이라고 본다. 강자가 약자를

---

26) 『대종경』 교의품 8장(『원불교전서』 115-116쪽)
27) 『정전』 교의편, 일원상법어(『원불교전서』 25-26쪽)

억압하는 전쟁의 방법이 아니라, 강자는 약자를 보호하고 약자는 강자를 따라 배우는 것이 서로 진화하는 평화의 길이라고 강조한다.

다섯째, 사회불공社會佛供사상이다. 종교는 사회의 선도자로, 사회의 어두운 곳을 비추면서 민중의 지팡이가 되어야 한다. 생활 속에서의 불법佛法실천, 즉 생활시불법生活是佛法과 쉼 없는 마음공부, 즉 무시선無時禪이 이를 말해주며, 사요四要(自力養成·智者本位·他子女教育·公道者崇拜)는 이와 같은 사회개혁과 평등세계를 실현하기 위한 불공법이다.

이러한 원불교 교리는 『정전』의 체계를 이루고 있는데, 만년에 교리체계를 완성하고 다음과 같이 말하고 있다.

〈17〉 대종사 열반을 일년 앞두시고 그동안 진행되어오던 『정전正典』의 편찬을 자주 재촉하시며 감정鑑定의 붓을 들으시매 시간이 밤중에 미치는 때가 잦으시더니, 드디어 성편되매 바로 인쇄에 붙이게 하시고, 제자들에게 말씀하시기를 "때가 급하여 이제 만전을 다하지는 못하였으나, 나의 일생의 포부와 경륜이 그 대요는 이 한 권에 거의 표현되어 있나니, 삼가 받아가져서 말로배우고, 몸으로 실행하고, 마음으로 증득하여, 이 법이 후세 만대에 길이 전하게 하라. 앞으로 세계 사람들이 이 법을 알아보고 크게 감격하고 봉대할 사람이 수가 없으리라."[28]

신앙과 생활이 분리되어서는 안 된다. 실천, 즉 신앙과 수행을 통해 깨달음의 주체가 되어야 한다는 것이다. 『정전』은 원경元經으로 불리는데, 이른바 구종교서九種教書(『正典』·『大宗經』·『佛祖要經』·『世典』·『鼎山宗師法語』·『禮典』·『聖歌』·『教史』·『教憲』)인 원불교 교서는 『정전』에 밝힌 실행방법과 실천사례를 밝힌 것이다.

2) 강약진화 · 금강산 법문과 민족관

소태산의 법문 가운데 민족관을 잘 드러내는 것에 「강약진화의 법문」과

---

28) 『대종경』 부촉품 3장(『원불교전서』 400쪽)

「금강산 법문」이 있다. 이들은 원불교 교리사상의 바탕을 이루며, 또한 교리사상의 전개라는 점에서 정신개벽의 지향점을 나타내는 단초가 되리라 본다. 도학과학병진론道學科學並進論이나 영육쌍전론靈肉雙全論을 물질문명과의 관련 속에서 정신개벽의 방향성을 밝힌 것이라면, 이들 법문은 한국의 신종교사상에서 보는 바와 같은 민족주체성과의 관련 속에서 이를 제기하고 있는 것이라 할 수 있다.

「강약진화 법문」, 즉 구체적으로 말하면 「강자·약자 진화상 요법」은 전술한 바와 같이, 소태산의 대각 후 행해진 「최초법어最初法語」의 하나로 정리되어 있다.[29] 이의 최초 형태는 당시 식민지정책과 관련하여 지배자와 피지배자, 즉 일본과 한국을 갑동리와 을동리로 대비하여 강약진화의 원리를 밝히고 있다. 『정전』에는 요지를 드러내는 편집원칙에 의하여 일제日帝라는 실상이 생략되어 있는데,

〈18〉 강·약의 대지를 들어 말하면 무슨 일을 물론하고 이기는 것은 강이요, 지는 것은 약이라, 강자는 약자로 인하여 강의 목적을 달하고, 약자는 강자로 인하여 강을 얻는 고로 서로 의지하고 서로 바탕하여 친 불친이 있나니라. 강자는 약자에게 강을 베풀 때에 자리이타법을 써서 약자를 강자로 진화시키는 것이 영원한 강자가 되는 길이요, 약자는 강자를 선도자로 삼고 어떠한 천신만고가 있다 하여도 약자의 자리에서 강자의 자리에 이르기까지 진보하여 가는 것이 다시 없는 강자가 되는 길이니라. 강자가 강자 노릇을 할 때에 어찌하면 이 강이 영원한 강이 되고 어찌하면 이 강이 변하여 약이 되는 것인지 생각 없이 다만 자리타해에만 그치고 보면 아무리 강자라도 약자가 되고 마는 것이요, 약자는 강자되기 전에 어찌하면 약자가 변하여 강자가 되고 어찌하면 강자가 변하여 약자가 되는 것인지 생각없이 다만 강자를 대항하기로만 하고 약자가 강자로 진화하는 이치를 찾지 못한다면 또한 영원한 약자가 되고 말 것이니라.[30]

---

29) 『정전』 수행편, 최초법어(『원불교전서』 85-86쪽) 이 법문이 문자화된 것은 1928년 李共珠 受筆, 「약자로서 강자되는 법문」(『월말통신』 1호, 1928. 5월호)에 의해서다.
30) 『정전』 수행편, 최초법어(『원불교전서』 85-86쪽)

라 나타난다. 국가 간의 만남이 강약관계로 나타나는 상황에 주목하면서, 둘의 관계를 상호부조와 자리이타의 관계로 정립하고 있다. 강과 약이 우연히 이루어지는 것이 아니므로 그 원리를 찾아 다 같이 강으로 진화해나가는 상생관계로 내다본다. 따라서 이는 소태산의 대일민족관對日民族觀을 단적으로 드러낸 것으로 보아도 무방할 것이다.

이러한 소태산의 일제에 대한 관점은 일관된 행동으로 나타나고 있다. 당시 일제는 종교를 크게 두 가지로 나누어 신도神道 · 불교佛敎 · 그리스도교 3교단은 이른바 공인종교로 취급하고, 그밖의 모든 교단은 유사종교類似宗敎로서 단속하는 종교정책을 취하였다.[31] 따라서 원불교는 후자로, 당연히 단속대상이 되어 있어서 교화활동은 물론, 교리나 조직제도 그리고 의례에 이르기까지 심대한 제약을 받았고, 문화적으로도 당시의 시대상황과 관련된 부분이 적지 않다.[32] 실제로 소태산 자신이 갖은 억압과 구속을 당하고 있는데, 그러면서도 그는 무력의 대결이 아니라 문화적인 접근을 통해 상생의 방법을 찾고 있는 것이다.

〈19〉 기미년(1919) 이후 인심이 극히 날카로운 가운데 대종사에 대한 관헌의 지목이 날로 심하여, 금산사에 계시더니 김제 서에서와, 영산에 계시다가 영광서에서 여러 날 동안 심문당하신 것을 비롯하여 평생에 수많은 억압과 제재를 받으셨으나, 조금도 그들을 싫어하고 미워하시는 바가 없이 늘 흔연히 상대하여 주시었으며, 대중에게도 이르시기를 "그들은 그들의 일을 할 따름이요, 우리는 우리의 일을 할 따름이라, 우리의 하는 일이 옳은 일이라면 누구인들 끝내 해하고 막지는 못하리라."[33]

〈20〉 한 제자 사상이 불온하다 하여 일경이 하룻동안 대종사를 심문하다가 … 돌아오시어 대중에게 말씀하시기를 "오랫동안 강약이 대립하고 차별이 혹심하여 억울하게 묻어 둔 원한들이 많은지라, 앞으로 큰 전쟁이 한 번

31) 朝鮮總督府 편,『施政三十年史』(朝鮮總督府, 1940) 83쪽 참조.
32) 졸고,「원불교 문화형성의 사회적 배경－일제시대의 종교정책과 그 영향에 대한 검토－」 (원불교사상연구원 편,『원불교사상』19, 1995, 349쪽 이하) 참조.
33)『대종경』실시품 8장(『원불교전서』329쪽)

터질 것이요, 그 뒤에는 세상 인지가 차차 밝아져서 개인들이나 나라들이 서로 돕고 우호 상통할지언정 남의 주권을 함부로 침해하는 일은 없으리라."34)

〈21〉 형사 한 사람이 경찰 당국의 지령을 받아, 대종사와 교단을 감시하기 위하여 여러 해를 총부에 머무르는데, 대종사 그 사람을 챙기고 사랑하시기를 사랑하는 제자나 다름없이 하시는지라, 한 제자 여쭙기를 "그렇게까지 하실 것은 없지 않겠나이까." 대종사 말씀하시기를 "그대의 생각과 나의 생각이 다르도다. 그 사람을 감화시켜 제도를 받게 하여 안 될 것이 무엇이리 요.' 하시고, 그 사람이 있을 때나 없을 때나 매양 한결같이 챙기고 사랑하시더니, 그가 드디어 감복하여 입교하고 그 후로 교중 모든 일에 많은 도움을 주니…"35)

라는 예가 그것이다. 자료 〈19〉에서 "우리는 우리의 할 일을 할 따름이라"는 표현은 어떠한 억압을 받더라도 교화활동은 쉬지 않는다는 뜻이요, 자료 〈20〉의 "남의 주권을 함부로 침해하는 일은 없으리라"는데 이르러서는 일제의 침략에 대해 성토하는 분명한 태도를 취하고 있다. 또한 민족의 진로 등에 관해 뚜렷한 관점을 가지고 있으면서도 그의 교화관은 민족에 한정되는 것을 거부하고 있다. 종교인으로서의 소태산은 일제까지도 교화의 대상으로 삼고 있다는 말이다.

그러면 「금강산 법문」은 어떻게 이루어졌으며, 그 내용은 무엇인가? 소태산의 민족관을 집약하는 것은 금강산 법문이 대표적이라 할 수 있는데, 이에는 민족의 전망, 즉 한국미래관 내지 한국인의 정체성을 실현할 방법을 구체적으로 다루고 있기 때문이다. 이 법문은 1928년과 1930년의 두 차례에 걸쳐 이루어졌다.36) 이 중에서 민족관의 정체성에 관련된 사항은,

---

34) 『대종경』 실시품 10장(『원불교전서』 330-331쪽)
35) 『대종경』 실시품 12장(『원불교전서』 331쪽)
36) 1928년 음력 9월 28일 법문이 『대종경』 전망품 6장이며, 1930년 5월 12일 법문이 전망품 5장과 신성품 12장이다. 전자는 당시 서울에서 열린 朝鮮博覽會 참관을 통한 법문이며, 후자는 金剛山探勝을 통한 법문이다(졸고, 「소태산대종사의 금강산법문과 민족관」, 『원불교사상』 21, 1997, 365쪽 이하 참조)

〈22〉 대종사 개교기념일을 당하여 대중에게 말씀하시기를 "우리에게 큰 보물 하나가 있으니, 그것은 곧 금강산이라. 이 나라는 반드시 금강산으로 인하여 세계에 드러날 것이요, 금강산은 그 주인으로 인하여 더욱 빛나서, 이 나라와 금강산과 그 주인은 서로 떠날 수 없는 인연으로 다 같이 세계의 빛이 되리라. 그런즉, 그대들은 우리의 현상을 비관하지 말고 세계가 금강산 의 참 주인을 찾을 때에 우리 여기 있다 할 자격을 갖추기에 공을 쌓으라. 금강산의 주인은 금강산 같은 인품을 조성해야 할 것이니 닦아서 밝히면 그 광명을 얻으리라. 금강산 같이 되기로 하면 금강산 같이 순실하여 순실한 본래 면목을 잃지 말며, 금강산 같이 정중하여 각자의 본분사에 전일하며, 금강산 같이 견고하여 신성과 의지를 변하지 말라. 그러하면 산은 체體가 되고 사람은 용用이 될지라, 체는 정靜하고 용은 동動하나니 산은 그대로 있으되 능히 그 체가 되려니와 사람은 잘 활용하여야 그 용이 될 것이니, 그대들은 어서어서 부처님의 무상대도를 연마하여 세계의 모든 산 가운데 금강산이 드러나듯 모든 사람 가운데 환영받는 사람이 되며, 모든 교회 가운데 모범적 교회가 되게 하라. 그러하면 강산과 사람이 아울러 찬란한 빛을 발휘하리라."[37]

〈23〉 대종사 금강산을 유람하고 돌아오시어 "금강이 현세계金剛現世界하니 조선이 갱조선朝鮮更朝鮮이라"는 글귀를 대중에게 일러 주시며 말씀하시기를 "금강산 은 천하의 명산이라 멀지 않은 장래에 세계의 공원으로 지정되어 각국이 서로 찬란하게 장식할 날이 있을 것이며, 그런 뒤에는 세계 사람들이 서로 다투어 그 산의 주인을 찾을 것이니, 주인될 사람이 미리 준비해놓은 것이 없으면 무엇으로 오는 손님을 대접하리요."[38]

라 한 내용이 대표적이다. 법문이 설해진 당시는 말할 나위 없이 일제의 지배 하에 있었는데도 불구하고, 우리 민족에게 금강산이 있음을 상기시킴으로써 그것을 소유한 금강산의 주인론을 전개하고 있는 것이다. 「조선갱조선朝鮮 更朝鮮」의 관점은,

---

37) 『대종경』 전망품 6장(『원불교전서』 430-431쪽)
38) 『대종경』 전망품 5장(『원불교전서』 429-430쪽)

〈24〉조선은 개명開明이 되면서부터 생활제도가 많이 개량되었고, 완고하던 지견도 많이 열리었으나, 아직도 미비한 점은 앞으로 더욱 발전을 보게 되려니와, 정신적 방면으로는 장차 세계 여러 나라 가운데 제일 가는 지도국이 될 것이니, 지금 이 나라는 점진적으로 어변성룡魚變成龍이 되어가고 있나니라.39)

고 나타난다. 이에서 말한 「어변성룡」, 즉 "고기가 변하여 용이 된다"는 것이 소태산 한국관의 특징을 이룬다. 그것을 바꾸어 말하면, 일제 식민지 아래서 지배당하는 민중에게 머지않은 장래에 이 민족이 '세계정신의 지도국'·'인류도덕의 부모국'이 될 것이라고 강조한 금강산 법문이다. 물론 이를 운도론運度論에 의한 기다림이 아니라 종교적 수련을 통해 닦아나가야 함을 그는 역설하고 있다. 이른바 정신개벽에 의한 개벽인간의 탄생을 말한다.

4. 소태산의 종교관과 대화원리

1) 소태산의 종교관

그러면 소태산의 종교관은 어떠한가? 종교 간의 만남에 대해서,

〈25〉한 사람이 여쭙기를 "동양이나 서양에 기성교회도 상당한 수가 있어서 여러 천년 동안 서로 문호를 달리하여 시비가 분분한 가운데, 근래에는 또한 여러 가지 신흥교회가 사방에 일어나서 서로 자가自家의 주장을 내세우고 다른 의견을 배척하여 더욱 시비가 분분하오니 종교계의 장래가 어떻게 되오리까." 대종사 말씀하시기를 "…그들도 차차 철이 들고 이해 심이 생겨나서 말과 풍습이 서로 익어지고 그 형제 되는 내역을 자상히 알고 보면 반드시 골육지친骨肉之親을 서로 깨달아 화합하게 될 것이니, 모든 교회의 서로 달라진 내역과, 그 근원은 원래 하나인 내역도 또한 이와 같으므로, 모든 교회가 한 집안을 이루어 서로 융통하고 화합하게

---

39) 『대종경』전망품 23장(『원불교전서』 393-394쪽)

되나니라."[40]

하여, 적극적인 관점을 피력하고 있다. 이를 통해 보면 원불교에서 종교 간의 대화원리는 소태산의 종교관에서부터 교리적인 바탕이 마련되어 있다고 할 것이다. 바꾸어 말하면 원불교에서는 자체의 교법 외에 이웃종교에 대한 이해·협력이라는 또 하나의 정체성을 가지고 있다는 말이 된다. 이를 잘 말해 주는 것이 「법위등급法位等級」이다.

원불교에서는 공부등위의 최상급인 여래위如來位 다음에 불퇴전不退轉의 종사위宗師位가 마련되어 있다. 종사위에 오른 인물 중에서 법주인 종법사宗法師 피선거권을 부여하게 되므로 살아 있는 인물의 최고위에 해당하는 셈이다. 그런데 그 요건에는,

〈26〉 현재 모든 종교의 교리를 정통하며….[41]

라 하였다. 종교 간의 대화에 그치지 않고 공동선共同善의 추구를 위해 종교 간의 공존과 협력이 이 가운데 제시되어 있다고 보아야 할 것이다. 이러한 소태산의 가르침을 일원주의一圓主義 혹은 일원철학一圓哲學[42] 등으로 부를 수 있을 것이다. 원불교에 구세이념으로서 독창적인 교의사상이 있으나, 다종교사회에 있어서 종교 간의 대화이념은 이 일원주의에 입각되어 전개되고 있으며, 이를 통해 보면 종교다원주의宗敎多元主義 이념을 실천할 수 있는 교리적 기반이 갖추어진 셈이다.

종교다원주의 이념에 있어서도 배타주의나 포용주의, 그리고 다원주의 등으로 단계를 설정할 때,[43] 소태산의 교설을 어떤 단계로 비정할 수도 있을 것이다. 그러나 명확한 것은 일원주의 이념이 교체를 형성하고 이웃종교와

---

40) 『대종경』 전망품 13장(『원불교전서』 386-387쪽)

41) 『정전』 수행편, 법위등급(『원불교전서』 91쪽)

42) 柳炳德, 『脫宗敎時代의 종교』(원광대출판국, 1976), 244쪽 참조.

43) 종교대화에 있어서 다원주의 이론은 류성민, 「종교다원주의와 종교윤리」(간행위원회 편, 羅學鎭기념회 편, 『宗敎多元主義와 宗敎倫理』, 집문당, 1994, 101쪽 이하) 등을 참조.

의 공존을 위한 방법으로 제시된 것이 아니라, 깨달음을 통해 터져나온 구세제인救世濟人의 길이라는 점이다. 정신의 개벽을 외친 그에게는 절실한 시대적인 반성이 깔려 있으며, 만종교 만사상萬宗敎萬思想이 혼재하는 이 세상을 건지기 위해서는 이미 한 종교의 좁은 울만으로는 불가능하다는 인식을 함께 하고 있었던 것으로 보인다.

소태산의 법문 가운데는 용화회상龍華會上과 미륵불彌勒佛의 출세에 관한 내용이 다수 전하고 있다.[44] 그런데 이를 종교 간의 대화원리와 관련해보면,

〈27〉 박사시화 여쭙기를 "지금 어떤 종파들에서는 이미 미륵불이 출세하여 용화회상을 건설한다 하와 서로 주장이 분분하오니 어느 회상이 참 용화회상이 되오리까." 대종사 말씀하시기를 "말만 가지고 되는 것이 아니니, 비록 말은 아니 할지라도 오직 그 회상에서 미륵불의 참 뜻을 먼저 깨닫고 미륵불이 하는 일만 하고 있으면 자연 용화회상이 될 것이요, 미륵불을 친견할 수도 있으리라."[45]

〈28〉 대종사 말씀하시기를 "근래 어떤 사람들은 이 세상은 말세가 되어 영영 파멸 밖에는 길이 없다고 하나 나는 그렇지 않다고 하노니, 성인의 자취가 끊어진 지 오래고 정의도덕이 희미하여졌으니 말세인 것만은 사실이나, 이 세상이 이대로 파멸되지는 아니하리라. 돌아오는 세상이야말로 참으로 크게 문명한 도덕세계일 것이니, 그러므로 지금은 묵은 세상의 끝이요, 새 세상의 처음이 되어, 시대의 앞길을 추측하기가 퍽 어려우나 오는 세상의 문명을 추측하는 사람이야 어찌 든든하지 아니하며 즐겁지 아니하리요."[46]

라 설파한다. 용화회상을 일컫는 진정한 종교가 반드시 하나여야 한다는 사고는 일방적인 관점이라는 것이다. 용화회상을 건설하는 입장에서 보면 공동선의 축대는 같은 이념을 가진 대열의 협력에 의해 이루어지며, 그런 의미

---

44) 『대종경』 전망품 16~18장(『원불교전서』 90-391쪽)에 전하며, 금후의 세계전망, 즉 참문명세계에 대한 법문이 이어지고 있다.
45) 『대종경』 전망품 17장(『원불교전서』 390-391쪽)
46) 『대종경』 전망품 19장(『원불교전서』 391-392쪽)

에서 미래상은 밝게 그려질 수 있다는 원리이다.

따라서 진정한 의미에서 구원이란 구원하는 자가 아니라 구원되는 편에서 보아야 하며, 새로운 구원의 틀 즉 새로운 종교틀을 형성하는 입장에서 소태산은 이를 충분이 고려했다는 말이다. 그가 신앙상담 끝에 종교의 선택을 내담자에게 맡기면서 심통제자心通弟子만이 창교주創教主의 오의奧義를 알 것이라고 설한 바[47]가 이를 말해준다. 원불교에 있어서 종교 간의 대화도 이것이 전제되고 있음은 말할 나위 없다. 종교 간의 공존 · 협력이념이 원불교의 교체敎體로 체계화되어 있다는 말이다.

2) 삼동윤리와 종교협력운동

소태산의 구세이념은 열반(1943) 후, 종법사를 이은 정산 송규鼎山 宋奎 (1900~1962)에 의해 계승된다. 광복을 전후한 변동기에 그는 교체를 정비하며, 오늘의 원불교 틀을 확립하고 있는데, 열반에 앞선 1961년 4월, 소태산의 일원주의에 바탕하여 삼동윤리三同倫理를 선언하였다. 삼동윤리란 동원도리同源道理 · 동기연계同氣連契 · 동척사업同拓事業을 말하며, "한 울안 한 이치에 한 집안 한 권속이 한 일터 한 일꾼으로 일원세계 건설하자"로 해석된다. 이후 삼동윤리는 원불교의 종교협력운동에 있어서 상징이 되어 있는데, 정산은 이를 설시한 배경에 대하여,

〈29〉 삼동윤리는 곧 앞으로 세계인류가 크게 화합할 세 가지 대동大同의 관계를 밝힌 원리니, 장차 우리 인류가 모든 편견과 편착의 울 안에서 벗어나 한 큰 집안과 한 큰 권속과 한 큰살림을 이루고, 평화 안락한 하나의 세계에서 함께 일하고 함께 즐길 기본 강령이니라. 지금 시대의 대운을 살펴보면 인지가 더욱 열리고 국한이 점차 넓어져서 바야흐로 대동통일의 기운이 천하를 지배할 때에 당하였나니, 이것은 곧 천하의 만국만민이 하나의 세계건설에 함께 일어설 큰 기회라, 오래지 아니하여 세계 사람들이 다 같이 이 삼동윤리의 정신을 즐겨 받들며, 힘써 체득하며, 이 정신을

---

47) 『대종경』 전망품 14장(『원불교전서』 387-388쪽)

함께 실현할 기구를 이룩하여 다 같이 이 정신을 세상에 널리 베풀어서 이 세상에 일대 낙원을 이룩하고야 말 것이니라.[48]

고 밝히고 있다. 그에 의하면 소태산이 설한 일원주의란 대세계주의 낙원大世界主義樂園이며, 이를 위해서는 교단주의에 떨어져서는 안 된다고 본 것이다. 그는 세 가지 이념에 대하여,

〈30〉 삼동윤리의 첫째 강령은 동원도리同源道理니, 곧 모든 종교와 교회가 그 근본은 다 같은 한 근원의 도리인 것을 알아서, 서로 대동화합하자는 것이니라. …모든 종교가 대체에 있어서는 본래 하나인 것이며, 천하의 종교인들이 다 같이 이 관계를 깨달아 크게 화합하는 때에는 세계의 모든 교회가 다 한 집안을 이루어 서로 넘나들고 융통하게 될 것이니, 먼저 우리는 모든 종교의 근본이 되는 일원대도의 정신을 투철히 체득하여, 우리의 마음 가운데 모든 종교를 하나로 보는 큰 정신을 확립하며, 나아가 이 정신으로써 세계의 모든 종교를 일원으로 통일하는데 앞장서야 할 것이니라.[49]

〈31〉 삼동윤리의 둘째 강령은 동기연계同氣連契니, 곧 모든 인종과 생령이 근본은 다 같은 한 기운으로 연계된 것을 알아서, 서로 대동화합하자는 것이니라. …우리는 먼저 모든 인류와 생령이 그 근본은 다 한 기운으로 연결된 원리를 체득하여 우리의 마음 가운데 일체의 인류와 생령을 하나로 보는 큰 정신을 확립하며, 나아가서는 이 정신으로써 세계의 인류를 평등으로 통일하는 데 앞장서야 할 것이니라.[50]

〈32〉 삼동윤리의 셋째 강령은 동척사업同拓事業이니, 곧 모든 사업과 주장이 다 같이 세상을 개척하는 데에 힘이 되는 것을 알아서, 서로 대동화합하자는 것이니라. …우리는 먼저 이 중정中正의 정신을 투철히 체득하여 우리의 마음 가운데 모든 사업을 하나로 보는 큰 정신을 확립하며, 나아가서는

---

48) 『정산종사법어』 도운편 34장(『원불교전서』 676-677쪽)
49) 『정산종사법어』 도운편 36장(『원불교전서』 990쪽)
50) 『정산종사법어』 도운편 37장(『원불교전서』 991쪽)

소태산 박중빈의 비(원각성존소태산대종사비명병서)
정산 송규(1900~1962) 짓고,
강암 송성용(1913~1999) 씀

이 정신으로써 세계의 모든 사업을 중정으로 통일하는 데 앞장서야 할
것이니라.[51]

하였다. 이미 자기 종교를 중심으로 하는 대화 차원을 탈피하고 있음이 분명
해진다. 삼동윤리를 통해 인류의 보편윤리普遍倫理를 모색하고 있는 것이다.

이러한 정산의 삼동윤리는 그 법을 이은 대산 김대거大山 金大擧(1914~
1998)로 계승되면서 구체적인 종교대화, 그리고 종교협력운동宗敎協力運動
으로 전개된다. 그는 1965년 이후 한국종교계에 상호이해의 풍토조성에
적극적인 자세로 임한다. 당시 대학생종교제(원광대), 6대종교 이해의 모임,
그리고 한국종교인협의회 창립 등에 교단의 참여와 역할은 그렇게 해서 이
루어지며, 그 자신은 「종교인으로서 갖추어야 할 세 가지」(1966) 등의 법문을
행한다. 그리고 1970년부터는 종교협력운동의 일환으로 종교연합(UR:
United Religions)운동을 제창한다. 국내외 종교지도자들의 너른 지지를 받으

---

51) 『정산종사법어』 도운편 38장(『원불교전서』 992쪽)

면서 종교관련 각종 국제대회에 메시지가 전달되고, 1981년에는 「세계종교 연합」 설립을 선포하고 있다.[52] 국내외 종교지도자들과의 교류가 빈번해진 것도 이 시기이다. 세계종교연합은 종교인들의 대화와 협력에 의해 UN과의 동반자적 역할을 수행해야 한다는 취지이며, 이러한 염원이 1986년의 아시 아종교자평화회의(ACRP) 서울유치 등으로 이어진다. 그가 열반게송으로 남긴 「하나의 세계」[53] 법문은 이러한 실천이념을 함축하고 있다.

1994년 대산의 법통을 이은 좌산 이광정左山 李廣淨(1935~)의 경륜도 같은 흐름이다. 1996년의 세계종교자유연맹(ACRP) 한국대회 유치나 유엔 NGO 법문 등이 이를 말해준다. 법통은 다시 2006년 경산 장응철耕山 張應哲 (1939~) 종법사로 이어지고 있다.

이렇게 보면 원불교의 종교대화와 종교협력운동은 소태산에서부터 대를 계승하면서 원리와 방법이 구체화되고 또 실천화의 방향으로 전개되는 성격 을 지닌다. 원불교의 종교 간 대화에는 다종교사회, 다원가치사회에서 이루 어진 원융회통적 교리이념이 견지되고 있는 것이다. 자기 종교의 울을 넘어 선 종교 간의 협력, 그것은 정신개벽의 차원이다.

5. 결어

이상에서 소태산이 전개한 정신개벽 사조의 일단을 살펴보았다. 그의 생 애는 조선왕조가 무너지는 시기에서 시작하여, 대각을 이룬 이후의 구세활 동은 일제강점기를 관통하고 있다. 그의 활동에 얼마나 많은 제약이 따랐을 까를 짐작하기 어렵지 않다. 당시 한국사회에는 기성종교는 물론 신종교의 각 교단이 공존하는 상황이었으며, 그 가운데 전개한 소태산의 종교관은 원 융회통의 성격을 띠고 있다.

---

52) 대산의 종교연합추진 경과에 대해서는 金机坤 편, 『종교연합운동의 어제 오늘 그리고 내일』(대학사, 1993), 41쪽 이하 참조.
53) 「진리는 하나 세계도 하나, 인류는 한 가족 세상은 한 일터, 개척하자 하나의 세계」. 1971년 개교반백년 기념대회 표어로 발표되었던 법문으로, 열반에 당하여 게송으로 삼았다.

그의 대각에 의한 구세경륜, 즉 원불교 교의는 불교를 축으로 삼교와 만 종교사상을 폭넓게 수용하고, 정신개벽을 선포하여 혁세이념革世理念을 전개 하고 있다. 그것은 당시 민중종교로서의 신종교에 공통적으로 나타나는 사상 적 특성이기도 하다. 원불교 교의가 지닌 특성은 그러한 바탕 위에서 정리될 성질의 것이다. 소태산의 실천력은 「개교의 동기」를 분명히 하고, 그에 따른 교상판석을 철저히 하여 교리조직은 물론 교단체계까지도 공적公的 요건을 강화했다는 데 있다.

소태산은 말한다.

〈33〉 지금 세상은 전에 없던 문명한 시대가 되었다 하나 우리는 한갓 그밖으로 찬란하고 편리한 물질문명에만 도취할 것이 아니라, 마땅히 그에 따르는 결함과 장래의 영향이 어떠할 것을 잘 생각해보아야 할 것이니, 지금 세상은 밖으로 문명의 도수가 한 층 나아갈수록 안으로 병맥病脈의 근원이 깊어져서 이것을 이대로 놓아두다가는 장차 구하지 못할 위경에 빠지게 될지라, 세도世道에 관심을 가진 사람들로 하여금 깊은 근심을 금하지 못하게 하는 바이니라.[54]

이와 같이 경고하고, 세상이 걸려 있는 병에 대하여 첫째 돈의 병, 둘째 원망의 병, 셋째 의뢰의 병, 넷째 배울 줄 모르는 병, 다섯째 가르칠 줄 모르는 병, 여섯째 공익심 없는 병으로 지적하고 있다. 이 병을 치료할 책임은 사회의 지도자들에게 있는 것은 물론이며, 이를 고치지 못할 때는 사회가 파멸의 길로 갈 수밖에 없다.

정신개벽이 다만 인간의 각성에 그치지 않음을 소태산은 강조하고 있는 것이다. 그가 학문을 강조하고 있는 것[55]도 이러한 시대상황의 파악과 그

---

54) 『대종경』교의품 34장(『원불교전서』 133쪽)
55) 「최초법어」에 한정해보면, 「시대를 따라 學業에 종사하여 모든 학문을 준비할 것이요」(『 정전』 수행편, 「수신의 요법」 1조), 「호주는 견문과 학업을 잊어버리지 아니하며, 자녀의 교육을 잊어버리지 아니하며, 상봉하솔의 책임을 잊어버리지 아니할 것이요」(「제가의 요법」 1조) 등으로, 학문을 권면하고 있다. 이는 시대를 향도할 지도자를 기르는 입장으로 보인다. 소태산은 한편 外學과 外知를 경계하고 있는데 이는 수도인의 본분을 각성시키는 입장이며, 이 둘이 조화를 이룰 때 도학과학의 병진이 가능하게 된다.

지도 때문으로 보인다. 이를 확대하면 종교 간의 협력이나 혁세운동 역시 개인이나 특정 단체에 그칠 일이 아니라는 결론에 이르게 된다. 개벽일꾼은 열린 마음으로 종교 간의 협력 등을 통해 재추축시대를 여는 공동선의 축대를 마련할 수 있다는 원리다.

출전
「소태산의 개벽사상과 사회적 실천」(『한국종교』 30, 원광대 종교문제연구소, 2006)

현공 윤주일의 유필문건과 불교사상

1. 서언: 개혁불교와 현공

개화기·일제기를 거치면서 한국불교는 격변하는 시대상황과 함께 커다란 개혁사조를 형성해 간다. 유교를 국체國體로 하던 조선사회에서 받아왔던 가지가지의 사회적 제약을 불식시키고, 널리 구세이념救世理念을 펴기 위한 방책으로써 교단제도의 개혁과 포교방법의 혁신 등이 전개되기에 이르렀다. 이러한 근대불교의 사조를 일반적으로 개혁불교라는 이름으로 부르거니와, 이에는 서민불교를 중심한 불교대중화운동이라든가 저항불교를 중심한 반일민족신앙화운동 등의 여러 가지 흐름을 헤아리게 된다.

현대불교의 존재근거를 마련해준 이 개혁불교를 파악하는 데 있어서 간과해서는 안될 사항은, 이는 커다란 시대사조였으며 한두 사람의 선각자에 의해 주창계도된 것만이 아니기 때문에, 폭넓은 관점으로 교계의 전반에 걸친 면밀한 검토가 요청된다는 점이다. 이 방면에 적지 않은 선행연구가 행해졌으면서도, 내용적으로는 두드러진 주요 인물의 사상이나 업적에 대한 조명이 주류를 이루고 있다. 이런 관점으로 보면 근현대불교사에 대한 연구는 아직 지평을 여는 단계이며 자료수집부터 폭넓게 이루어져야 한다는 말이 된다. 인물의 업적이나 사상事象의 경과를 다양하게 정리할 때, 당시 사회에 있어서 불교모습을 총체적으로 보는 시각이 마련되리라는 것이다.

본고에서 다루려고 하는 현공 윤주일玄空 尹柱逸(1895~1969)에 대하여 이

현공 윤주일

러한 시각을 갖는 것은, 첫째 그가 백용성白龍城(1864~1940) · 송만공宋滿空 (1871~1946) · 한용운韓龍雲(1879~1944) 등 근현대불교의 동량으로부터 법맥학맥法脈學脈을 상승하고 있으며, 둘째 그의 일생이 개혁불교운동에 철徹함으로써 주목할 업적을 남기고 있기 때문이다. 물론 한국동란이라는 민족적인 비극을 통해 그의 초기 작품이 전부 흩어져 버리고 만년의 작품만이 남아있기는 하지만, 그것은 질과 양에 있어서 다 같이 괄목할 만하여 교의학教義學적으로 새롭게 조명해야 할 바가 없지 않은 것으로 사료된다. 특히 그가 호남지방을 중심으로 대중불교운동에 앞장서 오면서 보여준 수행자세와 포교방법은 각별한 바가 있다.

따라서 본고에서는 이러한 「현공의 개혁불교학」을 조명하기 위한 시도로서 그가 남긴 유필자료遺筆資料에 대해 서지적인 가치를 중심으로 살펴보려고 한다. 그렇게 함으로써 그에 대한 본격적이고 전체적인 조명과 함께, 개혁불교를 보는 새로운 자료의 일단을 제공할 수 있을 것으로 기대한다.

2. 현공의 행장과 법맥

현공의 행장에 대해서는 「현공 윤주일대법사 기적비문玄空尹桂逸大法師紀蹟碑文」 · 「동 년보年譜」 · 「동 행장行狀」[1] 등에 비교적 상세하다. 그러나 이들이 현공 입적 다음의 후인들에 의함으로 해서 출가초년대의 상황 등 소략한 부분이 나타나는데, 다행히 유필자료를 정리하는 과정에서 「수고 술회手稿述懷」 자료가 발견되어 어떤 부분은 보충이 가능하였다. 또한 거의 모든 유필자료에는 집필연기가 나타나고 있어서 강술講述 및 집필을 의욕적으로 전개한 현공 만년의 모습은 확연하게 읽을 수 있다.

앞의 『법설집法說集』을 중심으로 현공행장을 살펴보면 대체로 전후 3기로 대별이 가능해진다. 즉 제1 성장교육기(1895~1915), 제2 항일개혁운동기(1916~1946), 제3 대중포교활동기(1947~1969)가 그것인데, 각 기간별로 요항을 간추려보면 다음과 같다.

제1기인 성장교육기는 탄생(1895)에서 21세(1915)까지의 출가이전 21년 간이다. 현공은 1895년 11월 18일 전남 강진에서 부친 해남 윤海南 尹씨 상호相浩공과 모친 배정선裵貞先 여사의 차남으로 태어났다. 아명은 용택龍澤, 주일柱逸은 속명이며, 법명은 묵암默菴, 현공玄空은 법호다. 4세(1898)에 서당에서 한학을 수학하여 한시를 짓는 등 문재를 발휘하며 이후 경서經書를 박통博通하고, 한일합방으로 민족의식이 고조되던 일제초기에 18세(1912)로 사립중앙학교에 입학하였으나 다음해 항일운동을 하다가 퇴학당한다.[2]

이 중앙학교 시절에 서울 인사동 소재의 범어사 포교당에서 용성선사의 설교를 듣고 발심하게 된다. 그는,

〈1〉 본인이 처음 불문에 들어가기는 18세 되던 해인가 생각이 된다. … 백용성 스님의 설교를 들었는데 참으로 재미있었다. …심조만유心造萬有의 원리와 화엄법계관華嚴法界觀의 부사의도리不思議道理는 참으로 어린 정신을 도취시켜버리고 말았다. 그 후 한용운 선생과 만났는데 민족적 의식이 강렬하였고, 송만공스님의 설교를 많이 들었는데….[3]

라 술회하고 있다. 당시 용성선사는 불교계를 대표하는 인물로, 1910년 한일

1) 玄空尹柱逸大法師 記念事業會 편, 『玄空尹柱逸大法師 法說集』(湖西文化社, 1987), 598쪽 이하.
2) 1915년 제7회 졸업생명부에는 실려 있다(金福鉉 편, 『會員名簿』, 中央交友會, 1963.)
3) 윤주일, 「佛教聖典出版에 임하여」(Rhee 1-2-01)

현공 윤주일의 출가연원 만해 한용운

합방과 함께 불어온 불교계의 일본화 흐름에 대해 주체성을 촉구하는 입장을
견지하며, 『귀원정종歸源正宗』의 저술을 비롯하여 활발한 활동을 전개하고
있었다. 1911년 하동 칠불사에서 참선만일결사회參禪萬日結社會를 발족하
고, 상경하여 도봉산 망월사에서 선禪의 대중화에 힘쓰면서 임제종운동본부
에서 중심적인 인물로 활동하였다. 특히 1912년 5월 서울 사동에 임제종 중앙
포교당이 건립되었을 때는 개교식에서 그가 설교를 담당하였고, 이후에도
이곳을 중심으로 설교와 선禪수행을 지도하고 있었다.[4] 따라서 현공은 이러
한 용성의 설교를 듣고 발심했음을 알 수 있다.

또한 당시 임제종운동은 한용운이 이끌고 있었으므로 현공은 자연스럽게
그를 만나게 되었다. 임제종은 한국불교를 대표하는 원종圓宗의 이회광師璿
李晦光(1862~1933) 종정이 일본의 조동종과 맹약을 꾀하자 한국불교 정체성
을 외치면서 출범하였다. 1911년 1월 15일 조계산 송광사에서 창립대회를
개최할 때 김경운金擎雲(1862~1933) 선사를 관장, 한용운 선사가 관장대리였
는데 이듬해부터 서울에서 본격적인 활동을 전개한 상황이었다. 특히 그의
대표작인 『조선불교유신론朝鮮佛教維新論』이 1910년에 서문을 쓰고 1912년
에 발간하고 있으므로 서울에서 활동을 시작한 당시였다.[5] 그후 1919년 3·1

---

4) 白龍城의 1910년대 활동에 대해서는 한종만, 「백용성의 大覺敎운동」(숭산박길진기념사
업회 편, 『韓國近代宗敎思想史』, 원광대출판국, 1984, 369쪽 이하)을 참조.
5) 韓龍雲의 1910년대 활동에 대해서는 정순일, 「한용운의 불교사상」(숭산박길진기념사업

현공 윤주일의 발심을 일으킨 백용성

독립운동에 있어서 백용성과 한용운이 민족대표로 참여한 것은 이러한 활동의 연장선에서 이루어진 일이라 할 것이다. 특히 항일의식이 뚜렷한 한용운에게 그 의식을 전수받았음을 현공은 분명히 하고 있는 것이다.

이러한 인연으로 현공은 불문에 귀의한다. 20세(1914)에는 도일渡日하여 다이쇼大正대학 철학과에서 2년간 주로 불교학을 수학하는데, 이로부터 이후 삼장三藏을 총섭하고 조리정연한 교학이론을 전개하는 기반이 형성된 것으로 보인다.

제2기인 항일개혁운동기는 출가득도하는 22세(1916)에서 52세(1946)까지의 청장년기간 31년간이다. 불교오의佛敎奧義에 심취한 그는 드디어 서울 봉익동 대각사에서 용성선사를 은사로 출가득도하고, 금강산 유점사에 나아가 2년간 장좌불와長坐不臥 용맹정진勇猛精進하여 24세(1918)에 개오開悟한다. 고당 조만식古堂 曺晩植(1882~1950) · 만해卍海(한용운) · 용성선사의 뜻을 받들어 항일운동을 전개한다. 특히 고당과의 신교지별信敎之別을 극복한 친교와 항일민족갱생운동의 전개는 그를 평양지역의 사회사업가로 성장시켰다.[6]

26세 때(1920) 포교단체인 평양불교청년회를 창립하여 간사장을 맡고, 유점사 평양포교당을 설립하면서 포교사에 임하여 불교의 대중화 생활운동

회 편, 전게서, 417쪽 이하) 참조.
6) 『平南日報』, 1970.2.10, 文學善의 玄空追慕辭.

겸재 정선의 「금강산도」
현공 윤주일은 금강산에서 수도했다.

에 앞장선다. 이후 평양을 중심으로 불교개혁운동체로서 조선불교청년회와
조선불교유신회를 창립하고, 정신박약아시설인 자생원慈生院과 평양고아
원을 설립하여 원장에 임하며, 문맹퇴치와 불우학생들을 위한 인정仁貞도서
관과 장학회관, 민족운동과 신생활운동을 위한 백선행白善行기념관을 설립
하며, 명성학교明星學校를 설립, 교장에 취임하여 문맹퇴치와 항일사상을 고
양시키고, 조선일보 평양지사장에 취임하여 민족운동에 앞장서고 있다. 불
교개혁사상과 항일민족사상이 두 축이 되어 줄기찬 노력을 경주하고 있다.
이 기간 중에 적지 않은 저술활동이 있었으리라 추측되지만 현존자료는 전무
하다.

　　제3기인 대중포교활동기는 평양에서 남하한 53세(1947)부터 75세 입적
(1969)까지 만년 23년간이다. 민족이 해방된 후 활동무대인 평양이 공산체제
하에 들어가자 남하를 결행하여 서울의 박한영朴漢永(1870~1948) 선사 등과
함께 불교재건에 전력하게 된다. 다만 1947년 평양 영명사에서 7일간『반야
심경般若心經』을 강설講說하고 탈고한『반야심경강의』수고본7)이 전하고
있는데 남하南下 때에 휴대한 유일무이의 작품이다.

　　역경원과 선학원에서 김적음金寂音 선사와 함께 경전번역과 불교강술에
힘쓰게 되면서『불교대성전佛敎大聖典』의 찬술을 시작한다. 56세(1950)에 한

---

7) 奧書에는 '1947년 윤2월 7일밤'의 탈고로 적었다.

국전쟁으로 피난생활을 하면서 부산·목포·제주(관음사) 등지에서 대중포교와 포교사 양성에 힘쓰다가, 58세(1952)에 광주(동광사, 관음사)로 주석을 옮겨 대중포교활동의 한 전형을 이루게 된다. 전남대학교에서 8년간 불교철학을 강의하며, 포교활동에 필요한 다양한 교재를 편성출간하고, 광주불교선우회·광주불교학생회·불교보문회·광주불교신도회 등 불교모임을 결성 지도하여 호남불교인의 연총淵叢을 이룬다. 만년인 73세(1967) 때에 묵담默潭 菊聲祐 선사 등의 요청8)으로 전주로 주석을 옮겨 승암사에 불교강원을 개설하고 상주법사로 경·율·론 삼장經律論三藏을 강설하고 있다. 75세(1969)에 전북 불교회관에서 가사를 수하고 화엄경강설 특별법회에서 사자후를 토하고 음11월 12일 칭명십념稱名十念하고 좌탈입망坐脫入亡하니, 세수는 75, 법랍은 53이었다.

3. 유필문건과 그 성격

현공의 유필자료는 유장도서遺藏圖書 등과 함께 전하는데, 「이동호장본李東豪藏本」(Rhee, 전주)이 주류를 이루며 「김보열장본金寶烈藏本」(Kim, 광주)과 「이순규장본李順揆藏本」(Lee, 광주)으로 보충하게 된다. 이밖에도 자료가 흩어져 전하고 있다고 하나 아직 미확인이므로 그에 대한 이해는 이상의 정리된 기록 자료에 의하는 수밖에 없다. 현공과 교분을 가진 사람은 물론 가르침을 입은 사람이 승속 간에 적지 않으므로 생애와 업적 그리고 사상에 이르기까지 보완할 방법이 별도로 존재함은 말할 나위 없지만, 일단은 기록자료를 중심으로 해야 한다는 말이다.

현공의 유필자료는 앞의 『반야심경강의』(Lee, 1-4-02, 安震湖 교열, 1947, 보림사)를 비롯하여, 『정신수양 대중불교 입교문답』(Lee, 1-5-01, 안진호 교열,

---

8) 「玄空尹柱逸大法師 年譜」(전게 『玄空尹柱逸大法師』, 599쪽)에는 "1월에 前曹溪宗宗正 默潭菊聲祐大律師, 完山定慧寺住持 寒山鄭明株禪師, 海眼金鳳秀大禪師, 雪岩李學一大德 등의 간청으로 전주에 移錫하여 전주 僧岩寺에 佛教講說을 개설하고 沙彌科·四集科·四教科·大教科를 강설함"이라 하여 당시의 상황을 전해주고 있다.

1950, 평문사),『불교강연집』(林錫珍 서문, 1953, 전남일보사),『금강경』·『원각경』·『법화경』·『화엄경』·『아미타경』을 강술한 『오경통해五經通解』(Rhee, 1-3-01, 1980, 완산정혜사) 등의 재세시에 출판한 활자본 저술이 있고, 이중의『대중불교 입교문답』·『불교강연집』·『반야심경강의』등을 합간한 앞의『현공 윤주일대법사 법설집玄空尹柱逸大法師法說集』(Rhee, 1-1-01, 1987)이 유작집으로 전한다.

프린트본으로는『삼가귀감 강의三家龜鑑講義』(Rhee, 3-9-01, 전남대 강의안, 역·강설, 1957),『의상조사 법성게義湘祖師法性偈』(Rhee, 3-6-01, 1961, 圖說),『불교대의佛教大意』(Lee, 1-4-01, 전남대 강의안, 1961),『불교철학특강』(Rhee, 3-7-03, 전남대 강의안, 1963),『불기이천오백년설에 대한 일고찰』(Rhee, 1-11-01, 1963),『불교대성전』(Rhee, 1-2-01, 1964 탈고),『불교강화』(Rhee, 1-9-01·02, 1964 잔부 2권),『불교요의』3권(Rhee, 1-7-01·02·03, 1965),『불교우주론』2권(Lee, 1-3-01, 1967) 등의 연대가 분명한 것이 있다. 또한 광주 주석 때에 주로 집필된『불설사십이장경』(Lee, 1-7-01, 역),『대방광원각경 보안장大方廣圓覺經普眼章』(Lee, 1-10-01, 역),『대방광불화엄경 보현행원품大方廣佛華嚴經普賢行願品』(Lee, 1-9-01, 역),『불설아미타경』(Lee, 1-10-01, 역),『관음경강의』(Lee, 1-1-01, 역·강설),『호법론護法論』(Rhee, 1-10-01, 역),『금강경』(Rhee, 4-2-01, 역 잔부),『불설관무량수경佛說觀無量壽經』(Rhee, 4-3-01, 역 잔부),『대방광불화엄경』(Rhee, 1-12-01, 내제『대방광불화엄경 소초疏抄』, 역주, 잔부),『경덕전등록景德傳燈錄』(Lee, 1-11-01, 역 잔부) 등이 전한다. 이들 유인본도 잔부저술을 제하고는 한결같이 출판형식을 갖추고 있다. 이들에「포교총서」로 순차가 붙어 있는 것이 특징적인데 대중포교활동에 임한 그의 자세가 저술에도 엿보이는 바라 할 것이다.

이밖에도 수고본으로「금강경결의金剛經決疑·심경직설心經直說」(Rhee, 2-4-01, 1956),「화엄경」(Rhee, 2-1-01·02), 선종계보禪宗系譜 등을 강설한『불법중탕편佛法重湯編』(Rhee, 2-2-01·04),「불교종파고·삼삼조사전법사三十三祖師傳法史」(Rhee, 2-3-01) 등의 각종 강의노트와,「4월 8일 성탄을 맞이하여」(Rhee, 3-8-01, 1960),「불교개론 도해」1장(Rhee, 3-5-01),「열반기념일을 맞이

하여」(Kim, 1-2-01), 「불법금탕편 약초略抄」(Kim, 1-3-01), 「요가수행법과 불교와의 관계」(Rhee, 3-10-01), 「불교의 원류 및 고려대장경」(Rhee, 3-15-01) 등의 문건, 자필 「이력서」(Rhee, 3-15-03) 등이 남아 있다.

유장도서는 「윤주일선생 도서목록 급 유고수집」(Rhee, 5-1-01, 1970)에 183권을 등재하고, "1972.7.7. 법륜사 222권 책거冊去"라 하였으므로 입적 후 법륜사法輪寺에 222권이 옮겨져 소장되고 있었음이 드러난다. 그리고 이동호 소장의 현공유장도서는 애장서 수 십 권에 불과하다. 이능화 저『조선불교통사朝鮮佛敎通史』(Rhee, 6-6-01)·고려대장경수호회편『팔만대장경과 국난퇴치』(Rhee, 6-6-03)·『성불도』2매(Rhee, 6-5-01)·요시다吉田龍英 저『신불교개론』(Rhee, 6-1-01) 등의 불교기본서 혹은 포교에 요긴한 자료들이다.

현공은 한문과 일본어에 조예가 깊어서 잡기 가운데에는 이들 관계의 것들이 섞여 있다. 불기 3천년설을 정설로 생각하고 있어서 어느 문건에나 '불기'를 사용하는 일관성을 보인다. 방대한 불전의 한글역과 강설은 대중에의 포교를 목표로 하여 작성된 것이기는 하지만 일시적으로 작성된 것이 아니라 몇 년을 두고 의도적이고 계획적으로 추진해온 특징이 있다. 보존 자료의 부분 부분에 결락이 생기는 이유가 여기에 있다.

4. 결어: 현공의 불교사상

이상에 현공유필 문건을 살펴보았거니와, 이들은 불교대중화에 헌신해온 현공의 불교사상, 그리고 그의 활동을 통해 개혁불교운동의 한 사례를 파악하는 데 있어서 기초자료가 될 것이다. 그의 사상에 관해서는 차후의 연구과제인 셈이지만, 유필문건을 정리하는 과정에서 얻어진 몇 가지 사항을, 자료의 효율적 활용을 기하기 위해 제기해본다면 다음과 같다.

첫째, 그가 불문에 귀의한 인연이 전술한 대로 최근세 불교의 대덕거장大德巨匠들과의 관련 속에서 이루어지는데 생애를 마치는 기간까지 그러한 개혁불교적 가르침을 견지해왔다는 사실이다. 그 한 예가 만해사상의 계승이다.

만해추념卍海追念으로 종시終始해온 그는『십현담주해』에 대한 강설이나,
『불교유신론』사상의 실천적 전개, 그리고『불교성전』을 확장한『불교대성
전』편집작업 등 만해사상을 선양 전개하기에 주력해온 것이다. 교유했던
다른 인물들과의 관계도 이처럼 새롭게 정리할 수 있을 것이다.

  둘째, 대중포교활동을 위한 불전의 한글화작업은 그 업적면에서나 그의
사상을 조명하는 면에서나 재검토가 요망된다. 이는 그의 은사이며 불경한
글역의 거장인 용성사상龍城思想을 계승한 것으로 보인다. 전술한 대로 그의
역경 강술은『화엄경』·『법화경』·『아미타경』·『금강경』·『원각경』·
『관무량수경』등의 불경과,『호법론』·『경덕전등록』등의 중국 장소章疏,
원효『발심수행장』(Kim, 1-1-01)·의상『법성게』·휴정『삼가귀감』등의
우리나라 장소에 미치고 있으며 이들을 실천적으로 홍포하고 있다.『법성게』
를 신信(法性圓融~性隨緣成)·해解(一中一切~亂隔別成)·행行(初發心時~分得
資糧)·증證(以陀羅尼~動名爲佛)으로 분과分科하여 자세하게 다루고 있는 점
이 그 한 예다.

  셋째, 그의 선교관禪敎觀 또한 독특하다. 만공사상滿空思想 등을 계승한 점
에서 선, 달마선達磨禪을 중시한 것은 사실이지만, 불교대중화에 철함으로써
수선修禪만을 고집하지 않고 있다. 후인들이 말하는 현공사상은,

〈2〉 대중불교를 위해서는 선종위주에서 탈피해야 하며 간경삼매看經三昧·선
    정삼매禪定三昧·주력삼매呪力三昧·염불삼매念佛三昧로써 중도불교·융
    통불교를 이루어야 한다.9)

는 관점이다. 일본불교의 움직임을 직시하면서도 "황국적 사관皇國的史觀
으로 전개된 다카구스 준지로高楠順次郞의 불기이천오백년설佛紀二千五百年
說"10)을 통박하면서 삼천년설을 상용한 그의 실천성을 한국불교정신사를
중시하여 현실생활 속에서 새롭게 구현하려는 사상으로 이해된다.

---

9) 李東豪 博士의 설.
10) 尹柱逸,『불기 2500년설에 대한 일고찰』(油印本, 1963, Ree, 1-11-01)참조.

결국 격변하는 사회사상을 대중포교라는 실천의지로 살다간 현공은 현대
불교가 존재하는 상황을 집약적으로 다루는 일면이 있다. 자신의 활동무대
였던 평양지역이 '무법천지無法天地'로 화했을 때, 그는 어쩌면 불타재세佛陀
在世 당시의 무너져버린 가필라바스투를 상념했을지도 모른다. 그러기에
그의 붓끝은 더욱 정성스러워지고, 그의 강설은 더욱 절실해져서 민중을 감
화시킨 것이 아닐까. 「증 현공선생」(Rhee, 5-4-01)에는,

〈3〉　　贈玄空先生　　　　현공선생께 드림
　　　肉身菩薩玄空說　현신보살 현공선생의 강설은
　　　般若經中親見徹　반야경에서 부처님을 친견케 하네
　　　今日忽來相對時　오늘 홀연히 와서 상대할 때에
　　　夜天依舊弧輪月　밤하늘 둥근달에 옛처럼 시위 당기네.[11]

라 나타난다. '위법망구爲法忘軀'라는 말처럼 불법佛法을 드러내기 위해 탈속
탈승脫俗脫僧한 자세로 단아하면서도 정성스럽게 살던 현공의 모습이 단적으
로 드러나는 대목이다.

출전
「현공 윤주일 유필문건의 사료적 성격」(『한국종교』 17, 원광대 종교문제연구소, 1993)

11) 沙彌 石鼎 작.

〈부록 1〉 현공 윤주일 관련 문헌목록

```
                           범 례

  1. Rhee는 소장자를 표시함(李東豪)
  2. 3단계 숫자의 첫자는 문건종류, 둘째자는 문건명, 셋째는 복본 등
  3. 3단계 숫자 중 첫자의 1은 현공대법사의 저술형태 문건임
     3단계 숫자 중 첫자의 2는 노트
     3단계 숫자 중 첫자의 3은 원고 · 잡기
     3단계 숫자 중 첫자의 4는 유인본의 낱장(잔부) 형태임
     3단계 숫자 중 첫자의 5는 일기 등
     3단계 숫자 중 첫자의 6은 현공대법사 소장서임
  4. Lee는 소장자를 표시함(李順揆)
  5. Kim은 소장자를 표시함(金寶烈)
```

1. 이동호 소장본(Rhee)

■ Rhee 1 : 저술

1-1-01 :『현공 윤주일대법사 법설집玄空尹柱逸大法師 法說集』, 현공윤주일대법사
　　　　기념사업회 편, 대전, 호남문화사, 1987.1.15, 4×6배판, 613쪽.
　　　　　　1. 대중불교입교문답 2. 불교강연집 3. 반야심경강의 4. 부록 5. 부록

1-2-01 :『불교대성전佛敎大聖典』, 현공 윤주일 편, 프린트본, 4×6배판, 653쪽, 프린트년
　　　　도 미기, 내제『국한문번역 불교대성전』
　　　　제1편 불타품佛陀品, 佛寶 제2편 교의품敎義品, 僧寶, 大治品 제5편 포교품布敎品
　　　　제6편 구경품究意品
　　　　〈연기〉「성전간행에 착수하게 되었는데 그 동기는 광주에 체류한 지
　　　　15년간 매 일요일 설교에 교재로 사용했던 성전원고를 모은 것이 650페이지
　　　　라는 대책자가 된 것입니다.」(「국한문번역불교대성전 간행취지문」, 1966.7)

1-3-01 :『오경통해五經通解』, 윤주일 편저, 전주, 완산 정혜사, 불기2524(1980), 음
　　　　4. 8, 4×6배판, 283쪽(불기2500년설에 의함).
　　　　　　1. 법회순서 2. 오경통해의 내용(금강, 원각, 법화, 화엄, 아미타) 3. 오종부록의 내용

1-4-01 : 「마하반야바라밀다심경摩訶般若波羅密多心經」, 윤주일 강술, 수고본手稿本, 양면괘지(15×23cm), 59장. 원문 · 한글음 · 심경에 대한 문답 「세존강탄불기이천구백칠십사년 사월 십이일, 평양 경상리 활만동 현공윤 줄일 근서, 1947 정해. 윤2월 7일야夜」(奧書)

　　　* 평양에서 남하할 때 휴대한 유일한 작품

1-4-02 : 『수양서 반야심경』, 윤주일 저(安震湖 선생 교열), 서울 보림사장판, 교정본, 발행년도 미기, 국판, 61쪽. 오서 1947. 9.1. 머리말 1. 심경원문 2. 심경에 대한 문답 3. 심경해석과 분류 4. 강술자의 소감 5. 청강자의 질문과 해답

　　　* Rhee, 1-4-01의 구성을 세분화하고, 활자화한 것.

1-4-03 : 『불교성전 반야심경』, 윤주일 강술, 광주, 한국인쇄공사, 불기2985(1958). 4.8, 3판 발행, 국판, 80쪽.

　　　〈내제〉『불교성전 반야심경강의』

　　　「제4판을 刊行함에 당하여」「반야심경 연구의 필요성에 대하여」이하는 Rhee, 1-4-02 내용과 동일함.

1-4-04 : 『불교성전 반야심경』, 윤주일 강술, 광주, 전남일보사, 불기2975(1948). 1.15. 초판발행, 불기2989(1962). 4.8. 4판 발행, 국판, 96쪽.

1-4-05 : 『수양서 국문해석 반야심경』, 안진호 선생 교열, 윤주일 저, 서울 보림사장판, 1948.1.15, 국판, 61쪽.

　　　* Rhee, 1-4-02는 본서의 교정본.

1-4-06 : 『반야심경강의』, 윤주일 저, 광주, 호남문화사, 1973. 11.4. 제5판 발행, 관음사 반포, 신서판, 122쪽.

　　　1. 서문(안진호) 2. 머리말 3. 반야심경 연구의 필요성에 대하여 4. 반야심경강의 5. 반야심경의 교리상 위치 6. 발문(崔泰鍾)

　　　* Rhee, 1-4-04에 5 · 6이 첨가됨.

1-4-07 : 『반야심경강의』, 윤주일 저, 호남문화사, 1979.9.25, 제9판, 칠엽굴 보급, 광주, 신서본, 121쪽.

1-4-08 : 『반야심경강의』, 윤주일 역, 보연각, 1983.1.30, 반포처; 법주사, 182쪽. 머리말 1. 반야심경 연구의 필요성에 대하여 2. 반야심경 강의 3. 교리상으로 본 반야심경의 위치

1-5-01 : 『정신수양 대중불교 입교문답』, 안진호 선생 교열, 윤주일 저술, 서울

평문사 발행, 단기4283(1950). 5.30, 국판, 154쪽.

서언(안진호) 머리말(윤주일)

1-5-02 : 『대중불교입교문답』, 윤주일 저술, 광주, 전남일보사, 불기2977(1950). 4.초8

일 초판, 불기2989(1962).7.15 3판, 국판, 128쪽.

1-5-03 : 『대중불교입교문답』, 윤주일 강술, 광주, 호남문화사, 1975.8.20 제4판,

칠엽굴 반포, 칠엽불서 2, 신서본, 192쪽.

1-6-01 : 『불교강연집』, 윤주일 저, 광주, 전남일보사, 불기2980(1953).10.15 초판,

2989(1962).4.8 재판, 국판, 199쪽.

재판에 임하여, 서문(林錫珍), 머리의 말(불기 2580)

1-7-01 : 『불교요의佛敎要義』 상, 현공 윤주일 강술, 프린트본, 4×4배판, 7장.〈이서裏書〉

『불교보문회 총서』 제7집, 1965.1.3.

제1장 만유제법萬有諸法이 유심소관唯心所觀

1-7-02 : 『불교요의』 중, 현공 윤주일 강술, 『불교보문회 포교총서』 제8집, 프린트본,

4×6배판, 5장.

제2장 일심삼보一心三寶

1-7-03 : 『불교요의』 중, 현공 윤주일 강술, 『불교보문회 포교총서』 제9집, 프린트본,

4×6배판, 24쪽.

제3장 일심삼보와 종철宗哲과의 배대

제4장 사구백비四句百非와 팔불중도八不中道

제5장 화엄종華嚴宗의 오교五敎와 선禪의 일할一喝

1-8-01 : 『불교의 우주론』 상, 현공 윤주일 강술, 전남종무원 포교사강습회(僧岩寺),

프린트본, 4×6배판, 45쪽.

1. 우주창조의 원리

2. 불교의 우주론

1-9-01 : 『불교강화佛敎講話』 제2, 현공 윤주일 강술, 『불교보문회 포교총서』 제10집,

표기 불기2991(1964).2.27, 프린트본, 4×6배판, 12쪽.

제6회 여래십대원문如來十大願文과 사홍서원四弘誓願과의 대조

제7회 팔정도八正道와 삼자三自와 삼학三學과 육도六途의 대조

제8회 작복作福, 수혜修慧

제9회 오계五戒, 오상五常, 십선十善

제10회 불조사佛祖師의 계戒에 대한 교훈

1-9-02 :『불교강화』제3, 현공 윤주일 강술,『불교보문회 포교총서』제11집, 프린트본, 4×6배판, 26쪽.

제11회 범부중생凡夫衆生의 유루복有漏福과 인천인과人天因果의 육도윤회六途輪廻

제12회 범부는 작복에 힘쓰고 이승二乘은 수도에 전심한다.

제13회 유루복과 무루성도無漏聖道

제14회 불사佛事와 불도佛道, 유루복과 무루복의 구별

제15회 금강경의 삼공三空과 진공묘유眞空妙有의 경계

제16회 금강경 4구계와 법신의 공덕

제17회 법신의 공덕과 복혜양족과의 관계

제18회 삼신三身과 사지四智와 팔식八識의 관계

제19회 불교의 인생관과 생사에 대한 문제

제20회 불교의 생사관과 인과윤회설因果輪廻說

1-10-01 :『호법론護法論』, 송 승상 무진거사 장상영無盡居士 張商英 술, 해동묵암 현공거사 윤주일 강, 프린트본, 4×6배판, 40쪽.

* 한국대학생불교연합회 제6차 수련대회 교재.

1-11-01 :『불기2500년설에 대한 일고찰』, 「불타성탄2990년(1963)을 맞이하여」, 내제, 「다카구스高楠 박사의 불기 2500년설에 대한 일고찰」, 광주, 광주불교 선우회, 강사 윤주일, 프린트본, 1963, 4×6배판, 34쪽.

1-11-02 :『불기년대의 새로운 고찰』 상·하(『불교계』, 1967.3), 윤주일.

* 1-11-01과 내용이 같음.

1-12-01 :『대방광불화엄경』, 우전국 삼장사문 실차난타實叉難陀 역, 내제「대방광불화엄경 소초疏抄」, 청량산 대화엄사 사문 징관澄觀 찬술, 해동 묵암거사 현공 윤주일 주해, 프린트본, 4×6배판, 172쪽, 1969년 입적시 절필.

세주묘엄품世主妙嚴品

1-13-01 :『현공 윤주일 대법사 기적비제막紀蹟碑除幕』, 4×6배판, 1988.

* Rhee, 1-1-01에 수록됨.

■ Rhee 2 : 노트

2-1-01 :「화엄경」노트, 대학노트, 화엄경

02 :「화엄경」노트, 화엄경 2.

2-2-01 : 「불법중탕편」 노트, 대학노트, 상 제2(보궐)

　　02 : 동 중(상부에는 선종계보)

　　03 : 동 중(보궐)

　　04 : 동 하

2-3-01 : 「불교종파고」, 「삽삼조사 전법사三十三祖師傳法史」.

2-4-01 : 「금강경결의」, 「심경직설」, 단기4289(1956).2.8. 입동.

2-5-01 : 「동양철학의 중심사상」 등, 「전주불교회 일요법회」 등, 1967.

2-5-02 : 「역사강의」, 황의돈黃義敦 선생, 불기2981(1954)1.15.

2-5-03 : 「유법적 아唯法的我」, 허영호許永鎬 술, 불기2978(1951).4.7, 「염불공부요결」,
　　　　금화산인, 「불교정전佛教正典」 5장 염불법, 「명심보감초」.

2-5-04 : 「선관책진禪關策進」, 불기2500년이라는 제목하에 김동화金東華 씨 논문.

2-5-05 : 「각종 법문 비유」.

2-5-06 : 「화엄법회」 제28회~제39회(1969.1.5~1969.4.13)

2-5-07 : 「아인슈타인의 불교관」 등.

2-5-08 : 「불교와 인생」 등, 불기2991(1964)3.10.

2-5-09 : 「불교의 교주―석가모니불」 등.

2-5-10 : 「불교의 오도悟道」 등

2-5-11 : 「서적기書籍記」 등.

2-5-12 : 「불교성불―불성즉각성佛性卽覺性」 등, 불기2992(1965).10.18.

2-5-13 : 「동양의 도와 종교철학」 등.

2-5-14 : 「대참회」 등.

2-5-15 : 「심경주강」 등.

■ Rhee 3 : 원고

3-1-01 : 불전결혼식(許鎬·具海淑, 丁鍾佽·許貞任)의 주례사, 예식순 등.

3-2-01 : 간행취지문, 권선문 등, 「성불대성전」 간행취지(1966), 「광주선우회관」
　　　　기성회 취지문(권선문) 초.

3-3-01 : 서문, 각종 서적의 서문, 재판再版 서문.

3-4-01 : 방송원고, 1967(불기2994)4.8. 전주방송국.

3-5-01 : 「불교개론」, 도해圖解 1장.

3-6-01 : 「의상법사 법성게義湘法師法性偈」, 도해圖解 1장, 「헌공 머리말(단기4294.3/1961)」 1부.

3-7-01 : 「불교철학 특강」 교재요항, 현공 윤주일 강술, 1963.10.7, 전남대 철학과,
전남대신문사 원고지 배면 8장.
01 : 게출요항
02 : 초고
03 : 프린트본
3-8-01 : 「4월 8일 성탄을 맞이하여」, 「성탄축하에 대한 행사와 관등절觀燈節의
유래」, 불기2987(1960).
3-9-01 : 「요가 수행법과 불교와의 관계」, 8매, 수고본.
3-11-01 : 「송화식宋和植 선생 조사弔辭」 등, 불기2988(1971).5.17, 김흥열金興悅 독독讀,
백노지 대 양면 3면.
3-12-01 : 강의안, 「우란분회盂蘭盆會」, 불기2992(1965).7.15, 백종일 전주공보관,
두루마리 25.5×216cm.
3-13-01~07 : 초본원고(미분류).
3-14-01 : 「대작불사大作佛事」 등(미분류).
3-15-01 : 「불교의 원류 및 대장경(고려) 강의」.
3-15-02 : 「가가령呵呵令」(布袋和尙).
3-15-03 : 자필 이력서.

■Rhee 4 : 유인본 잔부

4-1-01 : 『불교대성전』 잔부
4-2-01 : 『금강경』 잔부
4-3-01 : 『불설관무량수경』 잔부
4-4-01 : 『불설사십이장경』 잔부
4-5-01 : 『반야심경해설』 잔부

■Rhee 5 : 현공일기 등

5-1-01 : 윤주일 선생 도서목록 급 유고수집, 1970.8.30 정리, 모조지 6쪽, 양장,
국역 등 183권.
* 「1972.7.7. 법륜사 책거. 194+28권 합 222권 거」.
5-2-01 : 「현공일기」, 1965(불기2992) 증갑, 10.25 이후.
* 증갑增甲 기념법회(1965.12.10, 금) 모습이 역력하게 나타남.

5-2-02 : 전화번호, 월급명세.

5-3-01 : 신문에 수록된 글(전남일보, 조대신문 등).

5-4-01 : 현공추도사·조사

      01 : 추모사(月潭, 2주기, 1971)

      02 : 추도사(宋仁炫, 2주기, 1971)

      03 : 추도사(大輪, 1970)

      04 : 추도사(朴東禮, 1969)

      05 : 추도사(李乙浩, 1970.2. 49제)

      06 : 조사(朴大輪, 1969.12.22)

      07 : 조사(智賢, 1969, 음12.16)

      08 : 님의 찬미(崔銘勳, 1969)

      09 : 4월 8일 성탄을 맞이하여(불기2987.4.8)

      10 : 이태백 문집에서 발췌한 찬서법문.

      11 : 「증현공선생贈玄空先生」(沙彌 石鼎)

■ Rhee 6 : 소장서

    * 생략.

■ Rhee 7 : 기타

7-1-01 : 현공강의, 시험지, 1964.6.27, 전남대 철학과, 불교철학시험지.

    * 이하 생략.

2. 이순규 소장본(Lee)

1-1-01 :『관음경 강의』, 현공 윤주일 강술.

1-2-01 :『불교의 우주론』하(본체론) 원고, 현공 윤주일 강술, 불교보문회 포교총서 제13집.

1-3-01 :『불교의 우주론』상·하, 현공 윤주일 강술, 전북종무원 포교사 강습회(승암사) 상, 불교보문회 포교총서 제13집 하.

1-4-01 :『불교대의』, 전남대학교 강의초안(3부), 전남대 철학과, 「불교철학」, 1961.1.13 기.

1-5-01 : 『불설관무량수경』.

1-6-01 : 『십현담주해』, 한용운, 을축(1925) 6.7.

       * 만해저술을 강의용으로 프린트함.

1-7-01 : 『불설사십이장경』, 후한 가섭마등伽葉摩騰·축법란竺法蘭 동역, 해동 묵암거
사 현공 윤주일 역.

1-8-01 : 『대방광원각경 보안장大方廣圓覺經普眼章』, 현공 윤주일 강술(전역).

1-9-01 : 『대방광불화엄경 보현행원품大方廣佛華嚴經普賢行願品』, 묵암거사 현공 윤주일
강술(전역).

1-10-01 : 『불설아미타경』, 요진삼장법사 구마라집鳩摩羅什 봉초역, 해동 묵암거사
현공 윤주일 강해(전역).

1-11-01 : 『경덕전등록』, 연대미상, 현공 윤주일 역, 제1조~제8조까지(미완)

       * 이하 생략.

3. 김보열 소장본(Kim)

1-1-01 : 원효대사 저, 「발심수행장 강화」

1-2-01 : 「열반기념일을 맞이하여」

1-3-01 : 「불법김탕편」약초

       * 이하 생략

〈부록 2〉 현공 윤주일 연보

범 례

1. 불기는 현공 상용의 삼천년설로 하고 교계 관용의 이천오백년설을 주기(註記)함.
2. 현공연세는 출생년을 1세로 함.
3. 주석에서 사용하는 연대는 서기로 하며 다른 경우는 「불기」 등으로 표기함.
4. 「행장」·「연보」(『현공 윤주일대법사 법설집』)에 바탕하여 여타 자료로써 보정함.

	서기	단기	간지	연세	행장
2922	1895	4228	을미12)	2	11월18일 전남 강진군 성전면 도림리 371번지에서 탄생. 부친 해남 윤海南尹씨, 모친 배정선裵貞先 여사 차남.13) 아명 용택龍澤, 속명 주일柱逸, 법명 묵암默菴, 법호 현공玄空
	1896	4229	병신	2	
	1897	4230	정유	3	
	1898	4231	무술	4	
	1899	4232	기해	5	서당에서 한학, 한시를 지음
	1900	4233	경자	6	시선詩選에서 장원
	1901	4234	신축	7	
	1902	4235	임인	8	
	1903	4236	계묘	9	
	1904	4237	갑진	10	
	1905	4238	을사	11	
	1906	4239	병오	12	
	1907	4240	정미	13	
	1908	4241	무신	14	
	1909	4242	기유	15	경서經書의 오의奧義를 논하는 대지大智로서 이름이 알려짐
	1910	4243	경술	16	
	1911	4244	신해	17	
	1912	4245	임자	18	중앙학교 입학, 서울 인사동 범어사포교당에서 백용성白龍成 선사의 설법을 듣고 불문에 귀의, 백용성·한용운韓龍雲·송만공宋滿空의 설법을 자주 듣고, 특히 한용운의 민족의식에 강한 영향을 받음.14)

2940	1913	4246	계축	19	항일운동으로 중앙학교 퇴학15)
	1914	4247	갑인	20	도일하여 대정대학大正大學에서 2년간 불교학을 수학16)
	1915	4248	을묘	21	
	1916	4249	병진	22	서울 봉익동 대각사에서 용성선사를 은사로 출가 득도 구계를 수함. 금강산유점사에서 2년간 장좌불와 용맹정진함.
	1917	4250	정사	23	
	1918	4251	무오	24	유점사에서 개오함. 백용성 · 한용운의 뜻을 받아 평양으로 옮겨, 고당 조만식 등과 함께 항일운동과 사회사업을 전개함.17) 한국 최초의 포교단체인 평양불교청년회를 결성(간사장)하고, 유점사 평양포교당을 설립, 불교의 대중화생활화운동에 앞장섬.
	1919	4252	기미	25	
	1920	4253	경신	26	6월 조선불교청년회 결성 주도함. 12월 조선불교유신회를 개최하고「불교유신 팔대강령을 제시함
	1921	4254	신유	27	12월 불교유신운동을 위해 조선불교유신회를 창립.
	1922	4255	임술	28	
2950	1923	4256	계해	29	
	1924	4257	갑자	30	
	1925	4258	을축	31	평양에서 한국 민간 최초의 정신박약아시설 자생원慈生院, 고아원 설립(원장). 인정仁貞도서관 · 장학회관 설립. 백선행白善行기념관 설립. 명성明星학교 설립(교장). 조선일보 평양지국장 취임.
	1926	4259	병인	32	
	1927	4260	정묘	33	
	1928	4261	무진	34	
	1929	4262	기사	35	
	1930	4263	경오	36	
	1931	4264	신미	37	
	1932	4265	임신	38	
2960	1933	4266	계유	39	
	1934	4267	갑술	40	
	1935	4268	을해	41	
	1936	4269	병자	42	
	1937	4270	정축	43	
	1938	4271	무인	44	
	1939	4272	기묘	45	
	1940	4273	경진	46	

	1941	4274	신사	47	
	1942	4275	임오	48	
2970	1943	4276	계미	49	
	1944	4277	갑신	50	
	1945	4278	을유	51	
	1946	4279	병술	52	
2974	1947	4280	정해	53	평양 영명사의 열반법회에서 7일간 『반야심경』강설. 윤 2월 7일 경상리 활만동에서 『반야심경강설』을 탈고.[18]
	1948	4281	무자	54	1월5일 『불교성전 반야심경』의 전남일보사판 발행
	1949	4282	기축	55	
	1950	4283	경인	56	5월30일 『정신수양 대중불교 입교문답』 간행(平文社). 6 · 25동란으로 피난, 부산 · 제주 · 목포 등지에서 대중 포교에 주력함.
	1951	4284	신묘	57	4월7일 「유심적 아」 노트(許永鎬 교재) 작성.
	1952	4285	임진	58	제주도에서 광주로 이석하여 동광사에 광주불교선우회 를 창립(회장 宋和植)하고 상임법사가 되어 이후 14년간 삼장을 강설하고 수선을 지도함. 전남대학교 철학과에서 불교학을 이후 8년간 강의함.
2980	1953	4286	계사	59	10월15일 『불교강연집』 발행(전남일보사).
2981	1954	4287	갑오	60	1월15일 「역사강의」 노트(黃義敦 교재) 작성.
2982	1956	4288	을미	61	
2983	1957	4289	병신	62	
2984	1958	4290	정유	63	2월8일 「금강경결의 · 심경직설」 노트 작성.
2985	1959	4291	무술	64	「삼가귀감강의」(전남대철학과 워크숍 강의안) 작성
2986	1959	4292	기해	65	4월8일 『불교성전 반야심경』의 한국인쇄공사판 출간
2987	1960	4293	경자	66	
2988	1961	4294	신축	67	
2989	1962	4295	임인	68	
2990	1963	4296	계묘	69	3월 「의상법사 법성게」 해제. 5월1일 『전남일보』에 「불기이천오백년설…일본 다카구스 준지로高楠順次郎 박사의 주장을 박駁함」 게재.
2991	1964	4297	갑진	70	2월10일 「불교와 인생」 노트 작성. 『불교대성전』 탈고. 문인 정종구丁鍾俅, 전남대 철학과 교수가 되어 「불교학」 강의를 계승함.
2992	1965	4298	을사	71	1월3일 『불교요의』 상권(불교보문회총서 7권) 출판(프린트본) 2월27일 『불교강화』 3권(포교총서10)을 저술출판(프린트 본). 광주 관음사에 이석하여 광주불교학생회 · 불교보문 회 · 광주불교신도회의 상임법사로 삼장강설 7월15일 『우란분회』를 주제로 전주공보관에서 강연.

					10월18일 「불교성불—성불즉각성成佛則覺性」 등의 노트 작성
					12월10일 증갑增甲 기념법회가 개최되어 설법.
2993	1966	4299	병오	72	7월 「국한문번역 불교대성전 간행취지문」, 「권선문」 작성. 「광주선우회관기성회 취지문(권선문)」초.
2994	1967	4300	정미	73	1월 전주에 이석하여 승암사에 불교강원을 개설하고 이력각과履歷各科를 강설지도함. 한국불교대학생회 전북지부를 창립, 지도에 임함.
					3월 「불기년대의 새로운 고찰」(『불교계』 1967.3) 발표. 4월8일 전주방송국 방송.
2995	1968	4301	무신	74	
2996	1969	4302	기유	75	1월5일(제28회)~4월13일(제39회) 「화엄법회」를 위한 노트 작성.
					9월9일 『오경통해』 출간(완산 정혜사).
					전북불교회관에서 최후강법으로 화엄경강설 특별법회 설회.
					음11월12일 정오 전주 노송정사에서 칭명십념 후 좌탈입망. 세수 75, 법랍 53.
	1970		경술	후-1	음11월11일 수법受法제자 송인현宋仁炫 등 광주 관음사에서 유덕현창遺德顯彰 및 문집출간을 위해 현림회玄林會를 조직하고 추도식 거행.
	1983		계해	후-16	1월30일 『반야심경강의』의 보연각판 발행.
	1986		병인	후-17	7월 수법제자 이동호李東豪 「현공 윤주일대법사 행장」 찬술.
	1987		정묘	후-18	1월15일 이동호 편, 『현공 윤주일대법사 법설집』 출간(호서문화사).
	1988		무진	후-19	「현공 윤주일대법사기 적비문」(이동호 찬, 宋成鏞 題篆, 宋河璟 篆) 건립.

---

12) 佛紀二千五百年說에 의하면 2922년(서기1895)은 2439년, 2930년(1903)은 2447년.

13) 「行狀」 「年譜」에 의함. 文學善의 「추모사」(『平南民報』, 1970.2.10, 「韓國의 維摩居士 尹柱逸兄을 회상한다」)에서는 長男으로 기하고 있음.

14) 自述, 「佛敎聖典 出版에 임하여」에 의함.

15) 중앙학교는 1934년 12월 13일의 화재로 학적부가 소실됨. 「중앙학교 제7회(1915) 졸업생명부」에는 이름이 등재되어 있으나, 동창생인 윤치영 씨에게 확인(1986.7. 이경호)한 결과 2년 퇴학으로 증언함.

16) 文學善 「추모사」에서는 早稻田 大學哲學科로 기하고 있음. 「行狀」 등에는 이 해에 白龍城·韓龍雲을 만난 것으로 되어 있으나 자술 「佛敎聖典刊行에 임하여」에 의해 18세의 행적으로 수정함.

17) 文學善의 「추모사」에 三一運動 이전에 평양에 주석을 옮겼음이 확인됨.

18) 『摩訶般若婆羅密多心經』(手稿本) 奧書.

수산 정인표의 『교리정전』과 미륵불교운동

1. 서언

한국 신종교를 대표하는 교단의 하나가 증산교甑山教다. 주지하는 바와
같이 이는 증산 강일순甑山 姜一淳(1871~1909)의 득도(1901)에 따른 종교활동
을 통해서 이루어졌는데, 1909년 그의 선화仙化 후 종도宗徒들에 의한 종파활
동이 몇 단계를 거치며 활발하게 이루어졌다. 이를 증산과의 사제관계나 시
대환경 등과 관련하여 보면 크게 4기로 정리할 수 있을 것이다.[1]

제1기는 증산 선화 직후에 일어난 종파운동이다. 증산의 수부首婦인 고판
례高判禮(1880~1935)·차경석車京石의 태을교太乙教(1911년 창립, 1916년 이후
차경석이 교권을 장악한 후 1922년 普天教로 개칭, 고판례는 1918년 독립하여 仙道教
창립) 창립(1911)을 비롯하여 안내성安乃成의 선도仙道(1913), 이선평李仙枰의
각세도覺世道(1915), 조철제趙哲濟의 무극도無極道(1918년 창립, 1948년부터 太極
道), 허욱許昱(1887~1939)의 삼덕교三德教(1920), 장기준張基準(1880~1922)의
순천도順天道(1920), 김형렬金亨烈(1862~1931)의 미륵불교(1921) 등이다. 대

---

1) 김홍철·양은용·류병덕 저, 『韓國新宗教實態調査報告書』(원광대 종교문제연구소,
1997) 150쪽 이하의 증산교계 종파의 창립기록 참조. 李康五저, 『韓國新興宗教總鑑』(한국신
흥종교연구소, 1992) 972쪽 이하에서는 증산교의 분열을 3기로 나누어, 1차분열은 高부인의
태을교(1911)와 車京石의 보천교(1921~1922) 등 종도들의 종파활동, 2차분열을 1920년대
중반기의 보천교 교파분립, 3차분열을 1930년대 김형렬 미륵불교의 교파분립으로 규정하고
있다.

체로 증산의 직접 제자인 종도들에 의하였다.

제2기는 1920년대 이후에 일어난 종파운동이다. 이상호李祥昊(1888~1967)의 동화교東華敎(1928년 창립, 1945년부터 大法社, 1948년에 甑山敎), 김환옥金煥玉(1896~1954)의 보화교普化敎(1930)를 비롯하여 서백일徐白一(1893~1966)의 용화교龍華敎(1931년 창립, 1966년 이후 大韓佛敎龍華宗), 정인표秀山 鄭寅杓(1897~1955)의 미륵불교(1934),2) 강승태姜昇泰(1895~1960)의 단군성주교檀君聖主敎(1936), 강순임姜舜任(1904~1959)의 증산법종교甑山法宗敎(1937), 여처자余處子(1887~1953)의 모악교母岳敎(1937), 김계주金桂朱(1896~1950)의 무교戊敎(1942, 1946년부터 戊乙敎, 1964년부터 大韓佛敎彌勒宗) 등이 그것이다. 증산의 직접제자가 아니며 보천교 등에 참여했다가 1924년 조선총독부의 권유로 시국대동단時局大同團이 조직되어 반민족 어용화되는 과정, 1936년 조선총독부의 보천교·무극도 해체 과정을 겪으며 독립한 종파운동체가 대부분이다.

제3기는 1945년 해방 이후에 일어난 종파운동이다. 서상근徐相根(?~1962)의 증산성지 동곡약방甑山聖地 銅谷藥房(1945), 김형규金炯奎(1891~1971)의 제화동도교帝和東道敎(1954), 김삼일金三一(1924~1992)의 청도대향원靑道大享園(1964), 정대오(1930~)의 영세종주도永世宗主道(1964) 등이다. 일제의 제약을 벗어난 가운데 기존조직을 정비하여 종파명을 바꾸거나 새롭게 창립한 형태이다.

제4기는 1970년대 이후에 일어난 분파운동이다. 류철규(1922~)의 양산도(1978), 박한경朴漢慶(1917~1996)의 대순진리회大巡眞理會(1969), 배용덕裴容德(1916~1998)의 증산진법회甑山眞法會(1973), 안세찬安世燦(1922~2012)의 증산도甑山道(1974), 김강수(1934~)의 순천도김강수파(1981), 정동옥鄭東玉(1932~)의 순천도정동옥파(1981), 연동흠延東欽(1925~)의 청우일신회靑羽一新會(1985) 등이 그것이다. 사회환경의 변화와 함께 종파에서 분리하여 독자적인 종파운동을 전개한 것이 커다란 흐름이다.

---

2) 김형렬의 미륵불교와 구별하기 위하여 정인표의 미륵불교는 본부가 위치한 정읍 泰仁의 이름을 붙여 흔히 '泰仁彌勒佛敎'로 불려오고 있다.

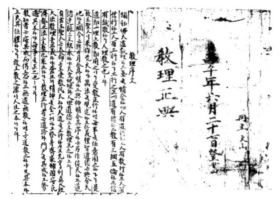

『교리정전』(원광대학교 종교문제연구소)

이와 같은 증산교의 종파운동은 다양한 경전을 성립시키고 있다. 말할 나위 없이 증산의 언행을 결집한 이상호의 『증산천사공사기甑山天師公事記』 (1926)를 재편하여 이루어진 『대순전경大巡典經』(1929 초판), 혹은 이를 바탕으로 하여 자파自派에서 새롭게 찬집한 경전이 주를 이루고 있다.3)

이와는 다르게 증산의 가르침에 연원하면서도 독자적인 경전을 결집하여 받드는 교단도 있다. 그 가운데 하나가 정인표의 미륵불교다. 미륵불교에서는 『대순전경』을 받들지 않는 대신 자파에서 독자적으로 결집한 『삼강대전三綱大典』·『인화도덕경人化道德經』·『명리대전明理大典』·『교리정전敎理正典』4) 등을 소의경전으로 받들고 있다. 그런데 원광대학교 종교문제연구소는 초대소장인 류병덕柳炳德(1930~2007) 박사5)가 수집한 필사본 『교리정전敎理正典』을 소장하고 있다. 같은 소장도서에 『인화도덕경』(1958) 등 여러

---

3) 『대순전경』을 중심으로 하고 자파에서 결집한 경전을 더하는 경우가 대부분이지만 교세가 큰 종파를 중심으로 이를 대신하는 경전이 이루어지고 한다. 이의 대표적인 예가 태극도의 『眞經』(1989), 대순진리회의 『典經』(1969), 증산도의 『甑山道道典』(1974) 등이며, 이밖에도 李重盛이 찬술한 『天地開闢經』(1992) 등이 있다.

4) 김홍철·양은용·류병덕 저, 전게서 196쪽 참조.

5) 류병덕 박사는 1958년부터 원광대학교 원불교학과 교수로 재직하면서 1967년 종교문제연구소를 설립하여 1996년까지 초대소장을 역임하였다. 본 자료는 1967년의 문교부 연구비조성에 의한 「계룡산하 종교집단체와 모악산하 종교집단체의 비교연구」를 수행하면서 시작하여 1970년대 후반에 이르기까지 수집한 것이다.

전적을 망라하고 있으나 내용상에서는 다소의 출입出入이 있어서 교리사적
으로 주목되는 바가 있다.

여기서는 이러한 자료를 서지학적인 접근을 통하여 일단의 분석을 시도해보
기로 한다. 이를 위해서는 종조인 정인표의 종교활동에서부터 살펴볼 필요가
있을 것이다. 다만 여기서의 『교리정전』에 대한 구조적 해명은 해제를 겸한다는
당초의 집필목적에 따라 그 특징적인 부분만을 고찰하는 데 그치기로 한다.

2. 수산의 종교활동과 미륵불교

미륵불교를 창립한 정인표는 1897년(광무 원) 음력 12월 23일 전북 완주군
소양면 대성동에서 태어났다. 동래 정鄭씨로, 부친 휘조輝朝, 모친 전주 최崔
씨의 셋째 아들이며, 인표寅杓가 이름, 호는 수산秀山이다. 그의 59년에 이르
는 생애는 크게 전 · 후반기의 둘로 나누어볼 수 있을 것이다. 성장기를 거쳐
종교의 문에 들어오기까지의 전반기인 세속생활기간과 도통으로부터 선화
에 이르기까지의 후반기인 공사公事활동 기간이 그것이다.[6]

전반기인 세속생활기간은 1897년 탄생부터 도통을 이전의 1933년까지
37년간인데, 이는 다시 성장기와 26세 이후의 청장년기로 구분할 수 있다.

성장기에 있어서 그가 어떻게 자라 왔는가는 자세하게 전하지 않는다.
다만 몇 가지 일화가 전하고 있어서 실상을 그려보게 된다. 그의 탄생 때 태아
는 일월포日月胞로 둘러싸였고 산실에는 향기가 충만하여 서기가 집안을 둘
러 하늘에 연했으며, 그의 등에는 '수덕水德'이라는 두 글자가 뚜렷하리만치
쓰여져 있었다고 전한다. 그가 특별한 인물이 될 것을 말해주는 사항이다.
그가 9세 되던 해에 집에서 경영하는 서당에서 큰형 정인필鄭寅弼에게 『천자
문』을 배우는데 가르치는 법이 가혹하여 불과 수일에 퇴학하고 말아서 한자

---

6) 정인표의 생애에 대해서는 雪一心 편, 『愛國巨佛』(미륵불교총본부, 1975), 엄수섭 편,
『人化道德經』(평화출판사, 1958) 3쪽 이하, 홍범초저, 『汎甑山敎史』(범증산교연구원, 1988)
587쪽, 그리고 『미륵불교요람』(미륵불교총본부) 등을 참조.

전북 정읍시 태인면 미륵불교 총본부

를 알지 못하게 되었다. 13세에 다시 서당을 찾았으나 문장에만 매달려 도덕
을 가볍게 보는 학문적 태도가 마음에 들지 않아 중도에 그만두고 농사일에
종사하게 되었다. 일제가 되어 혹심한 폭정을 견디며 대성인의 도덕이 아니
면 민중을 제도할 지름길이 없다고 생각했으나 한문을 모르는 그는 문헌으로
는 이를 알 길이 없었다.

　청장년기에 있어서는 26세 되던 1922년에 이르러 민간에 전해오는 "석가
모니부처님 3천년 운수가 지나면 미륵부처님이 출세하신다"는 『불법멸진
경佛法滅盡經』에 유념하여 미륵불의 하강을 일념으로 기원하게 되었다. 그는
"이제 철저하게 수도修道의 길로 들어서야 되겠다"는 생각으로 방 한 칸을
치우고 자심수련에 들어갔는데, 어느 날 밤 비몽사몽간에 선관仙官이 내려와
「자천自天」이라는 신표信標를 주었다. 그로부터 혜각慧覺이 밝아져서 수도
에 정진하게 되었다. 37세 되던 1933년 11월경 신병身病으로 두 달간 고통
속에 지냈는데 선관이 다시 와서 안찰하여 병이 깨끗하게 낫게 되자 선연仙緣
이 있음을 깨닫게 되었다. 성장기에 있어서 종교나 도덕에 뜻을 두었으나
이를 이루지 못하였고, 청장년기에 있어서는 미륵출세를 기다리며 자심수련
을 행해오고 있었음을 알 수 있다.

　후반기인 공사활동시기 역시 전후로 나누어지는데, 전기는 도통을 한 38
세시의 1934년부터 1945년까지일 일제시기이며, 후기는 이로부터 선화에

이르는 해방이후의 기간이다.

정인표가 도통을 이루게 된 계기는 1934년 정월 8일, 입산수도할 것을 결심하고 친지 명재화明在和와 더불어 전주교외의 미륵당에 들어가면서부터이다. 폭풍설한 속에서 실내에 천단天壇을 모시고 참선에 들어갔는데 3일째 되던 10일 이른 아침에 황홀한 삼매경에서 천신天神의 음성을 듣게 된다. 『애국거불愛國巨佛』에서는 이 과정을 다음과 같이 술하고 있다.

〈1〉 무릇 태양이 천단天壇에 조림照臨하며 '도통道通받아라'는 천명이 내리시거늘 선생님(정인표)이 한 손만을 올리시니 또 가라사대 '어른 앞에서는 두 손으로 받는 법이다' 하시거늘 황공한 마음으로 양수兩手를 올리시니 무엇으로 수장手掌을 강타함으로 부자중에 손을 꼭 쥐고 펴지 못한 채 전신이 온통溫通하고 정신이 황홀광명 중인데 또 가라사대 '도전심수道傳心受의 예를 마쳤으니 천기天機를 누설치 말라. 이제 더 시일을 허비할 것이 없다' 하시니라. 이처럼 광명정대하옵신 미륵세존彌勒世尊님께서 현상하심을 지견 후 득도대각得道大覺하시고 부자지륜父子之倫을 맺고 하산하시었다.[7]

이로부터 그는 '아미타불阿彌陀佛님'이 되었다고 교단에서는 받든다. 그것은 미륵세존의 현상現像으로 가능해졌는데 교단에서 '미륵불체彌勒佛體(미륵부처)님'으로 받드는 이 인물이 바로 증산 강일순甑山 姜一淳(1871~1909)이다.[8] 그리고 이로부터 그의 종교활동 즉 구국제민救國濟民의 천지신명해원공사天

---

7) 전게『愛國巨佛』, 9쪽. 득도 당시의 주문이「時天地家家長世日月日月萬事知 侍天主造化定永世不忘萬事知 壽命誠敬信福祿誠敬信至氣今至願爲大降 明德觀音八陰八陽至氣今至願爲大降 三界解寃大帝神位願鎭天尊關聖帝君」으로 증산교일원에서 동학 '시천주' 주문을 변형하여 외우던 주문과 상통하고 있다.

8) 삼교합일사상을 표방하는 증산교계의 교명은 姜舜任의 甑山法宗敎와 같이 강일순의 호인「증산」혹은「大巡」을 내세우는 경우를 비롯하여, 고부인의 仙道敎와 같이「선도」, 김형렬의 彌勒佛敎와 같이「불교」, 姜昇泰의 檀君聖主敎와 같이「단군」, 조철제의 太極道와 같이「무극」혹은「태극」, 그리고 차경석의 普天敎와 같이 일반적인 이름을 사용하는 교단 등 다양하다. 불교를 내세운 종단은 정인표의 미륵불교를 비롯하여 金洪玄의 彌勒宗(→대한불교미륵종), 徐白一의 龍華敎(→대한불교용화종), 徐承永의 龍華彌勒佛硏究會, 徐元燮의 彌勒佛甑山大道會, 崔善愛의 大韓佛敎法相宗 등 여러 가지이다(이강오, 전게서 1496쪽「甑山系 교단의 분파 일람」참조)

地神明解冤公事와 지상천국 극락세계 낙토건설의 천명도수天命度數보기가 시작된다. 그해 1월 15일경, 그는 전주 모악산에서 천지신도공사天地神道公事를 본다. 요堯의 아들 단주丹朱의 해원을 풀기 위하여 관우關羽·안량顔良·문추文醜·진묵震默·최제우·이순신·김덕령·임경업·전봉준 등의 신명神明을 불러모은 공사다. 2월에 완주군 용진면 간중리 뒷산정에서 천지신도공사를 재개하여 선·불·유仙佛儒 삼가를 일가대운으로 합기하려는 공사였다.

1938년 4월 8일에 신도 50여 명을 금산사에 모이게 하여 김형렬의 영신靈神을 미륵불위좌에 봉안하는 입불봉안식入佛奉安式을 거행하였다. 그 해 7월 15일에 태인 이진호李鎭浩 집에서 천지공사를 행할 때 일본의 명치신명明治神明을 불러 꾸짖고, 신도공사를 열러 조선朝鮮에 '생生자' 일본에 '사死자'를 붙이고, 소화昭和천황에 '낙落자'를 붙여 국권회복을 꾀하였다.

1940년 5월 25일에 이진호 집에서 신도 50명과 더불어 왜화조난倭禍遭難을 예언하였다. 그해 12월 15일에 전북 경찰부에서 김제군 금산면 용화동 김병환金炳煥의 밀고를 받고 일제 수사하여 정인표와 이진호·정공일鄭公一 등 43이 체포 수감, 이후 재판을 받아 정인표의 「왜황실 불경죄 육해군형법 친안유지법 위반」으로 8년 징역에 처해지는 등 전원이 법의 심판을 받았다.[9]

1945년 8월 18일, 해방 후 석방되면서 그의 새로운 종교활동이 전개된다. 석방과 동시에 그는 정읍 태인에 미륵불교의 교문을 연 것이다.

1946년부터 1948년까지 3년간 천지신명을 불러 새 천지를 건설하는 신도공사를 행하고, 그간에 쓰여진 글을 천기누설이라 하여 불태웠다.

1949년 1월 10터 항서降書인 『교리정의서敎理正義書』 등을 내놓고 설하기 시작하였다. 『삼강대전三綱大典』·『교리정전敎理正典』·『명리대전命理大全』·『용화도량설법기龍華道場說法記』 등이다. 그해 3월 15일 수제치평의 도를 설하였다.

1950년 1월 10일에는 교세가 커짐에 따라 정읍군 태인명 태성리에 미륵불

---

9) 정인표 외에 대부분이 「치안유지법위반」으로 징역 5년에서 1년에 처해졌으며, 석방된 사람은 기소유에 10명 무죄 2명이었다. 병보석 사망자가 5명, 병보석으로 풀려난 사람이 3명이었다(같은 책 23-25, 33-34쪽)

영원회본부彌勒佛永圓會本部라는 간판을 걸었다. 그해 4월 1일 태성리에 인제 仁濟공민학교를 세우고 아동 150명에게 초등교육과정을 가르쳤다. 7월 일, 6·25전쟁이 8월 15일에 가라앉으며 무명악질無名惡疾이 번지는데 이의 치료약은 수승화강水昇火降이라고 설하였다.

1951년 2월 14일에 길흉화복에 대해서 설하고, 교육사업을 역설하였다. 그해 5월 1일 태인명륜고등공민학교를 인수하여 경영하였다.

1952년 12월 25일에 비륵불교본부를 태인면 태흥리로 이전하였다.

1953년 1월 3일에 본부도장에 법전法殿을 짓기 시작하여 4월 8일 상량하고, 7월 5일 준공하였으니, 대성미륵대장전大成彌勒大藏殿·칠성전·명부전 등이었다.

1954년 11월 1일 문교부로부터 미륵불영원회의 등록증이 발급되었다.

1955년 7월 12일에 천심이 되라고 설했다. 7월 중순부터 『인화도덕경』·『성경현전誠現全』·『미륵불대자보전彌勒佛大慈補全』·『미륵불태화대자경彌勒佛泰和大慈經』·『신화경神和經』등을 성편할 것을 서책으로 전하였다. 8월 26일에 정공일을 불러 "내 일은 천지사업이니 잘 밝혀나가라"고 당부하고 선화하였다. 그의 세수 59세였다. 이러한 그의 선화를 교도들은 아미타불로 가신 환원還元이라 한다.

정인표의 선화 다음날 정공일을 제1대 교단대표로 추대하였으니 이후의 교단사를 정리하면 다음과 같다.

1955년 12월 28일 재단법인 영원학원을 만들었다.
1958년 4월 8일 수덕전水德殿을 지어 정인표를 주세아미타불主世阿彌陀佛로 봉안하였다.
1960년 3월 15일 교도의 성금을 모아 공부자·용화불도솔신장龍華佛兜率神將·주세아미타불존상 등 6위를 조성하여 모셨다. 7월 2일 정공일 선화하고 30일 한동환韓東煥을 제2대 대표로 추대하였다.
1962년 7월 10일 한동환의 선화로, 다음날 정휴규鄭休圭를 제3대 대표로 추대하였다.

1974년 8월 9일 정휴규의 선화로, 12월 23일 전연봉全連奉을 제4대 대표로
　추대하였다.
1984년 3월 13일 이원장李沅璋을 제5대 대표로 추대하였다.

3. 『교리정전』의 구성과 교리사상

　홍범초는 『범증산교사』(1988)에서 미륵불교의 간행 교서를 설일심雪一心
편 『애국거불愛國巨佛』, 정인표 『미륵대도진리명리대전彌勒大道眞理明理大全』,
엄수섭 편 『인화도덕경人化道德經』, 정인표 『용화도량설법기龍華道場說法記』,
박병재朴炳宰 『미륵불교관彌勒佛教觀』으로 밝히고 있다.[10)]
　그런데 엄수섭편 『인화도덕경』의 구성을 보면, 국한문을 혼용한 이 책에
는 여러 가지 내용이 합철되어 있다. 편집자는 책머리에 「화보」·「신흥종교
문고 간행에 대하여」·「연혁과 소개 1. 교주약력 2. 교회연혁 3. 신앙체계
4. 영적 계시활동 5. 법도강령(法道綱令)」과 말미에 「결론」을 수록함으로써
서론과 결론을 집필하고, 본론부분에 「교리요약－원문 그대로의 무수정고
無修正稿임」이라 하여 미륵불교의 교리를 수록하고 있다. 따라서 「교리요약」
은 미륵불교에서 전하는 경전내용을 전재했다는 말이다. 정인표의 글에는
대부분 집필 날자가 밝혀져 있는데, 이러한 사항을 포함하여 『인화도덕경』
의 목차를 열거하면 다음과 같다.

〈2〉 『人化道德經』 目次
　第1節 教理正典
　序文(기축 1949.1.12), 教理正典, 人性, 人心, 人生結緣, 出生, 養生, 忠孝烈,
　萬物理致, 仙佛儒, 道德, 敎子, 道是敎民化民, 彌勒世尊, 敎訓, 修身, 道學,
　數法, 人道眞理, 天氣, 日食月食, 潮水理致, 處理厚生, 地球理致, 天理, 六道三
　約, 十生, 引古文
　第2節 明理大全(上)

---

10) 같은 책 624쪽 참조.

天陰地陽 變化之道, 人天用事時代, 布德天下 廣濟衆生, 十九分道之成, 仁義
禮智 敎化蒼生, 元亨利貞 敎化, 六道三約 三大綱令, 收屍變易, 法者 萬物造化
之夫, 天生壽命之道, 福者 禍中之道, 禍中福生, 道德爲本體, 仙佛儒道脈
繼通, 佛者 成像之源, 儒者 萬物靈長之源, 仙者 陰面無現之源, 誠者 人生成功
之源, 敬者 有父有子之源, 信者 動靜執中之源, 子時者 水生之源, 丑時 水生絶
體之源, 寅時者 人生之源, 卯時者 道生之源, 辰時者 德生之源, 巳時者는
德之源, 午時者 道德之源, 未時者 收藏之源, 申時者는 金旺之源, 酉時者는
日月之源, 戌時者는 金旺收藏之源, 亥時者는 水旺之源, 子丑時者는 天地萬
物生死時, 春分, 夏至, 秋分, 冬至, 天道, 八卦理致, 八卦陰陽數 三十六兜率宮,
太極圖說

第3節 人化道德經

道德情義根源, 天地仁性之綱, 天道四時運用, 動靜實生, 虛中成基, 成器明德,
前聖未恩報答, 人化成道, 我力成功, 人氣成局, 彌勒佛生道, 彌勒佛體任 起居
動靜, 彌勒佛體님 前生後生, 陰陽相代, 彌勒佛體님 道傳心法, 天地를 精神으
로 大巡, 人尊時代, 阿彌陀佛 理覺通, 神人明化, 人運普天地, 彌勒佛體님
引運朝鮮, 繼承道通詩, 誠敬現前 陰陽理氣, 再後天 陰陽變易, 艮少男 再後天
用事, 虛無實生, 天地日月 星辰情生, 天地泰 變化之道, 十二精生物形, 陰陽理
氣之中 無現有現, 人生修道精神, 修身治其本, 修養正心取事, 正心修煉, 陰陽
兩儀, 道德人化至本, 回天命改造化, 八萬大藏經數, 萬物自然生, 道德精生,
體理倫義, 寅起於道生, 陰陽巡四時, 彌勒佛 大補慈全, 大補慈氏 三生人緣,
道至根源, 得意變化, 彌勒佛體님 瑞光, 隨時應從, 絶體奉生, 知恩報恩, 道德
絶體氣生, 彌勒佛體님 精神通一, 隨時變化, 仙佛儒 合席, 劫災消滅, 六甲回
運, 引古正通, 彌勒佛 敎理序文(갑오 1954.12.15)

第4節 三綱大典

彌勒佛大道 祥書序文, 彌勒佛 大道經典, 彌勒佛上生經, 三綱大典, 周易正傳,
人化大道經傳, 天地大道經典, 九天上帝 仙佛儒 降化大典, 彌勒佛 講話大全,
彌勒佛 道德眞化文, 人道正理文, 道學明心書, 彌勒佛 精生文, 釋迦佛 正生文,
孔子 儒生文, 日月道, 天文道, 神道, 地理道, 人道

第5節 彌勒佛下生經典

下生經 序文, 下生經大道 仙佛儒序文, 彌勒佛 下生經典, 彌勒佛 法規正全,
周易 三和正典, 彌勒世尊님 精化大典, 先聖大道正典, 後聖大道正典, 仙佛儒
大道經典, 仙佛儒 道傳心法, 彌勒佛 道典心法 神農遺業

전후 5장으로 나누어 진 이들은 위에 살려온 바와 같이 미륵불교의 경전을 대표하는 이름들이다. 이들 경전의 이름 아래 짧은 법문으로 이루어진 항목을 나열하고 있다. 본고에서 다루고자 하는 『교리정전』이 제1장의 이름으로 나타나 있는 것이 이러한 정황을 대변한다.

그러면 『교리정전』은 어떻게 구성되었으며 『인화도덕경』 내지 그 제1장과는 어떤 관계가 있는가? 이는 가로 19×26Cm의 한지 구철舊綴의 필사본이다. 국한문 혼용의 종서체의 붓글씨로 각 쪽에 검은 줄 혹은 붉은 줄을 그어 청서淸書한 형태다. 156쪽 분량으로 각쪽 14행이며 각행은 글자 수가 정해져 있지 않다. 표지에는 『교리정전敎理正典』과 함께 「병오년 유월 이십칠일 등서丙午年 六月 二十七日 謄書 책주 문산冊主 文山」이라 하였으므로 1966년에 청서했으며 '문산'이라는 도호道號를 받은 인물, 즉 교단 간부가 소장했던 것임이 드러난다. 그렇다면 책주는 류병덕 박사의 수집에 이르기까지 10여 년 기간 동안 소장했던 셈인데, 표지가 많이 닳아 있으며 견출지가 가지런히 붙어 있을 뿐만 아니라 내용에 붉은 줄이 그어져 있는 점 등을 고려하면 상당히 애독되었던 것으로 보인다.

전권이 일관된 편목형태를 취하고 있지 않으나, 내용과 함께 책주가 붙여놓은 견출지 등을 참고하여11) 목차를 정리해보면 『교리정전』의 구성은 다음과 같다.

〈3〉 필사본 『敎理正典』의 목차
《第1章 敎理正典》
敎理序文(갑술 '1934' 起頭 15년 무자 '1948' 7. 갑신), 五呪, 彌勒世尊 眞行文, 1. 敎理正典, 2. 人性論, 3. 人心論, 4. 天性論, 5. 天氣論, 6. 天道論, 7. 天門論, 8. 日月論, 9. 日行論, 10. 月行論, 11. 天理論, 12. 地理論, 13. 地道論, 14. 山理論, 15. 萬物理致論, 16. 仙佛儒論, 17. 養生論, 18. 忠孝烈論, 19. 數法論, 20. 上傳道法敎理正義書, 21. 人道眞理書, 22. 六道三約論, 23. 道德論, 24. 道學論, 25. 訓

11) 구성형식이 여러 경전을 합철한 형태이므로, 편의상 『인화도덕경』의 편집형태를 따라 《괄호》로 章을 나누고, 집필일자가 나타난 문장은 (괄호)안에 넣어 정리하였다.

《第2章 九天上帝 仙佛儒 降化大典》

九天上帝 仙佛儒 講話大全 公事文(무인 1938. 3), 彌勒佛 講話大全, 彌勒佛 道德眞化文, 人道正理文, 人道精化文(日月道), 天文道, 神道, 地理道, 人道, 道學明心書, 彌勒佛 精生文, 釋迦佛生文, 孔子儒生文, 彌勒佛大道 宗敎綱令 約法 12조, 精神修養呪

《第3章 彌勒佛大道祥書》

彌勒佛大道祥書 序文(갑술 1934 起頭 15년 무자 1948.2), 彌勒佛大道 丹朱記序(무자 1948.2), 1. 伏羲河圖八卦圖, 2. 文王洛書八卦圖, 3. 彌勒世尊 河圖 八卦圖, 4. 彌勒佛大道 經典, 5. 彌勒佛 上生經[12]

《第4章 三綱大典》

三綱大典, 周易大全, 人和大道 經典

《第5章 彌勒佛 下生經》

1. 下生經 序文, 2. 下生經 大道 仙佛儒(기축 1949.1.13), 3~4. 彌勒佛 法規 正全,

《第6章 人和道德經》

1. 道德의 生生眞路, 2. 動靜과 虛實, 3. 報答의 必然, 4. 氣成과 器成, 5. 成事는 在天하고 謀事는 在人이라, 6. 興生興求福, 7. 彌勒佛 正通과 地天泰運, 8. 太古歷記, 9. 彌勒佛體님 歷記, 10. 彌勒佛 繼通文, 11. 人神明化 大全(繼承道通詩), 12. 彌勒佛敎 昌建紀元 戊寅(1938) 四月 初八日 道成立德(기초 성립문, 明府司命呪, 12월 초1일 公事), 明理道通이라(갑오 1954.10.12, 人和道德經 成編)

《第7章 誠敬現全》

序文(갑오 1954.9.30), 1. 陰陽現前, 2. 修道, 3. 修身, 4. 修養, 5. 修練, 6. 陰陽正義, 7. 人化之德, 8. 誠義, 9. 數法, 10. 法道, 11. 禮義, 12. 道德, 13. 天地大運, 14. 春夏秋冬과 그 道法, 15. 引古文

《第8章 大慈補全》

大慈補全 序(갑오 1954.10.26), 1. 精生佛과 動靜佛, 2. 淸降法令의 계승, 3. 靑龍運의 無窮, 14. 靑龍 治水法, 5. 祈願과 蔭德, 6. 劫災와 解寃, 7. 代道繼通, 8. 昌道와 昌敎, 9. 弓乙理論

---

12) 목록에는 「6. 천지대도 경전, 7. 구천상제 선불유 강화대전, 8. 미륵불 강화대전, 9. 미륵불도덕 진화문, 10. 인도정리문, 12. 도학면심서, 13. 미륵불정생문, 14. 석가불생문, 15. 공자유생문, 16. 미륵불 종교강령」이 들어 있으나, 내용에는 생략되어 있다. 정리과정에서 앞(제2장)에 수록된 상황을 고려한 것으로 보인다.

《第9章 明理大全》

命理大典, 法道形像, 彌勒佛 大道 定理法規, 彌勒佛敎 入道呪文, 人生解魔呪,
彌勒佛敎 入道祝文, 婦人部 入道祝文

《第10章 彌勒佛敎 修道經文》

靈生法呪文, 吉星呪文, 自心覺通呪文, 精神永生呪文, 補身得力呪文, 得體化
身呪, 明心智覺呪, 修身呪文, 天地盡惡呪文, 人生解魔呪, 法道呪, 神緣呪,
含符後, 誦讀方法, 阿彌陀佛님 仙化 吉念日(을미 '1955'.8.26)

《第11章 報恩祥禮大全》

報恩祥禮大全(道禮凡節 절차), 1. 冬至致誠 智奉香, 2. 春分致誠 仁奉香, 3.
夏至致誠 禮奉香, 4. 秋分致誠 義奉香, 彌勒佛化生吉念日 一體報恩, 彌勒佛
化天吉念日 一切報恩, 七星致誠 奉香(정월 15일, 4월 초파일, 7월 7일, 10월 15일),
陳設例次, 主世佛 吉念日, 明府大王奉安時 祝文, 冥府殿 每正月 15日 定禮致
誠時 祝文, 冥府殿 每年 12月 15日 致誠祝文, 道傳祥受祝文, 冥府殿 每年
正月 15日 定例致誠 祝文, 靈子感生祝文, 天地報恩日, 佛供祝辭, 解寃祝辭,
工夫修養祝文, 人事正義祝文, 山神祭祝文, 平土祭祝文

《第12章 法說記》

法說記(기축 '1949'.2.17)

〈표 1〉 『교리정전』의 구성대비

엄수섭 편 『인화도덕경』	필사본 『교리정전』	비 고
제1절 教理正典	제1장 교리정전	1949.1.12(1절 서문) 1948.7(1장 서문)
제2절 明理大全(상)	제9장 명리대전	
제3절 人化道德經	제6장 인화도덕경	1954.12.15(3절 교리서문) 1954.10.12(6장 성편)
제4절 三綱大典	제4장 삼강대전 제2장 九天上帝 仙佛儒 降化大典	1938.3(2장 공사문)
제5절 彌勒佛下生經典	제5장 미륵불 하생경	
	제3장 미륵불대도 祥書	1948.2(서문) 1948.2(단주기서문)
	제7장 誠敬現全	1954.9.30(서문)
	제8장 大慈補全	1954.10.26(서문)
	제10장 彌勒佛敎 修道經文	1955.6.26(교조 기념일)
	제11장 報恩祥禮大全	
	제12장 法說記	1949.2.17

『교리정전』의 내용은 이 편목처럼 다양한 내용을 수록하고 있다. 편집상의 특징을 살피기 위하여 엄수섭 편의 『인화도덕경』과 대비하면 〈표 1〉과 같다.

이렇게 비교해보면 양자가 모두 미륵불교의 경전을 합본하는 특징을 보이며 명칭 등이 일치한다. 그러나 수록된 내용이 일치하고, 수록된 세목의 법문 형성시기가 다르게 나타난다. 다만 전술한 바와 같이 그는 1948년, 그간에 이루어진 기록을 천기누설이라 하여 전부 불태우고 있다. 따라서 미륵불교에 남아 있는 기록들은 그 이후에 이루어졌음이 분명해지는데, 과연 양자가 다 같이 그렇게 기록되고 있다.

정인표는 이들 장절을 이루는 문건의 특히 서문에 작성 일자를 분명하게 밝힌다. 예컨대 제3장 「미륵대도상서 서문」에는 「갑술기두 십오년 무자 이월 동래 정인표 봉 천명근서甲戌起頭十五年戊子 二月 東萊鄭寅杓 奉天命謹書」라 하였다. 갑술년인 1934년에 도통을 하고 15년 후 무자년인 1948년 2월에 동래 정인표는 천명을 받들어 삼가 쓰다」라는 뜻이므로 도통 때와 같이 신명을 받아서 적었다는 말이다. 그리고 「제6장 인화도덕경 명리도통」에서는,

〈4〉 인화도덕경 전全 진리를 성편수집하여 대도정각大道正覺과 창교昌教와 불명한 정도正道이치를 총재언總裁言하노라 갑오甲午(1954) 10月 12日 東萊 鄭寅杓 記書.

라 하였다. 성편수집이란 『인화도덕경』의 제목 아래 12장까지를 갖추고 있음을 말해주고 있으므로 이의 완정형태를 뜻한다. 이밖에도 제목아래 편목을 나눈 것이 몇 편 있는데 같은 의미로 해석된다.

그러면 이 필사본을 작성한 인물도 정인표인가? 결론부터 말하면 그렇지 않다. 「제10장 미륵불교 수도경문」의 말미에 「아미타불님 선화 길넘일 을미 8월 26일」이라 기록하고 있기 때문이다. 미륵불교에 있어서 아미타불님은 정인표이며, 그는 미륵부처님인 강일순의 천명을 받은 인물인데, 을미년인 1955년 8월 26일이 그의 천화일이다. 『교리정전』의 표지에 병오년인 1966년

에 등서했다고 하는 기록은 이러한 정황을 말해준다.

이렇게 보면 필사본『명리대전』과 엄수섭 편『인화도덕경』은 각각 별개의 형태로 전해진 자료로 엮어졌다는 결론에 이르게 된다. 우선 편목에서는 일치를 보이는 것도 세목이 같은 경우가 없다. 물론 세목 아래 수록된 내용은 같지만 수록세목에 차이가 있으므로 저본이 같을 수 없다.

그렇다면 이들은 어떤 특징을 갖는가?『명리대전』에 있어서 필사본『명리대전』의「서문」은 1948년 7월에 이루어졌는데 엄수섭편『인화도덕경』의 그것은 같은 내용의 다음에 일부를 첨가하여 1949년 1월 작성이라 하고 있다.『인화도덕경』에 있어서는 전술한 대로 필사본『명리대전』이 완정된 형태이다.[13] 특히 필사본의 7장 이후인 미륵불교의 수련·치성의 차서를 밝힌 부분은 정인표 선화후의 내용을 전하는 특성도 보인다. 따라서 이들은 각기 다른 기록자에 의한 자료라 판단된다.

미륵불교의 교리는 1934년에 이룬 정인표의 도통내용을 구세이념화한 것이다. 따라서 필사본『교리정전』은 교조 법문을 망라하고 있으므로, 엄수섭 편『인화도덕경』의『명리대전』과 같이 완정된 형태를 지닌 몇 경전을 수렴하면, 교리체계가 드러날 것이다. 그런 의미에서 이 필사본『교리정전』은 이들 교의적 성격을 파악하는 가장 중요한 경전인 셈이다. 교조 선화 후에 행해지는 수련과 치성의 작법절차를 담고 있는 점에서 더욱 그러하다.

이 가운데 나타나는 미륵불교의 교리는 미륵불로 형상화 되는 강일순, 그리고 아미타불로 형상화 되는 정인표를 신앙의 대상으로 하고 구성되어 있다. 1948년 2월에 기록한「미륵불대도단주기서彌勒佛大道丹朱記序」는 그 원형을 드러내고 있다.

〈5〉 미륵세존께서 배천체법配天體法하사 상전심법上傳心法으로 고지성인지공덕古

---

13) 미륵불교 편『彌勒大道 眞理明理大全(상권』은 엄수섭 편『인화도덕경』 소수의 내용을 한문현토본에 한글번역을 같이 수록하여 펴내고 있다. 이는 필사본『교리정전』보다는 완정된 형태이다.

之聖人之功德을 보답하시고 계천입극繼天立極하사 후천일월지도後天日月之道로
9년간 천지공사天地公事를 행하시며 법언法言에 왈덕德 왈인仁 왈성誠 왈경敬
왈신信은 존차심자야存此心者也니… 광명정대한 법도로 선불유 삼합정리仙佛
儒 三合正理를 말씀하시고 원형이정元亨利貞 대도지법으로 명찰기신明察其神하
고 인의예지 도덕으로 제세안민지도법濟世安民之道法을 행하시고 삼계지연三
界之連과 산하대운山河大運을 진합鎭合하여 기유(1909) 6월에 화천化天하신
후 6년 을묘(1915)에 전수심법傳受心法을 강하降下하여 도기연맥道氣連脈 18년
기생氣生케 하시고 갑술(1934) 운기運氣로 미륵불대도 실행의彌勒佛大道實行矣
니라.[14]

여기서 미륵세존이란 강일순을 말한다.[15] 그가 도를 이룬 다음 9년간 천지
공사를 행하여 유불도 삼교를 합일시키는 구세이념을 펴다가 1909년 선화하
였다. 강일순의 도맥은 1915년 김형렬에게 전수되고,[16] 그것이 다시 정인표
에게 계승 실행하게 되었다는 것이다.

이렇게 계승된 미륵불교의 정법은 후천 해원시대, 곧 인존人尊시대를 열어
가는 법도로 본다. 선천시대는 영웅시대였지만 후천시대는 미륵불시대이기
때문에 인간중심이 되고, 인간계에 만연된 겁액을 미륵불이 해원했기 때문
에 이를 수명受命한 세상은 무위이화의 성인聖人시대로 선경仙境이 된다[17]고
주장한다.

---

14) 『敎理正典』 39쪽, 「미륵불 대도상서」.
15) 같은 책 60쪽의 「인화도덕경」 11장 人神明化大全에서는 "미륵부처님께서 到今來世는
神道가 解冤시대라, '讐怨을 莫結하라. 서양운수를 동양으로 몰입케 하니 汝는 文神을
兜率하여 還本故鄕하라' 하시고 동양 조선국 전라북도 김제군 금산면 금산리 彌勒殿에
강림하사…"라 하여, 강일순이 금산사 미륵전에 강림했다고 풀이하고 있다.
16) 김형렬은 1915년 봄에 모악산 금강대에 올라가 백일기도를 드린 후 神眼이 열려
靈書를 받고 「金剛問答」이라는 글을 발표하여 따르는 사람들을 거느리게 되었다(김홍철·양
은용·류병덕 저, 전게서 169쪽 참조) 정인표가 1938년 금산사 미륵전에서 김형렬의 靈神을
미륵불좌위에 봉안하는 입불봉안식은 그러한 교맥을 선포하는 성격을 지닌다.
17) 『교리정전』 37쪽 이하의 「미륵불 대도상서」에서는 「선경세계」·「성인군자가 滿世間」·
「무위이화의 성인시대」·「미륵불대도運」·「釋運三千年後는 吾道大運이라」고 주장하여,
저절로 선경시대가 될 것을 예견하고 있다.

4. 결어

정인표는 1934년 도통을 이룬 후 미륵불교를 창립하고 종교활동 즉 천지공사를 전개하면서 강일순~김형렬~정인표로 이어지는 도맥을 분명히 하고 있다. 그는 1948년에 이르러 그간에 이루어진 기록을 천기누설이라 하여 전부 소각하였기 때문에 관련기록은 모두 그 이후에 형성된 것이다. 필사본 『교리정전敎理正典』이 그러한 형태인데, 이상에서 고찰해온 바를 중심으로, 그 사료적 성격을 정리하면 다음과 같다.

첫째, 정인표가 기록한 교리서를 망라하고 있다는 점이다. 물론 『명리대전』과 같이 좀 더 정리된 형태가 별도로 존재하는 경우도 있으나, 『인화도덕경』이나 『성경현전』 등과 같이 완정된 교리서가 적지 않다. 현존하는 미륵불교의 전적 가운데 이처럼 많은 자료를 수록하고 있는 것은 과문寡聞이지만 아직 나타나지 않고 있다.

둘째, 수록된 여러 전적은 각기 독립한 형태를 띠고 있다는 점이다. 〈표1〉에서 보는 것처럼 정인표는 경전을 결집하면서 서문 등에 「봉 천명奉天命」과 작성연대를 밝히는 특징을 보인다. 그 가운데 「성편成編」 등의 용어가 들어 있어서 의도적으로 정리한 흔적이 나타난다. 특히 편목에 번호를 붙이는 등의 형태를 띤 전적은 완성본으로 보아서 무방할 것이다.

셋째, 정인표의 사후에 형성된 수련과 치성의 작법절차를 수록하는 등 기본 발간 전적과는 다른 독자적인 전본傳本이라는 점이다. 엄수섭 편 『인화도덕경』 수록의 같은 편목도 세수내용에 있어서는 전혀 다른 구성의 틀이다. 표지의 「무오년 등사」라는 표기에 의해 1966년 정리되었음을 알 수 있는데, 이들과 관련해보면 정인표의 사상, 즉 미륵불교의 교리사상을 밝히는 데 있어서 이 자료는 간과할 수 없는 중요성을 지니고 있다고 하겠다.

다만 정인표가 작성한 문서에는 「통일統一」을 「통일通一」로, 「창교創敎」를 「창교昌敎」 등으로 표기하는 특징이 나타난다. 등서하는 과정에서도 이를 그대로 살리고 있는 것이다. 말미의 「을축 설법기」를 포함하여 전편에 산재하는 다양한 주문 등도 그의 천지공사에서 사용한 특징적인 내용이다. 이들

역시 정인표의 구세사상, 즉 미륵불교의 교리사상을 밝히는 데 유의할 점이라 하겠다.

출전
「미륵불교의 성립과 『교리대전』」(『한국종교』 30, 원광대 종교문제연구소, 2006)

이영호 『교조약사』의 증산관

1. 서언

한국의 신종교는 근현대사상에 있어서 보고의 하나다. 근현대사상은 크게 나누어 전통사상의 근대적 변모, 외래사상의 유입과 토착, 그리고 한국 개창의 신종교사상으로 나누어볼 수 있다. 그 가운데 신종교는 1920~1930년대의 천도교를 중심한 신문화운동[1]에서 보는 것처럼 한국의 문화 · 사상의 전개에 있어서 주목을 요하지만, 이 방면의 연구나 자료정리가 충분하게 이루어지지 않은 것이 현실이다.

본고에서 다루고자 하는 『교조약사敎祖略史』는 보천교普天敎에서 발간한 교조, 즉 증산 강일순(甑山 姜一淳(1871~1909))의 약사다. 「약사」란 이름이 붙어있기는 하지만, 단권으로 내용이 소략하기 그지없다. 그러나 이 책은 3 · 1 독립운동 당시 스스로 신자 6백만[2]을 호령하던 보천교가 교주 월곡 차경석月

---

1) 조용만, 「日帝下의 우리 新文化運動」(趙容萬 외 공저, 『日帝下의 文化運動史』, 현음사, 1982, 4쪽) 참조.

2) 이영호 편, 『보천교연혁사』 상(보천교중앙협정원 · 총정원, 1948), 41쪽의 1924년 기록 등에서 보천교를 "조선에서 육백만 대중을 擁한 종교"라 하였다. 이는 보천교의 기관지 『普光』 창간호(1923, 5쪽)의 妄評生, 「祝普光創刊」 중에 「敎人之現在員數, 殆至六百萬之多也.」라 한 기사와 같은 흐름이다. 따라서 전국민을 2천만으로 보던 당시 보천교 교단 내에서는 신자를 6백만이라 칭했음을 알 수 있다. 다만 村山智順, 『朝鮮の類似宗敎』(朝鮮總督府, 1936, 536쪽)에서는 조선총독부가 조사한 증산교 교도수의 추이를 1910년 277명, 1919년 12,935명, 1922년 15,132명, 1931년 16,302명, 1934년 16,474명으로 기록화하고 있어서,

愈 車京石(1880~1936) 사후인 1936년 일제 조선총독부에 의해 해체를 당하고 난 다음, 해방 이후에 발간되었다는 특징이 있다.

따라서 이 책의 성립과 구조를 살펴보면 편찬의도와 함께 교조관敎祖觀이 분명해질 것이다. 또한 그런 관점이 증산교의 다른 교파 내지 그 경전에서는 어떻게 다루어지고 있는지 비교해볼 필요가 있다. 이 책에서 다루고 있는 관점을 다른 교파에서도 다루고 있을 뿐만 아니라, 거론되는 내용에는 다른 교파와 관련된 사항들이 들어있기 때문이다.

다만 본고에서는 이 책을 서지학적 입장에서 살펴보고, 구조와 그 성격을 밝히는 데 중점을 두기로 한다. 그렇게 할 때 이를 바탕하여 다양한 논의를 전할 수 있을 것이다.

2. 이영호의 『교조약사』 편찬

『교조약사』는 한적 17 × 25Cm 크기의 겹장본으로 12면 단권이다. 편년체로 세로쓰기의 국한문 혼용이며, 1면 6행, 1행 14정자定字의 해서체다. 편찬자와 출판연대, 인쇄처 등 발행사항의 일체가 누락되어 있고, 다만 판심에 「보천교연혁사 상普天敎沿革史 上」이라 하였다. 따라서 이의 연고관계인 『보천교연혁사』(이하 『연혁사』로 약칭)를 살펴볼 필요가 있다.

이른바 『연혁사』는 보천교의 역사를 편년체로 기록한 사서로 상·하권 및 속권의 3권으로 이루어져 있다. 이는 『교조약사』와 같이 한적 17 × 25Cm 크기의 겹장본, 세로쓰기의 국한문 혼용이며, 1면 6행, 1행 25정자定字의 해서체다. 상권은 76장으로 증산이 화천한 1909년(기유)년부터 1927년(정묘)까지를 기록하고, 하권은 56장으로 1928년(무진)부터 1934년(갑술)까지를 기록하고 있다. 하권 말에 「포교 40년 무자 5월 일 발행소 보천교중앙협정원 총정원 布敎四十年戊子五月 日 發行所 普天敎中央協正院·總正院」이라 하였으므로, 증산이 화천한 1909년을 포교 원년으로 삼았으며 그 40년이 되는 1948년에 발행 교단의 발표와 커다란 차이를 보인다.

『교조약사』(석판본, 20.5×30cm)

했음이 분명해진다. 다만 이에는 편찬자와 편찬동기 등에 관한 사항이 누락되어 있다.

그런데 이의 속편에 편집 관련 사항이 구체적으로 기록되어 있다. 속편은 15장으로 1935년(을해)부터 이듬해인 1936년(병자)까지를 기록하였다. 이 1936년 윤3월 10일에 교주인 월곡이 하세下世한 다음, 일제가 보천교를 해체한 6월까지를 기록하고 있다. 그런데 말미에 두 가지 「발跋」이 전한다. 하나는 편찬자인 이영호李英浩가 1945년(을유) 12월에 쓴 것이고, 다른 하나는 김하긍金河亘이 총정원장總正院長 김승권金升權 · 협정원장協正院長 박태명朴台明 · 총령원장總領院長 장창규張昶奎를 대신해서 1958년(무술)에 쓴 것이다. 그 가운데 이의 편술과 관련하여 다음과 같이 적고 있다.

〈1〉 포교 27년 을해(1935)라. 정월에 성사(聖師, 월곡 차경석)께서 이영호李英浩를 명하사 보천교연혁사를 편찬하다.[3)]

〈2〉 세 을해(1935) 춘에 월곡 선생이 영호를 명하사 보천교연혁사를 편술하라 하시고, 기유년(1909)년으로부터 갑술년(1934)까지 수십년간 소경所經 역사를 무은無隱 설명하신 후 서성書成에 친히 교정하시고 갱更 명왈 차후 연혁을 따라 참고될 만한 사事를 무루일기無漏日記라고 금일과 여하한 한극閒隙을 득得하야 다시 속술續述하자 하시더니 익년 병자(1936) 윤3월에 불행히 선생(월곡)이 몰하시고 동년 6월에 도이(島夷, 일본)의 탄압을 당하야 강제로 교를

---

3) 이영호 편, 『보천교연혁사』속(보천교중앙협정원 · 총정원, 1958), 1쪽 우.

해산시키며 교당을 훼철하며 보천교에 대한 언론과 문자는 일대금물로 취급함으로 전술한 연혁사와 일기를 벽처僻處에 심장深藏하야 권로豢爐를 근면僅免한 지 어언간 10년이 되었다. …을유(1945) 12월 일 합천 이영호[4]

이에 의하면 이 『연혁사』는 1935년 보천교주 월곡의 명에 의해 이영호가 편찬하여 월곡이 교정까지 보았음을 알 수 있다. 이의 출판을 해방해인 1945년 준비하여 1948년 상·하권으로 간행하였고, 뒤이어 월곡 교주의 하세와 일제의 보천교 해체까지를 기록한 것을 정리하여 1958년 속권을 발행하였다.

아울러 『교조약사』는 「교조」가 갖는 특징과 판심의 「보천교역사 상上」에 유의해볼 때 『연혁사』와 같이 편술되었으며, 그 앞에 두어질 성질의 것이다. 말하자면 『연혁사』의 서론에 해당하며, 따라서 이의 자매편이나 연원편이라 할 수 있다. 아울러 편찬자와 출판연대, 발행처 등 발행사항의 일체가 누락되어 있는 『교조약사』는 이영호에 의해 『연혁사』와 같은 시대인 1948년에 발행되었다는 결론에 이르게 된다.

그러면 『교조약사』를 편술한 이영호는 누구인가? 그의 출자出自에 대해서는 밝혀진 바가 없는데, 그가 편술한 『연혁사』에 그와 관련된 기사가 나타난다.

〈3〉 정묘(1929) 6월 3일에 60방주方主 교첩敎帖을 하사하시니… 자子 이영호.[5]

〈4〉 경오(1930) 2월 22일에 교주께서 각 방주 선화사宣化師의 교첩 급 인장印章을 친수親授하시니 피선인被選人은… 자 이영호.[6]

〈5〉 포교 25년 계유(1933), 3월 7일에 교주께서 교리를 선포하기 위하여 각 도에 정리正理, 부정리副正理, 포정布正을 선정파송하니 도별 및 피임자被任者는 여좌하다. 전라남도 정리 이영호, 부정리 강수영姜琇永, 포정 서일만徐鎰萬·

---

4) 같은 책, 13쪽 우, 跋.
5) 이영호 편, 『보천교연혁사』상(보천교중앙협징원·총정원, 1948), 75쪽 좌.
6) 같은 책, 하, 13쪽 우.

보천교 60방주도(『由章錄』)

이극선李極鮮 · 정기현鄭琪鉉 · 김치성金致成 · 정동찬鄭東燦 · 최상범崔相範 ·
황창희黃昶熙 · 유치홍兪致洪 · 원용규元容圭 · 정한기鄭漢基 · 김상섭金祥燮.[7]

〈6〉 병자(1936) 2월 28일, 전남 정리正理 이영호, 해도내該道內 건축자見逐者 49인의
집지청명서執贄請命書 지폐물贄幣物을 중앙에 봉헌하다.[8]

〈7〉 (같은 해) 3월 1일, 전남 정리 이영호, 집지지원자志願者 15인 청명서 및
지폐물을 중앙에 봉헌하다.[9]

〈8〉 (같은 해) 윤3월 10일에 성사주聖師主(교주 차경석) 병세가 기경已傾하사 회춘의
점漸이 무無하심으로 사모주 명령에 의하야 정침正寢에 이移한 후 미기未幾에
하세下世하시니…, 14일에 대감大歛을 필하고 상오 3시에 입관, 동 8시에
성복成服하고 집사분정執事分定은 여좌如左하다. …사명정寫銘旌 이영호.[10]

이를 통해 보면, 이영호는 1929년에 임명된 보천교 60방주의 자방주子方主
라는 간부로 등용되고 있다. 『연혁사』에는 그 이전에도 60방주의 이름이
산견되고 있지만 전원의 이름이 기록된 것은 이때와 자료 〈4〉의 1930년이

7) 같은 책, 38쪽 좌 · 우.
8) 이영호 편, 앞의 『보천교연혁사』 속, 6쪽 우.
9) 같은 책.
10) 같은 책, 7쪽 좌 · 우.

보천교 교주 차경석
(『동아일보』 1929.7.24)

전부다. 방주라는 간부는 월곡 교주의 측근임을 의미하므로 그는 이전부터
교주의 휘하에 있었던 것으로 보인다.

그러한 이영호를 자료 〈5〉에서 보는 바와 같이, 1933년 각 도의 포교 및
교권을 강화할 때 전남의 책임자인 정리에 임명하고 있다. 당시 각 도에는
정리소正理所가 마련되어 있고, 그 조직은 정리, 부정리, 포정, 선정사宣正士로
이루어져 있다. 또한 그 휘하에는 각 군에 포장布長과 부포장副布長으로 구성
되어 있었는데,[11] 그의 휘하에 부정리 1인과 함께 포정 11명을 배치하고 있
다.

자료 〈2〉에서 보면 그는 문필과 식견을 갖추었던 것으로 보인다. 월곡교
주는 그에게 1935년, 교단의 역사편찬을 명한 다음, 성편된 바를 직접 교정하
고 있다. 이영호는 자료 〈6〉·〈7〉에 의하면 1936년까지 전남 정리로 전남지
방의 교권을 통괄하고 있었다. 특히 건축자, 즉 교단에서 축출할 신자들의
명부를 작성하여 보고한 다음 이에 대신할 지원자를 추천하고 있어서 주목된
다. 보천교에서는 이전인 1924년 「시국대동단時局大同團」 활동을 일으키면
서 사회적으로는 친일파로 몰리고 교단내부에서는 혁신운동이 일어나 간부
들이 탈퇴·배교背教함으로써 교권教權이 흔들리는 악순환이 계속되고 있었
다.[12] 건축자란 혁신운동과 관련하여 축출할 신자들을 말한다. 말하자면

11) 같은 책, 앞의 『보천교연혁사』 상, 14쪽 좌 및 하, 44쪽 우.
12) 보천교의 時局大同團은 1924년 9월 19일 일본의 축일인 天長節에 맞추어 교주 차경석이

그는 교주 측근의 철저한 보수세력으로, 자료 〈7〉에서 보는 바와 같이 월곡교
주가 죽은 다음 10여 인으로 구성된 장의위원 가운데 「사명정」으로 참여하고
있다.

보천교는 1936년 월곡 교주의 죽음과 함께 일제로부터 해체 당하여 활동
이 끊겼다. 그런데 이영호는 해방 후인 1945년부터 『보천교연혁사』의 간행
을 주도하여 1948년에 상·하권을 발행하고, 다시 1958년 그 속편을 발행하
고 있다. 그러므로 그의 생애는 왕성한 활동기인 1929년부터 1958년까지
30년간의 사항이 확인되는 셈이다.

3. 『교조약사』의 구조

이영호가 편술한 『교조약사』의 구성은 어떠한가? 편년체의 여러 문단에
의해 이루어진 것을 분석해보면 〈표 1〉과 같다. 각 문단은 독립된 사항을
전하고 있는데 합하여 10문단이다.

이렇게 보면 『교조약사』의 구성은 이름대로 매우 소략한 형태임이 드러
난다. 오늘날 증산교 계통의 여러 교파에는 각각의 경전이 편찬되어 있는데,
그 원형을 이루는 것이 청음 이상호靑陰 李祥昊(1888~1967)·남주 이정립南舟
李正立, 成英(1895~1968) 형제가 편술한 『증산천사공사기甑山天師公事記』[13]
(상생사, 1926, 이하 『공사기』라 약칭)와 이를 재편한 『대순전경大巡典經』(상생사,

總領院長 林敬浩와 總正院長 文正三을 일본에 파견하여 宗旨를 요로에 전한 것이 인연되어,
조선총독부 政務總監 加藤高明의 요구를 받아들여 조작하였다. 이는 그해 6월 이상호·이성
영·이달호 등이 혁신운동을 일으켜 교주의 비행을 성토함에 따라 교단내의 반목과 官의
사찰외압이 심해지고, 교주체포령이 발효된 難境을 타개하려는 시도로 이루어진 것인데,
이 활동으로 관에서의 사찰은 그대로 계속되고, 일반 민중은 보천교를 친일단체로 보고
전국적 대대적인 배척운동이 일어나게 되었다(졸고, 「日帝의 종교정책에서 본 증산교」,
증산종단협의회 편, 『일제하 증산교단의 민족운동』, 순민사, 1997, 70쪽 이하.)
13) 『甑山天師公事記』에 대해서는 졸고, 「증산교의 성립과 『증산천사공사기』」(『한국종교』
30, 원광대 종교문제연구소, 2006, 281쪽 이하) 참조. 이에는 『증산천사공사기』의 영인본이
부록되어 있다.

1929, 이후 다수 보정 개판)이다. 『교조약사』를 최초의 기록인 『공사기』와 대비해보면 그 특징이 분명해진다.

<표 1> 『교조약사』의 구성

구분	문단	면	내용	비고
1	惟皇上帝~敎祖이시다	1전~후	황상제가 교조 증산 강일순	
2	교조의~誕生하시다	1후~2전	교조의 탄생	1871
3	辛丑年~밖에 없더라	2전~후	교조, 천지공사의 시작	1901
4	丁未年~來하시다	2후~3전	교조, 월곡 차경석을 만나다	1907
5	敎祖께서~具하시다	3전~후	교조, 의관을 갖추다	
6	其時 車敎主~許하시다	3후~4전	교조, 차교주 망건착 허하다	
	序曰~日暈	5전~후	망건의 서(序)와 시(詩)	
7	己酉年~居하시다	5후~6전	교조, 치성제를 차교주에게 대행케 하다	1909
8	同年六月~獻하시다	6전~7전	교조, 화천(化天)하다	동6.24
9	其時 敎祖~所爲이리라	7전~9후	교조유품 약장의 탈취사건	
10	癸亥年~判決을 得하다	9후~12전	교조유택 도굴사건	1923

먼저 〈표 1〉 『교조약사』의 구성에 있어서 1과 2에서는 황상제皇上帝,[14] 즉 옥황상제가 하강하여 교조인 증산 강일순으로 탄생했음을 전제한다. 그리고 그의 탄생에 관련해서는 본인의 성·명·호·자·본관과 함께 1971년의 출생한 월·일·시와 장소를 기록하고 있다. 그러나 부모·소성素性·성장·교육, 그리고 종교의 문에 들어서는 과정이나 수련 등에 관해서는 언급

14) 甑山 姜一淳(1871~1909)을 가리킴. 그에 호칭은 교파에 따라 다양한데 경전을 중심으로 살피면 李祥昊 편, 『甑山天師公事記』(상생사, 1926)와 동 편, 『大巡典經』(상생사, 1929)은 「天師」, 徐相范 편, 『生化正經』(삼덕교교화부, 1955)에서는 大聖師; 太極道 편, 『眞經』(태극도출판부, 1989)에서는 「九天上帝」(鼎山 趙哲濟는 「玉皇上帝」); 李重盛 편, 『天地開闢經』(대도수련원 용봉출판, 1992)에서는 「大先生」(在天의 玉皇上帝, 龍華世界의 彌勒尊佛); 大巡眞理會 편, 『典經』(대순진리회출판부, 1989)에서는 「上帝」(鼎山 趙哲濟는 「道主」); 甑山道 편, 『甑山道 道典』(신판, 대원출판사, 2003)에서는 「上帝」 등으로 나타난다. 洪凡草, 『증산교개설』(창문사, 1982)의 부록 〈甑山大聖의 칭호〉에는 천지공사를 행하던 시대의 칭호를 4부류 19종, 화천 이후 각 교단의 칭호를 4부류 53종으로 정리하고 있다.

증산 강일순
(『한국민족문화대백과사전』)

이 없다. 물론『공사기』에는 이들이 자세하게 나타나 있고[15], 특히 1894년 정읍 고부에서 일어난 동학농민혁명을 가까이서 지켜보며 성공하지 못할 것을 예견하고 태운 김형렬太雲 金亨烈(1862~1932)[16] 등을 불러내고 있는데, 이들이 후일 대표적인 종도從徒가 되었음을 전하고 있다.

3에서는 1901년부터의 천지공사를 행할 때 상제의 권능을 행하였음을 전한다. 그러나 그의 종교체험에 대해서는 생략되어 있다.『공사기』에서는 그해 2월에 증산이 모악산 대원사의 칠성각에 들어가 수도하다가 7월 우중에 대각大覺하였음을 전하고 있다. 그리고 이로부터 태운 김형렬 등의 종도들을 데리고 천지공사天地公事로 이름하는 종교활동을 전개하고 있는데,[17] 3에서는 이의 구체적인 사항에 대해서는 밝히지 않고, 다만 "기행이적을 필설로 진기케 불능하고"라 적고 있다.

4에서는 1907년 5월 7일, 금구 거야주점에서 월곡을 만난 다음 월곡이 정읍행을 간청하자, 한 동안 진심을 시험하고 난 후 6월 3일에 입암면 대앙리 월곡의 본가로 왔다고 전한다.『공사기』는 1901년 이후의 천지공사 활동을 자세하게 전하고 있으나, 월곡이 증산을 만난 것은 1907년이므로『교조약사』는 이 기간에 대해서는 생략되어 있다.『공사기』는 월곡에 대하여 "동학신도

15) 이상호 편,『甑山天師公事記』(상생사, 1926) 1쪽 이하.
16) 같은 책, 3쪽. 증산이 동학혁명군에서 만난 종도는 김형렬 외에 安弼成(1870~1961) 등 여러 명이 있다. 이에 의하면 20세 초반인 갑오동학농민혁명(1894) 당시에 이미 종교활동을 전개하고 있었으며, 1901년 대각 후 이 인연들이 대표적인 종도가 되어 천지공사라는 종교활동의 참여자가 되는 특징이 보인다.
17) 같은 책, 7쪽.

로서 일진회 전북총대를 지낸 일이 있는데"라 소개하고, "전주재무관財務官
과 송사訟事할 일이 있어 가다가" 용암리 수막水幕에서 증산을 만나, "남아男兒
가 마땅히 활기活氣를 가질지언정 살기殺氣를 띠리요"라는 가르침을 얻고 송
사서류를 불사른 다음 그를 따라 마침내 정읍에 이르고 더불어 천지공사를
행한 과정을 전하고 있다.[18]

5에서는 증산이 삿갓만 쓰고 다녀 세인들이 광인이라 불렀는데, 월곡을
만난 다음 "나도 만날 사람을 만났으니 의관을 하겠다"면서 의관을 갖춘 사실
을 전하고 있다. 『공사기』는 이에 대하여 "일진회一進會의 동動함으로부터
관을 폐하고 삿갓을 쓰시더니 정읍에 가신 후로 의관을 갖추시다"라 하였다.
증산의 의관이 1904년 조직된 일진회의 친일행각과 관련이 있다는 말인데,
어느 시기부터 삿갓을 썼는지 분명하지 않다.[19]

6에서는 1907년 11월에 증산이 단발한 월곡 교주에게 다짐을 받고 망건을
쓰는 것을 허락하고, 시를 내린 내용을 전하고 있다. 『공사기』에서는 "차경석
은 일진회원으로서 삭발하였더니 천사를 모심으로부터 머리를 기르니
라"[20]고 전한다. 그리고 일진회 두목으로 있던 박공우朴公友, 公又(1876~
1940)가 그 직을 그만 둔 일은 적고 있으나 월곡에게 내린 망건시 등에 대해서
는 언급이 없다.

7에서는 1909년 정월 초3일에 천지신명에게 고사치성제告事致誠祭를 거
행하면서 월곡에게 대행시켰음을 전한다. 『공사기』에는,

〈9〉 2일에 차문경車文京이 술을 마시고 도적질을 한다고 고함하였는데, 이 말이

---

18) 같은 책, 70-76쪽.
19) 동학에서 분파한 일진회는 宋秉畯·李容九 등이 1904년 창립당시부터 "(조선)황실을
존중하고 국가의 기초를 공고하게 할 것" 등의 강령을 내건 친일단체였다. 1905년 11월
6일 을사조약 체결에 앞서 외교권의 이양을 제창한 「일진회 선언서」발표, 1906년 3월
伊藤博文이 통감으로 부임하자 통감부와 관계를 맺고 같은 해 6월 이후 기관지 『국민신보』를
통해 친일적인 언동, 1907년 7월 고종의 양위와 한국군대의 강제해산 이후 일진회에 대한
원성 속에 의병들에 의한 일진회원들의 피해발생 등 다양한 사례가 있는데, 증산의 이에
대한 구체적인 대응이 언제부터였는지 자세하게 않다.
20) 이상호 편, 앞의 『증산천사공사기』76쪽.

천원병참川原兵站에 미처 군병軍兵이 출동하려 하는지라 천사께서 그 일을
아시고 경석에게 일러 가라사대 너는 집을 자키라 하시고 곧 비룡촌 차윤경車
輪京의 집으로 가시니라. 이때에 천사께서 경석에게 명하사 3일 효효曉에
고사告祀를 행케 하셨더니….21)

라 하여 당시의 상황을 설명하고 있다.

8에서는 그해 6월 24일 증산의 화천을 기록하고 있다. 태운 김형렬의 집에
서 화천하자 생존시에 추종하던 제자들이 허망하게 보고 모두 흩어졌는데,
월곡이 박공우를 붙들어 동네 뒤 산록에 장사를 지냈다고 전한다. 이에 대하
여 『공사기』에는 당시 상황을 다음과 같이 전한다.

〈10〉 24일 신축 사巳시에 천사께서 약방 청상廳上에 앉으사 형렬을 명하여 밀수蜜水
    1기를 가져다가 마시고 형렬에게 몸을 의지하시고 미성으로 태을주太乙呪를
    읽으시고 거연히 화천하시다. 형렬·경석 등 제자들이 천사의 시체를 방중에
    모시고 문을 닫고 나와 탄식하여 가로대 허망한 일이라 대인의 죽음이
    어찌 이렇게 아무 이상異狀이 없이 수면함과 같으리오 하니, 문득 구름이
    이러나 집을 덮으면 비가 뿌리고 번개가 이러나더라. 이때에 여러 제자가
    다 흩어가고 다만 형렬金亨烈·경석車京石·공우朴公又·자현金自賢·갑칠甲
    七·덕찬德贊 6인만 남았더라.22)

고 전한다. 태운을 중심한 치상과정이 드러난다.

9에서는 증산의 유물인 약장 1개와 소궤 1개를 태운이 타인에게 팔자, 이를
월곡이 되찾아와서 정읍 본가에 보관하였다. 그런데 1912년 10월경 장한壯漢
수10명이 변장 내습하여 빼앗아 가다가 부피가 큰 약장은 두고 궤만 도둑맞는
일이 발생하였다. 이를 태인 소재의 무극대도无極大道 교주 정산 조철제鼎山
趙哲濟(1895~1958)의 소행이라 기술하고 있다. 그리고 10에서는 1923년 3월
3일에 교조 증산의 체백體魄이 보천교의 본부로 안치하게 된 경위를 전하고
있다. 정산이 증산의 유골을 도굴하여 신도들에게 금전을 사취하는 과정에

21) 같은 책, 121쪽.
22) 같은 책, 145쪽.

서 영산 문공신瀛山 文公信(1879~1954)이 유골과 현금을 탈취하는 사건이 발생하여 정읍경찰서에 압수되었다고 전한다. 당시 증산의 친녀인 화은당 강순임華恩堂 姜舜任(1904~1959)이 태운 김형렬·정산 조철제 등의 독촉을 받아 보천교에 약장 및 이 유골 인도소송을 제기하여 법정 다툼 끝에 보천교가 승소했다는 것이다. 그러나『공사기』에는 증산 화천 후에 대한 기록은 없다. 다만, 후술할 바와 같이, 이들 사건과 관련된 교파에서는 중요한 문제인만큼 경전에서도 다루고 있다.

4.『교조약사』의 교의적 성격

역사의 편찬은 분명한 찬술의도, 즉 편찬의 목적과 이에 따른 관점이 있게 마련인데,『교조약사』도 예외일 수 없다. 우선 그 목적은 이것이 보천교 교단의 역사인『연혁사』를 찬술과 관련하여 이루어졌다는 데서 찾아야 할 것이다.

월곡이 증산을 만나 종도가 된 것은 1907년이므로 천지공사에 수종한 것은 2년여에 불과하다. 태운과 같은 대표적인 종도가 1901년 증산의 대각 직후, 혹은 1894년 동학혁명 당시에 만났던 것을 고려한다면 증산종도로서의 월곡은 관계가 일천日淺하다고 할 수 있다. 물론 입도入道 직후 정읍의 자기 집에 증산이 모시고, 수부首婦를 필요로 하자 과부로 동네에서 살고 있던 이종 누나 고판례高判禮(1880~1935)를 들이고 있는 등의 역할을 하고 있었던 것은 사실이다. 따라서 증산의 역사 가운데 보천교 교주인 월곡과의 관계에 필요한 사항만을 채록하고 있다는 특징이 있다.

최초의 증산행장을 기록한『공사기』도 월곡이 제공한 자료가 적지 않았다. 편찬자 이상호가 "이 책을 성편하였는데, 성문聖門의 상족인 김태운(형렬)·차윤홍(경석) 양 선생이 (전해준 자료가) 많았다"[23]라 한 것처럼, 오래 수종했던 태운과 함께 만년에는 월곡이 가까이 수종했기 때문이다. 다만

---

23)「編成是書 而有得於聖門上足 金太雲車輪洪兩先生者多矣」(같은 책, 서문)

『공사기』의 편찬자인 이상호는 객관적인 관점을 유지하려 했을 것으로 보인다. 따라서 『교조약사』와 『공사기』의 기록상에 차이가 발견되는 것은 당연한 이치이며, 이영호는 그만큼 보천교에 유리하게 기록하고 있다는 말이다.

증산의 출생이나 성장, 대각이라는 종교체험의 과정, 그리고 종교활동인 천지공사의 과정 등이 대부분 생략되고, 월곡과의 관계만을 부각시키고 있는 것이 이를 말해준다. 아울러 증산 화천 후의 유품 · 유골 등과 관련한 내용을 집중적으로 부각시킨 것도 같은 흐름이다. 실제로 유품 · 유골과 관련한 사건이 반 가까이를 차지하고 있다. 그런데 『교조약사』에서 범죄행위로 지탄하는 이 사건이 지목을 받고 있는 정산의 교단에서 전혀 다른 관점이 피력되어 있어서 주목된다.

월곡의 사후인 1936년, 조선총독부는 보천교와 함께 정산의 무극도를 해체한다.[24] 정산 지하조직으로 지내다가 해방 후에 태극도로 교단조직을 재건하고 있는데, 그 소의경전인 『진경眞經』에 관련 내용이 다음과 같이 나타난다. 즉, 『교조약사』의 9에 해당하는 교조유물 약장과 소궤의 탈취사건이 『태극진경太極眞經』 2장 61~85절, 10의 유골 도굴사건이 3장 19~42절[25]에 실려 있다. 이 가운데 사건을 보는 관점이 잘 드러난 부분은 이렇다.

〈11〉 61. (1914년) 8월 초순에 상우李商雨에게 하명하시기를 "미구未久에 들어오는 큰 도수度數에는 도의 심복心腹이 될 천하장사 몇 사람이 있어야 하니 너는 도장道丈(부친 趙鏞模)께 가서 구인지사求人之事를 여쭈어라" 하시므로 상우가 황새마을에 가서 그대로 여쭈니라. 도장께서는 왕년에 만주에서 독립운동하실 때의 동지들을 통하여 구문求問하신 끝에 함경도 백두산 산중까지 가서서 독립투사 최승오崔勝五 김계철金啓澈을 월여月餘에 데려오시니라.[26]

〈12〉 66. (9월 18일) 상제玉皇上帝(정산 조철제)께서 보천교 도장을 가리키며 일동에게 하명하시기를 "우리는 오늘 밤 보천교의 치성致誠이 지난 후에 저들이 숨기고 있는 구천상제九天上帝(증산 강일순) 님의 둔궤遁櫃를 통사동通士洞 공부

---

24) 洪凡草, 『汎甑山敎史』(범증산교연구원, 1988) 367쪽 참조.
25) 太極道 편, 『眞經』 太極眞經 366-402쪽 및 391-402쪽.
26) 같은 책, 366쪽.

처에 모셔가야 하느니라" 하시고 각자의 행동방법을 상교(詳敎)하시니라.[27]

〈13〉 69. (자정이 지나) 상제께서 그 방에 병풍으로 가려놓은 둔궤와 약장(藥欌)을 발견하시고 두 장사로 하여금 대청으로 들어내게 하시고 출어(出御)하시며 승오에게 명하셔서 약장은 그대로 두고 둔궤만 지고 나가게 하신 다음 일행을 거느려 회정(回程)하시며 계철에게 대문을 지키고 서서 보천교도의 추적을 막게 하시니라.[28]

〈14〉 22. (1922, 임술, 정월 23일) 상제께서 우수절후치성을 입절시각인 술(戌)시에 올리시니… 자정경에 20여 명의 폭도로부터 습격을 당하니라.[29]

〈15〉 26. 폭도들은 상제께서 나가심을 보고 추격할 때 대문까지는 보았으나 그 후로는 담 밖을 포위하던 10여명의 폭도들도 모두 보지 못하니라. 다시 들어와서 공부실을 샅샅이 뒤져 상제께서 미리 문갑 속에 남겨 놓으신 돈 약간과 상좌(上座)에 모셨던 구천상제의 성체(聖體)를 모시고 도주하니라.[30]

〈16〉 27. 상제께서 폭도들이 도주한 후에 환어하셔서 공부실을 살피시니 성체와 돈은 없어졌으나 구천상제의 우수성골(右手聖骨)은 남아 있으므로 "천지도래일장중(天地都來一掌中)"의 뜻을 되새기시며 정중히 수습하여 다시 간수하시니라.[31]

자료 〈11〉·〈12〉·〈13〉은 『교조약사』 9와 관련된 사항이다. 이 증산유품인 약장과 궤를 절도하기 위한 이 사건을 『교조약사』에서는 1912년 10월 경이라 하였는데, 『진경』을 통해 1914년 9월 18일이었음이 분명해진다. 연대 차가 큰 것 역시 전자에서는 후일의 기억에 의한 기록이고 후자에서는 당시의 기록이 있었던 것으로 보이므로, 후자가 정확하다는 말이다. 문제는

---

27) 같은 책, 368쪽.
28) 같은 책, 369쪽.
29) 같은 책, 392-393쪽.
30) 같은 책, 395쪽.
31) 같은 책, 395쪽.

관점인데, 보천교에서는 이를 강도들로 부르며 정산 교단의 소행으로 보고 있는데 대하여, 무극도에서는 둔궤도수遁櫃度數라 부르며 정산 자신이 현장에서 직접 지휘한 성사聖事로 그리고 있다. 실제로는 이를 위해 정산의 부친인 조용모(1877생)가 8월에 백두산 산중에서 최승오·김계철이라는 장사를 불러와서 준비하고 교단이 조직적으로 계획하고 실행하였음이 드러난다.

　　자료 〈14〉·〈15〉·〈16〉은『교조약사』10과 관련된 증산 유골 도굴사건에 관한 사항이다. 1923년 3월 3일 유골이 보천교에 돌아온 날을 기록하고 있는데,『진경』에 의하여 그 전 해인 1921년 9월 5일, 정산이 증산의 여동생과 여식인 강순임 등을 대동하고 고천의례告天儀禮를 행한 다음, 현장에서 직접 지휘한 일임이 드러난다.32) 그런데 유골을 정읍 감곡면 통사동 속칭 황새마을 이씨재사李氏齋舍에 옮겨 장정들이 지키고 있다는 사실을 탐지한 종도 문공신이 김정우金定雨 등 장정 20여 명을 거느리고 1922년 1월 23일 자정이 넘은 시기에 습격하여 유골을 지키던 정산의 부친 조용모를 쳐서 오른팔을 부러뜨리고 유골과 함께 현금 1만여 원을 빼앗아 가게 된다. 그런데 오른손목뼈를 빼뜨려서 이를 수습하려고 3월에 서대전 여관에서 정산을 붙잡아 싸우다가 경찰서에 붙들려가서 전모가 밝혀지게 되었다. 이 사건은 증산의 가르침을 직접 받지 못한 정산이 교단을 창립할 명분을 쌓는 과정에서 일어난 일인데, 이 과정에서 김정우는 고문으로 죽고, 문공신은 7년 징역에 처해졌으며, 유골은 보천교의 요청으로 보천교본부로 이송되었다. 이후 1927년에도 증산유골을 차지하려는 보천교와 무극도 사이에 시비가 일어나고 법정투쟁이 계속되었다.33)

---

32) 같은 책 389쪽에 "13. (1922년) 8월 중순에 통사동 공부처에서 백일공부를 마치시고 宣政大母(증산의 모 權良德)와 상의하신 후 宣德夫人(증산의 妹)과 순임(姜舜任, 증산의 딸) 상우(李商雨) 태로(權泰魯) 정두(李正斗) 등을 대동하시고 김제군 금산면 청도리 사일(金思日)의 집에 거동하셔서 工夫設席하시고 10여 일간 도수를 보시니라. 9월 초 5일 저녁에 그곳 뒷산 장탯날 구천상제 빈소에서 고천의례를 올리신 다음 일행으로 하여금 빈소를 헐게 하시니라. 친히 상제의 성골을 관에서 정성으로 수렴하셔서 七星板 위에 순차로 整齊하신 후에 통사동(정읍군 감곡면) 공부처로 모셔오니라"라 하였다. 홍범초, 전게『범증산교사』631쪽에서는 1921년 2월에 교단창설을 도모하던 정산이 權泰魯 孫進邦을 시켜서 한 일로 기록하고 있다.

흥미로운 것은『교조약사』에서 보천교는 궤 탈취사건을 일으킨 무극도를 강도로 그리고 있는데 대하여,『진경』에서 무극도는 이를 도수度數와 관련된 성사聖事로 그리고 있는 점이다. 또한『진경』에서 무극도는 유골발굴사건을 성사로 그린 대신, 유골을 탈취하러 온 장정들을 폭도로 그려나가고 있다. 어떤 행동을 사회적인 상식이나 도덕, 혹은 법률에 의해서 보지 않고 종교적 신념이나 교리로 해석하는 일탈모습이 적나라하게 드러나고 있다.

5. 결어

이상에서『교조약사』에 대해 일별하였다. 단권으로 이루어진 이 책은 출판사항에 대한 일체의 기록이 없으나「보천교연혁사 상」이라는 판심에 의해 성립과 함께 그 성격을 밝힐 수 있었다. 이를 정리하면 다음과 같다.

첫째,『교조약사』는 증산교의 교조 증산 강일순甑山 姜一淳(1871~1909)의 약사로, 보천교의 간부를 지낸 이영호李英浩(1929?~1959?)가 편찬하였다. 한적 17 × 25Cm 크기의 겹장본으로 12면 단권이며, 편년체 세로쓰기의 국한문 혼용으로 1면 6행, 1행 14정자定字 형태다. 이영호가 편찬한『보천교연혁사普天教沿革史』상·하(1948), 동 속(1958)의 자매편 내지 연원편의 성격을 띠고 있다.

둘째,『교조약사』는 보천교가 증산의 교법을 상속했음을 드러낼 목적으로 엮음으로써 생애를 극히 소략하게 다루었다. 탄생과 성장, 수행과 대각, 활동과 업적, 화천과 유훈, 그리고 저술과 사상, 종도와 신자들에 대한 상황을 거의 생략하고 있다. 대신 1901년부터의 종교활동 가운데서 보천교주 월곡 차경석月谷 車京石(1880~1936)이 증산을 만난 1907년 이후, 그것도 망건시 등 월곡과 관련된 사항에만 치중하고 있다.

셋째,『교조약사』의 거의 반을 차지하는 내용이 증산 사후인 1914년 9월의 유품인 약장·궤의 탈취사건, 1921년 9월의 증산 유골 도굴사건에 연유한

---

33) 홍범초, 앞의『범증산교사』631-632쪽 참조.

1922년 1월의 유골 탈취사건으로 이를 부각시켰다. 사건을 모두 무극대도주 정산 조철제鼎山 趙哲濟(1895~1958)의 소행으로 보고 있는데, 무극대도를 이은 태극도의 경전인『진경眞經』에서는 이를 성사聖事로 기록하고 있으며, 사건이 일어난 날자 등을 바로잡을 자료를 제공하고 있다.

넷째,『교조약사』의 편찬은 이를 통해 보천교의 위상을 드러내려는 목적이 뚜렷한 만큼 호교적인 편찬태도를 취하고 있는데, 강도 등으로 묘사되는 무극도는 이를 성사聖事로 기록하는 특징이 나타난다. 자기 교단에 유리한 방향으로 보는 관점이 나타나고 있다. 다만 이 가운데도 청음 이상호青陰 李祥昊(1888~1967) 등이 편찬한『증산천사공사기甑山天師公事記』등에는 전혀 나타나지 않는 사항이 들어 있다.

따라서 이『교조약사』는 증산의 생애와 종교활동을 보는 또 다른 시각을 제공하고 있다. 비록 내용이 소략하기는 하지만 그 편찬목적이 분명하게 드러나는 만큼, 당시의 인물과 사조를 읽는 하나의 관점을 제공하리라는 것이다.

출전

「『교조약사』의 구조와 성격」(『한국종교』 35, 원광대 종교문제연구소, 2012)

〈부록〉『교조약사』(현대문)

교조약사敎祖略史

유惟 황상제皇上帝[1]께옵서 창생蒼生의 무도無道함을 애련哀憐히 여기사 천하를 대순大巡하시다가 삼계신망三界神望으로 사토斯土에 화현化現하사, 선천先天의 기진旣盡한 수數를 폐폐閉하고 후천后天의 무궁無窮한 운運을 개開하시며 위인偉人을 선택選擇하사 교통敎統을 전傳하시니, 즉卽 교조敎祖[2]이다.

교조敎祖의 호號는 증산甑山이오 성姓은 강씨姜氏오 휘諱는 일순一淳이오 자字는 사옥士玉이니 진주인晉州人이라, 신미년辛未年(1971) 9월九月 19일十九日 자시子時에 전북 고부군 우덕면 객망리全北 古阜郡 優德面 客望里, 今 井邑郡 德川面 新月里 향제鄕第에서 탄생誕生하시다.

신축년辛丑年(1901)[3]으로부터 천지공사天地公事[4]를 행行하실새 상제上帝

---

1) 姜一淳(1871~1909)을 가리킴. 증산교의 창시자. 본관 진주, 자 士玉, 호 甑山 혹은 大巡. 1894년 동학농민혁명 당시 청년으로 활동한 그는 혁명의 실패를 예견하고 김형렬 등을 구해낸다. 1901년 7월 전북 모악산 대원사에서 수행 중 대각을 이루고 종교운동, 이른바 天地公事를 시작하여 1909년 화천한다. 그를 따르던 김형렬·차경석 등 여러 종도가 각각 교파를 설립하여 활동하였다.
2) 증산을 가리킴.
3) 증산의 탄생지.
4) 증산의 종교활동을 총칭하는 말.

의 권능權能을 임의任意로 행行하시고 옥황상제玉皇上帝라는 말씀이 유有하셨다. 그기其 기행이적奇行異蹟은 필설筆舌로 진기盡記케 불능不能하고 다만 무능명無能名 삼자三字로써 형용形容할 수밖에 없더라.

정미년丁未年(1907) 5월五月 17일十七日에 금구군金溝郡 거야주점巨野酒店에서 차교주車敎主5)를 봉봉하사 차교주車敎主가 정읍井邑으로 가시기를 간청懇請하니, 교조敎祖께서 짐짓 거절拒絶하는 듯하면서 성의誠意를 시험試驗코자 십여일간十餘日間을 김사유 수점실金士裕 水砧室6)에서 유연留連하시다가 6월六月 3일三日에 정읍군井邑郡 입암면笠巖面 대앙리大央里 차교주 본제車敎主本第7)로 내來하시다.

교조敎祖께서 차교주車敎主를 만나시기 전前에는 삿갓農笠만 쓰고 다니심으로 세인世人이 광인狂人으로 지목指目하더니 차교주車敎主를 봉착逢着하신 후後로부터는 「나도 만날 사람을 만났으니 의관衣冠을 하겠다」하시고 의관衣冠을 구具하시다.

기시其時 차교주車敎主께서 단발斷髮을 하였는데 교조敎祖께서 망건網巾을 준비準備하고 두발頭髮을 기르라 명령命令하시다. 그후其後에 차교주車敎主께서 누차累次 망건網巾을 착着하겠다 고告하여도 교조敎祖께서 허許치 아니하사 왈曰 인人이 망건網巾을 시착始着할 시時에 무의미無意味하게 착착하면 포기抛棄하기가 용이容易하나니 마음에 꼭 망건網巾을 착着하여야 되겠다는 생각生覺이 생生하여야 다시는 깎지 아니하나니라 하시더니 기년其年 11월十一月에 지至하여 교조敎祖께서 교주敎主에게 다시는 단발斷髮 아니하겠다는 다짐을 받고 망건서網巾序와 시詩 일절一絶을 작作하여 주신 후后에 망건網巾 착착함을 허許하시다.

---

5) 車京石(1880~1936). 普天敎의 창시자. 본명은 輪洪, 호는 月谷. 증산의 대표적인 從徒의 한 사람. 흔히 車天子로 불렀다. 증산 사후 1911년 이종 사촌으로 首婦인 高判禮(1880~1935)와 함께 종도들을 규합하여 지하 종교운동을 전개하였다. 1914년부터 교권을 장악하자 고판례가 1918년 결별하고 나가 仙道敎를 창립한 후 독자적으로 운영하였다. 1921년 普化敎라는 이름으로 公示했다가, 이듬해인 1922년 보천교로 개칭하였다.
6) 증산의 종교체험 즉 道通한 해를 가리킴. 그는 이해 7월 7일 母嶽山 大院寺 七星閣에서 수련 중의 체험이며, 이로부터 종교활동 즉 천지공사를 시작한다.
7) 월곡의 본가.

서에 이르기를,

한 몸에 마음 나타남이 있지 않은 것 같으니 없으면 만사가 방황하게
되고, 반드시 한 극도 없는 것인데 있다고 하면 방황하는 것이 꿈과 같도다.
그 극이 반드시 무에 도달하게 되면 순응하고, 있게 되면 거슬리도다.
선성도 (이를 말할 때) 같지 않아서 금수의 도가 결정코 한 차례 일어나게
되니, 너는 거슬림을 쫓을지어다.

시에 이르기를,

하도의 의기는 말과 사람이 같았고
그러므로 한 털을 뽑아서 천하를 위하였도다
박람박식하면 누구나 복희요
천황의 공정에 해무리처럼 빛나리라[8]

을유년乙酉年(1909) 정월正月 초3일初三日 매상昧爽에 고사치성제告事致誠祭
를 천지신명天地神明에게 거행擧行할 새 초2일初二日 야夜에 비룡촌飛龍村[9]으로
좌座를 이移하사 차교주車敎主로 하여금 제례祭禮를 대행代行하라 하시고 초3
일初三日에 정읍井邑을 이離하사 전주군全州郡 우림면雨林面 동곡리銅谷里[10]
김형렬金亨烈[11]에 거거居居하시다.

---

8) 「序曰 如無有一身現心 無則事萬皇 而必無一極 有則夢一皇 而其極必達 無則順 有則逆
先聖不同 禽獸之道 定有一作故予從逆

詩曰 河圖義氣馬人同 故拔一毛爲天下 博覽博識誰伏羲 天皇公庭表日暈」
9) 현재 정읍시 입암면 대흥리 소재.
10) 현재 김제시 금산면 용암리 소재. 증산이 세운 銅谷藥房이 있었다.
11) 金亨烈(1862~1932). 호는 太雲. 증산의 대표적인 종도 가운데 한 사람. 증산과
1894년 동학혁명 당시에 만났다가, 대각 후인 1902년 다시 만나 종도로 추종하였다.
1918년 위봉사 주지 郭法境과 협의하여 금산사에서 彌勒佛敎를 창시하였다. 1919년
9월 금산사 미륵전에서 치성을 드리자 주지 金潤昌이 독립운동한다고 밀고장을 보내
경찰에 연행 되었다가 6개월만에 감옥에서 나와 1921년 서울에서 미륵불교진흥회로
다시 종교활동을 시작하여 이듬해 미륵불교로 개칭하였다. 1923년 일본대진재를 예언하
는 등 활발한 종교활동을 하였으나 1931년 10월 그의 사망과 함께 교단이 해체되었으나,
그의 유지는 柳濟鳳을 거쳐 1954년 崔善愛로 전해지고, 그녀는 1964년 6월 미륵불의
계시를 받고 교명을 大韓佛敎法相宗로 바꾸었다. 현재 김제시 금산면 금산리에 위치하며
교명을 彌勒佛敎法相宗로 바꾸었다.

동년同年 6월六月 24일二十四日에 교조敎祖께서 김형렬가金亨烈家에서 천화天化하시다. 생존시生存時에 추종追從하던 제자弟子가 수십인數十人이지마는 모두 도통공부道通工夫 법방法方이나 득得할까 하는 욕심慾心으로만 상종相從하다가 불의不意 일조一朝에 교조敎祖가 개연장서溘然長逝하시니 모두 허망虛妄하다 하고 산거散去하되, 차교주車敎主께서 독獨히 의의義誼와 정곡情曲을 사思하사 박공우朴公又[12] 일인一人을 만류挽留하시고 상거喪轝를 수행隨行하사, 동후洞後 산록山麓에 매장埋葬하시고, 가家에 귀歸하신 후後 유시호有時乎 비룡산飛龍山에 등登하사 옥황상제玉皇上帝[13]를 호呼하면서 고지통곡叩地痛哭하시고 유물遺物인 약장藥欌앞에 가서 배례拜禮를 헌獻하시다.

기시其時 교조敎祖의 유물遺物인 약장藥欌 1개一個와 소궤小櫃 1개一個가 동곡리銅谷里에 재在하였는데 김형렬金亨烈이 차此를 타인他人에게 매각賣却하였다. 차교주車敎主께서 차此를 환추還推하여 정읍본소井邑本所[14]에 보관保管하였다. 기후其後 무오년戊午年(1912) 10월경十月頃에 장한壯漢 수십명數十名이 각각各各 곤봉棍棒을 지지持하고 형용形容을 변환變幻하여 심야深夜에 내습來襲하는데 차시此時 차교주車敎主는 가家에 부재不在한지라 장한壯漢 등等이 혹或 관리官吏의 모양模樣으로 교주敎主의 명자名字를 직호直呼하면서 작야昨夜 귀가歸嫁하였다 하므로 포촉捕捉하러 왔다고 하면서 혹或은 강도强盜의 모양模樣으로 가택家宅을 수색搜索하더니 가인家人이 경황驚惶하여 감敢히 동작動作치 못하였더니 급及 기퇴거其退去할 시時에 단지但只 약장藥欌과 궤櫃만 지거持去하므로 타파인他派人[15]이 관리官吏와 강도强盜로 가장假裝하여 교조敎祖의 유물遺物을 도거盜去하려 내래來한 줄로 각득覺得하고 교주敎主의 친제親弟 윤칠輪七[16]이 대함개문이출大喊開門而出하니 강도强盜가 첨하簷下에 은복隱伏하였다가

12) 朴公又(1876~1940). 호는 仁庵. 증산의 대표적인 종도 가운데 한 사람. 증산에게 醫統을 秘傳받고, 1914년부터 정읍군 흥덕에서 太乙敎를 창립하였다. 1916년에 본부를 태인으로 옮겼다가, 1928년에 김제군 금산면 원평으로 옮겼다.

13) 증산을 가리킴.
14) 정읍에 위치한 普天敎 본부.
15) 증산종도 가운데 보천교 이외의 교파 사람.
16) 車輪七. 월곡 차경석의 親弟. 『증산천사공사기』 등에는 월곡의 친제로 윤칠 외에 輪京 등이 나타난다.

곤봉棍棒으로써 윤칠輪七을 타도打倒하고 도주逃走하는지라 윤칠輪七이 부상
전도이출負傷顚倒而出하여 역정役丁을 환기喚起하니 역정役丁이 동리洞里를 공
동哄動하여 수십인數十人이 추종追蹤하니 강도强盜 등等이 중로中路에서 약장藥
欌은 포기抛棄하고 소궤小櫃와 약장대藥欌臺만 배부도주背負逃走하므로 추지불
급追之不及하여 약장藥欌만 수습귀래收拾歸來하였다. 기후其後에 탐문探問한즉
구태인舊泰仁에 거거居去하는 조철제趙哲濟[17]라는 자者의 소위所爲이러라.

　계해년癸亥年(1923) 3월三月 3일三日에 교조敎祖의 체백體魄이 본소本所에
내래하다. 기원인其原因은 태인泰仁 조철제趙哲濟라는 자者가 교조敎祖 장례거
행葬禮擧行을 빙자憑藉하고 교도敎徒의 금전金錢을 사기詐欺할 목적目的으로
교조敎祖의 묘묘를 굴굴掘하여 유골遺骨을 반이搬移하여 자기自己의 가家에 두고
교조敎祖의 친매親妹[18]와 연락連絡하여 교조敎祖의 의자義子로 유명遺命을
득得하여 교통敎統을 계승繼承하였다 칭칭稱하고 오는 교인敎人에게 복福을 수受
코자 하거든 교조敎祖의 유골遺骨 앞에 금전金錢을 헌납獻納하라 하여 수천원數
千圓 금전金錢을 착취搾取하였더니, 고부군古阜郡 와룡리臥龍里 문남용文南用[19]
이라 하는 자者가 동당同黨 수십인數十人을 구구驅하여 강도强盜로 분작扮作하고
심야深夜에 조철제가趙哲濟家를 입入하여 조철제趙哲濟를 구타毆打하고 유골遺
骨과 현금現金 4천원四千圓을 탈취奪取하였든바 해사실該事實이 전주경찰당국
全州警察當局에 청문聽聞되어 정읍관내井邑 관내사건管內事件이므로 전주全州에
서 정읍경찰서井邑警察署로 조회照會하여 조사調査한 결과結果에 유골遺骨이
정읍경찰서井邑警察署에 압수押收되고 문남용文南用은 징역懲役에 처처處하고
조철제趙哲濟는 도주逃走하고 유골遺骨은 정읍井邑 대앙리大央里 보천교본소普
天敎本所로 인도引渡하다. 기후其後에 교조敎祖의 친녀親女인 강순임姜舜任[20]과

---

17) 趙哲濟(1895~1958). 无極道 · 太極道의 창시자. 자는 定普, 호는 鼎山. 흔히 趙天子로
　불린다. 수도 중 1917년 2월 10일에 증산의 태극도리를 오득하여 開眼靈通하고, 이듬해부터
　종교활동을 시작하였다. 1936년 조선총독부에 의해 교단이 해체당하자, 지하생활을 하다가
　해방후 부산에서 太極道라는 이름으로 교단을 재건하였다.
18) 증산 강일순의 親妹. 선돌댁으로 불린다.
19) 文公信(1879~1954). 본명은 浦瀧, 호는 瀛山. 증산교 고부파를 창립하였다.
20) 姜舜任(1904~1959). 증산 강일순과 하동 鄭씨 사이에 난 무남독녀. 호는 華恩堂.
　1937년 종교활동을 시작하였으며, 그것이 현재의 甑山法宗敎이다. 증산법종교의 본부는

기부其夫 양덕진梁德眞21)이 김형렬金亨烈, 조철제趙哲濟, 이치복李致福,22) 안내성安乃成23) 등等의 독촉嗾囑에 의依하여 약장藥欌 급及 유골遺骨 인도소송引渡訴訟을 제기提起하므로 보천교普天教 중中에서 누년간累年間 재판裁判한 결과結果 승소판결勝訴判決을 득得하다.

　　교조약사 宗教祖略史終

김제시 금산면 금산리 금평제 가에 위치하며, 경내에 증산의 묘가 있다.

21) 강순임의 夫.

22) 李致福(1860~1944). 본명은 榮魯. 호는 石城. 증산 강일순의 대표적인 종도의 한 사람. 濟化教를 창립하였다.

23) 安乃成(1867~1949). 본명은 乃善, 호는 敬萬. 증산 강일순의 대표적인 종도의 한 사람. 甑山大道會를 창립하였다.

정산 송규의 유·불·도 삼교관

1. 서언

정산 송규鼎山 宋奎(1900~1962, 원불교에서는 宗師로 경칭함)의 사상은 본질적으로 원불교의 교의이념의 근본을 이루고 있다. 그것은 스승인 소태산 박중빈少太山 朴重彬(1891~1943, 원불교 교조로 교단에서는 大宗師로 경칭함)의 대각(大覺, 1916)에서 비롯된 구세이념救世理念이다. 이는 법신불일원상法身佛一圓相을 종지로 하는 일원대도一圓大道를 체계화시키고, 광선유포廣宣流布라는 기본틀을 전제로 하고 전개되었다는 말이다. 일찍이 그가,

〈1〉 나는 평생에 두 가지 기쁜 일이 있노니, 하나는 이 나라에 태어남이요, 둘째는 대종사(소태산)를 만남이니라.[1]

고 술회한 바와 같이, 소태산을 스승으로 만남으로 해서 시작되는 원불교의 창업에 그의 전 생애를 바치고 있기 때문이다. 특히 소태산의 재세시에 가르침을 받들면서 교의체계화에 보필하다가, 스승의 열반(1943)과 더불어 사자상승師資相承으로 법통을 잇고 유업을 계승하면서 소의경전의 정비 등, 그가 남긴 족적은 대단한 바가 있다. 원불교교의이념의 파악에 있어서 정산사상의 이해를 필요로 하는 연유가 여기에 있다.

---

1) 『鼎山宗師法語』 기연편 8장(『圓佛敎全書』, 圓佛敎正化社, 1977, 835쪽)

정산 송규

　이러한 그의 생애를 크게 나누어, 제1기를 출생(1900)에서 출가(1917)까지의 구도성장기成長求道期로, 제2기를 출가에서 소태산 열반(1943)까지의 교단창업기敎團創業期로, 제3기를 종법사宗法師 취임에서 열반(1962)까지의 성업주도기聖業主導期로 구분해보면,2) 그의 사상은 각각의 시기에 따라 분명한 특성이 발견된다. 제1기가 수학受學 등을 통한 사상의 준비기라면, 제2기는 소태산의 영향에 의한 사상의 확립기요, 제3기는 확립된 사상의 전개기라 볼 수 있을 것이다.

　정산의 작품3) 가운데는 제2기에 이루어진 것도 적지 않지만, 이 시기의 것은 소태산법설의 수필이나 고경강독古經講讀 등이 주종을 이룬다.4) 이에

---

2) 韓基斗, 「정산의 사상」(기념사업회 편, 『韓國近代宗敎思想史』, 원광대출판국, 1984, 1231쪽)에서는 명확한 연대 제시 없이 그의 생애를 요약하여, 첫째 鼎山의 求道期, 둘째 少太山을 만난 會遇期, 셋째 後繼宗法師가 된 主法繼承期로 구분하고 있다.

3) 정산의 작품을 어디까지로 한정할 것이냐에 대해서는 아직 교학계에서 합의가 이루어진 바가 없다. 『正典』과 『大宗經』도 그가 결집을 주도하였지만, 직접적인 것은 『鼎山宗師法語』, 『世典』, 『禮典』 등의 원불교 교서가 있다. 그리고 『鼎山宗師法說集』(1962, 원광사), 朴正薰 편저 『한 울안 한 이치에』(1982, 원불교출판사) 등이 원작품 내지 1차 자료를 수습한 기록이나, 관계자료를 망라한 것이 아니라 부분사항을 발췌함으로써 자료집으로서는 불충분하다. 생애를 다룬 저술 金一相 저 『鼎山宗師의 생애와 사상』(1987, 원광문고), 박정훈·손정윤 공저, 『開闢繼聖 鼎山宋奎宗師』(원불교출판사, 1992)에는 상당량의 작품 및 자료가 수록되어 있다. 정산의 소태산법설 受筆을 비롯한 論·史·記·詩 등 다양한 분야에 걸친 작품의 색인은 이광정편 『참고문헌부』(원불교교무부, 1974)를 참조.

4) 주요한 것으로는 소태산의 법문수필로 「道와 德」(『會報』 35, 1937). 「사람의 涅槃時를

비하면 제3기는 종법사위宗法師位에 나아가 교단의 대표로서 소의경전의 결집 등에 심혈을 기우렸기 때문에 다양한 법문과 함께 체계적인 사상이 드러나는 작품이 적지 않다.5) 언행록인『정산종사법어』의 내용이 주로 당시의 것임은 말할 나위 없다.

　　본고에서는 이러한 정산의 사상 중에서 전통사상의 주류를 이루고 있는 유・불・도 삼교관儒佛道 三敎觀에 대해 일별하고자 한다. 원불교 교의사상의 체계화라는 제일의적 요청 아래서 그가 삼교사상을 어떻게 수용하고 있는가 살피려는 것이다. 이를 바꾸어 말하면 소태산사상과 삼교사상을 어떻게 회통會通시키고 있는가의 입장으로도 볼 수 있을 것이다. 다만 그의 삼교관을 해명하기 위해서는 삼교사상에 담긴 정산의 사용어휘 등에 대해 구체적인 고찰을 필요로 하지만, 여기서는 이러한 요청에 부응해나가기 위한 전제로서의 일단을 밝혀보기로 한다. 이에 대해서는 이미 몇 건의 선행연구6)가 있는

당하야 靈魂 薦度하는 法說」(같은 책 54, 1939) 등이 있고, 古經 강독에는 「佛說滅義經」(같은 책 20, 1935) 등이 있다. 물론 교의해설로 「一圓相에 대하여」(같은 책 38, 1937,『圓佛敎開敎半百年 紀念文叢』527쪽 이하, 1971, 기념사업회, 重錄) 등이 있으며, 이밖에도 교단사연구의 효시를 이루는 「佛法硏究會 創建史」(『회보』37~49, 1937~1938)와 시문으로 「圓覺歌」(『月報』38, 1932) 등 원불교교단사 내지 사상사를 연구하는 데 있어서 간과해서는 안 될 중후한 작품을 발표하고 있다.

5) 禮에 대해서는『禮典』, 인생사에 대해서는『世典』등이 있지만, 그밖에도 少太山觀에 대해서는 「圓覺聖尊少太山大宗師碑銘幷序」(박정훈 편저, 전게서 181쪽 이하), 國家觀에 대해서는『建國論』(같은 책 263쪽 이하) 등이 대표적인 예이다.

6) 정산의 三敎觀 내지 이와 관련한 선행연구에는 柳炳德, 「少太山大宗師와 鼎山宗師」(同저『圓佛敎와 韓國社會』, 원광대출판국, 1977, 41쪽 이하), 金鎬柄, 「鼎山과 少太山 相逢에 관한 연구」(『원광보전연구지』5, 원광보건대, 1982, 21쪽 이하), 졸고, 「소태산대종사 碑銘의 연구」(『정신개벽』2, 신룡교학회, 1983, 23쪽 이하), 韓基斗 전게 「정산의 사상」, 申淳鐵, 「鼎山宗師의 儒學과 宋浚弼先生」(『원보』20, 원광대 원불교사상연구원, 1983.6, 2쪽 이하), 金洛必, 「修心正經의 仙家的 性格」(『圓佛敎思想』8, 원광대 원불교사상연구원, 1984, 95쪽 이하), 李空田, 「修心正經에 대하여」(범산문집『凡凡錄』, 원불교출판사, 1987, 323쪽 이하, 初出은『圓光』1986.1), 김기원, 「정산종사의 生涯와 思想」(성업봉찬회 편,『圓佛敎七十年精神史』, 원불교출판사, 1989, 279쪽 이하), 李聖田, 「정산종사의 因果觀」(『원불교사상』13, 1990, 131쪽 이하), 安東濬, 「定靜要論의 成立過程과 그 성격」(성업봉찬회 편,『人類文明과 圓佛敎思想』상, 원불교출판사, 1991, 607쪽 이하) 등이 있고, 원불교사상연구 총발표회 발표요지인『鼎山宗師의 生涯와 思想』(『원보』37, 1992.1)에는 宋天恩, 「鼎山宗師의 佛敎觀」(27쪽 이하), 졸고, 「鼎山宗師의 儒・佛・道 三敎觀」(30쪽 이하), 李中正,

데, 이들의 연구성과에 유의하며 연구과제의 윤곽을 그려보려는 것이다.

2. 정산의 학문기반과 전통사상

정산의 전통사상에 대한 관심은 일생사를 논하는 가운데 언급된 전게의 '한국(이 나라)'과 '스승(소태산)'이라는 용어에 집약되는 것으로 생각한다. 그에게 있어서 소태산의 교법을 체계화하려는 작업이 지상명령이었다고 한다면, 당연히 전제조건으로서 소태산이 출현한 한국이라는 구체적인 역사세계를 중시하지 않을 수 없었을 것이다. 다행히 그는 이들을 섭렵하는 수학과정을 거쳤고, 그의 사상에 절대적인 영향을 미친 소태산의 사상에 있어서도, 후술할 바와 같이, 이들은 사상적 기반을 이루고 있었다. 그러므로 「한국」의 전통사상과 「스승」의 일원사상은 그의 삼교관을 형성하는 바탕이 되는 셈이다.

주지하는 바와 같이 정산은 한국 근대유학의 거봉의 하나인 영남학파의 도학맥道學脈을 계승하고 있다. 사미헌 장복추四未軒 張福樞(1815~1900)와 서산 김홍락西山 金興洛(1827~1899)의 문인인 공산 송준필恭山 宋浚弼(1869~1943)의 문하에서 사대부의 학문을 수습한 것이다.[7] 그의 수학기간은 조선왕조가 멸망기를 당한 혼란한 사회상황이었고, 송준필을 중심한 정산의 가문[8]에서 유림항일운동儒林抗日運動이 발아되어, 후일 이른바 「유림단진정서儒林團陳情書」, 즉 1919년 파리 만국평화회의에 전국유림대표 137명의 서명으로 한국독립을 탄원한 일명 「파리장서巴里長書」사건으로 이어지는 자각된 풍토였음을 짐작할 수 있다.

「鼎山宗師의 靈·氣·質思想」(39쪽 이하) 등의 요지가 수록되어 있다. 그리고 朴龍德, 「定靜要論 草稿에 대한 연구」(『원불교사상연구원 제74차 연구발표회 요지』, 1992.3.27)는 정산의 도교관을 살피는 데 일단의 도움이 된다.
7) 琴章泰·高光植 공저, 『韓國儒學近百年』(박영사, 1984) 515쪽 이하, 宋浚弼의 『恭山先生文集』(대구, 1974) 그리고 申淳鐵·宋仁傑 전게논고 참조.
8) 琴章泰·高光植 공저, 전게서 522쪽 및 宋仁傑 전게 논고(12쪽) 참조.

지역적으로도 일세를 풍미한 민중종교로서의 동학東學이 수운 최제우水雲 崔濟愚(1824~1864)에 의해 개창(1860)되고, 그 전개상에서 교조의 신원문제 伸寃問題 등과 관련하여 민중혁명(1894)을 경험한 사회적인 여건을 근거리에서 호흡하면서 성장하였다. 한국근세에 있어서 민중종교의 역사인식은 흔히 개벽사관開闢史觀으로 파악되며, 이의 주맥을 최제우의 동학사상, 김항一夫 金恒(1826~1898)의 정역正易사상, 증산 강일순甑山 姜一淳(1871~1909)의 신명神明사상, 홍암 나철弘巖 羅喆(1860~1916)의 삼일三一철학, 소태산 박중빈의 일원철학一圓哲學으로 정리하게 되는데,[9] 이들 사상은 전통사상의 기반 위에 시대사회에 응한 새로운 전개양상을 분명히 하고 있다. 이를 우리는 삼교합일三敎合一이라는 공통적인 성격으로 파악하게 된다. 그 가운데서 오늘날 신종교의 대표적인 교단으로 불리는 천도교(동학) · 증산교 · 원불교의 삼교사상 수용은 각각 유교적 · 선교적 · 불교적이라는 특징[10]으로 드러난다.

　　그런데 정산은 이 개벽사관이라는 변화된 시대인식의 주맥을 형성한 동학의 사회활동 속에서 생장生長했으면서도, 일단 구도求道의 길에 들어서서는 증산교와 일단의 교섭관계를 거쳐 소태산과 제우際遇하고 있다.[11] 그 과정에서, 후술할 바와 같이, 그의 도교적 교양을 살필 수 있는 『정심요결正心要訣』을 입수하고 있으며, 모악산 대원사母岳山 大院寺라는 불교사원에 주석한 바도 있어서 불교와의 구체적인 만남도 확인할 수 있게 된다.

　　이렇게 본다면, 정산의 수학과정은 사대부의 길을 향한 유학이 중심이었음에도 불구하고, 구태의연한 전래의 학습정신을 탈피하는 작업을 수반하고 있었으리라 여겨진다. 삼교관을 중심한 전통사상의 재해석이라는 면에서 주목되는 것이다. 그는 이미 9세에 『통감通鑑』, 11세시에 사서四書를 읽다가 각각,

---

9) 柳炳德, 「開化期. 日帝時代의 民衆宗敎思想」(同 저 『韓國思想과 圓佛敎』, 교문사, 1989, 176쪽 이하, 초출은 『哲學思想의 諸問題』III, 한국정신문화연구원, 1985) 참조.
10) 金洪喆, 『韓國 新宗敎思想의 연구』(집문당, 1989, 126쪽 이하) 참조.
11) 정산의 성장 및 구도 등, 출가에 이르는 과정에 대해서는 전게 金鎬柄, 「鼎山宗師와 大宗師의 相逢에 관한 연구」를 참조.

〈2〉 한 남자로 세상에 태어나서 한 나라를 바로잡는 큰 인물이 되지 못한다면 어찌 그를 일러 대장부라 할 것인가.

〈3〉 내 민족을 구하고 세계를 바로잡는 큰 일꾼이 되어야겠다.[12)]

라는 포부를 토로했다고 한다. 그리고는 옛 성현과 영웅들의 위폐를 봉안하고 참된 스승을 만나기 위한 기도를 시작했다고 하니까, 한일합방(1910)이 이루어진 당시에 그는 이미 전통적인 사대부의 길을 넘어서서 신앙적인 성향을 분명히 하고 있었던 것으로 보인다. 그리고 15세 되던 1914년 가야산에서 3개월간 은거하면서 치성을 드리게 된 것을 기점으로 구체적인 종교활동에 들어서고 있는 것이다. 어떻든 그는 수학과정에 있어서 시대사회의 변화상황을 철견함으로써 전통사상에 대해서도 새로운 시각을 가지고 있었다. 그가 실학에 관해 깊은 이해를 가지면서도 새로운 해석을 내리게 되는 것이 이의 좋은 예가 될 것이다. 그는,

〈4〉 신앙과 숭배는 일원상一圓相을 상대로 한 타력他力이요, 체득體得과 이용은 일원상을 상대로 한 자력自力이니, 일원一圓의 공부가 자력인 중에도 타력이 포함되야 자타력병진법自他力並進法으로 이 무궁한 사리事理를 원만히 이행하는 바, 신앙을 하면 신앙에 대한 실효가 나타나고 숭배를 하면 숭배에 대한 실효가 나타나고 체득을 하면 체득에 대한 실효가 나타나고 이용을 하면 이용에 대한 실효가 나타나서 능히 복리福利를 수용하고 불과佛果를 증득하나니, 이것이 곧 무상대도無上大道이며 실천실학實踐實學이 되는 것입니다.[13)]

〈5〉 무슨 법이나 고원하고 심오한 이론은 기특하게 생각하나 평범하고 비근한 실학은 등한히 아는 것이 지금 사람들의 공통된 병이니, 마땅히 이에 깊이 각성하여 평상시에 평범한 예절을 잘 지키는 것으로 예전 실행의 기본을 삼을 것이며….[14)]

---

12) 李空田, 「鼎山 宋奎」(『圓光』 1986.4, 71쪽).
13) 宋奎, 「一圓相에 대하여」(『圓佛教開教半百年 紀念文叢』 531쪽).
14) 『정산종사법어』 예도편 2장(『원불교전서』 845쪽)

〈6〉 인조견은 결국 비단행세를 못하나니, 외식에 힘쓰지 말고 오직 실實을 기르라.15)

하고 있다. 이러한 구체적인 표현은 원불교 교법에 관한 실학적 성격을 강조하는 바에 주안점을 두고 있지만, 실학에 대한 깊은 통찰이 함께 함으로써 가능하며,16) 그의 수학과정에서의 입지立志와 같은 선상에서 이해되는 바다.

그가 남긴 각종 작품이 학문적 품격을 고준하게 갖추고 있음은 주지하는 사실이지만, 특히 『정산종사법어』에 수없이 나타나는 다양한 고전인용구古典引用句와 자작한시구自作漢詩句는 수학과정에서 섭렵한 학문적 기반을 말해주는 것이며, 그 폭은 드디어 유·불·도 삼교를 포함한 고금의 지성을 망라하고 있다. 유학에 축이 두어진 그의 학문적 기반위에 변화된 시대에 상응한 구세이념을 널리 갈구하게 되었고, 마침내 소태산과 상봉함으로써 원불교 교의이념의 체계화와 선포를 중심으로 새로운 전개를 가져온 것으로 보인다.

3. 소태산의 삼교관과 그 영향

유학을 기반으로 한 학문을 수습한 정산이, 교법의 불법연원佛法淵源을 선포한 소태산의 구세경륜을 자신의 사상으로 소화해 내는 과정은 대단히 진지하고 흥미로운 바가 있다. 주지하는 바와 같이 소태산은 일원상진리를 대각하기 전에 특정종교의 교의사상을 학습하거나 수행과정을 경험한 일이

---

15) 『정산종사법어』 근실편 9장(『원불교전서』 1057쪽)

16) 원불교 교의의 실학적 경향에 대해서는 李乙浩, 「圓佛教 教理上의 實學的 課題」(『圓佛教 思想』 8, 1984, 251쪽 이하), 尹絲淳, 「濟度意識에 있어서의 實學的 變容」(같은 책, 279쪽 이하), 宋天恩, 「圓佛教 教理의 實學的 性格」(편집위원회 편, 『韓國文化와 圓佛教思想』, 원광대출판국, 1985, 943쪽 이하), 柳炳德, 「少太山의 實踐實學」(전게 『韓國思想史』, 1215쪽 이하)을 참조. 그것은 소태산의 실천수행적 교의사상에 짙게 깔려 있으며, 정산의 사상으로 전개되고 있음이 확인된다.

없었다. 깨달음 후 각 종교의 경전을 열람함으로써 자신의 개오처開悟處를 징험하는 바에서 전통사상과의 만남17)을 확인할 수 있다. 그리고 마침내 『금강경金剛經』을 보고,

〈7〉 서가모니불은 진실로 성인들 중의 성인이라. …내가 스승의 지도 없이 도를 얻었으나 발심한 동기로부터 도 얻은 경로를 돌아본다면 과거 부처님의 행적과 말씀에 부합되는 바 많으므로 나의 연원을 부처님에게 정하노라.…장차 회상을 열 때에도 불법으로 주체를 삼아 완전무결한 큰 회상을 이 세상에 건설하리라.18)

---

17) 소태산의 儒·佛·道 三教를 중심한 전통사상에 대한 관점을 다룬 선행연구에는 韓基斗,「佛教와 圓佛教」(『圓佛教學研究』8, 원광대 원불교학회, 1978, 15쪽 이하), 金洪喆, 「水雲·甑山·少太山의 儒·佛·仙 三教觀」(『韓國宗教』4·5합, 원광대 종교문제연구소, 71쪽 이하), 柳承國,「儒教思想과 圓佛教」(『圓佛教思想』5, 1981, 255쪽 이하), 徐慶田, 「少太山思想에 나타난 儒·佛·道思想 및 西歐宗教 思想受容」(『論文集』인문15, 원광대, 1981, 35쪽 이하), 韓正釋,「圓佛教 佛教觀」(『圓佛教思想試論』I, 수위단회사무처, 1982, 74쪽 이하), 金洛必,「近世性理學과 圓佛教思想」(『精神開闢』1, 1982, 3쪽 이하), 조용연, 「近代儒學과 圓佛教」(같은 책 31쪽 이하), 柳炳德,「圓佛教의 佛教觀」(전게『韓國近代宗教 思想史』, 1137쪽 이하), 洪潤植,「佛教史의 脈絡에서 본 圓佛教」(전게『韓國文化와 圓佛教思 想』103쪽 이하), 金洛必,「初期教團의 道教思想 受容」(『圓佛教思想』10·11합, 1987, 701쪽 이하), 韓基斗,「一圓相과 圓佛教」(같은 책, 95쪽 이하), 李鉉澤,「少太山大宗師의 儒教受容과 儒教觀」(동 저,『圓佛教恩思想의 研究』, 원광대출판국, 1989, 209쪽 이하, 초출은 『圓佛教思想』12, 1988), 柳炳德,「金剛經と少太山의 教判思想」(『印度學佛教學研究』37-2, 日本印度學佛教學會, 1989, 135쪽 이하), 韓基斗,「圓佛教의 새 佛教 開創方向」(편집위원회 편,『韓國哲學宗教思想史』, 원광대출판국, 1990, 1089쪽 이하), 김낙필,「원불교의 儒教思想 수용에 관한 연구」(박맹수 외 공저,『한국 근대사에서 본 원불교』, 원화, 1990, 83쪽 이하), 이영춘,「圓佛教思想의 儒教的 淵源」(같은 책, 107쪽 이하), 안동준,「少太山 一圓相의 道教的 考察」(같은 책, 167쪽 이하), 李永觀,「少太山大宗師의 先賢觀」(同 저,『벨라宗教觀과 韓國宗教』, 원불교출판사, 1992, 393쪽 이하, 초출은『精神開闢』9, 1990), 姜錫煥,「圓佛教의 儒教受容에 관한 고찰」(『정신개벽』9, 89쪽 이하), 洪潤植,「韓國佛教史上의 圓佛教」(전게 『人類文明과 圓佛教思想』447쪽 이하), 琴章泰,「韓國儒教思想과 少太山思想」(같은 책, 479쪽 이하), 池教憲,「韓國實學思想과 少太山思想」(같은 책, 539쪽 이하), 朱七星,「圓佛教 思想과 實學思想」(같은 책, 567쪽 이하), 졸고,「韓國道教와 少太山思想」(같은 책, 585쪽 이하), 鄭舜日,「圓佛教의 三教圓融 思想」(『佛·儒·道三教의 交涉』, 제13회 國際佛教文化 學術會議要旨, 원광대, 1992, 117쪽 이하) 외 적지 않은 논고가 발표되어 있다.
18)『大宗經』서품 2장(『원불교전서』, 107쪽)

하여 불법을 주체삼는 새 회상會上 건립에 의한 법륜부전法輪復轉을 선포하고 있다. "원불교는 새 불교"라는 명제가 여기에서 성립한다. 물론 이에는 한국이라는 사회환경과 불교라는 종교집단을 소태산이 어떻게 보았느냐에 관한 구체적인 논급을 필요로 한다. 깨달음을 주체한 불교의 궁극적 진리에 대해 전적으로 공감하면서도 자신이 건설할 회상을 '불교' 대신에 '불법'이라 표현함으로써 대승불교로서의 한국불교상황을 넘어선 초대승적超大乘的인 불교를 지향하고 있기 때문이다.

그런데 열람경전이 불교연원을 확정함으로써 타기된 것이 아니라, 원불교의 교의형성 이른바 교강 마련 과정에서 거듭 참조되었다는 점에 주목하게 된다. 깨달음의 구극적인 경지가 초시공적超時空的인 것이었다 해도 그것이 역사세계歷史世界에 구체적인 구세이념으로 제도화되는 과정에서 전통사상, 전통종교의 교의이념은 섭렵하지 않을 수 없는 문화사상적 기반일 수밖에 없다. 그렇게 보면 열람경전은 전통사상과의 관련을 말해주는 구체적인 사례로써 원불교 교의형성의 파악에 한 실마리를 열어주고 있다.

『원불교교사』에 나타난 열람경전은,

〈8〉유교의 사서와 소학小學, 불교의 금강경 · 선요禪要 · 불교대전佛敎大典 · 팔상록八相錄, 선가仙家의 음부경陰符經 · 옥추경玉樞經, 동학의 동경대전東經大全 · 가사歌詞, 기독교의 구약 · 신약 등인 바…19)

라고 했으나, 이밖에도 정산에 의해 증산교 계통에서 입수된『정심요결』20)

---

19)『圓佛敎史』1편, 3장(『원불교전서』, 1198쪽).『禪要』는 高峰 原妙(1238~1295)의 저술이며,『佛敎大典』은 韓龍雲(1979~1944)의 집술이다.
20)『정심요결』은 증산교파의 하나인 三德敎 경전인 許昱,『靈寶局定靜篇』(서상범 편,『生化正經』부록 한문본, 삼덕교교화부, 1955)과 내용적으로 관련되어 있으며, 정산을 통해 원불교에 유입된 후 敎綱形成期 즉 邊山制法 당대(1919년 이후)에 국역되어 初期敎書인『修養硏究要論』(불법연구회, 1927)의『定靜要論』(한글본) 저본을 이루며, 이후 정산이 分章刪補하여『修心正經』(『圓佛敎敎故叢刊』4, 별록 한문본, 원불교정화사, 1969)이라는 명칭으로 유행한다(졸고,「修養硏究要論의 構造와 性格」,『圓佛敎思想』14, 329쪽 이하 및 345쪽 이하『修養硏究要論』원문을 참조) 열람경전이 변산재법기에 지참된 것은 이들이 대부분『수양연구요론』에 인용되는 등 당시에 사용했던 흔적이 뚜렷하기 때문이

등이 있었던 것으로 보인다. 삼교의 전적이 구체적으로 참조되었음이 확인되는 것이다. 물론 『정전』이나 『대종경』에 언급된 소태산의 삼교관계 기록은 본질적으로 원불교교의를 설명하는 가운데 부분적으로 언급된 것은 말할 나위 없지만, 이와 같이 보면 그 가운데 분명한 관점이 피력되어 있음을 알 수 있다.

그런데 이는 크게 두 가지 방향에서 생각해볼 수 있다. 첫째는 소태산이 삼교의 전체적인 분위기, 이른바 전통사상에 대해 어떤 관점을 가지고 있었으며, 그것을 어떻게 수용하고 있는가 하는 점이다. 둘째는 연원종교인 불교를 비롯한 삼교 각각의 사상에 대해 어떤 이해를 가지고 있었으며, 어느 범위에서 응용하고 있는가라는 점이다.

먼저 소태산 삼교관의 기본구조를 살피는 데 있어서 우선 다음의 법문에 주목해볼 필요가 있다.

〈9〉 불상은 부처님의 형체를 나타낸 것이요, 일원상은 부처님의 심체心體를 나타낸 것이므로, 형체라 하는 것은 한 인형에 불과한 것이요, 심체라 하는 것은 광대무량하여 능히 유와 무를 총섭하고 삼세三世를 관통하였나니, 곧 천지만물의 본원이며 언어도단의 입정처入定處라, 유가에서는 이를 일러 태극 혹은 무극이라 하고, 선가에서는 이를 일러 자연 혹은 도라 하고, 불가에서는 이를 일러 청정법신불이라 하였으나, 원리에 있어서는 모두 같은 바로서 비록 어떠한 방면 어떠한 길을 통한다 할지라도 최후 구경에 들어가서는 다 이 일원의 진리에 돌아가나니…[21]

〈10〉 달마께서는 "응용무념應用無念을 덕이라 한다" 하셨고, 노자께서는 "상덕上德은 덕이라는 상이 없다" 하셨으니, 공부하는 사람이 이 도리를 알고 이 마음을 응용하여야 은혜가 영원한 은혜가 되고 복이 영원한 복이 되어

다. 또한 이 『요론』에 『六祖壇經』이 인용되어 있는 것으로 보아 이밖에도 몇 종의 經書가 더 있었을 것이며, 1935년에 발행된 『朝鮮佛敎革新論』이 당시에 초안되었다고 하면(『원불교교사』, 55쪽, 『원불교전서』, 1223쪽), 『불교대전』의 저자 한용운이 1913년에 저술하여 당시 사회를 주목시킨 『朝鮮佛敎維新論』 등이 참조되었을 가능성도 배제하기 어렵다.

21) 『대종경』 교의품 3장(『원불교전서』, 126-127쪽)

천지로 더불어 그 덕을 합할 것이니….22)

〈11〉 앞으로는 불교를 믿음으로써 사회 국가의 일이 잘 되도록 하려 하노니
무부무군無父無君이 될까 염려하지 말 것이며, 또는 주역周易의 무극과 태극이
곧 허무적멸의 진경이요, 공자의 인仁이 곧 사욕이 없는 허무적멸의 자리요,
자사子思의 미발지중未發之中이 허무적멸이 아니면 적연 부동한 중中이 될
수 없고, 대학의 명명덕明明德이 허무적멸이 아니면 명덕을 밝힐 수 없는
바라, 그러므로 각종 각파가 말은 다르고 이름은 다르나 그 진리의 본원인즉
같나니라.23)

〈12〉 불교는 무상대도無上大道라 그 진리와 방편이 호대하므로 여러 선지식이
이에 근원하여 각종각파로 분립하고 포교문을 열어 많은 사람을 가르쳐
왔으며, 세계의 모든 종교도 그 근본되는 원리는 본래 하나이나, 교문敎門을
별립別立하여 오랫동안 제도와 방편을 달리하여 온 만큼 교파들 사이에
서로 융통을 보지 못한 일이 없지 아니하였나니….24)

　　원불교의 진리관을 설한 이 법문에서 삼교사상은 일원으로 회통되고 있
다. 일원상을 유교의 태극·무극, 도교의 자연·도, 불교의 청정법신불과
근원적인 진리의 면에서 회통시킴으로써 전통사상의 정수를 꿰뚫고 있는
것으로, 이를 원불교 원융사상의 극치로 표현하여 무방할 것이다. 유·불·
도 삼교를 비롯하여 동서양의 철학 종교사상이 그 안에 포섭회통되고 있는
것이다. 이는 원불교사상의 교상판석적敎相判釋的 의미구조에서도 드러난
다. 「교리도敎理圖」에서는 일원상을 개념지으면서,

〈13〉 일원은 법신불이니 우주만유宇宙萬有의 본원本源이요, 제불제성諸佛諸聖의
　　　심인心印이요 일체중생一切衆生의 본성本性이다.25)

---

22) 『대종경』 인도품 17장(『원불교전서』, 218쪽)
23) 『대종경』 변의품 20장(『원불교전서』, 281쪽)
24) 『정전』 총서편, 교법의 총설(『원불교전서』, 19-20쪽)
25) 『正典』 敎理圖(『원불교전서』, 冒頭)

라고 함으로써, 불교의 진리에 축을 두면서도 「제불제성」 등으로 표현되는
바와 같은 전통사상을 수렴회통한다. 교판논리에 의하면 종래의 그것이 한
결같이 타종교 타사상을 하열한 것으로 일축하고 자신이 의지하는 경전 내지
교의사상을 최상의 교법으로 위치지으려고 해왔다. 불교에서는 삼교 위에
불교를 위치시키고 다시 그 위에 선사상禪思想을 전개하며 그 위에 경절문徑截
禪 등을 둠으로써 궁극에 들어갈수록 좁아지며, 유학이나 도교에 있어서도
같은 형태를 띰으로써 배타적인 경향이 주류를 이루어온 것이다.26) 그러나
소태산은 「법위등급法位等級」에 있어서 교법의 진수에 해당하는 출가위出家
位 조항에서 "현재 모든 종교의 교리를 정통하며"27)라고 설시하여, 정체성확
립이 만종교 만사상에 회통함을 분명히 하고 있는 것이다.28)
    그런데 소태산은 이러한 회통적인 입장과 함께,

〈14〉 과거에 모든 교주가 때를 따라 나오시어 인생의 행할 바를 가르쳐왔으나
    그 교화의 주체는 시대와 지역을 따라 서로 달랐나니, 비유하여 말하자면
    같은 의학 가운데에도 각기 전문 분야가 있는 것과 같나니라. 그러므로,
    불가佛家에서는 우주 만유의 형상 없는 것을 주체삼아서 생멸 없는 진리와
    인과보응의 이치를 가르쳐 전미개오轉迷開悟의 길을 주로 밝히셨고, 유가儒家
    에서는 우주 만유의 형상 있는 것을 주체삼아서 삼강 · 오륜과 인 · 의 · 예 ·
    지를 가르쳐 수제치평修齊治平의 길을 주로 밝히셨으며, 선가仙家에서는
    우주 자연의 도를 주체삼아서 양성養性하는 방법을 가르쳐 청정무위淸淨無爲
    의 길을 주로 밝히셨나니, 이 세 가지 길이 그 주체는 비록 다를지라도
    세상을 바르게 하고 생령을 이롭게 하는 것은 다 같은 것이니라. 그러나
    과거에는 유 · 불 · 선 삼교가 각각 그 분야만의 교화를 주로 하여왔지마는,
    앞으로는 그 만 가지고는 널리 세상을 구원하지 못할 것이므로 우리는

---

26) 한국불교에 있어서는 知訥(普照國師, 1158~1210)의 禪中心의 定慧雙修와 徑截禪의
    전개, 유학에 있어서는 鄭道傳(?~1398)의 삼교의 心氣理 對配와 崇儒理論, 도교에 있어서는
    韓無畏(?~1610) 『海東傳道錄』에 수록된 「丹書口訣十六條」에 나타난 삼교상의 도교우위와
    도교에서의 鍊丹强調가 그 좋은 예가 될 것이다.
27) 『정전』 수행편, 법위등급(『원불교전서』, 103쪽)
28) 졸고, 「法位等級의 敎判的 성격」(『圓佛敎思想』 13, 402쪽 이하, 초출은 『제3회 원불교사
    상연구 총발표회 요지』, 1984) 참조.

이 모든 교리를 통합하여 수양·연구·취사의 일원화와 또는 영육쌍전靈肉雙全·이사병행理事並行 등 방법으로 모든 과정을 정하였나니, 누구든지 이대로 잘 공부한다면 다만 삼교의 종지를 일관할 뿐 아니라 세계 모든 종교의 교리며 천하의 모든 법이 다 한 마음에 돌아와서 능히 사통오달의 큰 도를 얻게 되리라.[29]

라는 법문을 내리고 있다. 원융회통적 성격은 앞의 법문들에 일관하지만, 이에는 과거 삼교의 분야별 지엽적 교화에 치우친 존재형태에 대한 비판이 담겨 있다. 진정한 가르침에 대하여 소태산은 종래의 「삼교정족三敎鼎足의 치세관治世觀」[30]을 수용하면서도, 그것들이 상호 유기적으로 기능하는 교화가 되지 못할 때는 역할을 기대할 수 없다는 것이다.

여기에서 삼학병진三學並進의 실천행이 주창되는데, 이를 삼교에 대비하면, 도교적 특성은 양성養性, 즉 정신수양精神修養, 불교적 특성은 견성見性, 즉 사리연구事理硏究, 유교적 특성은 솔성率性, 즉 작업취사作業取捨라는 의미 구도가 드러난다. 소태산은,

〈15〉 경전이라 하는 것은 과거 세상의 성자 철인들이 세도인심을 깨우치기 위하여 그 도리를 밝혀 놓은 것이지마는, 그것이 오랜 시일을 지내오는 동안에 부연과 주해가 더하여 오거시서五車詩書와 팔만장경八萬藏經을 이루게 되었나니, 그것을 다 보기로 하면 평생 정력을 다하여도 어려운 바라, 어느 겨를에 수양·연구·취사의 실력을 얻어 출중 초범한 큰 인격자가 되리요.[31]

〈16〉 경전이라 하는 것은 일과 이치의 두 가지를 밝혀 놓은 것이니, 일에는 시비 이해를 분석하고 이치에는 대소 유무를 밝히어, 우리 인생으로 하여금

---

29) 『대종경』 교의품 1장(『원불교전서』, 125-126쪽)
30) 한국 전래의 삼교관은 삼국시대말경(7세기)부터 儒·佛·道 三敎를 鼎足에 비유하는 經世觀이 지배해왔으며, 이후 시대에 따라 삼교교세의 성쇠는 있었지만, 한국인의 宗敎的 心性에는 「삼교정족의 치세관」이 작용한 것으로 본다(졸고, 「道敎」, 교재편집위원회 편, 『종교와 원불교』, 원광대출판국, 1992, 59쪽)
31) 『대종경』 수행품 22장(『원불교전서』, 176쪽)

방향을 정하고 인도를 밟도록 인도하는 것이라, 유교·불교의 모든 경전과 다른 교회의 모든 글들을 통하여 본다 하여도 다 여기에 벗어남이 없으리라.[32]

라고 함으로써 삼교합일의 실천이념을 제시한다. 물론 교법의 주체를 둔 불교에 대하여 무상대도인 그것은 진리와 방편이 호대하다고 평하여 삼교에서 찾을 수 있는 삼학의 요소를 두루 갖추고 있다고 본다. 다만 그것 역시 지엽적이고 분파적으로 존재함으로써 그 역할을 다하지 못한다는 것이다. 즉,

〈17〉 재래 사원에서는 염불종은 언제나 염불만 하고, 교종은 언제나 간경看經만 하며, 선종은 언제나 좌선만 하고, 율종은 언제나 계戒만 지키면서, 같은 불법 가운데 서로 시비장단을 말하고 있으나 그것은 다 계·정·혜 삼학의 한 과목들이므로 우리는 이것을 병진하게 하되…[33]

라고 하고 있으므로, 그것은 삼교의 존재형태를 파악하는 구조와 동일함을 알 수 있다. 구세제인救世濟人이라는 삼교관의 기본시각이 여기서 드러난다. 삼교사상이 표현용어에 있어서는 서로 차이가 있지만 근본원리에 있어서는 본질적으로 원융회통되는 사상인데, 그 본질이 살려지기 위해서는 삼교합일을 통해 실천적으로 되살아나야 한다는 것이다.

둘째, 그러면 소태산은 삼교사상을 어떻게 수용하며, 구체적으로 어느 정도 응용하고 있는가. 먼저 불교에 대해서는 전술한 바와 같이, 교법의 주체를 두고 있다. 소태산이,

〈18〉 만유가 한 체성이며 만법이 한 근원이로다. 이 가운데 생멸 없는 도와 인과 보응되는 이치가 서로 바탕하여 한 두렷한 기틀을 지었도다.[34]

라고 사자후한 대각일성大覺一聲에서, 대각의 내용이 불교적 진리임을 말해

---

32) 『대종경』 수행품 23장(『원불교전서』, 178쪽)
33) 『대종경』 교의품 20장(『원불교전서』, 140쪽)
34) 『대종경』 서품 1장(『원불교전서』, 107쪽)

준다. 석존연원은 이를 확인한 문화작업이었다고 해도 무방하다. 이후 신앙의 대상인 법신불이 종래의 법·보·화 삼신法報化三身 개념을 확충시켰다고는 하더라도,[35] 불교용어를 계승하고 있는 것 같이, 이들을 제하고는 교의사상의 논급이 불가능한 형편이다. 다만 재래불교의 사회적 지위나 역할에 대해 비판적으로 수용한 소태산은 「불법佛法」과 「불교佛敎」를 구별하여 사용함으로써, 대체로 전자를 석존 가르침의 본질로서 계승발전시킬 사항으로 보고, 후자를 종파적으로 분화되는 등 본질을 잃어온 개혁의 대상으로 삼고 있다는 것이다.[36]

어떻든 원불교경전의 원경元經이라 일컬리는 『정전』편목에 있어서 불교적인 사항은 「염불법」·「좌선법」·「의두요목疑頭要目」·「참회문懺悔文」·「불공佛供하는 법」·「계문戒文」 등으로, 수행의 축을 형성하고 있다. 따라서 소태산의 불교관은 전술한 대로 "불법으로 주체를 삼아 완전무결한 큰 회상을 이 세상에 건설하리라"고 설파한 것처럼, 구체적이며 사실적으로 전개되고 있어서, 유·도 2교에 대한 관점과는 그 비중을 달리한다.

유교에 대해서는 그것이 당시사회의 교육이나 생활관습에 미친 영향만큼이나 커다란 관심을 기우리고 있다. 『정전』에 수록된 「최초법어」가 「수신修身의 요법」·「제가齊家의 요법」·「강자·약자 진화상 요법」·「지도인으로서 준비할 요법」으로 조직되어, 유교적 덕목에 의했음이 분명해진다.

이러한 유교의 본질은 전술한 대로 "형상 있는 것을 주체삼아서 삼강오륜과 인의예지仁義禮智를 가르쳐 수제치평의 길"을 밝힌 데에 중점이 두어져 있다. 여기서 "형상 있는 것"이란 입세간入世間의 인간사를 말하며, 따라서 솔성을 중시했다는 말이요, 일상윤리를 강조 했다는 뜻이 된다.[37] 과연 소태산은,

---

35) 「(이 법신불은) 삼신불중의 하나인 협의의 법신불을 의미한 것이라기 보다는 초기불교 내지는 전 대승불교의 교리발달사를 통하여 심화되고 발전되어온 佛陀觀 내지 진리관의 총체적 의미를 조화적으로 종합한 광의의 법신불을 의한 것이라 볼 수 있다.」(鄭舜日, 「원불교의 삼교원융사상」, 『圓光』, 1992.7, 177쪽)
36) 韓正釋, 전게 「圓佛敎 佛敎觀」(75쪽) 참조.
37) 李鉉澤, 전게 『圓佛敎 恩思想의 연구』, 220쪽 참조.

〈19〉 (송벽조) "유가에서는 천리자연의 도에 잘 순응하는 것을 솔성의 도라 하나이다." 대종사 말씀하시기를 "천도에 잘 순응만 하는 것은 보살의 경지요, 천도를 잘 사용하여야 부처의 경지이니"….[38]

라고 하여 일상생활에의 능동적인 윤리를 강조한다. 원불교교의가 인도상요법人道上要法[39]을 주체삼는다는 것은 이러한 원리를 말해주는 것이라 본다. 소태산은 유교의 다양한 『경전』을 인용하면서, 충효열을 강조하고, 예법을 개혁함으로써 전통의 미풍양속을 적극적으로 권장한다.

〈20〉 유가에서 "효孝는 백행百行의 근본이라" 하였고, "충신을 효자의 문에서 구한다" 하였나니, 다 사실에 당연한 말씀이니라.[40]

한 것이 그 한 예이다. 원불교 초기 교단사에 있어서 예법혁신禮法革新이 거교적인 과업으로 추진되었거니와,[41] 이는 생활개혁과 의식개혁을 겸한 것으로서 유교적 흐름의 비판적 수용이라 할 것이며, 유교적인 면에서는 그런 만큼의 영향이 수수되었다고 할 것이다.[42]

　　도교에 대해서는 선가仙家라는 표현으로 사용되고 있으나 『노자老子』와 『장자莊子』가 인용되는 등 철학적 의미의 도가와 종교적 의미의 도교를 포함한 개념으로 이해되고 있는 듯하다. 특히 주목되는 바는 근대도교의 커다란 흐름이 이른바 민중도교民衆道敎라고 불리는 바와 같이 잡연雜然한 민간신앙까지를 포함하는 방향으로 전개되었는데, 소태산은 성립도교成立道敎의 본질이라 할 수 있는 양성養性 내지 수련적 의미로 파악하고 있다.[43] 이에는 『정심요결』의 영향이 적지 않았으리라 보인다.

---

38) 『대종경』 불지품 6장(『원불교전서』, 308쪽)
39) 『대종경』 수행품 41장(『원불교전서』, 188쪽) 참조.
40) 『대종경』 인도품 11장(『원불교전서』, 214-215쪽)
41) 『원불교교사』 제2편 2장(『원불교전서』, 1243쪽) 참조.
42) 安東濬, 「朱子家禮가 禮典에 미친 영향」(전게 『人類文明과 圓佛敎思想』, 521쪽 이하) 참조.
43) 소태산의 도교이해에 대해서는 졸고, 「韓國道敎와 少太山思想」(596쪽 이하) 참조.

〈21〉 무릇, 사람에게는 항상 동과 정 두 때가 있고 정정定靜을 얻는 법도 외정정과 내정정의 두 가지 길이 있나니, 외정정은 동하는 경계를 당할 때에 반드시 대의大義를 세우고 취사를 먼저 하여 망녕되고 번거한 일을 짓지 아니하는 것으로 정신을 요란하게 하는 마魔의 근원을 없이 하는 것이요, 내정정은 일이 없을 때에 염불과 좌선도 하며 기타 무슨 방법으로든지 일어나는 번뇌를 잠재우는 것으로 온전한 근본정신을 양성하는 것이니, 외정정은 내정정의 근본이 되고 내정정은 외정정의 근본이 되며, 내와 외를 아울러 진행하여야만 참다운 마음의 안정을 얻게 되리라.[44]

라는 법문은『정심요결』에 연유한 수행법설이다. 이 가운데는 불교적인 방법론까지를 두루 수용하고 있거니와, 불교를 주체로 한 가운데 원불교 수행의 형성과정에 끼친 도교적 영향은 소태산의 구도과정이나 교단초창기의 기도의식 등에 나타난 도교적 요소를 포함하여 주목할 가치가 있는 부분이다.

그런데 이러한 삼교수용의 분위기는 초창기교단의 구성인원에 있어서도 견지되는 성격을 지니고 있다. 대표적 인물이 유학儒學의 유허일柳虛一, 柳山(1882~1958), 불학佛學의 서대원徐大圓, 圓山(1910~1945), 도학道學의 이춘풍李春風, 薰山(1876~1930) 등이다. 정산은 이들 삼교사상에 박통하고 있었다는 점에서, 전통사상의 정수를 수렴하려는 교단의 풍토를 유지하는 한편, 소태산 삼교관의 영향을 수수하면서 새로운 전개를 가져오게 된다.

4. 정산 삼교관의 전개

소태산의 법통이 정산에게로 사자상승되었다는 말은 그 교법을 상전선양常轉宣揚함이 지상의 과제다. 따라서 삼교관에 대해서도 소태산의 그것을 충실히 계승한 것으로 특징지어 질 것이다. 소태산 열반 후에 건립(1953)된「성비聖碑」, 즉「원각성존 소태산대종사 비명병서圓覺聖尊少太山大宗師碑銘幷序」

---

44)『대종경』수행품 19장(『원불교전서』, 174쪽)

정산 송규의 유묵

의 명문은 정산의 친찬親撰인데 소태산관少太山觀을 집약하는 교단적 성격을 일목요연하게 보여준다.

주지하는 바와 같이 명문의 찬술과정은 몇 단계를 거쳐서 이루어지는데, 거기에는 인간상과 업적을 찬탄하는 신도비神道碑의 차원을 넘어서서 인류 문명사에 있어서 교조관을 분명히한다는 교단적 의지가 작용한 것으로 보인다. 결국 명문 가운데 나타나는 사관史觀은 첫째, 소태산이 세운 교단을 「불법佛法을 주체한 새 회상會上」으로, 둘째, 교조인 소태산을 「새 회상의 주세불主世佛」로 자리매김하고 있다.[45] 정산의 삼교관이 불교의 교법을 주체로 하는 방향을 짐작하기 어렵지 않다.

과연 정산은,

〈22〉 불교의 진수는 공空인바 그릇 들어가면 망공妄空에 떨어지며, 유교의 진수는 규모인바 그릇 들어가면 국집하며, 도교의 진수는 무위 자연인바 그릇 들어가면 자유방종에 흐르며, 과학의 진수는 분석 정확인바 그릇 들어가면 유有에 사로잡혀 물질에만 집착하나니, 이 네 가지 길에 그릇 들어가지 아니하고 모든 진수를 아울러 잘 활용하면 이른 바 원만한 법통을 이루며 원만한 인격이 되리라.[46]

〈23〉 예부터 제불 제성과 철인 달사들이 우주의 본체를 각각 다르게 표현하였으니, 불교에서는 법신法身·불성佛性이라 하고, 유교에서는 성誠·이理·태극이라 하고, 도교에서는 도道·천하모天下母라 하고, 기독교에서는 하나님이라 하며, 철인들은 이법理法·역력力·의지意志라 하고, 과학에서는 에네르기라

---

45) 졸고, 전게 「少太山大宗師 碑銘의 연구」(44쪽 이하) 참조, 大山宗法師 찬술의 「鼎山宗師 聖塔銘」(전게 『圓佛教開教半百年 紀念文叢』, 525쪽)에서도 정산을 「대중이 아직 몰라 뵙던 소태산을 主世佛로 높히 받들고…」라 강조하고 있다.
46) 『鼎山宗師法語』 도운편 32장(『원불교전서』, 1128쪽)

하였는데 이름은 각각 다르나 우주 본체를 표현한 것만은 사실이다. 이러한 우주의 본체를 대종사께서는 일원상이라 하시었다.[47]

〈24〉 유교는 중도주의中道主義로써 중도 실행하면 성현이라 이르고, 불교는 대각주의大覺主義로써 진리를 깨달으면 부처라 이르며, 선교는 해탈주의解脫主義로써 욕심이 없으면 신선이라 이른다.[48]

〈25〉 이 시대는 개벽시대요 교역交易시대라, 모든 것이 교역되고 융통되나니, 우리의 경전 가운데 그 범위가 혹 지역이나 종파에 국한된 듯 해석될 부분은 이 시기에 잘 정리하여 소태산의 근본 성지를 남음 없이 그려내고 주세경전主世經典의 존엄에 조금도 손됨이 없게 하라…[49]

라고 설파함으로써, 삼교의 원융회통을 전개하면서 그 정수를 일심에 합일시킴으로써 실천수행적으로 살리고 있어서 소태산의 관점과 일치하고 있음이 드러난다.[50] 소태산이 주로 「유·불·선 삼교」라 부르고 「도교나 도가」 대신에 「선가」라는 표현을 즐겨한 데 대하여, 정산은 법설내용의 흐름에 따라 「도교」와 「선교」를 혼용하고 있다. 이러한 표현은 앞에서 논한 신종교의 성격에서 본 것처럼, 도교에 한국전래의 선교적인 사조를 포함시켜 인식해온 근대사회의 일반적 경향에 따르고 있는 것이며, 소태산이나 정산이 다 같이 삼교 각각의 본질적인 이해에 있어서는 명칭에 구애받지 않고 있다.

어떻든 이로써 보면, 정산은 삼교진리관의 대비나, 삼학에 대비한 삼교수행관의 관점 등 소태산의 관점을 더욱 구체적으로 전개한다고 할까, 주석하는 입장을 취하고 있다. 그리고 그러한 바탕 위에 개벽시대·교역시대에 상응한 새로운 교법으로서의 대종사상 내지 원불교 교의사상을 부각시킨다. 제도이념濟度理念으로서 삼교의 진수가 활용될 때 비로소 원만한 교법이라고 본 정산은 강한 시대인식을 바탕으로 하여 원불교교법을 전통사상의 흐름위

---

47) 박정훈 편저, 전게서 47쪽.
48) 박정훈 편저, 전게서 65쪽.
49) 『정산종사법어』 유촉편 2장(『원불교전서』, 1153쪽)
50) 金洛必, 전게 「鼎山宗師의 生涯와 思想」(295쪽) 참조.

정산 송규가 주도하여 세운 원광대학교

에서 자리매김하고 있다는 말이다. 물론 개벽사관을 중심한 시대변화의 인식이 소태산의 그것과 합치하고 있는 것은 물론이며,[51] 불교의 정법正法・상법像法・계법季法, 末法삼시설三時説에 의하면 계법시대를 지나 원시반본元始返本하는 이법을 따라 정법시대를 맞이하고 있다는 자각이다.[52]

동시에 그것이 원불교교법을 선양하기 위한 방편에 그치는 것이 아니라서, 그의 언행은 삼교를 비롯한 고금의 가르침을 두루 거양활용擧揚活用한다. 그가,

〈26〉 "과거 교법과 우리 교법과의 관계는 어떠하나이까." 말씀하시기를 "주로 창조하시고, 혹 혁신, 혹 인용因用하셨나니라."[53]

---

51) 소태산의 開闢史觀이라고 할 시대변화의 인식은 「物質이 開闢되니 精神을 開闢하자」(『정전』冒頭)는 開教標語에서부터 교의사상 전개의 기반을 이루고 있다(金洪喆, 「圓佛教의 後天開闢思想」, 同 著, 『圓佛教思想論考』, 원광대출판국, 1990, 354쪽 이하, 초출은 『원불교사상』4, 1980 참조)

52) 정산의 三時觀은 「聖碑銘」의 大宗師誕生 起緣에 관련하여 설파되고 있다(졸고, 전게 「소태산대종사 비명의 연구」 40쪽 참조)

53) 『정산종사법어』 경의편 39장(『원불교전서』, 951쪽)

〈27〉 법신·보신·화신은 누가 말하였는지 모르지만 좀 답답하다. 영靈·기氣·
　　 질質이라 하면 쉽지 않느냐?54)

〈28〉 성품은 일념미생전一念未生前이요, 천명지위성天命之謂性이다….55)

라고 한 바가 이를 말해준다. 소태산의 교의사상을 원불교경전으로 체계화
함으로써 제법주적制法主的 위치를 점하고 있는 정산은 교법의 이해와 선양
을 위해서는 삼교의 진수를 적확하게 추출하고 걸림 없이 상호 회통시키고
있는 것이다.

　그 가운데 나타나는 삼교사상을 구체적으로 언급한 사례는 실로 다양하
다. 불교사상에 대해서는 교법의 주체와 관련하여 이미 논급하였지만, 일찍
이 소태산 휘하에서 교서의 하나인『불조요경佛祖要經』흐름의 경전으로서,

〈29〉『불설멸의경佛說滅義經』(『회보會報』 20)

〈30〉『팔대인각경八大人覺經』(동 22)

〈31〉『금강경金剛經』(동 26~36)

등을 역해譯解하고 있다. 그는 불타佛陀의 일대를 팔상八相으로 기록한 데 배
대配對하여 소태산의 일대를 십상十相으로 기록한 것56)이 소태산 열람경전
인『팔상록』에 인연하고 있는 것으로 보인다. 그렇다면 그의 불교관은 1920
년 전후의 교강확립기敎綱確立期를 전후하여 확립되고 있으며, 이것이 생애
를 일관한 것으로 사료된다.

　유교사상은 수학과정을 통해 확립된 정산종사의 학문기반으로, 불교주
체의 교법을 자신의 철학으로 확립한 이후에도 소태산의 삼교합일·원융회
통사상을 수용함에 의하여 걸림 없이 두루 활용되고 있다. 그는,

---

54) 박정훈 편저, 전게서 65쪽.
55) 박정훈 편저, 전게서 55쪽.
56)『정산종사법어』기연편 18장(『원불교전서』, 843쪽)

〈32〉 선지자의 유훈에 "세상에 충이 없고 세상에 효가 없고 세상에 열이 없으니, 이런 고로 천하가 병들었다" 하였고 "천하의 병에는 천하의 약을 쓰라" 하였으니 이는 장차 충 효 열이 병든다는 말씀과 충 효 열을 잘 살리라는 부탁이라, 충 효 열의 병은 곧 천하의 병이요, 천하의 병을 고치는 화제는 또한 우리 소태산의 교법이시니, 우리가 매일 우리의 참 성품을 잘 연마하는 것은 곧 충을 살리는 공부요, 사중보은四重報恩에 힘을 쓰는 것은 효를 살리는 공부요, 신앙을 굳게 하고 계율을 지키는 것은 곧 열을 살리는 공부라, 우리의 공부가 아니면 어찌 충 효 열을 살릴 수 있으며, 충 효 열을 살리지 아니하면 고해에 빠진 모든 병자들을 어찌 구원할 수 있으리 요.57)

라고 하여, 소태산이 말한 충효사상忠孝思想의 강조에서 한 걸음 더 나아간 해석을 하고 있다. 원불교교법 속에 유교 가르침의 진수가 다 들어 있다는 확신을 그는 가지고 있는 것이다.

도교사상은 주지하는 바와 같이『정심요결』을 정산 자신이 교단에 유입시켜, 초기의 수행작법修行作法에 참고가 되었으므로, 성립도교 중에서도 수련도교의 흐름에 대한 뚜렷한 이해를 가졌던 것으로 확인된다. 수학과정에서 제자백가諸子百家의 사상을 섭렵하고 그 가운데서 노장老莊을 중심한 도가사상에도 철견하고 있었을 것이므로 교법의 체계화에 이들을 두루 섭렵활용하게 된 것이라 본다.『정심요결』을 분장보정하여『수심정경修心正經』을 이룬 것이나,『정산종사법어』중에도「정정요론定靜要論」에 대해 언급하고 있는 것으로 보아,58)『정심요결』의 수행관은 정산 도교관의 중핵을 이루고 있다고 해서 무방할 것이다.

그것은 소태산이 도교의 요체를 양성養性으로 파악한 것처럼 정산도 해탈주의解脫主義로 해석하고 있으나,

---

57)『정산종사법어』경의편 61장(『원불교전서』, 965쪽)
58)『정산종사법어』원리편 12장(『원불교전서』, 124쪽)

〈33〉 평소에 단전주를 하되 심단心丹을 할지언정 기단氣丹은 말라.[59]

〈34〉 선교仙敎는 하늘이라면 불교는 땅이며 유교는 사람이다. 지금은 땅에서
　　 올라오는 세상이라 불교 세상이다.[60]

라고 한 바에서 비판적인 수용을 전제하게 된다. 이는 "도교의 진수는 무위자
연인바, 그릇 들어가면 자유 방종에 흐르며"라고 경계한 것과 궤를 같이 한다.

　이러한 정산의 삼교관을 총체적으로 전개한 바라고 한다면 삼동윤리三同
倫理[61] 법문이 될 것이다. 물론 이는 삼교의 울을 넘어 동서고금의 종교철학
등의 제사상을 융섭회통融攝會通하고 있으나 그 구조의 기반에는 소태산의
일원사상一圓思想이 바탕되어 있으며, 삼교사상을 융통합일하고 있는 것과
맥을 같이 하고 있다는 말이다.

5. 결어

　이상에서 우리는 정산의 삼교관에 대해 일별해왔다. 정산의 삼교관을 파
악하는 데는 기본적으로 수학과정을 통한 학문기반과 생애를 통하여 실천철
학이 된 소태산의 사상, 즉 원불교 교의사상이 바탕이 되었으므로 이를 더듬
어 삼교관의 기본 틀을 비춰본 것이다. 그중에 나타나는 정산의 삼교관은
소태산의 그것을 계승하면서도 교의사상의 선포와 관련하여 구체적으로 전
개하는 특징이 드러나고 있음을 알 수 있었다. 이들을 정리하면 다음과 같다.

　첫째, 정산의 수학과정에 의한 학문기반은 유학사상이 축이 되어 있다.
다만 그것은 시대사회의 변화양상을 자각한 형태이며, 종교적인 길을 걸으
면서 삼교합일적인 신종교사상에 접하게 된다.

---

59) 박정훈 편저, 전게서 52쪽.
60) 박정훈 편저, 전게서 94-95쪽.
61) 『정산종사법어』 도운편 34~37장(『원불교전서』, 1130-1135쪽). 이에 대해서는 韓基斗,
전게 「鼎山의 思想」(1257쪽 이하), 김기원, 전게 「鼎山宗師의 生涯와 思想」(309쪽 이하)
등을 참조.

둘째, 소태산 문하에 입문하여 대각개교에 의한 회상창립의 구체적인 전개로서의 교강 확립을 거치면서 불교佛法주체의 사상을 확립한다. 이는 소태산의 삼교관을 수용하는 기본 틀이 되며, 그의 소태산관에도 이러한 사상이 드러난다.

셋째, 정산의 삼교관은 소태산의 그것과 같이 원융회통·삼교합일의 사상으로 이름해서 좋을 것이다. 그러나 종래의 삼교가 각각 지엽적이고 분야별 교화에 흐름으로써 구세제인의 본질사명을 다하지 못했다는 비판이 따른다.

넷째, 이와 관련해서 보면, 원불교의 교법은 삼교의 진수를 수렴함으로써 그 본질사명을 다한다는 입장이다. 이는 원불교 교법에 충실하면 삼교 각각의 궁극적 교화에 체달한다는 선포이기도 하다.

다섯째, 따라서 일원진리를 펼치면 삼교사상이 되며, 이를 다시 펼치면 만종교 만사상에 통한다는 원리이며, 이는 그의 삼동윤리사상으로 전개되고 있다. 이는 삼교관에 입각해보더라도 소태산 사상의 구체적인 전개를 말해주는 호례인 셈이다.

아울러 본고의 본론에서 삼교의 실체인 유교와 불교 및 도교에 대한 관점의 일단을 분석했지만, 주제에 한정하는 관계로 삼교각별三敎各別의 관점에 대해서는 구체적으로 논급할 여유를 갖지 못했다. 앞으로의 연구성과를 수렴하면서 새로운 과제로 삼고자 한다.

출전

「정산종사의 유불도삼교관」(『원불교사상』 15, 원광대학교 원불교사상연구원, 1992)

■ 찾아보기

● 인명

● 서명

● 사항